언리얼 엔진 5로 만드는 나만의 3D 영화 세트

언리얼 엔진 5로
만드는 나만의
3D 영화 세트

언리얼 엔진 5를 사용한 캐릭터 생성,
애니메이션 및 시네마틱 제작

김기돈 옮김   헨크 벤터 · 빌헬름 옥터롭 지음

i!i
에이콘

에이콘출판의 기틀을 마련하신 故 정완재 선생님 (1935-2004)

어머니의 발자취를 따라 전문 예술가가 되도록 이끌어 주신 어머니와 아버지, 마가렛과 다니엘을 기억하며 이 책을 바칩니다.

– 헨크 벤터^{Henk Venter}

내가 흔들리지 않게 중심을 잡아 주시고 항상 어떤 식으로든 나를 무조건적으로 지원해 주신 아버지 티에멘 옥터롭^{Tiemen Ogterop}께 이 책을 바칩니다. 당신이 주신 사랑이 차고 넘칩니다. 어린 시절 건강 문제로 고통받을 때 포기하지 않았던 열정 넘치는 어머니께 도 바칩니다. 당신 덕분에 저는 행복한 삶을 누리게 됐습니다. 아내 준^{June}과 딸 밀라^{Mila} 에게도 바칩니다. 우리 가족은 내가 이 책을 통해서 다른 이들을 가르칠 수 있도록 가족 이 함께하는 시간을 포기했습니다. 영원히 당신들을 사랑합니다.

– 빌헬름 옥터롭^{Wilhelm Ogterop}

| 옮긴이 소개 |

김기돈(qc3067@gmail.com)

어릴 적부터 게임 개발에 재미를 느껴 미국 DigiPen 공대에서 컴퓨터공학 및 게임 개발을 전공한 후, 언리얼을 사용해서 2019년부터 영상 업계에 종사했으며 영화 〈한산: 용의 출현〉, 인천공항 미디어 콘텐츠 등 여러 프로젝트에서 언리얼 프로그래머로 참여했다. 현재는 메타버스 엔터테인먼트에서 언리얼 프로그래머로 일하고 있다.

| 옮긴이의 말 |

예전에는 게임 엔진이라고 하면 게임만을 만들기 위한 어려운 도구로 생각했다. 하지만 언리얼 엔진이라는 오픈소스 프로그램은 이러한 생각을 바꿔 버렸다. 언리얼 엔진은 에픽 게임즈Epic Games에서 개발한 세계 최고의 3D 엔진으로, 다양한 기능을 통해 게임 엔진 산업을 주도하고 있다. 언리얼 엔진은 이제 게임만이 아닌 가상현실, 영화, 애니메이션, 건축 설계 등 여러 영역에서 사용할 수 있게 됐다.

최근 언리얼 엔진 5가 새로 출시됐는데 이전과는 다른 그래픽 성능과 여러 기능이 추가되면서 지금껏 상상도 하지 못했던 것들을 가능하게 해줬다. 이 책의 내용도 이러한 가능성 중 하나다.

이 책은 자신만의 영화 세트를 어떻게 만들어야 하는지에 대해서 막막함을 느끼는 입문자들에게 훌륭한 튜토리얼이 될 것이며, 이 책을 읽고 난 후에는 아무런 문제없이 자신만의 영화를 만들 수 있게 될 것이다.

| 지은이 소개 |

헨크 벤터^{Henk Ventor}

3D 컴퓨터 그래픽 산업에서 22년 경력의 선임 3D 캐릭터 아티스트^{character artist}다. 개인 3D 스튜디오를 운영하고 있다. 호주의 THQ 스튜디오에서 주요 캐릭터 아티스트로 일했으며, 캐나다 몬트리올의 일렉트로닉 아츠^{Electronic Arts}에서 선임 캐릭터 아티스트로 일한 경력이 있다.

영국에서 마이크로소프트의 레어^{Rare} 스튜디오, 수모 디지털^{Sumo Digital}, 유로컴^{Eurocom}에서 일했다. 〈아미 오브 투^{Army of Two}〉, 〈크랙다운 3^{Crackdown 3}〉, 〈배트맨 비긴스^{Batman Begins}〉, 〈키넥트 스포츠: 라이벌^{Kinect Sports: Rivals}〉, 〈배틀십^{Battleship}〉, 〈메가마인드: 얼티메이트 쇼다운^{MegaMind: Ultimate Showdown}〉, 〈부기^{Boogie}〉 등 다수의 프로젝트에 참여한 경험이 있다.

빌헬름 옥터롭^{Wilhelm Ogterop}

3D 컴퓨터 그래픽스 산업에서 24년 경력을 갖고 있고 몇몇 영국 및 국제 게임 스튜디오에서 캐릭터 애니메이터 및 리드 애니메이터로 일했다. 레이븐 소프트웨어^{Raven Software}, 딥 실버^{Deep Silver}, TT 퓨전^{TT Fusion}, 유로컴 엔터테인먼트^{Eurocom Entertainment}, 인스팅트 게임스^{Instinct Games}, 엔트라다 인터랙티브^{Entrada Interactive}, 헤드퍼스트 프로덕션^{Headfirst Production} 등의 스튜디오 현장에서 일하거나 계약자로 일한 경력이 있다.

〈콜 오브 듀티: 블랙 옵스 3^{Call of Duty: Black Ops III}(2015)〉, 〈콜 오브 듀티: 인피니트 워페어 ^{Call of Duty: Infinite Warfare}(2015)〉, 〈홈프론트: 더 레볼루션^{Homefront: The Revolution}(2016)〉, 〈데드스페이스 익스트랙션^{Deadspace Extraction}〉, 〈미스크리에이티드^{Miscreated}〉, 〈레고 무비 비디오게임^{The LEGO Movie Videogame}〉, 〈레고 키마의 전설^{LEGO Legends of Chima}〉, 〈레고 반지의 제왕^{LEGO Lord of the Rings}〉, 〈레고 시티 언더커버^{LEGO City Undercover}〉, 〈리오^{Rio}(블루 스카이 스튜디오^{Blue Sky Studios})〉, 〈007 골든아이^{GoldenEye 007}〉, 〈밴쿠버 2010^{Vancouver 2010}(동계 올림픽 공식 비디오 게임)〉, 〈제임스 본드: 퀀텀 오브 솔러스^{James Bond: Quantum of Solace}〉, 〈미이라 3: 황제의 무덤^{The Mummy 3: Tomb of the Dragon Emperor}〉, 〈캐리비안의 해적: 세상의 끝에서^{Pirates of the Caribbean: At World's End}〉, 〈콜 오브 크툴루: 다크 코너스 오브 디 어스^{Call of Cthulhu: Dark Corners of the Earth}〉 및 발표되지 않은 다른 프로젝트 등 다양한 흥미로운 프로젝트에 참여한 경험이 있다.

바룬 쿠마르 굽타^{Varun Kumar Gupta}

테크니컬러 크리에이티브 스튜디오^{Technicolor Creative Studios}에서 주니어 테크니컬 아티스트^{technical artist}로 일하고 있다. 능력 있는 3D 제너럴리스트^{generalist}이자 프로그래머로, 자신의 기술을 사용해 테크니컬러^{Technicolor}에서 매일 일어나는 흥미로운 기술적 발전에 기여하는 것을 즐긴다. 가능한 한 오픈소스, 절차적 콘텐츠 생성, 컴퓨터 그래픽에 기여하는 것을 좋아한다. 또한 시간이 허락되는 한 콘셉트 아트, 단편 영화, 2D 아트를 다루는 프리랜서로도 일한다. 2022년에 베넷 대학교^{Bennett University}에서 컴퓨터 공학 학사 학위를 받았다. 여가 시간에는 그림을 그리고, 음악(기타 및 피아노)를 배우며, 비디오 게임을 즐기는 것을 좋아한다.

| 차례 |

옮긴이 소개 006
옮긴이의 말 007
지은이 소개 008
기술 감수자 소개 010
들어가며 022

1부 — 3D 애셋 제작하기

1장 블렌더 3D 모델링 및 스컬핑 툴 소개   031

기술 요구 사항 032
3D 모델링 033
3D 스컬핑에 대한 이해 034
블렌더 소개 035
   사용자 인터페이스 035
   3D 뷰포트 요소들 037
   블렌더의 3D 세계와 상호작용 040
축과 트랜스폼 방향 043
   오브젝트 또는 구성 요소 조작하기 045
블렌더 모델링 툴 050
   Extrude Region 050
   Bevel 051
   Loop Cut 052
   Inset Faces 053
   면, 모서리, 버텍스들 병합 053
   Proportional Editing 054

블렌더에서 모디파이어 사용 055
   미러 모디파이어 055
   서브디비전 표면 모디파이어 057
블렌더 스컬핑 툴 사용하기 058
   브러시 설정 059
   Remesh 060
   블렌더의 스컬핑 브러시 061
다른 스컬핑 툴 064
   라인 프로젝트 툴 065
   메시 필터 툴 065
요약 066
추가 자료 067

2장   로봇 드론 캐릭터 모델링하기   069

기술 요구 사항 070
블렌더 단위 설정 070
로봇 드론 캐릭터 모델링 073
   몸의 모양 모델링하기 073
   눈 만들기 084
   어깨와 구체 조인트 추가 090
   KitBash 메시 추가 093
   팔 만들기 095
   커스텀 도형 돌출시키기 102
요약 105

3장   외계 식물 스컬핑하기   107

기술 요구 사항 108
참조 이미지를 갖고 있는 파일 로드하기 109
모델의 기본 모델 만들기 110
   메시 파트들을 변형 및 복제하기 110
   메시를 세분화하기 114

기본 형태 스컬핑하기 115

문제가 되는 부분 고치기 117

　메시의 일부분 평평하게 만들기 118

　표면에 있는 아티펙트 고치는 방법 119

디테일 추가하기 120

　3D 스컬핑에서 마스킹 사용하기 122

　모형에 마지막 마무리 작업 진행하기 126

저해상도 메시 생성하기 129

　블렌더에서 메시 변형하기 130

　자동 토폴로지에 인스턴트 메시 사용하기 131

요약 136

4장　　UV 맵과 텍스처 굽기 137

기술 요구 사항 138

텍스처와 머티리얼이란? 139

　텍스처 139

　머티리얼 141

UV 맵에 대한 이해 142

외계 식물 모델의 UV 언래핑 143

　셰이딩 문제 고치기 143

　UV 경계선 만들기 144

　외계 식물 모델 UV 언래핑 147

　외계 식물 모델 삼각화하기 149

　외계 식물 메시 익스포트 150

로봇 드론 모델 UV 언래핑 152

텍스처 굽기에 대한 이해 156

xNormal 소개 157

xNormal에 사용할 로봇 드론 준비 157

　low-poly 메시 준비 157

　high-poly 메시 준비 159

텍스처 맵 굽기 160

요약 164

5장   퀵셀 믹서에서 모델 텍스처링하기   165

  기술 요구 사항 167
  퀵셀 믹서 기본 개념 설명 167
    믹서 파일과 프로젝트 설정하기 168
    퀵셀 믹서 UI 및 단축키 설명 169
  믹서에서 로봇 드론 텍스처링 171
    로봇 드론 퀵셀 믹서로 읽어 오기 172
    텍스처 맵 추가하기 173
    패널링 디테일 추가하기 175
    로봇 드론 텍스처링 177
    Material ID 맵과 마스크 사용하기 186
  믹서에서 외계 식물 텍스처링 194
  언리얼에서 사용할 머티리얼 익스포트 196
  요약 197
  추가 자료 197

2부 — 언리얼 엔진에서 가상 영화 세트 제작

6장   언리얼 엔진 5 소개   201

  기술 요구 사항 202
  언리얼 엔진 5 소개 203
    언리얼 엔진을 갖고 무엇을 할 수 있는가? 204
    언리얼 엔진 5에서의 새로운 기능 205
    무료 샘플 프로젝트 206
    언리얼 엔진 5에서 이미 만들어 준 예제 애니메이션 프로젝트 209
    언리얼 엔진 용어 210
  프로젝트 세팅하기 211
  뷰포트 조작 212
  가장 유용한 단축키 213
  언리얼 엔진의 사용자 인터페이스 213
    Content Browser 패널 붙이기 215
  요약 218

7장   언리얼 엔진 5에서 머티리얼 설정   219

기술 요구 사항 220
3D 애셋 임포트 220
텍스처 불러오기 223
    텍스처 에디터 224
머티리얼 생성 228
    머티리얼 에디터 230
    스태틱 메시 에디터 234
라이팅과 함께 모델 미리보기 236
요약 240

8장   메타휴먼을 사용해서 언리얼 엔진 5용 사실적인 인간 만들기   241

기술 요구 사항 242
메타휴먼 크리에이터란? 243
메타휴먼 크리에이터에 접근 244
메타휴먼 크리에이터 실행 244
메타휴먼 사용자 인터페이스 246
사실적인 공상 과학 여성 제작 249
    캐릭터 얼굴 모양 커스터마이징 254
    애니메이션과 함께 캐릭터 미리보기 263
언리얼 엔진 5에 메타휴먼 추가하기 265
캐릭터 옷 커스터마이징 268
요약 272

9장   언리얼 엔진 5에서 가상의 3D 세트 만들기   273

기술 요구 사항 274
3D 영화 세트 기본 요소 설정 275
    장면 노출도 조절 280
    뷰포트 시야각 조절 282
퀵셀 브리지를 사용해서 무료 3D 애셋 획득 283
머티리얼 인스턴스 커스터마이징 287

머티리얼 인스턴스 에디터 사용자 인터페이스 289

머티리얼 인스턴스 편집 290

바위 애셋에 Albedo Tint 적용 292

바위 애셋에 나나이트 적용 294

Content Browser 창에서 애셋 필터 적용 295

3D 영화 세트 제작 297

요약 301

10장 언리얼 엔진 5에서 라이팅 및 대기 효과 추가하기   303

기술 요구 사항 304

3D 그래픽의 라이팅 기초 305

사실적이고 스타일화된 라이팅 305

기본적인 세 가지 라이팅 기술 307

키 라이트 307

필 라이트 308

림 라이트 308

언리얼 엔진 5에서의 라이팅 종류 309

언리얼 엔진 5 프로젝트에서 루멘 사용 311

프로젝트 준비 313

대기 시스템 추가 314

3D 영화 세트 라이팅 316

키 라이트 조정(광원) 317

첫 번째 필 라이트 조정 319

두 번째 필 라이트 추가 320

대기 시각 효과 추가 323

안개 추가 323

라이트 셰프트 추가 326

렌즈 플레어 및 라이트 블룸 328

요약 332

추가 자료 333

3부 — 컨트롤 릭을 사용한 언리얼 엔진 5 애니메이션용 캐릭터 리깅

11장   블렌더에서 외계 식물 조인트 설정   337

기술 요구 사항 338
스켈레톤을 만들 3D 모델 준비 338
   블렌더에 외계 식물 임포트 339
   모델을 임포트할 때 고려할 점 341
   외계 식물 스케일링 및 위치 잡기 342
3D 소프트웨어에서의 부모/자식 구조 346
외계 식물에 사용할 스켈레톤 제작 348
   스켈레톤 제작 349
   부모/자식 구조 만들기 354
   메인 줄기에 긴 조인트 체인 만들기 356
   가지에 스켈레톤 만들기 359
요약 364

12장   블렌더에서 외계 식물 스키닝   365

기술 요구 사항 366
블렌더에서의 스키닝 개요 366
   스킨 가중치 칠하기 367
외계 식물 메시 스켈레톤에 스키닝 377
   외계 식물 스키닝 377
요약 380

13장   블렌더에서 로봇 조인트 설정 및 스키닝   381

기술 요구 사항 382
로봇 스켈레톤 제작 382
   로봇 불러오기, 배치, 크기 조정 382
몸과 왼쪽 팔 본 384
   본 연결 및 이름 변경 391

대칭화 툴 사용 394

조인트의 로컬 축 방향의 위치 수정 및 확인 396

본의 로컬 축의 방향이란? 396

본 로컬 방향 편집 399

리지드 방법으로 로봇을 스켈레톤에 스키닝 400

모델 준비 및 모디파이어 제거 401

로봇 몸체 스키닝 401

버텍스들에 추가 스킨 웨이트 적용 402

요약 406

14장   외계 식물에 컨트롤 릭을 사용한 커스텀 릭 만들기   407

기술 요구 사항 408

컨트롤 릭 에디터 소개 409

컨트롤 릭 툴 언리얼 엔진으로 불러오기 409

외계 식물과 스켈레톤 언리얼 엔진에서 불러오기 411

외계 식물에 컨트롤 릭 노드 제작 416

컨트롤 릭 에디터 인터페이스 레이아웃에 대한 이해 418

기본적인 컨트롤 릭 컨트롤러 제작 419

2개의 간단한 컨트롤 셰이프 제작 420

필요한 컨트롤러 결정 423

모든 컨트롤러 제작 424

컨트롤러를 계층 구조로 구성 425

조인트에 컨트롤러 배치시키기 428

외계 식물 스켈레톤 컨트롤러로 제어하기 430

3개의 기본 노드에 대한 설정 430

애니메이션 릭 완성 434

요약 437

15장   언리얼 엔진 5에서 기본적인 IK 컨트롤을 가진 로봇 컨트롤 릭 제작   439

기술 요구 사항 440

IK란? 440

IK 개요 440

로봇 캐릭터를 위한 컨트롤러 제작 443

    블렌더에서 로봇과 스켈레톤 익스포트 443

    로봇 언리얼 엔진 프로젝트에 임포트 444

    컨트롤 릭 컨트롤러 제작 446

올바른 계층 구조로 컨트롤 오브젝트 정렬 및 조인트 연결 452

    컨트롤러 계층 구조 452

    본에 정렬하도록 컨트롤러 배치 454

    릭 그래프에서 본과 컨트롤러 연결 457

IK 컨트롤러 생성 및 전체 릭으로 테스트 461

    팔 본의 방향 가져오기 461

    IK 컨트롤러 세팅 462

    IK 세팅 테스트 467

요약 469

4부 — 컨트롤 릭과 시퀀서를 사용한 언리얼 엔진 5의 애니메이션

16장   언리얼 엔진 5 시퀀서를 사용해 간단한 흔들거리는 애니메이션 만들기 473

기술 요구 사항 474

시퀀서 인터페이스 개요 474

    시퀀서 실행 및 외계 식물 애니메이션 릭 추가 475

    시퀀서 인터페이스 개요 477

애니메이션 키프레임 설정 479

    컴퓨터 그래픽에서 키프레임과 커브란? 480

    외계 식물 컨트롤 릭에 키프레임 추가 484

키프레임 및 애니메이션 커브 편집 493

요약 501

17장   언리얼 엔진 5 시퀀서에서 간단한 애니메이션 3개 만들기   503

기술 요구 사항 504

애니메이션 A: 유휴 주기 504

　　　　언리얼 엔진 5의 포즈 툴 사용 505

　　　　유휴 주기 애니메이션 511

　　애니메이션 B: 이동 주기 521

　　애니메이션 C: 활성화 애니메이션 529

　　요약 533

18장　메타휴먼 컨트롤 릭에 모션 캡처 임포트　　　　　　　　535

　　기술 요구 사항 536

　　믹사모에서 모캡 애니메이션 받기 537

　　언리얼 엔진 마켓플레이스에서 모캡 애니메이션 받기 542

　　메타휴먼 스켈레톤에 모캡 애니메이션 리타기팅 545

　　　　언리얼 엔진에 믹사모 모캡 임포트 546

　　　　믹사모 스켈레톤에 리타기팅 550

　　　　메타휴먼 스켈레톤에 리타기팅 558

　　　　메타휴먼에 믹사모 모캡 애니메이션 리타기팅 564

　　요약 572

19장　컨트롤 릭과 시퀀서를 사용해서 모션 캡처 편집 및 정리　　　　573

　　기술 요구 사항 574

　　모캡 편집 계획하기 575

　　Stand_up 모캡을 컨트롤 릭에 굽기 578

　　메타휴먼 컨트롤 릭 개요 584

　　Stand_Up 모캡 편집 및 정리 588

　　　　언리얼 엔진에서 clipping 평면 변경 589

　　　　모캡을 바닥과 루트에 맞추기 589

　　　　공중에 떠 있는 발 수정 592

　　서 있는 포즈 임포트 593

　　　　앉은 포즈 정리 599

　　　　스내퍼 툴을 사용해서 손 수정 601

　　요약 612

기술 요구 사항 614

모든 신 애셋 임포트 및 월드에 배치 614

　프로젝트 간의 언리얼 엔진 콘텐츠 이주 615

　메타휴먼 릭에 갑옷 설정 618

　캐릭터와 레벨 애셋 준비 624

캐릭터에 애니메이션 임포트 632

메타휴먼에 모캡 애니메이션 임포트 632

　로봇 드론에 모캡 애니메이션 임포트 643

　외계 식물에 애니메이션 임포트 648

카메라 생성 및 애니메이션 적용 651

　다중 카메라 이용 및 잘라내기 655

최종 신 렌더링 658

요약 659

찾아보기 661

│ 들어가며 │

언리얼 엔진 5[Unreal Engine 5]는 초보자와 전문가 모두가 메타휴먼[MetaHuman]을 사용해서 현실적인 인간 캐릭터, 커스텀 소품, 환경과 결합해 상세한 영화 장면을 만들 수 있는 능력을 제공하며, 업계 표준 애니메이션 툴[tool]도 내장해 기존 방법보다 훨씬 짧은 시간에 최첨단 영화 장면을 만들 수 있다. 이 책은 무료(오픈소스) 소프트웨어를 사용해 전체적인 3D 영화 제작 파이프라인을 진행한다. 이 책은 또한 일반적인 3D 컴퓨터 아트의 기초 과정으로도 활용할 수 있으며, 이를 기반으로 분야에서의 경력과 발전의 밑거름이 될 수 있다.

단계별로 진행되는 튜토리얼을 따라가면 블렌더[Blender]에서 자신만의 커스텀 3D 애셋[asset]을 제작하고 이를 퀵셀 믹서[Quixel Mixer]에서 텍스처 처리하는 방법을 배울 수 있다. 그다음, 완성된 3D 애셋을 언리얼 엔진 5로 가져와 가상의 3D 영화 세트를 구축한다. 다음으로, 퀵셀 메가스캔[Quixel Megascans] 애셋을 이용해서 3D 영화 세트를 채우고 메타휴먼 크리에이터와 언리얼 엔진 5를 사용해서 자신만의 사실적인 인간 캐릭터를 생성하고 커스텀한다. 튜토리얼을 진행하면서 블렌더와 언리얼 엔진 5의 새로운 컨트롤 릭[Control Rig]을 사용해서 이러한 3D 애셋과 캐릭터를 리깅[rigging], 스키닝[skinning], 애니메이션하는 방법을 알아본다. 마지막으로, 카메라 및 애니메이션 시퀀스를 설정하고 언리얼 엔진 5의 시퀀서[Sequencer]를 사용해서 3D 영화를 렌더링하는 방법을 배운다.

이 책을 마치면 언리얼 엔진 5의 다양한 요소를 결합해 자신만의 영화와 시네마틱을 만드는 방법을 배울 수 있을 것이다.

이 책은 누구를 위한 책인가?

언리얼 엔진 5를 통한 3D 애니메이션과 영화 제작 전반을 처음 시작하는 사람들을 위한 이상적인 자료다. 또한 최신 기술을 다루기 때문에 언리얼 엔진 5에 익숙하지 않은 3D 아티스트와 애니메이터에게도 매우 가치 있다. 언리얼 엔진, 블렌더, 퀵셀 믹서, 퀵셀 브리지Quixel Bridge를 사용해서 실시간 3D 영화를 제작하는 최첨단 기술을 다룬다. 숙련된 애니메이터라면 거의 모든 애니메이션 파이프라인을 언리얼 엔진으로 옮기는 방법을 배울 수 있다. 필수는 아니지만, 3D 소프트웨어에 대한 경험이 있다면 더 쉽게 이해할 수 있다.

⠿ 이 책의 내용

1장, 블렌더 3D 모델링 및 스컬핑 툴 소개 3D 그래픽의 기본 개념과 블렌더의 3D 모델링 및 스컬핑sculpting 툴에 대해서 배운다.

2장, 로봇 드론 캐릭터 모델링하기 블렌더에서 로봇 드론 캐릭터를 3D 모델링하는 과정을 배운다.

3장, 외계 식물 스컬핑하기 3D 영화 세트에 사용될 외계 식물을 블렌더를 사용해서 3D 스컬핑하는 방법을 배운다.

4장, UV 맵과 텍스처 굽기 블렌더에서 3D 모델에 UV 매핑mapping을 하는 방법과 xNormal에서 텍스처를 굽는 방법을 배운다.

5장, 퀵셀 믹서에서 모델 텍스처링하기 퀵셀 믹서에서 순차적 텍스처링 과정을 배운다.

6장, 언리얼 엔진 5 소개 언리얼 엔진 5의 UI에 대해서 배운다.

7장, 언리얼 엔진 5에서 머티리얼 설정 언리얼 엔진 5에서 3D 모델을 임포트하고, 텍스처를 입히고 머티리얼material을 만드는 방법을 배운다.

8장, 메타휴먼을 사용해서 언리얼 엔진 5용 사실적인 인간 만들기 커스텀 메타휴먼 캐릭터를 만드는 과정을 배운다.

9장, 언리얼 엔진 5에서 가상 3D 세트 만들기 언리얼 엔진 5의 퀵셀 메가스캔과 나나이트 Nanite를 사용해서 가상 3D 세트를 만드는 방법을 배운다.

10장, 언리얼 엔진 5에서 라이팅 및 대기 효과 추가하기 언리얼 엔진 5에서 커스텀 라이팅을 사용한 루멘Lumen을 이용해 3D 세트에 빛을 어떻게 적용시키는지에 대해서 배우며 안개, 라이트 블룸light bloom, 빛 기둥, 태양광을 추가하는 방법을 배운다.

11장, 블렌더에서 외계 식물 조인트 설정 외계 식물이 움직일 수 있도록 스켈레톤skeleton 조인트/본joint/bone을 만드는 방법을 배운다.

12장, 블렌더에서 외계 식물 스키닝 외계 식물이 스켈레톤과 함께 움직일 수 있도록 스키닝skinning하는 방법을 배운다.

13장, 블렌더에서 로봇 조인트 설정 및 스키닝 전통적인 방법으로 로봇의 스켈레톤을 만들고 스키닝하는 방법을 배운다.

14장, 컨트롤 릭을 사용해서 외계 식물의 커스텀 릭 만들기 언리얼 엔진 5에 있는 새로운 컨트롤 릭을 사용해서 간단한 커스텀 **순기구학**FK, Forward Kinematics 애니메이션을 만드는 방법을 배운다.

15장, 언리얼 엔진 5에서 기본적인 IK 컨트롤을 가진 로봇 컨트롤 릭 제작 새로운 컨트롤 릭 툴을 사용해서 간단한 커스텀 **역기구학**IK, Inverse Kinematics 애니메이션을 만드는 방법을 배운다.

16장, 언리얼 엔진 5 시퀀서를 사용해 간단한 흔들거리는 애니메이션 만들기 시퀀서를 사용해서 커스텀 컨트롤 릭으로 첫 번째 간단한 애니메이션을 만드는 방법을 배운다.

17장, 언리얼 엔진 5 시퀀서에서 간단한 애니메이션 3개 만들기 커스텀 로봇 컨트롤 릭, 시퀀서, IK, 추가 애니메이션 레이어를 사용해서 단순한 애니메이션을 만드는 방법을 배운다.

18장, 메타휴먼 컨트롤 릭에 모션 캡처 임포트 무료 모션 캡처 애니메이션을 찾는 방법과 메타휴먼 컨트롤 릭에 리타기팅retargeting하는 방법을 배운다.

19장, 컨트롤 릭과 시퀀서를 사용해서 모션 캡처 편집 및 정리 최종 결과물에 모션 캡처 애니메이션을 정리, 편집, 용도에 맞게 수정하는 방법을 알려 준다.

20장, 시퀀서를 사용해서 최종 신 만들기 이 책에서 생성한 모든 애니메이션 커스텀 애셋을 사용해서 최종 영화 신scene을 구성하는 방법과 카메라를 추가해서 영화를 렌더링하는 방법을 배운다.

⁑ 이 책을 최대한 활용하려면

먼저, 언리얼 엔진 5를 구동할 수 있는 좋은 컴퓨터가 있어야 한다. 저사양 게이밍 PC 또는 최신 노트북으로도 충분하다. 언리얼 엔진이나 3D 소프트웨어에 대한 이전 경험은 필요 없지만, 윈도우 운영체제의 사용 같은 기본적인 컴퓨터 사용 방법은 알고 있어야 한다. 언리얼 엔진 5나 블렌더로 사용하는 툴을 바꾸려는 숙련된 3D 아티스트들에게는 이 책이 툴을 사용하는 기본적인 방법을 알려 주기 때문에 도움이 많이 된다.

이 책에서 다루는 소프트웨어/하드웨어	운영체제 요구 사항
언리얼 엔진 5.0.2	윈도우 10, 11 또는 그 이상
블렌더 3.1	
퀵셀 믹서 2021.1.3	
메타휴먼	

이 책을 만들 때 사용된 모든 소프트웨어는 무료로 다운받을 수 있고 개인 용도로 사용할 수 있다. 물론 몇몇 라이선스 및 계약 조건이 있지만 대부분이 큰 스튜디오가 큰 프로젝트에 사용할 때이며, 개인 사용자에게 영향을 미치지 않는다. 이 책을 만들 때 사용됐던 소프트웨어 프로그램들은 다음 링크에서 받을 수 있다.

- https://www.unrealengine.com/
- https://www.blender.org/download/releases/3-1/

- https://quixel.com/mixer

- https://metahuman.unrealengine.com/

인터넷에 검색하면 쉽게 찾을 수 있다. 소프트웨어 웹사이트의 설치 방법을 따른다.

이 책은 일반적으로 3D 아트의 중요 요소들에 대한 기초 과정에 해당한다. 강력한 기반을 다지고자 산업 표준적인 방법을 알려 준다. 이 책을 첫 번째 단계로 생각하라. 독자들의 툴박스^{toolbox}에 첫 번째 툴을 제공하고 싶지만 이러한 툴의 세부 사항을 학습하는 것은 독자들에게 달려 있다.

이 툴들을 연습하라. 더 많은 툴을 찾아라. 가장 즐길 수 있는 분야를 찾아라. 대부분의 경우에는 가장 재능이 있는 분야에서 나타난다. 시간을 들이고, 멘토^{mentor}를 찾으면 이 분야에서 최고의 제작자 및 아티스트가 될 수 있다.

⠿ 예제 코드 다운로드

이 책의 예제 코드는 에이콘출판사의 도서정보 페이지 http://www.acornpub.co.kr/book/unreal5-create에서 다운로드할 수 있다. 또한 깃허브 https://github.com/PacktPublishing/Unreal-Engine-5-Character-Creation-Animation-and-Cinematics에서도 동일한 코드를 다운로드할 수 있다. 코드의 업데이트가 필요한 경우가 생기면 깃허브 저장소에 업데이트된다.

수많은 책의 카탈로그와 비디오의 코드 번들을 https://github.com/PacktPublishing/에서 받을 수 있다. 들어가 보는 것을 추천한다.

⠿ 컬러 이미지 다운로드

이 책에서 사용된 스크린샷/도면의 컬러 이미지를 PDF 파일로 제공한다. 파일은 에이콘출판사의 도서정보 페이지 http://www.acornpub.co.kr/book/unreal5-create에서 다운로드할 수 있다.

⠿ 사용된 규칙

이 책에서는 독자의 이해를 돕고자 다루는 정보에 따라 글꼴 스타일을 다르게 적용했다.

이러한 스타일의 예제와 의미는 다음과 같다.

텍스트에서 코드 단어와 데이터베이스 테이블 이름, 폴더 이름, 파일 이름, 파일 확장자, 사용자 입력, 트위터 핸들은 다음과 같이 표시한다.

"완성된 로봇 드론 모델, `RobotDrone_Blender_File.blend`를 온라인 저장소에서 다운받을 수 있다."

고딕체: 새로운 용어나 중요한 키워드는 **고딕체**로 표시한다. 예를 들어 메뉴 또는 대화 상자의 단어는 다음과 같이 텍스트에 나타난다. 다음은 그 예다.

"이 책에서 다루는 마지막 탭은 **UV Editing Workspace** 탭과 **Texture Paint Workspace** 탭이다."

팁이나 중요한 참고 사항은 이 박스로 표시한다.

TIP

> 참고 사항이나 요령은 이와 같이 표기한다.

NOTE

> 주의해야 하거나 중요한 내용은 이와 같이 표기한다.

⁝⁝ 문의

독자의 의견은 언제나 환영이다.

일반적인 의견: 이 책의 제목을 메일 제목에 넣어 customercare@packtpub.com으로 이 메일을 보내면 된다. 이 책의 내용에 대한 질문이 있다면 questions@packtpub.com으로 이메일을 보내면 된다.

한국어판에 관한 질문은 이 책의 옮긴이나 에이콘출판사 편집 팀(editor@acornpub.co.kr)으로 문의해 주길 바란다.

오탈자: 정확한 내용을 전달하고자 모든 노력을 기울였지만 실수가 있을 수 있다. 책에서 발견한 오류를 알려 준다면 감사하겠다. www.packtpub.com/submit-errata에 방문해서 이 책을 선택한 후 Errata Submission Form 링크를 클릭하고 자세한 내용을 넣어 주길 바란다.

한국어판의 정오표는 에이콘출판사의 도서정보 페이지 http://www.acornpub.co.kr/book/unreal5-create에서 찾아볼 수 있다.

저작권 침해: 인터넷에서 어떤 형태로든 팩트 책의 불법 복제본을 발견한다면 주소나 웹 사이트 이름을 알려 주면 감사하겠다. 불법 복제본의 링크를 copyright@packtpub.com으로 보내 주길 바란다.

저자 신청: 독자가 전문 지식을 가진 분야의 책을 쓰거나 기여하는 데 관심이 있다면 authors.packtpub.com을 방문하길 바란다.

1부

3D 애셋 제작하기

1부에서는 언리얼 엔진에 사용할 3D 애셋을 제작하는 과정을 배운다.

1부에서는 다음 장들을 다룬다.

- 1장, 블렌더 3D 모델링 및 스컬핑 툴 소개
- 2장, 로봇 드론 캐릭터 모델링하기
- 3장, 외계 식물 스컬핑하기
- 4장, UV 맵과 텍스처 굽기
- 5장, 퀵셀 믹서에서 모델 텍스처링하기

01

블렌더 3D 모델링 및
스컬핑 툴 소개

재미있는 3D 영상 제작을 배우러 온 것을 환영한다.

빨리 3D 영상을 만들고 싶겠지만 그 전에 (가상의) 할리우드 영화처럼 가상 액터actor, 가상 세트set, 가상 소품이 필요하다.

이런 3D 애셋asset을 제작하고자 **블렌더**Blender라는 소프트웨어의 사용법을 먼저 알아야 한다. 이 3D 제작 툴은 오픈소스이며 무료로 사용할 수 있다.

1장에서는 블렌더를 사용해 3D 애셋을 제작하는 두 가지 방법인 3D 모델링modeling과 3D 스컬핑sculpting에 대해서 배운다.

3D 모델링의 기본 개념을 설명하는 것을 시작으로 3D 모델링과 3D 스컬핑의 차이점 및 특정 작업에서 어떤 방법이 더 적합한지 알아볼 것이다.

독자들은 블렌더의 사용자 인터페이스UI, User Interface를 사용하는 방법, 3D 뷰포트 Viewport를 다루는 방법, 뷰 모드view mode, 선택한 아이템을 조작하는 방법에 대해서 빠르게 배울 것이다.

마지막으로, 5장까지 가장 많이 사용되는 3D 모델링 툴^{tool}, 3D 스컬핑 툴, 모디파이어 modifier들을 간략히 알아볼 것이다.

> **NOTE**
>
> 1장의 목표는 3D 그래픽의 기초와 블렌더의 3D 모델링 및 스컬핑 툴의 기능에 대한 기초적인 내용을 소개하는 것이다. 그렇기에 블렌더에서 사용되는 툴에 대한 실제 사용 방법이 아닌 참고 정도로 생각하면 된다.

1장에서는 다음 주제들을 다룬다.

- 3D 모델링이란 무엇인가?

- 3D 스컬핑에 대한 이해

- 블렌더 소개

- 블렌더의 모델링 툴 분석

- 블렌더에서 모디파이어 사용하기

- 블렌더의 스컬핑 툴 분석

- 다른 스컬핑 툴

1장이 끝나면 3D 모델링과 스컬핑에 대한 기본 개념을 갖게 된다.

독자들은 이후에서 사용될 3D 모델링 및 스컬핑 툴에 대해 알아가면서 블렌더의 기본적인 기능을 배운다.

⁞⁞ 기술 요구 사항

1장에서 다음과 같은 소프트웨어가 필요하다.

- 3D 애니메이션 소프트웨어를 구동할 수 있는 컴퓨터가 필요하다.

- 다음 사이트(https://www.blender.org/download)에서 블렌더를 다운로드 및 설치해야 한다.

1장에서 사용하는 블렌더는 2.93.4 버전이다. 지금 사용하고 있는 블렌더가 신버전이라도 1장에 나와 있는 예제들을 실행하는 데에는 아무 문제가 없다.

3D 영상 제작 과정에 들어가기에 앞서 3D 모델링에 대한 기본적인 개념을 알아야 한다.

1장에서 사용된 모든 파일은 다음 사이트(https://github.com/PacktPublishing/Unreal-Engine-5-Character-Creation-Animation-and-Cinematics/tree/main/Chapter01)에서 받을 수 있다.

3D 모델링

3D 모델링은 3D 소프트웨어에서 **메시**mesh들을 조작해서 3D 모델을 만드는 과정이다.

메시(폴리곤 메시polygon mesh라고도 불린다)는 3D 소프트웨어에서 3차원 공간에 존재하는 가상의 오브젝트다.

메시는 여러 요소로 이뤄져 있다. 그 요소들은 면face, 모서리edge, 버텍스vertex다.

- **면**은 최소 3개 또는 그 이상의 직선으로 채워진 평면으로 묘사할 수 있다. 면은 모서리와 정점과 같이 2개의 하위 요소로 이뤄져 있다.
- **모서리**는 2개의 정점을 연결한 것이다.
- **버텍스**(복수형: vertices)는 3D 공간에서의 한 점이다. 정점들은 메시의 구성 요소 중에서 가장 작은 요소다.

위의 요소들은 그림 1.1에서 볼 수 있다.

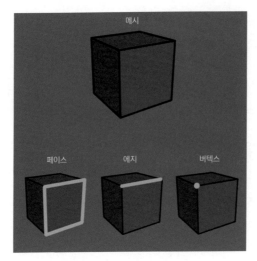

그림 1.1 메시의 구성 요소

이번 절에서는 3D 모델링에 대한 기초를 배웠다. 이 지식은 3D 그래픽을 배우는 데 있어서 기초가 된다.

다음 절에서는 3D 애셋을 제작하는 또 다른 방법인 3D 스컬핑에 대해서 알아보자.

⋮⋮ 3D 스컬핑에 대한 이해

3D 모델링과 3D 스컬핑은 어떻게 다른가?

3D 스컬핑 또는 **디지털 스컬핑**은 브러시 기반 스컬핑 툴을 사용해서 3D 메시의 모양을 잡거나 형태를 구성하는 것으로 설명할 수 있다.

점토로 모양을 잡는 조각가를 생각해 보자. 이제 블렌더라는 컴퓨터 그래픽 소프트웨어를 사용해서 가상의 3차원 공간에서 압력에 민감한 태블릿^{tablet}, 펜 또는 마우스를 사용해서 조각가처럼 스컬핑할 수 있다.

블렌더에서는 디지털 점토와 비슷한 느낌을 주는 스컬핑 툴이 많다.

모델 제작에 대한 조각적 접근 방식sculptural approach의 이점은 유기적인 모양을 만들 때 모델링 툴(일반적으로 건물, 차량 등등과 같은 인공 구조물인 기계적인 메시 또는 모델을 만들 때 적합한 툴이다)을 사용하는 것보다 더욱 직관적이라는 것이다.

3D 스컬핑의 유기적 형태의 예시로는 사람의 몸, 생물, 동물, 식물, 돌, 다른 자연 유기체 모양의 고체 형태들이 있다. 3D 스컬핑을 할 때 폴리곤 메시를 사용할 수도 있다.

이번 절에서 3D 스컬핑의 기본적인 개념을 배웠다.

다음 절에서 사용자 인터페이스, 탐색 등 블렌더의 필수 기능을 배운다.

⁖ 블렌더 소개

블렌더는 거의 모든 가상 신scene 또는 오브젝트를 제작할 수 있는 3D 제작 툴이다.

블렌더를 실행하면 볼 수 있는 사용자 인터페이스들에 대한 설명을 시작으로 알아보려고 한다. 어디에 무엇이 있는지 아는 것이 가장 중요한 출발점이다.

사용자 인터페이스

블렌더를 실행하면 스플래시 스크린splash screen이 먼저 화면에 나타난다. 해당 화면은 특정 프로젝트를 생각하고 있을 때 가장 유용한 메뉴다. 그러나 지금 같은 경우 이 메뉴를 닫는다. 메뉴를 닫으면 그림 1.2와 같은 화면을 볼 수 있다.

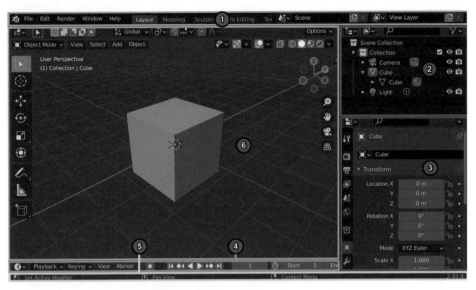

그림 1.2 블렌더의 사용자 인터페이스 위치

그림 1.2에서 숫자가 기입된 부분들은 이후에 설명할 다양한 사용자 인터페이스 영역을 표시한다.

1. **상단바**^Topbar: 여기에는 **파일**^File, **편집**^Edit, **렌더**^Render, **도움말**^Help이 있다. 오른쪽에는 워크스페이스^workspace를 선택할 수 있는 탭이 있다. 이는 소프트웨어의 모드와 같은 역할을 하며 메뉴와 단축키로 구성된다. 예를 들어, 만약 화면에서 오브젝트를 움직이고 싶을 때 **레이아웃 워크스페이스**^Layout Workspace 탭을 사용하면 된다. 이후에 모델링 프로세스에 대해서 더 많은 것을 배우고 싶다면 모델링 워크스페이스로 변경하면 된다.

   그리고 이미 짐작했겠지만 3D 스컬핑을 하려면 **스컬핑 워크스페이스**^Sculpting Workspace 탭을 사용한다. 이 책에서 알아볼 다른 탭들은 **UV 에디팅 워크스페이스**^UV Editing Workspace와 **텍스처 페인트 워크스페이스**^Texture Paint Workspace다. 이후 프로젝트에서 사용할 다른 탭들은 **셰이딩 워크스페이스**^Shading Workspace와 **애니메이션 워크스페이스**^Animation Workspace 탭이다.

2. **아웃라이너**^{Outliner}: 여기서는 신^{scene}에 존재하는 다양한 오브젝트(메시, 커브 등) 및 요소들(카메라, 라이팅 등)의 리스트를 보여 준다. 아웃라이너는 신에 존재하는 오브젝트 및 요소들을 선택, 선택 해제, 숨기기, 정렬할 때 사용된다.

3. **속성**^{Properties}: 여기서는 신 및 오브젝트를 포함한 편집 가능한 속성들을 찾을 수 있다.

4. **타임라인**^{Timeline}: 여기서는 애니메이션 키프레임^{keyframe} 조작 및 스크러빙^{scrubbing}할 때 사용한다.

5. **상태 바**^{Status Bar}: 블렌더의 마우스 및 키보드 단축키 및 다른 정보들을 보여 준다.

6. **3D 뷰포트**^{3D Viewport}: 가상의 3D 월드에서 일어나는 일들을 볼 수 있는 곳이다.

이번 절에서 블렌더의 사용자 인터페이스의 기본적인 레이아웃과 위치를 배웠다. 다음 절에서 3D 뷰포트의 다양한 요소들에 대해서 자세하게 알아보자.

3D 뷰포트 요소들

3D 뷰포트는 가상의 3D 월드에서 일어나는 일을 볼 수 있는 곳이다. 격자 패턴은 바닥 평면을 나타낸다. 바닥 격자 평면은 모든 3개의 축에서 0에 위치하고 있다.

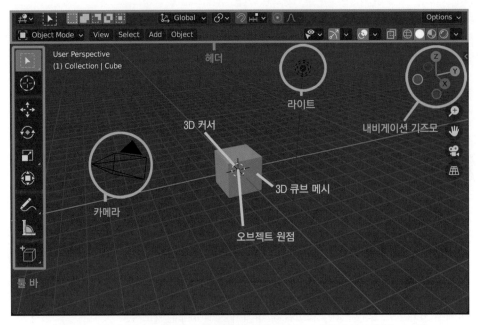

그림 1.3 레이아웃 워크스페이스가 활성화된 상태의 3D 뷰포트 사용자 인터페이스 요소들

3D 뷰포트에는 앞의 스크린샷에서 표시된 몇 가지 중요한 항목과 영역이 있다.

- **헤더 바**^{The Header bar}: 이 메뉴 바는 메뉴와 자주 사용되는 툴을 담는 컨테이너 역할을 한다. 메뉴와 버튼은 에디터 타입, 선택된 오브젝트 및 모드에 따라서 바뀐다.

- **툴 바**^{Toolbar}: 이 메뉴 바는 선택된 워크스페이스에 따라서 상호작용할 수 있는 툴이 모여 있는 곳이다. 툴 바를 보이거나 숨기려면 T를 누른다.

- **속성 패널 또는 N-패널**^{Properties region, also known as the N-panel}: 속성 패널은 기본적으로 숨겨져 있기 때문에 앞의 스크린샷에서 볼 수 없다. 속성 패널을 열기 위해서 N을 누른다. N을 누르면 3D 뷰포트의 오른쪽에 열린다. 속성 패널은 3D 뷰 및 활성화된 오브젝트의 속성들을 보여 준다. 이 창은 그림 1.4처럼 선택된 오브젝트의 **Transform** 탭(Location, Rotation, Scale, Dimensions)에서 값을 입력할 수도 있다. 또 속성 패널을 사용해서 3D 뷰의 초점 길이 및 뷰포트 클리핑^{clipping}을 편집할 수 있다.

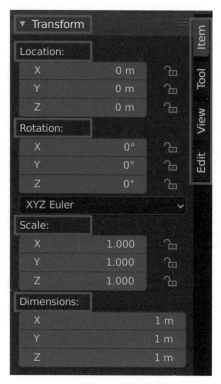

그림 1.4 속성 패널

기본적으로 3D 뷰포트는 프로그램이 시작될 때 자동으로 신에 추가되는 오브젝트들을
보여 준다. 추가된 오브젝트들은 3D 큐브 메시, 카메라, 라이팅^{light}이다.

- **3D 큐브 메시**는 많은 모델링 작업의 좋은 시작점을 제공한다.

- **카메라**는 블렌더 내부 렌더링에 사용되는 가상 카메라이며, 라이팅은 신을 밝혀 주는
  데 사용되는 가상 라이팅이다. 이 중 어느 것도 이번 튜토리얼^{tutorial}에서 사용되지 않
  으므로 삭제해도 된다.

- **오브젝트 원점**^{object origin}도 존재한다. 뷰 중앙에 있는 3D 큐브 메시를 자세히 보면 중
  간에 주황색 작은 점이 존재하는 것을 볼 수 있다. 이 점은 메시의 중점을 나타낸다.
  이것의 중요성에 대해서는 나중에 이야기할 것이다.

- **3D 커서**는 격자가 중간에 있는 빨간색-하얀색 줄무늬가 있는 동그라미다. 이후에 이 야기할 매우 유용한 툴이다.

- 마지막으로 **내비게이션 기즈모**^{Navigation Gizmo}다. 이 기즈모는 3D 뷰포트의 오른쪽 상 단에서 찾을 수 있다. 이 기즈모를 사용해 3D 화면을 회전할 수 있다. 기즈모를 클릭한 상태로 드래그해서 화면을 돌리거나 기즈모의 점을 클릭해서 오소그래픽^{Orthographic} 뷰들 중 바로 하나의 뷰로 바로 돌릴 수도 있다.

NOTE

> **오소그래픽 뷰**(Orthographic view)는 3D 오브젝트 또는 신의 2차원 뷰다. 오소그래픽 뷰는 주로 정 면, 후면, 오른쪽, 왼쪽, 상단, 하단이 있다.

이번 절에서 블렌더의 3D 뷰포트의 여러 가지 요소들을 배웠다. 이제 기본적인 사용자 인터페이스에 대한 기본적인 지식을 갖고 있으니 블렌더의 기초에 대해서 더 배워 보자.

다음 절에서 3D 뷰포트에 있는 오브젝트와 상호작용을 할 수 있는 방법에 대해서 배 운다.

블렌더의 3D 세계와 상호작용

블렌더에서 3D 뷰포트 내에서 시점을 변경하는 세 가지 기본 방법이 있다.

3D 뷰를 돌아다니기

다음 세 가지 방법은 3D 뷰포트에서 움직이거나 시점을 변경하는 데 사용된다.

- **줌**^{zoom}: 마우스 휠을 사용해서 오브젝트로부터 줌인^{zoom in} 또는 줌아웃^{zoom out}을 한다. 또 다른 방법으로는 **Ctrl**을 누른 상태로 마우스 중간 버튼을 드래그하는 것으 로 줌인 또는 줌아웃을 할 수 있다.

- **회전**^{rotate}: 마우스 중간 버튼을 누른 상태로 드래그하면 된다. **Alt**를 누른 상태로 마 우스 중간 버튼을 클릭하고 드래그하면 해당 오소그래픽 뷰로 볼 수 있다.

- **팬**pan: **Shift**를 누른 상태로 마우스 중간 버튼을 클릭하고 드래그하면 움직인다. 패닝 panning이란 뷰포트를 좌우로 움직이는 것을 말한다.

방금 3D 신에서 시점을 변경하는 법을 배웠고 이제 3D 뷰포트에 있는 오브젝트와 상호 작용하는 방법에 대해서 알아보자.

오브젝트 선택 및 선택 해제

블렌더에서 스플래시 스크린splash screen을 닫고 나서 가장 먼저 보이는 것은 화면 중앙에 있는 3D 큐브다.

기본적으로 3D 큐브가 이미 선택돼 있다. 이걸 아는 이유는 3D 큐브가 주황색 아웃라인으로 표시돼 있기 때문이다. 만약 오브젝트 또는 컴포넌트가 선택 해제되면 더 이상 주황색 아웃라인을 표시하지 않는다.

> **NOTE**
>
> 오브젝트가 3D 뷰포트에서 선택되면 아웃라이너에 동일한 항목이 선택되고 강조된다. 아웃라이너를 사용해서 오브젝트를 선택 또는 선택 해제할 수도 있다. 선택/선택 해제된 항목은 자동으로 3D 뷰포트에서 선택/선택 해제된다.

블렌더에서 항목, 오브젝트 또는 메시 컴포넌트를 선택 또는 선택 해제하는 방법이 더 존재한다.

- **항목 직접 선택하기**: 항목 또는 컴포넌트를 마우스 좌클릭으로 직접 선택한다. 선택된 항목 또는 컴포넌트를 3D 뷰포트 아무 곳이나 클릭해서 선택 해제한다.
- **선택툴**Selection Tool **사용하기**: 선택 박스(그림 1.3에서 보이는 왼쪽의 툴 바에 위치)는 선택을 위해서 사용되는 기본 툴이다. 이 툴을 사용하려면 마우스 좌클릭을 하고 선택하고 싶은 항목 또는 컴포넌트를 드래그해서 선택한다.
- **여러 항목 동시에 선택하기**: 여러 항목을 동시에 선택하고 싶다면 **Shift**를 누른 채로 항목들을 클릭하면 된다. 이미 선택된 항목을 **Shift**를 누른 채로 다시 클릭하면 해당 항목만 선택 해제된다.

레이아웃 워크스페이스 영역에 있는 상태에서 화면에 있는 모든 항목을 선택하고 싶을 때는 A를 누르면 된다. A를 빠르게 두 번 누르면 화면에 있는 모든 항목의 선택을 해제할 수 있다.

- **메시 컴포넌트 선택하기**: 기본적으로 **레이아웃 워크스페이스**의 모든 메시는 **오브젝트 모드**다. 메시 컴포넌트를 선택하려면 **탭**을 눌러서 **에디트 모드**^{Edit Mode}를 선택한다.

  그림 1.5는 보이는 아이콘(이 아이콘들은 **헤더** 메뉴 바에서 찾을 수 있다)을 선택하거나 연결돼 있는 키보드 숫자를 사용해서 **VERTEX, EDGE** 또는 **FACE SELECT** 모드로 들어가는 방법을 보여 준다.

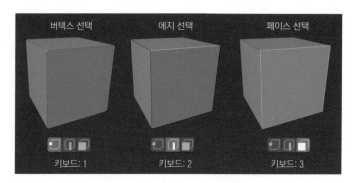

그림 1.5 메시 구성 요소를 선택하는 방법

튜토리얼을 따라 하면서 선택된 모든 구성 요소는 툴 바에서 **박스 선택**^{Box Select} 툴을 사용한다. 한번 선택되면 다양한 수정을 할 수 있다. 이 부분에 대해서는 나중에 이야기하겠다.

오브젝트 모드로 다시 돌아오려면(에디트 모드에서 떠나려면) 다시 **탭**을 누르면 된다.

- **연결된 메시 컴포넌트를 선택하기**: 메시 표면과 연결돼 있는 메시 컴포넌트를 선택하고 싶을 때가 있다. 마우스 커서를 선택하고 싶은 부분 위에 위치시키고 **Ctrl + L** 단축키를 사용해서 선택한다. 반대로 연결된 메시 컴포넌트를 선택 해제하고 싶을 때는 마우스 커서를 원하는 곳에 위치시키고 **Shift + L** 단축키를 누른다.

  이번 절에서 다양한 항목들 그리고/또는 컴포넌트들을 선택 및 선택 해제하는 방법을 배웠다.

다음 절에서 블렌더의 축과 트랜스폼 방향에 대해서 배운다.

축과 트랜스폼 방향

축axe이란 무엇인가? 3D 그래픽에서 방향을 정의하는 3D 공간의 가상의 선이다. 3개의 축이 있다. X, Y, Z축이다. 이 축들은 그림 1.6에서 볼 수 있듯이 좌/우(X), 전/후(Y), 상/하(Z) 방향의 선이다.

축은 양의 방향과 음의 방향을 전부 갖고 있고 시각적으로 구분하기 쉽게 각각 다른 색깔을 갖고 있다. X축은 빨간색, Y축은 초록색, Z축은 파란색이다. 블렌더와 **언리얼 엔진**에서는 위쪽 방향이 Z축의 양의 방향이다.

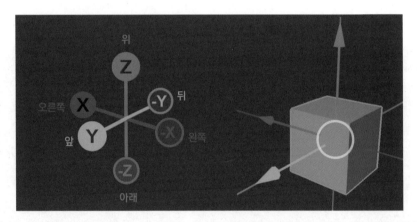

그림 1.6 (A) 블렌더의 3개의 축 X, Y, Z (B) 큐브는 3D 큐브 메시에서 3개의 축이 어떻게 나타나는지 보여 준다.

이제 축이 무엇인지 확인했으니 빠르게 다른 것들도 확인해 보자.

- **Transform**: 오브젝트/항목을 트랜스폼transform한다는 것은 그 오브젝트/항목을 움직이거나 회전하거나 크기를 변경하는 것을 말한다. 오브젝트를 트랜스폼한다면 자동으로 해당 오브젝트의 축과 축의 방향을 사용한다.

- **Orientation**: 축의 방향orientation을 설명한다. 선택한 **트랜스폼 방향**에 따라서 해당 축의 방향이 바뀐다. 그림 1.7을 보면 빨간색, 초록색, 파란색 화살표(오브젝트 기즈모

라고 불린다)를 볼 수 있는데 이 부분이 그림 1.7, 파트 A에서 그림 1.7, 파트 B로 변경되는 것을 볼 수 있다.

- **Transform Orientation**: 트랜스폼의 작업 방식을 바꾼다. 즉 사용할 **트랜스폼 방향**에 따라서 변환/조작하는 방법이 달라진다는 이야기다. 1장에서 **글로벌**Global 축과 **로컬**Local 축, 두 가지에 대해서 배운다.

트랜스폼 방향 메뉴(드롭다운 메뉴)를 사용해서 트랜스폼 방향을 바꾸려면 **헤더 바** 옆에 **Global**이라는 단어가 있는 아이콘을 찾는다. 그림 1.7처럼 메뉴는 화면 상단 근처에 있다.

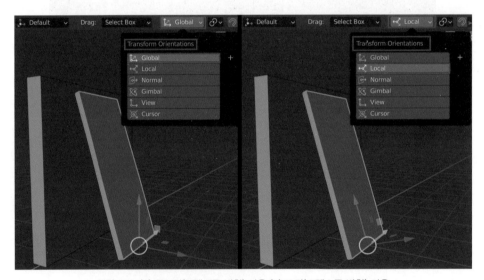

그림 1.7 (A) 글로벌(트랜스폼 방향) 사용 (B) 로컬(트랜스폼 방향) 사용

글로벌 축과 **로컬** 축의 차이를 빠르게 살펴보자.

- **글로벌**: 글로벌 축은 월드/화면의 방향과 나란히 정렬돼 있다. 그림 1.7, 파트 A를 보면 주황색으로 표시된 박스를 **글로벌 축 트랜스폼 방향**을 사용해서 선택했다. **글로벌**

축 **트랜스폼 방향**은 블렌더에서 모든 오브젝트/항목들에 기본값으로 설정돼 있다. **글로벌** 축의 방향은 고정돼 있어서 변경할 수 없다. 블렌더의 모든 항목들은 **글로벌** 축이 월드/화면의 축이기 때문에 모두 공유할 수 있다.

- **로컬**: 블렌더의 각 오브젝트/항목들은 오브젝트/항목/컴포넌트에 대해서 개별적인 **로컬** 축을 갖고 있다. 오브젝트가 트랜스폼될 때 **로컬** 축도 같이 변환한다. 그림 1.7 파트 B에서 **글로벌** 축을 사용해서 선택했을 때와 다르게 주황색으로 표시된 박스의 축이 다른 것을 확인할 수 있다. **로컬** 축들은 **글로벌** 축들과는 다르게 변경이 가능하다.

이번 절에서 축, 트랜스폼, 방향의 개념, **트랜스폼 방향** 메뉴를 사용해서 **글로벌** 축과 **로컬** 축 변경 방법에 대해서 배웠다.

다음 절에서 오브젝트를 변환할 때 사용할 수 있는 여러 단축키에 대해서 배운다. 또한 작업 시간을 줄이고자 **글로벌** 축과 **로컬** 축 **트랜스폼 방향**을 빠르게 바꿀 수 있는 단축키에 대해서도 배운다.

마지막으로 오브젝트를 변환하고자 오브젝트 기즈모를 사용하는 방법에 대해서도 배운다.

오브젝트 또는 구성 요소 조작하기

단축키 또는 오브젝트 기즈모를 사용해서 오브젝트/컴포넌트들을 조작할 수 있다. 이번 절에서 이 두 가지 옵션을 사용하는 방법에 대해서 배운다. 먼저 단축키를 사용해서 조작하는 방법에 대해서 알아보자.

단축키를 사용해 오브젝트/컴포넌트 조작하기

오브젝트/컴포넌트들을 움직이거나 회전시키거나 크기를 바꾸는 단축키에 대해서 알아보자.

- **이동**move: 선택된 오브젝트를 상하좌우(현재 보고 있는 각도에 수직인 방향)으로 움직이려면 G 단축키를 사용한다. 오브젝트의 움직임을 **글로벌** 축으로 제한을 두고 싶다면 단축키를 누르고 움직이고 싶은 축의 이름(X, Y, Z)을 누르고 움직이면 된다. 축 키(X, Y, Z)를 두 번 누르면 움직임은 **로컬** 축으로 제한된다.

- **회전**rotation: 시계방향 또는 반시계방향(현재 보고 있는 각도에 수직인 방향)으로 선택된 오브젝트를 돌리고 싶다면 단축키 R을 사용한다. (그림 1.3에서 보는 것과 같이) 선택된 오브젝트는 오브젝트의 원점을 회전의 중심점으로 사용한다. 오브젝트의 회전을 **글로벌** 축으로 제한하고 싶다면 R키를 누르고 회전하고 싶은 축의 이름(X, Y, Z)을 누르고 회전하면 된다. 축 키(X, Y, Z)를 두 번 누르면 회전이 로컬 축으로 제한된다.

- **스케일**scale: 선택된 오브젝트의 크기를 늘리거나 줄이려면 S 단축키를 사용한다. (그림 1.3에서 보는 것과 같이) 오브젝트는 오브젝트의 중점을 기준점으로 사용한다. 스케일을 **글로벌** 축으로 제한하고 싶다면 S 단축키를 누르고 크기를 변경하고 싶은 축의 이름(X, Y, Z)를 누르고 크기를 변경하면 된다. 축 키(X, Y, Z)를 두 번 누르면 스케일은 **로컬** 축으로 제한된다.

방금 오브젝트 및 컴포넌트들과 다른 오브젝트들을 변환하는 단축키에 대해서 배웠다. 그리고 이 변환들을 특정 X, Y, Z 키(축 이름 키)를 사용해서 제한하는 방법을 배웠고 한 번 누르면 **글로벌** 축, 두 번 누르면 **로컬** 축으로 바꾸는 방법을 배웠다.

다음 절에서 오브젝트, 컴포넌트 또는 다른 오브젝트들을 오브젝트 기즈모를 사용해서 변환/조작하는 방법에 대해서 배운다.

오브젝트 기즈모를 사용해서 오브젝트/컴포넌트 조작

오브젝트 기즈모란 무엇인가? 그림 1.8에서 보이는 세 가지 조작 모드(이동, 회전, 스케일) 중 한 가지를 툴 바에서 선택하면 3D 뷰포트에 선택된 오브젝트 위에 보이는 트랜스폼(조작) 툴이다.

오브젝트 기즈모는 화면에서 컴포넌트 및 오브젝트를 변환/조작하는 또 다른 방법(단축키를 사용하는 방법 외의 방법)을 제공한다. 오브젝트 기즈모의 장점은 변환할 때 3개의 축

중에서 2개의 축을 움직이거나 스케일할 때 제한(2D 평면에 제약)을 걸 수 있다는 점이다. 단축키를 사용하면 이러한 작업을 수행할 수 없다.

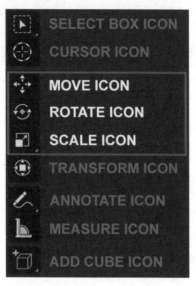

그림 1.8 아이콘 옆에 설명이 적힌 툴 바. 조작 모드는 따로 표시했다.

이제 3개의 기즈모를 어떻게 활성화하는지 알아보자.

- **이동**: 그림 1.8에 나오는 것처럼 오브젝트 이동 기즈모를 갖고 이동하려면 **스페이스 바 + G**키를 사용하거나 툴 바에서 **MOVE ICON**을 클릭한다.

- **회전**: 그림 1.8에 나오는 것처럼 오브젝트 회전 기즈모를 갖고 회전하려면 **스페이스 바 + R**키를 사용하거나 툴 바에서 **ROTATE ICON**을 클릭한다.

- **스케일**: 그림 1.8에 나오는 것처럼 오브젝트 스케일 기즈모를 갖고 크기를 변경하려 면 **스페이스 바 + S**키를 사용하거나 툴 바에서 **SCALE ICON**을 클릭한다.

트랜스폼 모드(이동, 회전 또는 스케일)를 선택했다면 그림 1.9처럼 선택한 오브젝트 위에 오브젝트 기즈모가 나타난다.

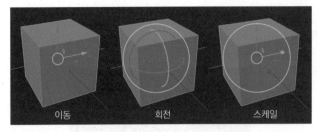

그림 1.9 3D 큐브 모델의 이동, 회전 또는 스케일을 위해서 위에 표시된 오브젝트 기즈모

오브젝트 이동 기즈모를 사용하면 3방향으로 가리키고 있는 빨간색, 초록색, 파란색 화살표를 볼 수 있다. 이 화살표들은 3개의 축을 나타낸다. 빨간색 화살표는 X축을, 초록색 화살표는 Y축을, 파란색 화살표는 Z축을 나타낸다.

예를 들어, 만약 큐브를 X축 방향으로 움직이고 싶다면 빨간색 화살표를 마우스로 누른 상태로 움직이면 된다. 그러면 큐브는 X축 방향으로 움직인다. 그리고 움직임을 멈추고 싶다면 간단하게 마우스에서 손을 떼면 된다.

오브젝트 이동 기즈모 중간에 있는 하얀색 작은 동그라미는 보고 있는 각도에서 수직으로 어느 방향으로도 움직일 수 있게 해준다.

기즈모 중앙 근처에 있는 빨간색, 초록색, 파란색 평면을 조작하면 변환할 때 선택된 2개의 축으로 움직임이 제한된다. 예를 들어, 만약 빨간색 평면을 조작하면 모델의 움직임은 Y축과 Z축으로 움직임이 동시에 제한된다. 다시 말해, 2D 평면에 제한이 된다.

오브젝트 회전 기즈모는 빨간색, 초록색, 파란색의 커브를 가진다. 빨간색 커브는 X축을, 파란색 커브는 Y축을, 초록색 커브는 Z축을 나타낸다. 선택된 오브젝트를 회전하려면 이 커브들을 사용한다. 대개의 커브를 모두 감싸고 있는 하얀색 동그라미는 현재 보고 있는 각도에 수직인 모든 방향으로 회전할 수 있게 해준다.

오브젝트 스케일 기즈모는 끝에 네모가 달려 있는 빨간색, 초록색, 파란색 선으로 이뤄져 있고 이 선들은 위와 같이 X, Y, Z축을 나타낸다. 이번 기즈모에는 하얀색 동그라미가 2개가 있는데 그중 1개만 사용해서 3개의 축으로 자유롭게 크기를 변경할 때 사용한다. 기즈모 중앙 근처에 있는 빨간색, 초록색, 파란색 평면을 조작하면 변환할 때 선택된 2개의 축(2D 평면에 제한된다)으로 스케일이 제한된다.

이번 절에서 오브젝트 기즈모를 사용해서 오브젝트/컴포넌트를 조작하는 세 가지 방법에 대해서 배웠다.

다음 절에서는 블렌더에서 메시들과 다른 오브젝트들의 표시 방법을 다른 **뷰 모드**View Mode를 사용해서 변경하는 방법에 대해서 배운다.

뷰 모드

뷰 모드(또는 **뷰포트 셰이딩 모드**Viewport Shading Mode)는 3D 뷰포트에서 오브젝트/컴포넌트를 표시할 때 사용한다.

뷰 모드의 다른 옵션들은 **솔리드 뷰 모드**Solid View Mode, **엑스레이 뷰 모드**X-Ray View Mode, **와이어프레임 뷰포트 셰이딩 모드**Wireframe Viewport Shading Mode다.

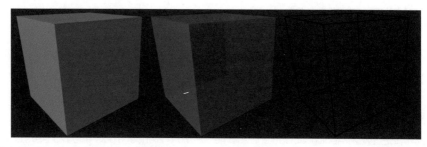

그림 1.10 뷰포트 셰이딩 모드 – (A) 솔리드 뷰 모드 (B) 엑스레이 뷰 모드 (C) 와이어프레임 뷰포트 셰이딩 모드

NOTE

> **솔리드 뷰 모드**는 뷰포트 셰이딩 모드의 기본값이다. 이 모드에서 메시의 컴포넌트를 선택 박스로 선택하면 현재 뷰를 바라보고 있는(눈에 보이는) 컴포넌트만 선택한다. 만약 현재 (**솔리드 뷰 모드**에서 볼 수 없는) 오브젝트의 다른 쪽에 있는 컴포넌트를 선택하고 싶다면 **엑스레이 뷰 모드**나 **와이어프레임 뷰포트 셰이딩 모드**를 활성화해야 한다.

뷰 모드 옵션에서 다음 단축키들이 뷰 모드를 활성화하는 데 사용된다.

- **Alt + Z**로 엑스레이 뷰 모드를 활성화한다.

- **Shift + Z**로 와이어프레임 뷰 모드를 활성화한다.

- **Z**로 와이어프레임 뷰포트 셰이딩 모드를 포함하고 있는 셰이딩 원형 메뉴를 활성화한다.

지금까지 3D 애셋을 제작할 때 필요한 여러 가지 뷰포트 셰이딩 모드에 대해서 배웠다. 솔리드 뷰 모드, 엑스레이 뷰 모드, 와이어프레임 뷰포트 셰이딩 모드로 모델의 보이지 않는 곳에 있는 메시 컴포넌트를 선택하는 데 필요하다.

이것으로 블렌더 소개를 마친다. 이제 사용자 인터페이스, 뷰포트 이동, 선택 및 선택 해제, 오브젝트 기즈모를 사용해서 오브젝트 조작하는 방법에 대해서 배웠다.

다음 절에서는 5장까지 사용할 3D 모델링 툴에 대해서 배운다.

⠿ 블렌더 모델링 툴

5장까지의 튜토리얼에서 사용할 3D 모델링 툴에 대해 알아보자. 이번 절은 실제 튜토리얼이 아닌 참고용으로 보면 된다.

> **NOTE**
>
> 이후 나오는 절에서 Additional Content Volume 1 – More Blender Tools and Modifiers.pdf를 다운로드하는 링크를 확인할 수 있다. 이 PDF는 추가적인 모델링 툴과 모디파이어들에 대해서 정리한 문서다.
> 블렌더의 모델링 툴을 사용할 때 현재 사용하는 툴을 적용하려면 3D 뷰포트에서 메시의 외부를 클릭하거나 Alt + A로 현재 활성화된 툴을 해제한다. 두 번째 방법은 툴에도 적용된다.

Extrude Region

Extrude Region^{지역 돌출} 툴은 면, 모서리 또는 버텍스들을 돌출해서 메시의 볼륨을 늘리고 새로운 도형을 추가한다.

이 툴을 사용하려면 **탭**을 사용해서 **에디트 모드**로 먼저 바꾼다. 그리고 툴 바에서 **Extrude Region** 툴 아이콘을 선택하거나 단축키 **E**를 사용한다.

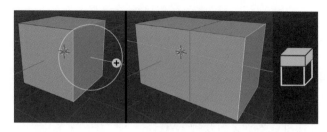

그림 1.11 (왼쪽) 지역 돌출 툴 사용 (오른쪽) 지역 돌출 툴 아이콘

아이콘을 사용한다면 돌출하고 싶은 면(들)을 선택하고 일직선으로 플러스 기호(또는 핸들)을 마우스 좌클릭 후 드래그한다.

(현재 스크린 뷰에 수직인) 화면 공간의 방향으로 돌출하려면 흰색 원을 클릭해서 드래그한다.

Bevel

Bevel^{베벨} 툴은 선택된 모서리, 버텍스 또는 면을 베벨할 때 사용한다. **베벨**은 그림 1.12에서 보이는 것처럼 모서리와 코너를 매끄럽게 만들 때 사용된다.

이 기능을 사용하려면 베벨하고 싶은 오브젝트의 컴포넌트와 **베벨** 툴 아이콘을 선택한다. 이후에 노란색 핸들을 클릭해서 드래그한다. 최소화된 작업 패널은 3D 뷰포트 왼쪽 아래(메시 아래)에 표시된다. 이 창이 최대화됐을 때(기본적으로는 최소화돼 있다) 추가적인 옵션들을 보여 준다. **베벨**의 단축키를 사용하려면 **Ctrl + B**를 누른다.

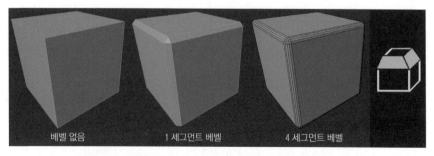

베벨 없음   1 세그먼트 베벨   4 세그먼트 베벨

그림 1.12 (왼쪽) 여러 부분으로 베벨 적용 (오른쪽) 베벨 툴 아이콘

처음에는 **베벨**은 세그먼트^{segment}(부분값)가 1로 설정돼 있지만 첫 번째 베벨을 실행하고 나면 베벨을 좀 더 둥글게 만들 수 있도록 작업 패널에서 세그먼트를 추가할 수 있다.

단축키(Ctrl + B)를 사용했다면 작업 패널을 사용할 필요 없이 마우스 휠로 세그먼트를 늘리거나 줄일 수 있다. 툴 바에서 베벨 툴 아이콘을 사용해서 베벨했을 때 세그먼트를 추가하려면 무조건 작업 패널을 사용해야 한다.

NOTE

> 작업 패널은 한 번만 나타난다. 만약 3D 뷰포트에서 작업 패널 외부를 좌클릭하면 작업 패널은 사라진다. 그렇기에 작업 패널을 닫기 전에 원하는 모든 작업을 완료했는지 확인한다.

Loop Cut

Loop Cut^{루프 잘라내기} 툴은 메시에 모서리 루프(시작점에서 모서리를 한 바퀴 돌아서 다시 시작점으로 돌아오는 모서리)를 추가한다.

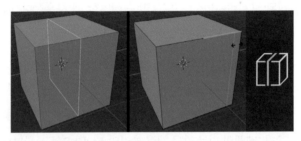

그림 1.13 (왼쪽) 루프 잘라내기 툴 사용 (오른쪽) 루프 잘라내기 툴 아이콘

이 툴을 사용하려면 툴 바에서 **루프 잘라내기** 아이콘을 선택하거나 **Ctrl + R** 단축키를 사용하고 다음의 방법을 따라 한다.

1. 모서리 루프를 만들고 싶은 영역을 클릭한다. 그러면 현재 모서리 루프가 **에디트 모드**에 있다는 것을 알려 주는 노란색 모서리가 나타난다.

2. 노란색 모서리 루프를 클릭하고 드래그해서 원하는 곳에 위치시킨다.

3. **Alt + A**를 눌러서 루프 잘라내기 툴을 비활성화하고 루프 잘라내기를 적용한다.

다음 툴로 넘어가자.

Inset Faces

Inset Faces^{페이스를 인셋} 툴은 **Extrude**^{돌출} 툴과 비슷하지만 이 툴로 만들어진 모든 면은 메시의 표면 모양을 변경하지 않고 선택된 면 안에서 새로운 면을 생성한다. 이 툴을 사용하려면 키보드에서 I를 누르거나 툴 바에서 **페이스를 인셋** 툴 아이콘을 선택한다.

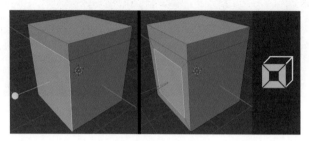

그림 1.14 (왼쪽) 페이스를 인셋 툴 사용 (오른쪽) 페이스를 인셋 툴 아이콘

면, 모서리, 버텍스들 병합

면, 모서리, 버텍스들을 하나의 점으로 만들고 싶을 때 **M** 단축키를 누르고 **At Center** ^{중심에} 메뉴를 선택해서 **Merge**^{병합} 기능을 사용한다.

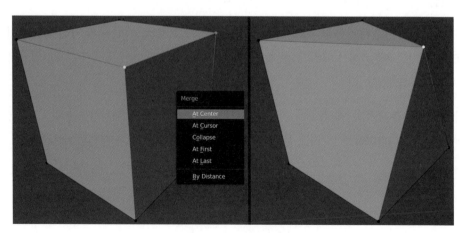

그림 1.15 버텍스 병합

Proportional Editing

블렌더는 Soft Fall-off^{부드러운 비례 감소}로 메시 컴포넌트를 수정할 수 있는 좋은 기능을 갖고 있다. **Proportional Editing**^{비례 편집} 기능을 활성화하고 메시의 컴포넌트를 조작하면 메시는 Soft Fall-off를 갖고 이동한다.

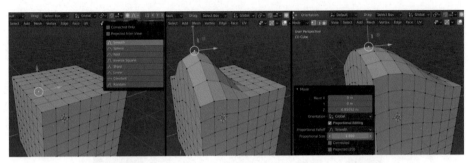

그림 1.16 (A) Proportional Editing 선택 (B) Proportional Editing 기능 활성화 후 버텍스 이동 (C) 비례 감소 (fall-off) 조정

그림 1.16의 헤더 바에서 **Proportional Editing**을 활성화했을 때 어떤 일이 일어나는지 확인했다. 또 다른 방법으로 **Proportional Editing**을 활성/비활성^{on/off}하는 방법은 O를 누르는 방법이 있다.

첫 번째 수정 후에 작업 패널은 3D 뷰포트의 왼쪽 하단에 비례 감소^{fall-off}를 줄일 수 있는 옵션과 함께 나타난다.

이번 절에서 블렌더에서 3D 애셋 제작에 사용되는 다른 3D 모델링 툴과 **Proportional Editing** 모드에 대해서 배웠다. 이 툴들은 2장 로봇 드론 캐릭터 모델링 튜토리얼에서 매우 유용하게 쓰인다.

블렌더는 3D 애셋을 제작할 때 더 많은 유연성과 옵션을 제공하는 기능을 갖고 있다. 이것들을 **모디파이어**^{modifier}라고 부른다. 다음 절에서 모디파이어에 대해서 배워 보자.

⁞ 블렌더에서 모디파이어 사용

모디파이어란 무엇일까? 기본적으로 **모디파이어**는 메시의 모양에 적용되는 모드(또는 기능)와 비슷하지만 모양을 계속해서 편집할 수 있다는 차이점이 있다.

모디파이어는 파괴할 수 없다. 즉 이 모디파이어를 언제든지 활성화하거나 비활성화해서 원본 메시로 되돌릴 수 있다는 뜻이다. 모디파이어는 메시의 모양에 수정을 가했을 때에만 영향이 가기 때문에 모델링 툴을 사용해서 계속 편집할 수 있다.

모디파이어는 그 자체로 작업을 진행하거나 **속성**^{Properties} 패널에 차곡차곡 쌓아 둘 수도 있다. 모양에 하나 이상의 모디파이어가 적용되면 순서를 바꿈으로써 다른 결과를 만들어 낼 수도 있다.

예를 들어, 만약 3D 큐브에 **베벨 모디파이어**를 적용하고 그 3D 큐브의 몇 개의 면들을 돌출했을 때 해당 **베벨 모디파이어**는 자동으로 새로운 모양의 날카로운 모서리들을 둥글게 만든다.

이번 절에서 모디파이어가 무엇인지 배웠고 어디에 사용되는지도 배웠다. 다음 절에서 이 책에서 사용되는 두 가지 모디파이어에 대해서 배운다. 먼저 **미러 모디파이어**^{Mirror Modifier}에 대해서 배워 보자.

미러 모디파이어

메시가 대칭이거나 일부분이 대칭일 때 **미러 모디파이어**를 사용해서 작업 시간을 단축한다.

이 모디파이어를 사용하면 대칭되는 메시의 절반만 모델링을 하면 된다. 블렌더가 나머지 절반을 미러링해 준다.

미러 모디파이어를 사용하려면 다음 순서를 따른다.

1. 메시의 절반을 지운다(미러가 될 부분을 지운다).

2. 미러를 진행할 중심선에 메시의 모든 모서리와 버텍스들이 일직선으로 배치돼 있는지 확인한다.

3. 메시가 준비됐으므로 이제 **미러 모디파이어**를 추가한다. **속성** 패널에 스패너^{spanner} 아이콘을 찾는다. 그림 1.17처럼 접혀 있는 드롭다운 메뉴를 확인할 수 있다.

그림 1.17 속성 패널에서의 Add Modifier 드롭다운 메뉴

4. 드롭다운 메뉴에서 **Add Modifier**를 누르면 블렌더에서 사용할 수 있는 모든 모디파이어를 알려 준다. 보이는 리스트 중에서 그림 1.18처럼 **Mirror**를 선택한다.

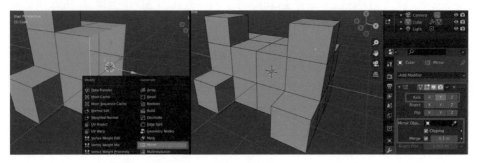

그림 1.18 (A) 미러 모디파이어 선택 (B) 미러 모디파이어 설정

5. 메시를 미러링을 적용할 축을 선택한다. **클리핑과 병합**^{Clipping and Merge}을 활성화하고 중심선에 있는 버텍스들을 병합할 수 있도록 충분히 큰 수로 변경한다.

이번 절에서 **미러 모디파이어**가 얼마나 강력한지에 대해 배웠다. 3D 모델링을 진행하는 도중에 사용(실시간으로 미러링된 결과를 확인할 수 있다)할 수도 있고 모델링을 완성하고 **미러 모디파이어**를 사용할 수도 있다. 선택은 독자들의 몫이다.

다음 절에서 **서브디비전 표면 모디파이어**^{Subdivision Surface Modifier}에 대해서 배워 보자.

> 블렌더에서 메시에 새로운 모양을 추가하는 기능(**리메시**(Remesh), **다인토포**(Dyntopo), **서브디비전 표면 모디파이어**(Subdivision Surface Modifier) 또는 **멀티리솔루션 모디파이어**(Multiresolution Modifier))을 사용하기 전에 사용하고 있는 컴퓨터 시스템 상세 정보(CPU, 비디오 카드, 램(RAM))를 염두에 두고 있어야 한다. 모양이 복잡해질수록 컴퓨터가 필요로 하는 리소스가 더 늘어난다.

서브디비전 표면 모디파이어

이 모디파이어는 메시의 형태에 서브디비전 표면^{Subdivision Surface} 기능(또는 모드)을 추가해서 원본 메시를 가볍게(너무 많은 면을 갖지 않게) 만들면서 세분화하고 매끄럽게 만든다. 이 모디파이어로 저해상도 메시를 수정하면서 결과물에는 실시간으로 매끄러움이 적용되는 것을 확인할 수 있다. 다른 모디파이어처럼 이 모디파이어도 토글^{toggle}할 수 있다.

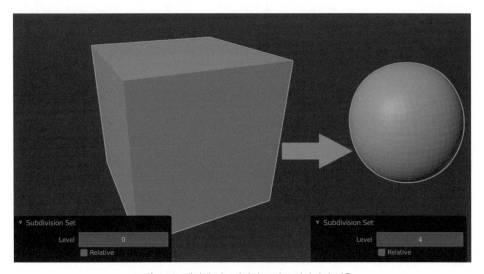

그림 1.19 메시에 서브디비전 표면 모디파이어 적용

그림 1.19에서 큐브를 매끄러운 모양의 구체로 바꾸려고 **서브디비전 표면 모디파이어**를 사용했다.

에디트 모드에서 큐브(와이어프레임으로 표시)의 아무 면이나 바꾸면 메시의 변경 사항이 자동으로 서브디비전 표면 모디파이어를 통해서 세분화되고 매끄럽게 바뀐다.

서브디비전 표면 모디파이어의 단축키는 **Ctrl + 숫자**(0 ~ 5)다.

숫자 0에서 5는 모디파이어에서 메시의 서브디비전 단계를 나타낸다. 언제든지 메시의 서브디비전을 변경할 수 있다.

모디파이어의 **서브디비전 세트** 단계는 3D 뷰포트의 왼쪽 아래에 있는 작업 패널에서 확인할 수 있다. 이 작업 패널을 사용해서 메시의 서브디비전 단계를 변경할 수 있다. 해당 작업을 하려면 작업 패널에서 작은 화살표를 클릭한다.

이번 절에서 **서브디비전 표면 모디파이어**를 사용하는 방법에 대해 배웠다. 이것으로 블렌더에서 제공하는 3D 모델링 툴의 소개를 마친다.

다음 절에서 3D 스컬핑이라는 또 다른 3D 애셋 제작 방법에 대해서 배운다.

⁝⁝ 블렌더 스컬핑 툴 사용하기

3D 스컬핑에 대한 기본적인 개념을 이미 알고 있다. 이제 세부적으로 어떻게 3D 스컬핑 툴을 사용하는지 배워 보자. 이번 절은 실제 사용 방법이 아닌 참고용이다.

블렌더는 메시의 3D 스컬핑하기 좋다. 상단바의 **Sculpture Workspace** 탭을 선택하면 블렌더는 자동으로 **Sculpture 모드**로 바뀌며 사용자 인터페이스도 같이 변경된다.

이번 절에서 그래픽 태블릿과 압력에 민감한 펜pen(스타일러스stylus라고도 부름)을 사용하는 것을 추천한다. 왜냐하면 유기적인 형태를 주로 다루기 때문에 스컬핑을 좀 더 직관적으로 만들기 때문이다.

만약 그래픽 태블릿과 스타일러스가 없어도 걱정하지 말자. 3장의 스컬핑 튜토리얼은 계속 따라 할 수 있다. 스타일러스 대신에 마우스를 사용해도 모든 것을 할 수 있다.

디지털 스컬핑 경험의 좋은 비유는 스타일러스(또는 마우스)가 디지털 점토(메시)를 변형시키는 브러시처럼 사용할 수 있다는 것이다. 선택한 툴에 따라서 브러시는 메시에 다양한 영향을 미친다.

이제 블렌더의 **Sculpture Workspace** 탭과 3D 스컬핑에 사용되는 컴퓨터 하드웨어에 대해서 이해했다.

다음 절에서 브러시 설정에 대해서 세부적으로 알아보자.

NOTE

1장에서 사용하는 스컬핑 브러시와 툴은 3장 튜토리얼에서 사용되는 기능들이다. 이후에 Additional Content Volume 1 – More Blender Tools and Modifiers.pdf 문서 링크를 확인할 수 있다. 이 문서는 더 많은 스컬핑 브러시와 기능에 대해서 정리해 둔 문서다.

브러시 설정

3D 스컬핑은 브러시 기반이기 때문에 먼저 브러시 설정에 대해서 알아보자.

유심히 봐야 하는 설정들은 **헤더 바** 메뉴에 있는 **반경**Radius, **강도**Strength, +- 기호로 표시돼 있는 방향이다.

기본적인 브러시 단축키는 다음과 같다.

- **F**는 **반경**(브러시 크기)

- **Shift + F**는 **강도**

- **Ctrl**을 누르면서 음수 방향(표면 안쪽 방향)을 토글한다.

- 그림 **1.24**처럼 스컬핑을 하는 도중에 **스무싱 기능**Smoothing Function을 토글하려면 **Shift**를 누른다. 이 기능은 곧 배우는 **그리기**Draw 브러시, **샤프 그리기**Draw Sharp 브러시, **팽창**Inflate 브러시에서 사용할 수 있다. **스무싱 기능**은 모든 브러시에서 동작하지 않는다.

기본적으로 브러시 이펙트는 양수(+) 방향이다(표면에서 바깥쪽 방향).

그림 1.20 헤더 툴 바의 브러시 설정

3D 스컬핑에 사용되는 브러시 설정들에 대해 배웠다. 다음 절에서는 블렌더에서 이미 존재하는 지오메트리geometry를 새로운 지오메트리로 교체하는 기능에 대해서 배운다.

Remesh

Remesh리메시 기능은 이미 존재하는 모든 메시 표면을 새롭고 골고루 퍼져 있는 메시 표면으로 교체하는 기능이다.

3D 스컬핑 도중에 메시의 지오메트리를 바꾸려고 **Remesh**를 사용하는 이유는 몇몇 지오메트리가 늘어져 있기 때문이다(그래서 이후에 스컬핑할 때 원하는 결과물이 나오지 않는다). **리메시**는 늘어지지 않은 지오메트리를 제공한다. 이 기능을 어떻게 사용하는지 알아보자.

1. 다음 스크린샷처럼 상단 **헤더 바**에 있는 **Remesh**를 클릭한다.

2. **Remesh** 드롭다운 메뉴에 있는 **복셀 크기**Voxel Size(숫자가 작을수록 메시의 밀도는 높아진다)에 따라서 새로운 메시의 밀도가 결정된다. 그림 1.21에서 설명을 위해서 **Voxel Size**를 0.1로 만들었다. 컴퓨터 시스템이 처리할 수 있는 **Voxel Size**가 다르므로 시스템에 따라서 이 숫자를 조정한다.

3. **Ctrl + R** 단축키를 사용해서 메시에 리메시를 적용한다. 또 다른 방법으로는 **Remesh** 드롭다운 메뉴 하단에 있는 **Remesh** 버튼(그림 1.21에 표시돼 있음)을 누르는 방법이 있다. 왼쪽에 있는 메시가 원본 메시이고 오른쪽에 있는 메시가 **Voxel Size**를 0.1로 지정했을 때 리메시된 메시다.

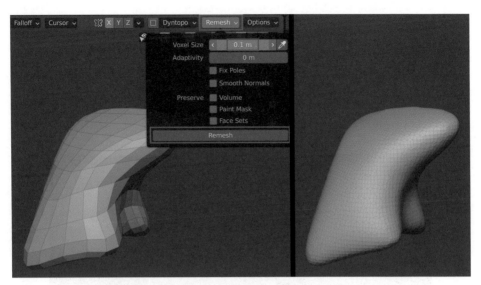

그림 1.21 (A) 메시에 리메시 적용하기 (B) 메시에 리메시 적용 결과

그림 1.21, 파트 A에서 보면 저밀도의 구체가 변형이 된 것을 볼 수 있다. 그리고 면의 숫자가 적기 때문에 메시는 각이 있어 보인다.

오른쪽에 있는 구체 메시는 고밀도의 표면으로 리메시가 됐다. 리메시를 하면서 이전 메시의 표면이 새롭게 골고루 분포된 메시 표면으로 교체됐다. 고밀도 표면은 3D 스컬핑할 때 좋다.

이번 절에서 리메시를 사용해서 늘어난 지오메트리를 교체하거나 고밀도의 지오메트리로 변경하는 방법에 대해서 배웠다.

다음 절에서 블렌더의 스컬핑 브러시에 대해서 알아보자.

블렌더의 스컬핑 브러시

이번 절에서 3장에서 사용될 3D 스컬핑 브러시에 대해서 배운다.

그리기^{Draw} 브러시부터 시작하자.

그리기 브러시

스컬핑 워크스페이스^{Sculpting Workspace}를 실행하면 기본적으로 선택되는 브러시다. Draw 브러시는 부드러운 비례 감소^{Soft fall-off}를 갖고 있다. 그림 1.22 스크린샷의 오른쪽처럼 음수 방향(−)은 밖으로 꺼내지 않고 안쪽으로 넣는다. 이 툴을 사용하려면 **X**키를 누르거나 툴 바에서 **Draw** 브러시 아이콘을 클릭한다.

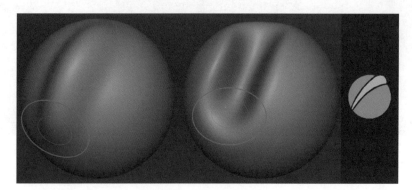

그림 1.22 (왼쪽) 그리기 브러시 사용하기 (오른쪽) 그리기 브러시 아이콘

샤프 그리기 브러시

Draw Sharp^{샤프 그리기} 툴은 날카로운 칼집을 낼 때 사용한다. 이 브러시는 극단적인 비례 감소^{Sharp fall-off} 값을 갖고 있다. 그림 1.23 스크린샷의 오른쪽에 있는 것처럼 음수 방향 (−)은 밖으로 칼집을 낸다. 이 툴을 사용하려면 **Spacebar + 1**을 누르거나 툴 바에서 **Draw Sharp** 아이콘을 선택한다.

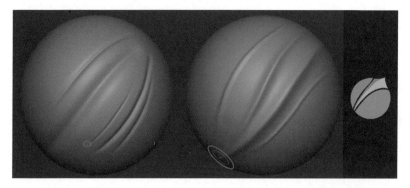

그림 1.23 (왼쪽) Draw Sharp 브러시 사용 (오른쪽) Draw Sharp 브러시 아이콘

브러시 스무딩 기능

그리기 브러시, **샤프 그리기** 브러시, **팽창**^{Inflate} 브러시는 전부 스무딩^{smoothing} 기능이 있다. 이 기능은 3D 스컬핑을 할 때 **Shift**를 누르고 있으면 된다.

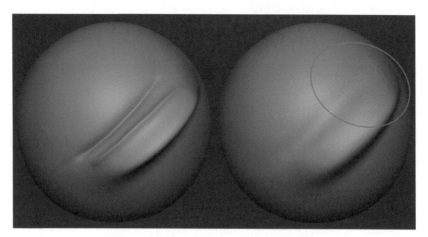

그림 1.24 브러시 스무딩(Brush Smoothing) 기능 사용

팽창 브러시

Inflate^{팽창} 브러시는 표면을 팽창하거나 반대 방향(-)으로 수축시킨다. 이 툴을 사용하려면 I를 누르거나 툴 바에서 **팽창** 브러시 아이콘을 선택한다.

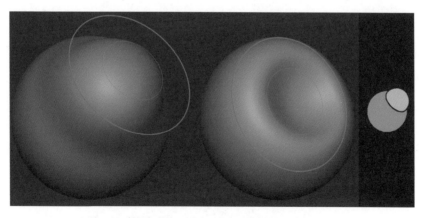

그림 1.25 (왼쪽) 팽창 브러시 사용 (오른쪽) 팽창 브러시 아이콘

마스크 브러시

메시의 표면에 마스크를 칠해서 해당 영역에 (다른 브러시로) 영향을 미치거나 변형을 제한하거나 막을 수 있다. 이 툴을 사용하려면 M을 누르거나 툴 바에서 **마스크**^{Mask} 브러시 아이콘을 선택한다. **Ctrl**을 누른 상태로 칠하면 브러시가 지나간 자리의 마스크를 제거한다.

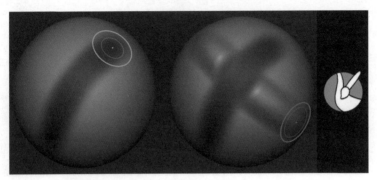

그림 1.26 (왼쪽) (A) 메시에 마스크 적용 (B) 그리기 브러시로 마스크가 적용된 부분을 지나가면서 마스크가 어떻게 적용되는지 보여 주는 예시 (오른쪽) 마스크 브러시 아이콘

A를 누르면 **마스킹**^{Masking} 원형 메뉴가 나온다. 이 메뉴에는 **샤픈 마스크**^{Sharpen Mask}, **성장 마스크**^{Grow Mask}, **수축 마스크**^{Shrink Mask}, **대비를 감소**^{Decrease Contrast}, **마스크를 반전**^{Invert Mask}, **마스크를 지우기**^{Clear Mask} 같은 다양한 옵션이 있다.

이번 절에서 3장에서 사용할 다양한 브러시들에 대해서 배웠다.

그러나 스컬핑 툴 바를 보면 더 많은 스컬핑 기능이 존재한다. 다음 절에서 이 추가 기능들에 대해서 배운다.

⁝⁝ 다른 스컬핑 툴

튜토리얼을 진행하면서 다음 두 가지 스컬핑 기능을 자주 사용한다.

이것들은 브러시가 아니다. 대신에 이것들은 기능 또는 모드처럼 사용된다. 먼저 **라인 프로젝트**^{Line Project} 툴에 대해서 알아보자.

라인 프로젝트 툴

이 툴은 메시의 특정 영역을 평편하게 만들 때 사용한다. 이 툴을 사용하려면 툴에게 메시의 어느 부분을 어느 방향으로 평평하게 만들지 알려 주는 가이드 라인을 그린다.

그림 1.27처럼 어둡게 칠해진 부분이 그렇지 않은 부분 쪽으로 평평하게 된다.

그림 1.27 (왼쪽) (A) 가이드라인 그리기 (B) 평평하게 만들어진 메시 확인 (C) 메시의 또 다른 뷰 (오른쪽) 라인 프로젝트 툴 아이콘

이제 필요하면 메시의 특정 영역을 평평하게 만드는 방법을 배웠다. 이 기능은 3장에서 매우 유용하다.

다음은 다른 다용도 스컬핑 툴인 **메시 필터**^{Mesh Filter} 툴을 알아보자.

메시 필터 툴

이 툴은 동시에 메시 전체에 선택한 효과를 적용한다.

그림 1.28에서 메시 표면에 **노이즈**^{Noise} 효과를 적용하려고 메시 필터 툴을 사용했다. 그림 1.28과 똑같이 하고 싶다면 메시 필터 아이콘을 툴 바에서 선택한다. 그리고 드롭다운 메뉴에서 **Random**을 선택하면 그림 1.28처럼 적용된 것을 볼 수 있다.

그림 1.28 (왼쪽) 헤더 바에서의 메시 필터 드롭다운 메뉴 (오른쪽) (A) 서브디비전 적용돼 있는 구체 (B) 노이즈 효과가 적용된 동일한 구체

그림 1.29가 메시 필터 아이콘이다.

그림 1.29 메시 필터 아이콘

메시에 (드롭다운 메뉴에서 원하는 효과를 선택한) 효과를 빠르게 추가할 수 있는 메시 필터 툴을 어떻게 사용하는지 배웠다.

축하한다! 1장에 있는 모든 절을 다 배웠다. 이 지식들을 갖고 2장을 시작할 수 있다.

⁞⁞ 요약

1장에서 3D 모델링과 스컬핑의 기본에 대해서 배웠다. 이후에 사용될 모디파이어들과 자주 사용되는 3D 모델링 및 스컬핑 툴에 대해서 배웠다.

추가적으로 1장은 2장, 3장, 4장에 있는 튜토리얼들에서 레퍼런스로 사용할 수 있다.

2장에서 3D 영화에서 사용할 로봇 드론 모델링을 바로 해본다. 이 작업은 3D 모델링 스킬을 충분하게 연습할 수 있다.

3장에서 유기적인 형태를 갖고 있는 외계 식물을 스컬핑할 때는 충분한 3D 스컬핑 연습을 할 수 있다.

2장에서 다시 만나자.

⠿ 추가 자료

- *Additional Content Volume 1 – More Blender tools and Modifiers.pdf*: https://github.com/PacktPublishing/Unreal-Engine-5-Character-Creation-Animation-and-Cinematics/tree/main/Chapter01

02

로봇 드론 캐릭터
모델링하기

1장에서 블렌더에서 사용하는 다양한 모델링 툴에 대해서 배웠다. 2장에서는 공상 과학 **3D** 영화에 사용될 기계 로봇 드론 캐릭터를 단계별 모델링 튜토리얼을 따라서 만든다.

블렌더의 **단위**^{unit}를 먼저 설정하는 것으로 시작해서 참고용 이미지(이미지는 모델링의 가이드 역할을 한다)를 불러온다.

이후에 모델의 다른 보디 파츠^{body parts}들을 만들고 세부 사항을 추가하기 전에 먼저 로봇의 기본 형태를 만드는 작업을 진행한다.

2장에서 기본 메시(primitives라고 부름) 만들기, 돌출, 베벨, 루프 잘라내기, 인셋, 커스텀 다각형^{custom polygon}, 그 외의 기능들같이 블렌더에서 제공하는 다양한 모델링 기능을 사용해서 3D 모델링의 개념들을 배운다.

2장에서는 다음 주제를 다룬다.

- 블렌더의 **단위** 설정
- 로봇 드론 캐릭터 모델링

2장을 완료하면 언리얼 엔진 5의 3D 영화에 사용할 수 있는 자신만의 3D 애셋을 만들 수 있는 개념과 능력을 가진다.

⁖ 기술 요구 사항

2장을 완료하려면 다음 하드웨어와 소프트웨어가 필요하다.

- 3D 애니메이션 소프트웨어를 구동할 수 있는 컴퓨터가 필요하다.

- 블렌더에서 메시들을 찾고 조작할 수 있는 기본적인 이해가 필요하다. 이 부분은 1장에서 다뤘다.

- 다음 사이트(https://www.bleder.org/download/)에서 블렌더를 다운로드 및 설치해야 한다.

2장에서 사용되는 블렌더 버전은 2.93.4다. 지금 갖고 있는 블렌더가 신버전이어도 예제들을 문제없이 진행할 수 있다.

2장과 연관된 파일들은 다음 사이트(https://github.com/PacktPublishing/Unreal-Engine-5-Character-Creation-Animation-and-Cinematics/tree/main/Chapter02)에서 다운로드할 수 있다.

⁖ 블렌더 단위 설정

3D 컴퓨터 그래픽으로 가상의 3D 오브젝트를 작업하지만 정확한 크기(실제 오브젝트의 스케일/차원에 기초함)를 설정할 필요가 있다. 이 작업은 이번 튜토리얼에서 만들 로봇 드론에도 적용이 된다.

언리얼 엔진과 같은 3D 소프트웨어는 3D 애셋의 크기에 따라서 라이팅과 물리 계산을 한다. 다른 이유로는 가상의 3D 영화 세트를 제작할 때 모든 3D 애셋의 표준 스케일을 설정하는 것이 좋다. 그렇게 함으로써 화면에 있는 다른 항목들과 비교해서 알맞은 크기와 위치를 확인하기 쉽기 때문이다.

블렌더의 **단위** 메뉴에서 모든 화면에 들어가는 모든 애셋의 크기가 설정된다. 다음과 같이 **단위**를 설정한다.

1. **속성** 패널에서 다음 스크린샷에서 선택된 것처럼 신 프로퍼티$^{Scene\ Properties}$ 아이콘을 찾는다. 아이콘을 클릭해서 해당 항목을 열고 단위 드롭다운 메뉴를 찾는다. 메뉴 내부에서 Unit System을 Metric으로 변경하고 Unit Scale을 0.01000으로 입력한다.

그림 2.1 단위 시스템 및 단위 스케일 설정

3D 뷰포트의 격자 무늬가 이전보다 더 크게 보일 것이다. 이 설정은 블렌더에서 3D 뷰에 있는 오브젝트를 탐색하거나 보는 방법을 변경한다.

2. **속성** 패널을 N을 눌러서 연다. 3D 뷰포트의 오른쪽 경계선에 있는 **View** 탭을 연다. 해당 메뉴 내부에는 그림 2.2처럼 메뉴 위쪽에 View라고 적힌 또 다른 메뉴를 볼 수 있다. **Clip start**을 0.01m로 바꾸고 **End**를 200m로 바꾼다. 기본 신^{scene}에 아무것도 없게 만들고자 **큐브 메시**$^{Cube\ mesh}$, 라이팅, 카메라를 신에서 삭제한다.

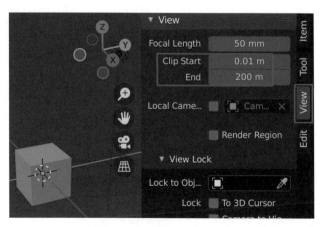

그림 2.2 속성 메뉴에서 뷰 설정 변경

3. 앞으로 새로 만들 프로젝트들이 지금 설정한 단위들을 자동으로 사용하도록 블렌더의 스타트업 파일^{Startup File}을 저장한다. 상단 메뉴에서 그림 2.3처럼 **File | Defaults | Save Startup File**을 실행한다. 해당 메뉴를 클릭하면 사용자의 선택을 한 번 더 확인하는 또 다른 메뉴가 나온다.

그림 2.3 Startup File 저장

모든 작업이 끝났다! 이제 블렌더가 올바른 단위를 사용하도록 방금 설정했다.

NOTE

이 책을 쓰는 시점에 언리얼 엔진 5로 블렌더(2.93.4버전)의 모델을 익스포트(export)할 때 때 **단위 스케일**(Unit Scale) 문제가 있었다. 이 문제는 구버전의 블렌더에서는 문제가 되는 것으로 보이며 블렌더 3.1.2이후 버전에서의 익스포트 테스트를 해보니 **단위 스케일**이 1.0으로 설정된 경우에 작동을 하는 것으로 보인다. 그럼에도 **단위 스케일**을 0.01로 설정하는 것은 현재 버전의 블렌더에서 작동하므로 사용하기에 가장 안전하다.

이제 모든 블렌더 프로젝트의 3D 애셋을 퀵셀 믹서 및 언리얼 엔진과 같은 다른 3D 소프트웨어에 올바른 단위로 익스포트^{export}할 수 있다.

Handy Tip

오소그래픽(Orthographic) 뷰에서 다음 단축키를 사용한다. – **앞쪽**: 키패드 1 / **뒤쪽**: Ctrl + 키패드 1 / **오른쪽**: 키패드 3 / **왼쪽**: Ctrl + 키패드 3 / **위쪽**: 키패드 7 / **아래쪽**: 키패드 9

다음 절에서 로봇 드론 모델의 참고 이미지를 포함한 블렌더 파일을 로드해서 모델링 작업을 시작한다.

로봇 드론 캐릭터 모델링

기본적인 모델링 튜토리얼을 스킵^{skip}하고 바로 3장으로 넘어가고 싶은 독자들을 위해서 완성된 로봇 드론 모델(RobotDron_Blender_File.blend)을 다음 사이트(https://github.com/PacktPublishing/Unreal-Engine-5-Character-Creation-Animation-and-Cinematics/tree/main/Chapter02)에서 받을 수 있다.

1장에서 블렌더 모델링 툴의 기능에 대해서 배웠다. 이제 배운 3D 모델링 기술들을 연습할 수 있다.

로봇 드론의 기계 몸을 단계별로 만들어 보자.

몸의 모양 모델링하기

시작하기에 앞서 미리 준비된 참고 이미지가 들어 있는 블렌더 파일을 불러온다.

해당 `RobotDrone_Reference.blend` 블렌더 파일은 다음 사이트(https://github.com/PacktPublishing/Unreal-Engine-5-Character-Creation-Animation-and-Cinematics/tree/main/Chapter02)에서 받을 수 있다.

해당 파일에 필요한 참고용 이미지를 다 준비해 뒀기 때문에 해당 블렌더 파일에서 모델링을 진행한다. 참고용 이미지들은 신^{scene}의 이미지 평면에 위치한다. 다음 순서대로 한번 알아보자.

1. 해당 블렌더 파일을 열어서 **아웃라이너**^{Outliner} 패널을 확인한다. 여기서 **REF**라는 폴더 내부에 준비된 4장의 참고용 이미지가 있는 것을 확인할 수 있다. 이미지들은 앞쪽, (오른쪽 방향 뷰를 사용한) 옆쪽, 위쪽, (오른쪽 방향 뷰를 사용한) 기계 팔 이미지들이다. 앞서 말한 블렌더 파일을 열었을 때 **아웃라이너** 패널에 그림 2.4처럼 있는지 확인한다.

2. 앞쪽, 옆쪽, 위쪽 참고용 이미지는 오소그래픽 뷰에서만 보이며 사용자 원근^{Perspective} 뷰에서는 보이지 않는다. 기계 팔 참고용 이미지는 숨김 처리돼 있다. 다음

팁은 기계 팔 참고용 이미지의 숨김 상태를 전환하는 방법에 대해서 알려 준다.

아웃라이너 패널에서 아이템의 숨김 상태를 활성화하려면 눈 아이콘을 클릭한다. 예를 들어, 그림 2.4, Part A에서 **ARM REF**는 눈이 닫혀 있는 아이콘(스크린샷에 선택된 아이콘을 참고)을 갖고 있다. 그림 2.4, Part B에서 감겨 있는 눈 아이콘을 클릭해서 열린 눈으로 바꿨고, 이걸로 아이템의 숨김을 해제할 수 있다(아이템의 숨김 상태를 전환한다. 닫힌 눈 = 숨김 상태/열린 눈 = 숨김 해제 상태).

그림 2.4 아웃라이너의 숨김 상태 전환하는 눈 아이콘 사용

아웃라이너 패널에서 아이템 선택 가능 여부를 변경하려면 그림 2.5처럼 화살표 아이콘을 클릭한다. 첫 번째 화살표 아이콘은 선택 불가 모드를 보여 준다. 두 번째 옵션은 선택 가능 모드다.

그림 2.5 아웃라이너 패널에서 화살표 아이콘을 사용해서 선택 가능 여부 변경

기본 도형

이제 모델을 만들 준비가 됐다. 다음 순서대로 진행하면 된다.

1. **키패드 7**을 눌러서 뷰를 **위쪽 오소그래픽 뷰**로 변경한다.

2. **Shift + A**를 눌러서 나온 메뉴에서 **메시** 항목 안에 있는 **UV 구체**^{UV Sphere}를 선택해서 구체를 만든다.

3. 참고용 이미지에서 보이는 로봇 드론의 외부 크기에 맞도록 **UV 구체**를 움직이고, 돌리고, 비율을 맞춘다. 필요하다면 다른 오소그래픽 뷰로 돌린다. **UV 구체** 메시의 위

치를 그림 2.6처럼 참고용 로봇 드론 이미지의 위치와 맞춘다.

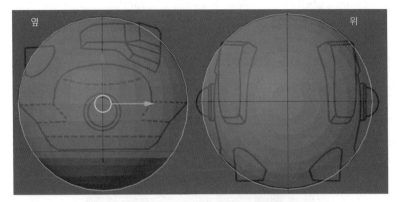

그림 2.6 참고용 이미지에 맞도록 구체를 움직이고 크기 조정

4. **구체** 메시의 절반 하단 부분을 지운다. **구체**가 선택된 상태에서 **Alt + Z**를 눌러서 **엑스레이 뷰 모드**^{X-Ray View Mode}로 변경한다. 그리고 탭을 눌러서 **에디트 모드**^{Edit Mode}로 변경한다. **3**을 눌러서 **페이스 선택 모드**^{Face Select Mode}로 변경하고 툴 바에서 **박스 선택**^{Select Box}이 선택돼 있는지 확인한다(1장의 그림 1.7을 참고한다).

5. 키패드 **3**을 눌러서 **오른쪽 오소그래픽**^{Right Orthographic} 뷰로 변경한다. 구체의 하단 절반을 선택하고 **Delete**를 누르고 다음에 나오는 팝업 메뉴에서 **Faces**를 선택한다. 이 방법으로 구체에서 선택된 절반의 페이스들을 삭제할 수 있다. 다음 단계에서 메시가 어떻게 생겨야 하는지는 그림 2.7을 참고한다.

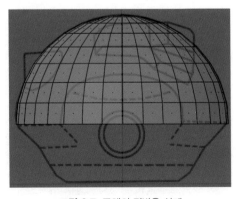

그림 2.7 구체의 절반을 삭제

6. 구체의 하단 부분(방금 삭제한 페이스들이 있었던 곳)의 에지 루프^{Edge Loop}를 선택한다. 2를 눌러서 **에지 선택**^{Edge Select} 모드를 활성화하고 **Alt**키를 누르고 있는 상태에서 선택하고 싶은 에지 루프를 마우스 좌클릭으로 선택한다.

7. 에지 루프가 선택돼 있는 상태에서 **F**를 눌러서 새로운 페이스로 채운다. **Alt + Z**를 다시 눌러서 **엑스레이 뷰 모드**를 해제할 수 있다(필요시 활성화/비활성화할 수 있다).

8. 3을 눌러서 **페이스 선택 모드**로 바꾸고 새로 생성된 페이스를 선택한다. **E**를 눌러서 그림 2.8처럼 선택된 페이스를 아래로 참고용 이미지의 점선 방향으로 돌출시킨다.

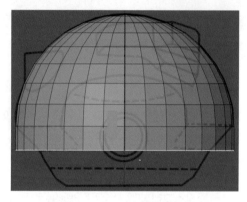

그림 2.8 페이스를 아래로 돌출시키기

9. 나머지 부분도 이전과 같은 방법으로 돌출한다. **이동** 및 **스케일** 모드를 사용해서 그림 2.9처럼 돌출한 페이스들이 로봇 드론의 실루엣과 일치하도록 수정한다.

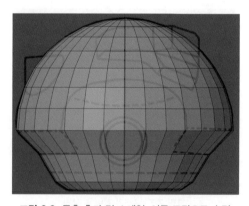

그림 2.9 돌출 추가 및 스케일, 이동 조작으로 수정

10. 페이스 돌출로 만들어진 메시의 가장 아래 부분에서 하단 페이스를 선택한다. I키를 눌러서 추가 페이스를 넣는다. 최소화된 **작업**^{Operator} 페널을 열어서 **두께**^{Thickness}를 0.025m로 설정한다.

11. **루프 잘라내기**^{Loop Cut}를 사용해서 에지 루프를 추가한다. 추가된 에지 루프는 그림 2.10에서 주황색으로 표시돼 있다.

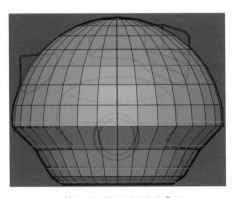

그림 2.10 루프 잘라내기 추가

12. 키패드 **3**을 눌러서 **오른쪽 오소그래픽**^{Right Orthographic} 뷰로 변경한다. **엑스레이 뷰 모드**가 꺼져 있는지 확인한다. 다음 단계에서 해당 메시의 절반에만 적용되기 때문이다. 그림 2.11, 파트 A의 노란 점들로 표시돼 있는 로봇 드론의 어깨 곡선과 비슷하게 모서리들을 변경한다.

13. **오른쪽 오소그래픽** 뷰에서 그림 2.11, 파트 A에서 선택된 (노란색 점들로 표시돼 있는) 버텍스들을 선택한다. 그리고 각각의 버텍스들을 (그림 2.11, 파트 B처럼) 참고용 이미지에 있는 선의 곡선과 비슷하게 움직인다. 빨간색 화살표는 버텍스들을 어느 방향

으로 움직이는지 알려 준다.

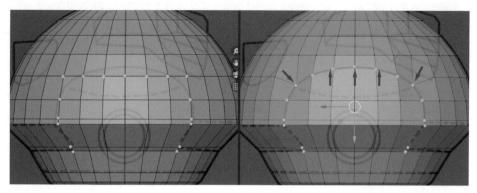

그림 2.11 (A) 노란 버텍스들은 조작해야 하는 점들을 나타낸다. (B) 버텍스들은 참고용 이미지의 곡선과 비슷하게 맞춘다.

방금 로봇 드론 모델의 기본 메시 만들기 단계를 완료했으며 참고용 이미지를 가이드 삼아서 메시의 모양을 돌출하는 방법에 대해서 배웠다. 그리고 **인셋 툴**과 **루프 잘라내기** 툴을 사용하는 방법에 대해서 배웠다. 마지막으로 메시 표면에 존재하는 각각의 버텍스들을 어떻게 조작하는지 배웠다.

다음 절에서, 모델링하면서 가끔 직면하는 일반적인 문제들을 수정하는 방법에 대해서 배운다.

매끄럽지 않은 표면 수정

뷰포트를 Perspective 뷰로 바꾼다. 방금 수정한 메시의 표면을 한번 훑어보자. 자세히 보면 상단 왼쪽 부분과 오른쪽 부분에 살짝 패인 부분이 있는 것을 확인할 수 있다(그림 2.11, 파트 B에서 볼 수 있듯이 화살표가 아래 방향을 가리키고 있다). 이 문제를 해결하는 방법 은 이후에 설명하는 것처럼 쉽다.

1. 패인 부분에 있는 버텍스를 선택한다. 콤마(,) 키를 눌러서 **트랜스폼 원형**Transform Orientation Pie 메뉴를 활성화시킨다. 메뉴에서 **Normal**을 선택한다(이 방법은 노멀 트랜스폼 옵션Normal Transform Orientation을 활성화한다).

2. 툴 바에서 **이동** 아이콘을 눌러서 **오브젝트 이동 기즈모** 옵션을 활성화한다. **오브젝트 이동 기즈모**가 선택된 버텍스 위에 나타난다. (파란색) **Z**축은 **노멀** 방향을 향하고 있다. **Z**축을 클릭한 상태로 표면에서 멀어지는 방향으로 이동해 표면 함몰을 고르게 한다(그림 2.12, 파트 B 참고). 다른 움푹 들어간 곳의 버텍스에 동일한 과정을 반복한다.

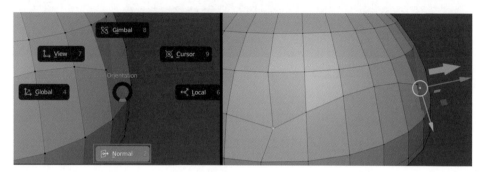

그림 2.12 (A) 노멀 방향을 선택하고자 트랜스폼 원형 메뉴를 사용 (B) Z축 노멀 방향으로 사용해서 표면에서 멀어지는 방향으로 움직임

모든 움푹 들어간 표면이 수정됐다. 이제 표면이 보기 좋게 매끄럽다! 방금 **트랜스폼** 원형 메뉴를 사용해서 메시 컴포넌트를 이동, 회전 또는 스케일하는 방법을 배웠다. 이번 상황에서는 **노멀** 방향을 사용했지만 다른 방법들도 존재한다.

다음 절에서는 로봇 드론의 어깨에 구멍을 만든다.

어깨 구멍 만들기

모델의 세부 사항을 계속해서 만들자. 몸체에 구멍을 만들고 싶고 이 구멍은 어깨(그리고 팔)가 연결될 부분이다. 다음과 같이 진행한다.

1. 그림 2.13처럼 구멍을 낼 페이스들을 선택한다. 그리고 **I**를 눌러서 해당 페이스들을 0.05m 정도 안으로 넣는다.

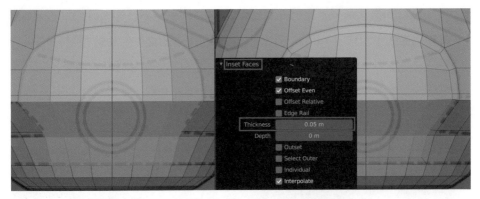

그림 2.13 (A) 페이스 선택 (B) 페이스에 두께를 설정

2. 새롭게 삽입된 페이스들이 선택돼 있는 상태로, 자동으로 선택된 페이스들의 버텍스들을 선택하도록 **1**을 눌러서 **버텍스 선택 모드**Vertex Selection Mode로 바꾼다.

3. 이제 3D 뷰포트의 빈 곳에 마우스 우클릭해서 나오는 팝업 메뉴에서 **Smooth Vertices**를 선택한다. 해당 메뉴는 선택된 버텍스들에 스무싱smoothing 기능을 적용한다. 해당 작업을 5번 반복한다. 결과물은 그림 2.14, 파트 B처럼 만들어진다.

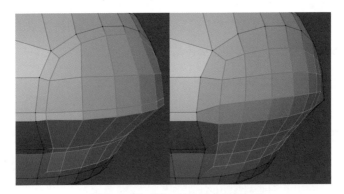

그림 2.14 (A) 버텍스 선택 (B) 스무싱 적용

4. 버텍스들이 선택돼 있는 상태에서 툴 바에서 **회전**Rotate 아이콘을 선택해서 **오브젝트 회전** 기즈모를 활성화한다. 3D 뷰포트의 왼쪽 아래에 **작업**Operator 패널이 나올 때까지 기즈모의 *y* 축(기즈모의 초록색 원형 핸들)을 움직인다.

5. 최소화된 **작업** 패널을 열어서 **Angle**에 그림 2.15, 파트 A처럼 −12°라고 입력한다. 이제 그림 2.15, 파트 B처럼 선택된 버텍스들을 −0.025m 이동한다.

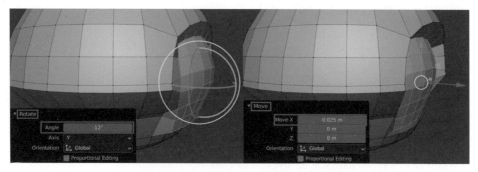

그림 2.15 (A) 선택 부분 회전 (B) 선택 부분 이동

6. 페이스들을 그림 2.16, 파트 A처럼 안쪽으로 z축으로 −0.006m 정도 넣는다. 만들어진 구멍의 내부 페이스들에 그림 2.16, 파트 B처럼 루프 잘라내기를 수행하고 **Factor**를 −0.5로 지정한다.

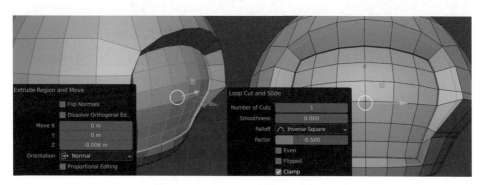

그림 2.16 (A) 페이스 돌출 (B) 루프 잘라내기 추가

로봇 드론의 몸체의 형태가 이제 보인다. 이번 절에서 메시 표면에 구멍을 만들어서 드론의 어깨를 만드는 방법에 대해서 배웠다.

다음 절에서 메시의 반대편에 방금 했던 작업을 복사하는 **미러 모디파이어**를 사용한다. 그리고 해당 모델을 갖고 마지막 마무리를 한다.

메시 미러링 및 마무리

드론 몸체의 기본 메시가 거의 완성됐지만 이 모든 작업을 드론 몸체의 왼쪽에도 적용해야 한다. 적용하는 방법은 다음과 같다.

1. 메시의 오른쪽 페이스들을 선택해서 Delete 키로 삭제한다.

2. **미러 모디파이어**를 사용한다(1장에서 설명했다).

3. **오브젝트 모드**^{Object Mode}로 변경해서 모디파이어를 적용하고 **속성** 패널에서 (그림 2.17, 파트 A처럼) **모디파이어 속성**^{Modifier Properties} 탭을 선택한다. 모디파이어 속성 패널 내부에서 드롭다운 메뉴를 볼 수 있다.

4. 해당 메뉴를 선택해서 그림 2.17, 파트 B처럼 **Apply**을 선택한다. 모디파이어를 빠르게 적용하는 다른 방법으로는 마우스 포인터가 모디파이어 위에 있는 상태에서 **Ctrl + A**를 누르는 방법이 있다.

그림 2.17 (A) 모디파이어 속성 탭 아이콘 선택 (B) 드롭다운 메뉴를 누르고 적용을 선택

NOTE

> 모디파이어에 적용된 방법은 블렌더의 모든 모디파이어에 적용할 수 있다.

이제 메시의 양쪽에 구멍이 생겼다. 다음 마무리 단계로 진행한다.

먼저, 모델을 세분화하고 에지들을 선택하고 베벨한다.

이렇게 하는 이유는 모델의 모양이 일반적으로는 세분화해서 이미 매우 매끄럽지만 일부 에지들이 여전히 너무 날카로워서 손으로 직접 부드럽게 만들어 줘야 하기 때문이다. 이 모든 작업을 다음 단계들에 따라서 진행한다.

1. 메시를 선택한다. **오브젝트 모드**에서 메시에 **Ctrl + 1**을 눌러서 **서브디비전 서페이스** Subdivision Surface 모디파이어를 추가해서 한 단계의 서브디비전을 추가한다. **미러 모디파이어**에서 했던 것처럼 적용한다.

2. 몸체의 중앙을 지나는 에지들을 선택하되 그림 2.18, 파트 A처럼 구멍 안에 있는 에지들은 선택하지 않는다. 해당 작업은 **Ctrl**을 누르고 있는 상태에서 에지의 시작점과 끝점을 선택하면 된다. 이 방식을 사용하면 시작점과 끝점 사이에 있는 에지들을 전부 자동으로 선택한다.

3. **Ctrl + B**를 눌러서 선택된 에지들에 베벨의 **폭**^{Width}을 0.0223m로 적용한다. 그리고 그림 2.18, 파트 B에서처럼 다음 두 부분을 사용한다.

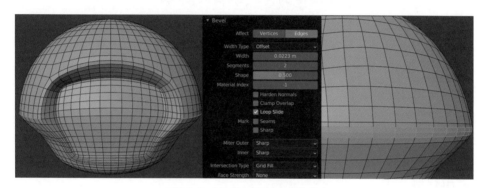

그림 2.18 (A) 에지 선택 (B) 베벨 추가

4. **Shift + Alt**를 누르고 좌클릭을 해서 그림 2.19, 파트 A처럼 구멍 외부의 에지 루프를 선택한다.

   해당 에지에 베벨 **폭**을 0.0087m로 적용하고 **세그먼트** 개수를 그림 2.19, 파트 B처럼 2로 적용한다.

NOTE

에지 루프를 선택하는 동안 Shift를 누르고 있으면 현재 선택된 에지들에 새롭게 선택된 에지들이 추가로 선택된다.

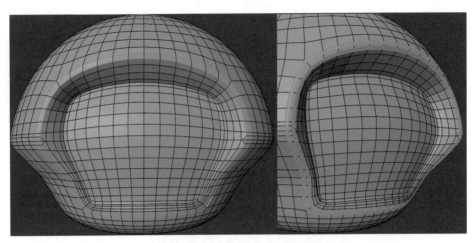

그림 2.19 (A) 에지 루프 선택 (B) 베벨 추가

이제 로봇 드론의 몸체 모양을 완성했고 메시의 한쪽에서 다른 한쪽으로 미러를 적용하는 방법을 배웠다. 또한 **서브디비전 서페이스** 모디파이어와 특정 에지들에 **베벨** 기능을 사용해서 메시의 외형을 부드럽게 만드는 방법을 배웠다.

다음 절에서 로봇 드론의 눈을 만든다.

눈 만들기

다음과 같은 방식으로 로봇 드론의 눈을 만들어 보자.

1. **원기둥**^{Cylinder} 메시를 **UV 구체** 메시를 추가했을 때와 동일한 방법으로 추가한다.

2. **원기둥** 메시를 이동, 회전, 스케일해서 그림 2.20처럼 참고 이미지에 맞도록 조절한다.

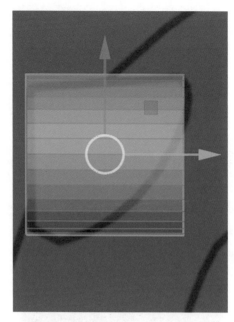

그림 2.20 원기둥 메시를 참고 이미지에 맞추기

3. **원기둥** 메시의 내부 버텍스들을 선택하고 그림 2.21처럼 모양을 변형한다.

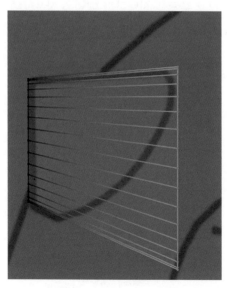

그림 2.21 내부 버텍스 스케일

결과는 그림 2.22처럼 나와야 한다.

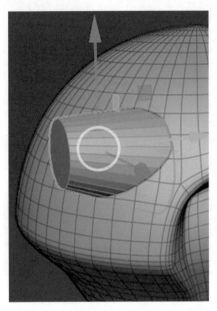

그림 2.22 결과물

4. **원기둥** 메시의 외부 에지 루프를 선택하고 베벨을 적용한다. 그리고 안쪽 페이스를
   선택하고 그림 2.23처럼 추가 페이스를 넣는다.

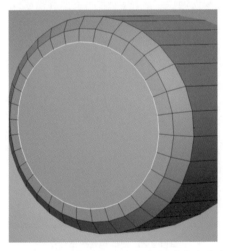

그림 2.23 위쪽 에지 베벨 적용 및 안쪽 페이스에 추가 페이스 넣기

5. 그림 2.24처럼 선택된 페이스를 안쪽으로 살짝 넣는다.

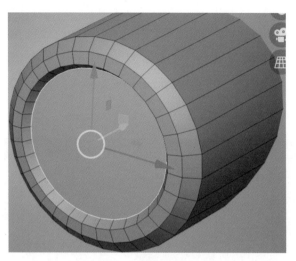

그림 2.24 안쪽 페이스 밀어 넣기

6. **인셋**Inset 툴을 사용해서 8개의 추가 페이스를 만든다. 마지막 페이스를 만들고 나서 해당 버텍스들을 선택한다. **M**을 눌러서 **병합**Merge 메뉴를 열고 **At Center**를 선택해서 하나의 버텍스로 병합한다. 마지막 결과물은 그림 2.25처럼 나온다.

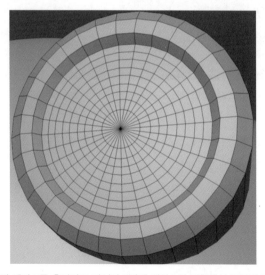

그림 2.25 8개의 페이스를 추가하고 마지막 9번째 페이스와 병합해서 중심에 버텍스를 만든다.

7. 로봇 드론 눈의 평평한 안쪽 페이스들을 렌즈처럼 보이도록 살짝 튀어나오게 하고 싶다. 해당 작업을 하고자 먼저 중심에 있는 버텍스를 선택한다. **O**를 눌러서 **Proportional Editing**을 활성화하거나, 헤더 바에서 **Proportional Editing** 아이콘을 눌러서 활성화한다. 버텍스를 바깥쪽으로 –0.01m 정도 y축으로 움직인다. 작업 패널에서 그림 2.26처럼 **구체**를 **Proportional fall-off**로 설정하고 **Proportional Size**를 3.35로 적용한다.

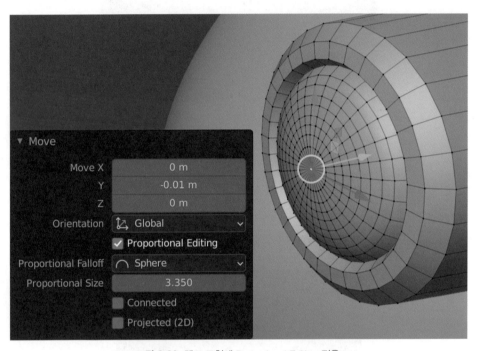

그림 2.26 렌즈 도형에 Proportional Editing 적용

8. 마지막 마무리 단계에서 로봇 드론 눈의 날카로운 외부 에지들을 베벨을 적용해서 그림 2.27처럼 부드럽게 만든다.

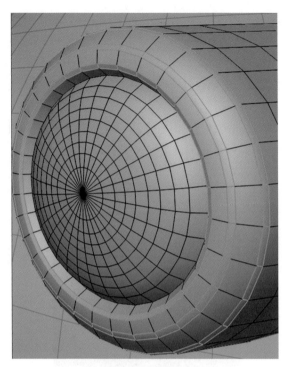

그림 2.27 – 베벨 추가

9. 이제 눈을 미러^{mirror}해야 한다. 로봇 드론 눈 메시를 선택한 상태에서 **오브젝트 모드**
    로 바꾼다. **Ctrl + A**를 눌러서 **Apply Object Transformation** 메뉴를 열어서 **All
    Transform**을 선택해서 메시의 원점을 신^{scene}의 중심으로 설정한다. 이유는 블렌
    더가 **미러** 기능의 중심으로 해당 원점을 사용할 수 있기 때문이다.

10. **미러 모디파이어**를 사용해서 왼쪽 로봇 눈을 오른쪽에 복사한다(미러 모디파이어는 1장
    에서 다뤘다).

방금 로봇 드론의 눈 모델을 완성했다! 이번 예제에서 **Proportional Editing**을 사용해
서 살짝 튀어나온 모양을 만드는 방법을 배웠고, 베벨과 인셋을 사용해서 모양을 다듬
는 방법을 배웠다.

다음 절에서 로봇 드론의 어깨와 구체 조인트^{joint}를 만든다. 여기에 팔이 연결된다.

어깨와 구체 조인트 추가

이제 (원기둥 메시에서 시작해서) 빠르게 어깨를 만들고 **구체** 조인트가 될 구체를 추가한다. 구체 조인트는 모든 방향으로 회전할 수 있는 기계식 조인트다. 다음 단계를 따라 한다.

1. 또 다른 **원기둥** 메시를 추가한다. 그림 2.28처럼 해당 원기둥 메시를 이동, 회전, 크기를 조정해서 맞춘다. 해당 메시가 로봇 드론의 어깨가 된다.

그림 2.28 로봇 드론 어깨 메시가 될 원기둥 메시 위치시키기

2. 그림 2.29처럼 어깨의 바깥 페이스들을 선택하고 0.0106m의 값으로 인셋을 적용한다.

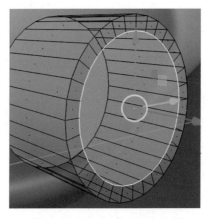

그림 2.29 어깨의 페이스에 인셋 적용

3. 그림 2.30처럼 어깨의 페이스가 선택돼 있는 상태에서 *x*축으로 안쪽으로 0.06m 정
   도 넣는다.

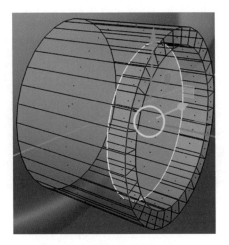

그림 2.30 어깨의 페이스 안쪽으로 넣기

4. 그림 2.31처럼 어깨의 바깥쪽 에지 루프를 선택하고 베벨의 폭을 0.0067m로 적용
   한다. 이제 어깨 부분은 완성됐다.

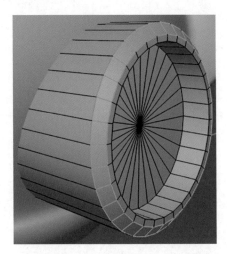

그림 2.31 어깨의 에지 루프에 베벨 적용

5. 이제 어깨의 끝부분에 연결될 구체 조인트를 만든다. **UV 구체** 메시를 생성한다. 이 구체가 우리의 구체 조인트다. 해당 구체를 그림 2.32, 파트 A처럼 어깨의 절반 정도 넣는다. 그리고 원기둥으로 가려진 절반을 파트 C처럼 삭제한다.

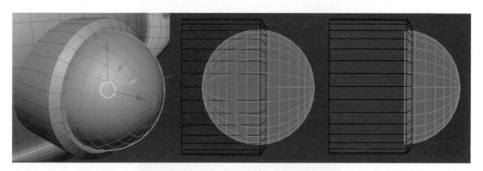

그림 2.32 (A) 구체 조인트를 어깨 메시에 추가 (B) 동일한 구체 조인트의 측면 와이어프레임 뷰 (C) 페이스가 삭제된 후의 구체 조인트의 측면 와이어프레임 뷰

6. 어깨 메시와 구체 조인트 메시를 모델의 오른쪽으로 눈 만들기에서 설명했던 방법으로 복사한다. 결과물은 그림 2.33과 같다.

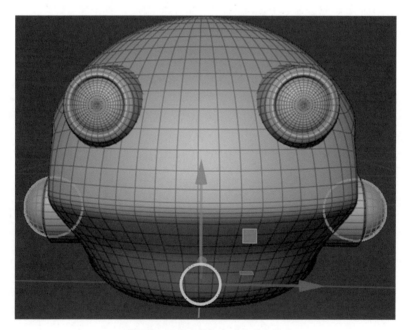

그림 2.33 구체 조인트와 어깨 메시 복사

방금 어깨와 구체 조인트를 완성했다. 이번 절에서 정밀하게 메시를 다른 메시에 정확하게 배치하는 방법을 배웠다. 다음 절에서 모델에 **KitBash**^{킷메시} 메시를 추가하는 이유와 추가하는 방법을 배운다.

KitBash 메시 추가

KitBash란 무엇인가? **KitBashing**(킷베싱, 또 다른 이름으로는 Model Bashing^{모델 베싱})은 제작 시간을 절약하고자 기존 모델 부품에서 (또는 모델의 일부)를 가져와서 만드는 방법이다.

이 방법으로 아티스트들은 이전에 만들어진 작은 모델 파츠들을 갖고 빠르게 세부 사항을 추가할 수 있다.

3D 아티스트로서 그리고 3D 영화 제작자로서 제작한 모델의 부품들을 정리하고 저장해야 한다. 이 방식으로 자기 자신만의 **KitBash** 라이브러리를 만들 수 있다.

`Kitbash_models.blend`라는 이름으로 **KitBash** 모델 라이브러리 파일을 다음 사이트 (https://github.com/PacktPublishing/Unreal-Engine-5-Character-Creation-Animation-and-Cinematics/tree/main/Chapter02)에서 받을 수 있다.

이 파일에는 모델에 사용할 수 있는 다섯 가지 **KitBash** 모델 파츠가 들어 있다. 그림 2.34를 보면 KitBash 모델 라이브러리에서 2개를 보여 준다.

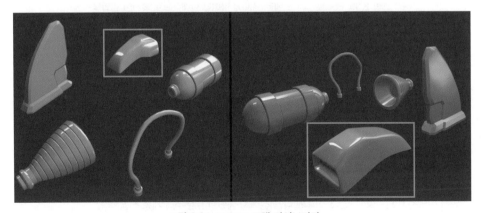

그림 2.34 KitBash 모델 라이브러리

Kitbash_models.blend 파일을 블렌더에서 열어 보자. 그리고 해당 파일에 있는 KitBash 모델들 중 아무거나 가져와서 로봇 드론에 추가한다. 이번 튜토리얼에서는 KitBash 모델 라이브러리(Kit-Bash_models.blend)에서 Booster_V1 모델을 사용했다. 해당 모델들은 그림 2.34에서 노란색 박스가 그려져 있다.

로봇 드론에 하나의 KitBash 모델을 사용하는 걸 추천한다. 그렇지 않으면 4장에서 진행하는 튜토리얼에서 UV를 펼치고 텍스처 작업을 해야 하는 작업량이 많아진다.

Booster_V1 모델을 불러와서 참고용 이미지처럼 해당 위치에 붙였다. 그리고 **미러 모디파이어**를 사용해서 반대쪽에도 복사했다. 복사되니 Booster_V1 모델은 그림 2.35에서 볼 수 있다.

이걸 시작으로 자유롭게 창의력을 발휘해서 자신만의 흥미로운 KitBash 배치를 생각해 보자.

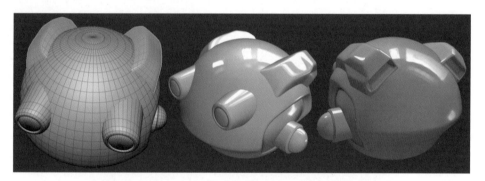

그림 2.35 Booster_v1 모델은 몸체에 붙이고 반대쪽으로 복사한 결과물

이번 절에서는 이미 만들어진 3D 애셋 라이브러리를 사용해서 빠르게 모델에 시각적 세부 사항들을 추가해서 제작 시간을 줄이는 방법에 대해서 배웠다.

다음 절에서 로봇 드론의 기계 팔을 만들기 시작한다.

Handy Tip

이 책의 튜토리얼을 진행하면서 중간중간 휴식을 취하면서 방금 배운 새로운 툴과 기능들을 사용해 보는 것이 좋다. 지금까지 무엇을 배웠는지 알아보는 하나의 방법이고 지금까지 어떤 정보를 계속 기억하고 있는지 확인할 수 있다. 이후에 다음 장에서 중단한 부분부터 계속 진행한다.

팔 만들기

이제 로봇 드론의 가장 마지막 파츠를 만들어 보자. 바로 팔이다. 다음 방법을 따른다.

1. **아웃라이너** 패널에서 기계 팔 참고 이미지를 다시 보이게 한다. 이제 **오른쪽 오소그래
   픽** 뷰에서 기계 팔 참고 이미지가 보인다.

2. **원기둥** 메시를 만든다. 그림 2.36처럼 주황색 선으로 표시된 곳으로 **원기둥** 메시를
   이동, 회전, 크기를 조정해서 위치시킨다. 원기둥은 로봇 드론의 어깨 디스크가
   된다.

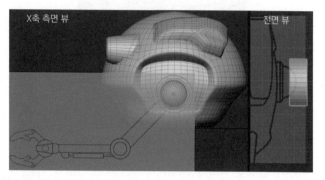

그림 2.36 참고 이미지 숨김 해제 및 어깨 디스크를 위한 원기둥 메시 위치시키기

3. 어깨 디스크의 바깥쪽 에지 루프를 선택하고 베벨을 한 단계 적용해서 그림 2.37과
   비슷하게 어깨 디스크를 만든다.

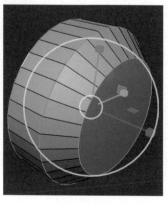

그림 2.37 어깨 디스크의 바깥쪽 에지들에 큰 베벨 적용

4. 어깨 디스크의 2개의 바깥쪽 에지 루프를 선택해서 베벨의 세그먼트를 2로 적용해서 그림 2.38처럼 만든다.

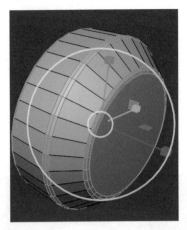

그림 2.38 어깨 디스크의 바깥쪽 에지들에 작은 베벨값 적용

5. 어깨 디스크를 복제한다. 그리고 해당 메시를 그림 2.36에서 보이는 팔꿈치 위치로 이동하고 크기를 조정한다. 복제된 메시는 로봇 드론의 팔꿈치 디스크다.

6. 팔꿈치 디스크의 오른쪽을 그림 2.39처럼 돌출시키고 베벨을 적용한다.

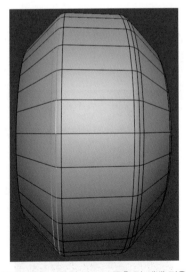

그림 2.39 팔꿈치 디스크 돌출 및 베벨 적용

7. 팔꿈치 디스크를 복사한다. 참조 이미지에 표시된 집게 디스크의 검은색 윤곽선 위
   치로 이동 및 크기를 조정한다. 복제된 메시는 그림 2.40과 같이 로봇 드론의 집게
   디스크가 된다.

8. 작은 **원기둥** 메시를 하나 추가한다. 집게 디스크 중앙에 위치시킨다.

9. 이제 팔 상단과 하단을 위한 직육면체 메시를 만든다. **큐브** 메시를 생성한다. 이동,
   회전, 스케일해서 기계 팔 참고 이미지의 팔 상단의 검은색 윤곽선 위치로 이동시
   킨다.

10. 크기를 조정하기 전에 **큐브** 메시였던 직육면체 모양의 메시의 에지들에 베벨을 적용
    한다.

11. 또 다른 **큐브** 메시를 생성한다. 이동, 회전, 크기를 조정해서 그림 2.40에서 팔 하단
    의 검은색 윤곽선 위치로 이동시킨다.

12. 그림 2.40처럼 직육면체 모양 메시의 에지에 베벨을 적용한다.

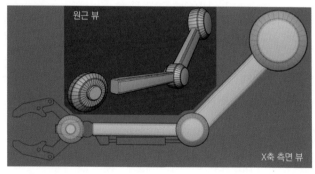

그림 2.40 모든 디스크와 직육면체 모양 제자리에 위치시키기. 손목 디스크에는 작은 원기둥 메시가 들어 있다.

방금 그림 2.40처럼 어깨, 팔 상단, 팔꿈치, 팔 하단, 집게 부분, 집게 안에 있는 작은 집
게 부품까지 모두 만들었다.

지금까지 참고 이미지를 기준으로 모든 도형들을 정확히 위치시키고 베벨을 적용해서
각 메시들을 마무리하는 방법을 배웠다.

다음 절에서 참고 이미지에서 볼 수 있는 작은 요소들(팔뚝 피스톤, 손목 구체 조인트, 집게 디스크 고정 장치)을 만든다.

피스톤과 손목 세부 사항 넣기

이제 기계 팔의 작은 세부 요소들을 다음과 같은 방법으로 추가한다.

1. **큐브** 메시를 생성한다. 메시를 손목 디스크의 중심에 위치시킨다. 해당 메시는 그림 2.41, 태그^{Tag} A에서 볼 수 있는 집게 디스크 고정 장치가 된다.

2. **큐브** 메시의 가장 앞의 면을 돌출시켜서 크기를 살짝 줄인다. 그리고 **큐브** 메시를 그림 2.41, 태그 A에 있는 모양으로 만든다.

3. 집게 디스크 고정 장치에 베벨을 적용한다.

4. **UV 구체**를 생성한다. 해당 메시를 참고 이미지에 보이는 위치로 이동시킨다. **UV 구체** 메시는 그림 2.41, 태그 B에서처럼 로봇의 손목 구체 조인트다.

5. 또 다른 **큐브** 메시를 생성한다. 팔 하단 부분에 해당 메시를 위치시킨다. 이 **큐브** 메시는 그림 2.41, 태그 C에서 보이는 팔뚝 피스톤 연결 장치다.

6. 팔뚝 피스톤 연결 장치에 베벨을 적용한다. 이번 작업을 진행하면서 피스톤 주변 외부 에지에 큰 베벨을 먼저 적용해야 한다. 그리고 모든 에지에 작은 크기의 베벨을 적용한다.

7. **원기둥** 메시 2개를 추가한다. 이 중 1개는 다른 1개의 절반 길이로 만들면서 직경은 2배로 만든다.

8. 그림 2.41, 태그 D처럼 얇은 **원기둥** 메시가 굵은 **원기둥** 메시 안으로 들어간 상태로 지정된 위치로 이동한다.

9. 팔뚝 피스톤(2개의 **원기둥** 메시)를 피스톤의 검은색 윤곽선 위치로 이동한다.

10. 그림 2.41, 태그 D처럼 굵은 **원기둥** 메시의 외부 에지들에 베벨을 적용한다.

완성된 결과물은 그림 2.41과 같다.

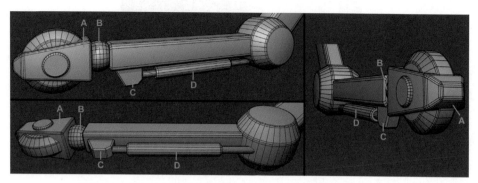

그림 2.41 여러 시점에서 보이는 팔 하단 부분과 4개의 모델 파츠(태그 A – D)

방금 그림 2.41에서 보이는 여러 모양을 만들어서 정확한 위치에 놓는 방법에 대해서 배웠다.

다음 절에서 로봇의 집게를 만든다.

집게 만들기

참고 이미지를 확인하면 로봇의 집게가 복잡하게 보인다. 하지만 실제로는 만들기 쉽다. 다음 순서대로 만드는 방법을 알려 주겠다. 먼저 집게의 상단 부분의 맨 왼쪽부터 시작하자.

1. 키패드 3을 눌러서 **오른쪽 오소그래픽** 뷰로 바꾼다. 엄청 작은 **큐브** 메시를 참고 이미지의 집게 위치 가까운 곳에 만든다.

2. **에디트 모드** 및 **버텍스 선택 모드**로 변경한다. 그림 2.42처럼 A를 눌러서 큐브의 모든 버텍스를 선택하고 M을 눌러서 나오는 메뉴에서 **At Center** 항목을 선택한다.

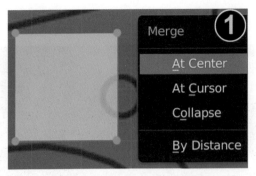

그림 2.42 큐브 위치시키기 및 병합 메뉴에서 중심에 선택

3. 그 결과, **큐브** 메시가 그림 2.43처럼 하나의 버텍스로 대체된 것을 확인할 수 있다.

그림 2.43 병합 결과물은 버텍스 1개다.

4. **G**를 눌러서 **이동 모드**를 활성화한다. 그리고 버텍스를 참고 이미지 집게의 외곽선 아무 곳으로 이동시킨다.

5. **이동 모드**에 있는 상태로, **E**를 눌러서 버텍스를 돌출시킨다. 마우스 커서를 집게의 외곽선에서 가장 가까운 곳으로 움직인다. 마우스 포인터를 움직이면 에지가 해당 위치로 그려지는 것을 확인할 수 있다. 그림 2.44처럼 마우스 좌클릭을 해서 새로운

버텍스를 만든다.

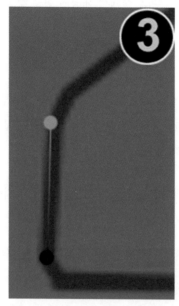

그림 2.44 집게 외곽선을 따라서 버텍스 돌출로 에지를 생성

6. 방금 했던 작업을 진행해서 참고 이미지의 기계 팔 부분에 있는 집게 상단 부분의 외곽선을 따라서 에지를 계속 만든다. 집게 상단 부분의 외곽선을 전부 다 따라서 그렸다면 마지막 버텍스를 시작점과 가까운 곳에 위치시킨다.

7. 가까이 있는 두 버텍스를 선택하고 **M**을 눌러서 그림 2.45처럼 병합한다.

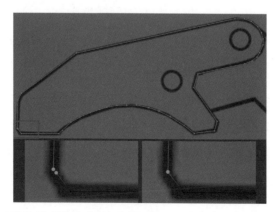

그림 2.45 외곽선 따라서 에지를 만들고 가까이 있는 버텍스 병합

방금 버텍스 1개에 **돌출 기능**Extrude Function을 사용해서 에지들로 구성된 커스텀 모양을 만드는 방법에 대해서 배웠다. 다음 절에서 해당 도형을 갖고 집게의 앞부분을 만든다.

커스텀 도형 돌출시키기

방금 작업으로 에지와 버텍스로 만들어진 도형을 갖고 있지만 아직 페이스로 채워져 있지 않다. 이제 선택한 에지들을 사용해서 빈 공간을 채우는 법을 배우고 해당 도형을 3D 도형으로 만드는 방법에 대해서 배워 보자.

1. 이전에 만든 에지들로 페이스를 만드는 방법은 모든 에지를 선택한 후에 **F**를 눌러서 그림 2.46처럼 페이스로 빈 공간을 채운다.

그림 2.46 에지들을 채워서 페이스 생성하기

방금 커스텀 페이스를 생성했다. 해당 페이스는 집게 상단 부분의 앞부분이다. 이제 두께를 적용한다.

2. 방금 만들어진 페이스를 선택한다. **E**를 눌러서 x축 방향으로 0.0125m 정도 돌출시킨다. 에지로만 만들었던 커스텀 외곽선은 그림 2.47처럼 이제 3D 형태가 됐다.

3. 참고 이미지에서 보이는 것처럼 볼트bolt가 위치한 곳에 작은 디스크disk를 추가한다. 그림 2.47처럼 집게 상단 부분의 왼쪽과 오른쪽에 전부 적용한다.

4. 방금 작업을 반복해서 집게 상단 부분의 내부 파츠inner parts를 만든다. 메시 모양에 다양성을 추가하려면 이 파츠를 집게 상단 부분보다 조금 얇게 만든다. 결과는 다음과 같다.

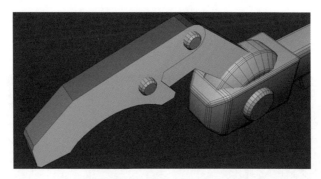

그림 2.47 집게 상단 부분을 위한 돌출

5. 이제 집게의 모든 날카로운 부분을 다른 모델 파츠처럼 베벨을 적용해서 부드럽게 만든다. 운이 좋게도, 선택된 메시의 모든 날카로운 부분을 한 번에 선택하는 쉬운 방법이 있다. **에디트 모드**로 바꿔서 에지 선택을 활성화한다. **헤더** 바에서 **Select | Select Sharp Edges**을 선택한다.

6. 메시에서 모든 샤프 에지가 선택됐다. 이제 이 파츠 완성을 위해서 에지들에 베벨을 살짝 적용한다. 그림 2.28을 베벨 정도에 대한 척도로 사용한다.

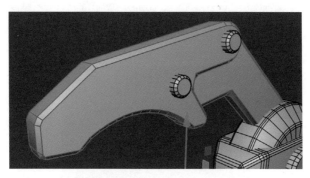

그림 2.48 샤프 에지에 베벨 적용

7. 모든 파츠가 완성되면 **오브젝트 모드**로 변경해서 집게 상단의 모든 도형을 선택하고 **Ctrl + J**를 눌러서 하나의 메시가 되도록 그룹화시킨다.

8. 집게 메시가 선택된 상태로, 헤더 바에서 **Object | Set Origin | Origin to Geometry**를 눌러서 메시의 원점을 메시의 중심으로 변경한다.

9. **Shift + D**를 사용해서 집게 상단 부품을 복제한다. **N**을 눌러서 속성 패널을 연다. 회전 항목에서 *y*축을 180으로 바꿔서 그림 2.49처럼 회전시킨다.

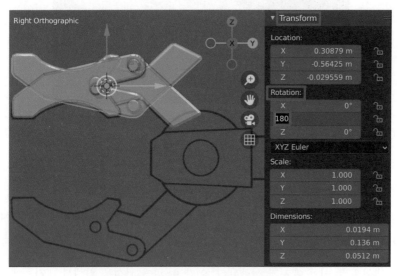

그림 2.49 속성 항목을 사용해서 복제된 집게 회전하기

10. 참고 이미지의 집게 하단 부분에 맞게 복제된 집게 메시를 *z*축 방향(파란색) 아래로 직접 이동시킨다.

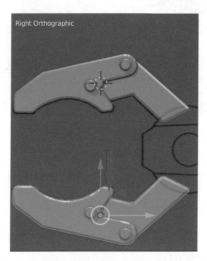

그림 2.50 복제된 집게를 움직여서 참고 이미지의 집게 외곽선에 맞추기

이제 그림 2.50처럼 집게 상단 부분과 하단 부분이 생겼다.

11. 팔과 어깨의 각 메시들을 모델의 오른쪽으로 미러링한다(눈 만들기에서 설명한 동일한 방법). 이제 완성된 모델은 그림 2.51과 동일하게 생겼을 것이다.

12. 로봇 드론 모델을 블렌더 파일 포맷으로 저장한다(.blend).

축하한다. 드디어 로봇 드론 실습 튜토리얼을 성공적으로 완료했다.

이번 절에서 에지와 버텍스로만 이뤄져 있는 도형을 3D 메시로 변형하는 방법을 배웠고, 볼트와 베벨같이 작은 세부 사항들을 추가해서 다듬는 방법을 배웠다.

그리고 빠르게 모든 샤프 에지를 선택하는 방법도 배웠다. 그림 2.51에서 완성된 로봇 드론 모델을 확인하자.

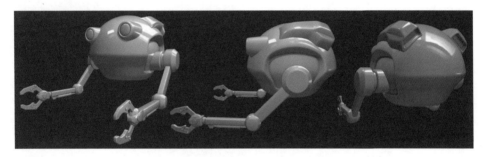

그림 2.51 다른 시점에서의 완성된 로봇 드론 뷰

⠿ 요약

블렌더를 사용해서 첫 번째 실용적인 모델링 튜토리얼을 완료했다.

모델링 툴은 로봇 드론과 같은 모델에 매우 적합하지만 이러한 툴과 방법을 사용해 생성할 수 있는 3D애셋의 종류에는 제한이 없다.

지금까지 배운 기술 중 하나는 참고 이미지를 따라서 3D 모델을 만들어 최종 결과물이 매우 정확하도록 하는 기술이다.

또한 3D 뷰포트에서 메시 조작, 페이스와 버텍스 돌출, 에지 베벨링^{Edge Beveling}과 메시 세분화를 통해서 모델의 표면을 부드럽게 만드는 기술을 배웠다. 그리고 3D 메시로 바꿀 수 있는 커스텀 모양의 도형을 만드는 방법에 대해서 배웠다.

이제 1장의 실무 경험과 이론적 지식을 모두 갖춰 3D 영화의 자신만의 3D 애셋을 제작할 수 있다.

유기적 유형의 모델을 제작할 때는 **3D 스컬핑**이라는 다른 작업 방식을 사용해서 더욱 효율적으로 만드는 방법이 있다.

3장에서는 블렌더를 사용해서 놀라운 유기적 유형 모델을 만드는 3D 스컬핑에 대해서 계속해서 배운다.

3D 스컬핑으로 SF를 주제로 한 3D 영화를 위한 외계 식물 3D 애셋을 단계별로 알려준다.

03

외계 식물
스컬핑하기

2장에서 블렌더의 훌륭한 모델링 툴들을 활용해서 로봇 드론 캐릭터를 만드는 방법을 배웠다.

모델링 툴은 기계 모양 모델(예: 로봇 드론)에 적합하지만 유기적인 형태의 모델을 만들 때에는 스컬핑이 가장 좋은 방법이다. 왜냐하면 유기 표면을 형성하려면 3D 스컬핑 툴이 가장 직관적이기 때문이다.

이번 튜토리얼에서는 3D 영화 세트에 사용할 유기 모델을 만드는 방법에 대해서 설명한다. 이제 외계 식물 모델을 스컬핑하면서 방법을 배워 보자. 이 식물들은 외계 행성 표면 3D 영화 세트에서 더욱 놀라울 것이다.

3장에서는 블렌더에서 메시를 가상 점토의 일부였던 것처럼 스컬핑하는 방법을 배운다.

참조 이미지와 기본적인 모델을 설정하는 단계부터 시작해서 전체 3D 스컬핑 과정을 배운다.

다음으로 이러한 모든 부분들을 단일 고해상도 메시로 결합하는 방법을 배운다. 스컬핑한 모델이 완성되면 **언리얼 엔진 5**에서 사용할 저해상도 메시로 변환하는 방법을 배운다.

3장에서는 다음 주제들을 다룬다.

- 기본적인 모델 만들기

- 문제가 되는 부분 고치기

- 디테일 추가하기

- 저해상도 메시 생성하기

3장에서 배울 기술들은 블렌더에서 3D 스컬핑을 위한 기초다. 이번 튜토리얼을 완료하면 3D 스컬핑 작업 방식과 그 툴들에 대해서 확실히 이해할 수 있다. 이후에 **언리얼 엔진**에 사용되는 3D 스컬핑 모델들을 만들 수 있다.

이제 튜토리얼에서 다룰 내용을 알아봤으므로 튜토리얼 파일을 로드하고 모델의 기본 모양을 만드는 것부터 시작한다.

⠿ 기술 요구 사항

3장에서는 다음의 하드웨어와 소프트웨어가 필요하다.

- 3D 애니메이션 소프트웨어를 구동할 수 있는 컴퓨터가 필요하다.

- 다음 사이트(https://www.blender.org/download)에서 블렌더를 다운로드 및 설치해야 한다.

여기서 사용하는 블렌더 버전은 2.93.5다. 사용하고 있는 블렌더의 버전이 높더라도 이번 예제를 따라 하기에는 아무 문제가 없다.

- 다음 사이트(https://github.com/wjakob/instant-meshes)에서 받을 수 있는 인스턴트 메시. 아래쪽으로 스크롤하면 **Pre-compiled binaries** 항목을 확인할 수 있다. 사용하는 운영체제에 맞는 `.zip` 파일을 받는다.

완성된 외계 식물 모델을 `AlienPlant_LP.blend` 파일이라는 이름으로 다음 사이트(https://github.com/PacktPublishing/Unreal-Engine-5-Character-Creation-Animation-and-Cinematics/tree/main/Chapter03)에서 받을 수 있다.

참조 이미지를 갖고 있는 파일 로드하기

먼저, 제공한 참조 이미지를 살펴보자. 외계 식물 3D 영화 세트에서 만들어서 사용할 외계 식물의 스케치다.

1. `Alien_Plant_REF.blend` 파일을 이 책의 깃허브 저장소(https://github.com/PacktPublishing/Unreal-Engine-5-Character-Creation-Animation-and-Cinematics/tree/main/Chapter03)에서 다운로드한다.

2. 블렌더 파일을 열면 3D 뷰포트 안에 외계 식물의 참조 이미지를 볼 수 있다. 아웃라이너 패널에서 `AlienPlant_Ref` 항목도 찾아볼 수 있다. 이번 튜토리얼에서 사용할 큐브 메시도 있다. 그림 3.1은 외계 식물의 참조 이미지가 나타내는 그림이다.

그림 3.1 외계 식물의 참조 이미지

툴 바에 있는 아이콘들을 빠르게 알아보는 방법이 있다. 툴 바 오른쪽 끝부분에 마우스 커서를 양방향 화살표 아이콘이 나올 때까지 올려놓는 것이다. 그리고 툴 바를 클릭 후 오른쪽으로 드래그해서 확장한다. 아이콘들이 스스로 재정렬되면 툴 바를 한 번 더 오른쪽으로 드래그하면 아이콘들의 이름이 보인다.

다음 절에서 기본 모델을 만드는 방법에 대해서 배운다.

⠿ 모델의 기본 모델 만들기

블록화,blocking out란 스컬핑하려는 모델의 '대략적인 모양'의 메시를 만드는 것을 말한다. 저해상도(낮은 기하학적 밀도) 메시를 사용해 3D 조각의 기본적인 형태를 만들 수 있다.

다음 절에서, 준비된 **큐브** 메시를 변형해서 외계 식물 형태로 바꾼다.

메시 파트들을 변형 및 복제하기

참조 이미지와 **큐브** 메시가 포함된 블렌더 파일을 불러왔으니 이제 이 **큐브** 메시를 외계 식물의 대략적인 형태로 바꿔야 한다.

가장 간단한 방법은 **큐브** 메시의 면들에 **돌출** 기능을 사용하는 방법이다. 작업을 수행할 때마다 새로 생성된 형태의 위치, 회전, 크기를 변형할 수 있도록 단계적으로 작업한다. 시작하겠다.

1. **큐브** 메시의 가장 윗면을 선택한다.

2. 선택된 면을 **E**를 눌러서 위로 돌출한다. 외계 식물의 줄기의 외곽선과 일치하도록 소량만 돌출한다. 해당 이미지는 그림 3.2, 파트 A에서 볼 수 있다.

3. 새로 돌출한 면의 회전과 크기를 조절한다. 해당 돌출 및 조정 작업을 그림 3.2, 파트 A에서 보이는 것처럼 식물의 가장 윗부분까지 반복 진행한다.

4. **Ctrl + R** 단축키를 사용해서 방금 만든 메시에 에지 루프를 추가한다. 에지 루프를 이동, 회전, 크기를 조절해서 그림 3.2, 파트 B에서 보이는 것처럼 나무 줄기와 식물의 윗부분에 맞춘다.

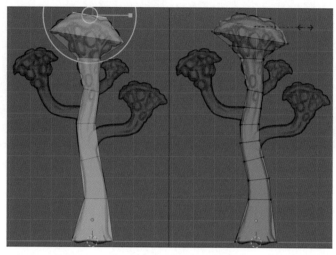

그림 3.2 (A) 큐브 메시의 윗면을 돌출해서 기본적인 줄기 모양을 생성 (B) 에지 루프 추가 및 조정으로 형태 변형

5. 그림 3.2, 파트 B처럼 모델의 형태가 비슷해졌다면 다음 단계로 이동한다.

6. **Alt + Z**를 눌러서 **엑스레이 뷰포트 셰이딩 모드**를 활성화한다(필요에 따라서 해당 기능을 켜거나 끈다). **엑스레이 뷰포트 셰이딩 모드**는 (현재 뷰의 반대편에 있는) 메시의 컴포넌트를 메시를 통해서도 선택할 수 있게 해준다.

7. 외계 식물의 머리(윗부분)의 면들과 머리 아래에 있는 줄기 부분들 중 6개를 선택한다.

8. **Shift + D**를 눌러서 선택한 면들을 복제한다. 그리고 참조 이미지의 오른쪽에 있는 큰 나무 줄기에 복제한 메시를 이동, 회전, 크기를 조절해서 일치시킨다. 해당 단계는 그림 3.3, 파트 A와 파트 B에서 볼 수 있다.

9. 해당 작업을 나머지 2개의 줄기에도 적용시킨다. 작업의 결과는 복제된 줄기들과 같이 있는 그림 3.3, 파트 C와 동일하다.

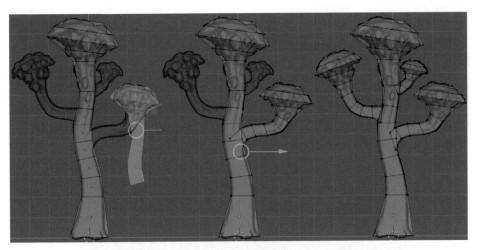

그림 3.3 (A) 메시의 상단 부분 복제 (B)와 (C) 복제된 줄기가 다른 줄기와 일치하도록 형태를 변형

이제 기본적인 외계 식물 모형을 완성했지만 모든 줄기와 나뭇가지의 곡선이 Y축 방향으로만 있어서 해당 모형의 정면 오소그래픽 뷰와 상단 오소그래픽 뷰에서 봤을 때 너무 기계적이라는 느낌이 든다. 그림 3.4의 BEFORE 파트를 참고한다.

10. 줄기에 유기적 변형을 추가하자. 메시 컴포넌트를 선택한다. O를 눌러서 부분 수정 기능을 활성화하고 선택한 메시 구성 요소를 회전해 약간 구부러진 모양으로 이동해 서 X, Y축으로 구부러지도록 한다. 결과는 그림 3.4의 AFTER 결과처럼 보인다.

NOTE

메시에 연결된 모든 컴포넌트를 선택하려면 컴포넌트 1개를 선택하고 Ctrl + L을 눌러서 **Select Link** 기능을 사용한다.

이제 그림 3.4의 AFTER에서 보이는 유기적인 모양의 외계 식물과 유사한 메시가 완성됐다.

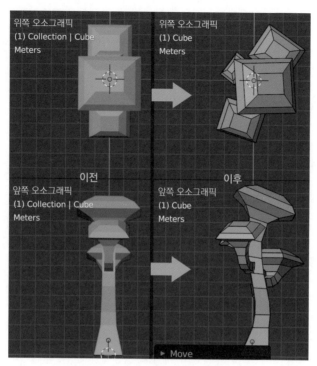

위쪽 오소그래픽
(1) Collection | Cube
Meters

위쪽 오소그래픽
(1) Cube
Meters

이전

이후

앞쪽 오소그래픽
(1) Collection | Cube
Meters

앞쪽 오소그래픽
(1) Cube
Meters

▶ Move

그림 3.4 나무 줄기 형태 변형 및 나뭇가지 회전

11. 기본 메시를 완성하기 전에 해야 하는 작업이 한 가지 남아 있다. 그림 3.5처럼 나무 줄기의 밑부분을 완성하기 전에 2개의 에지 루프를 추가해야 한다.

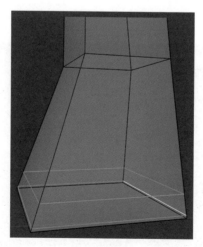

그림 3.5 나무 줄기 밑부분에 2개의 에지 루프 추가

이제 모델의 기본 메시가 완성됐고 다음 단계를 위한 준비가 됐다! 이번 절에서 참조 이미지를 따라서 모델의 기본 형태를 만드는 방법을 배웠다. 향후 3D 작업에 동일한 기술을 사용할 수 있다.

다음 절에서 메시에 고차원의 기하학적 밀도를 추가하는 방법을 배운다.

IMPORTANT

> 메시에 추가 지오메트리를 추가하는 블렌더의 기능(**Remesh**, **Dyntopo**, **Subdivision Surface Modifier** 또는 **Multiresolution Modifier**)을 사용하기 전에 사용하는 컴퓨터의 시스템(CPU, 비디오 카드, 램)을 염두에 두고 사용해야 한다.

메시를 세분화하기

모든 외계 식물의 형태들의 구조가 잡혔다.

아직 이 메시는 블록 형태를 유지(저해상도 지오메트리 때문에)하고 있기 때문에 3D 스컬핑 브러시로 변형할 수 있도록 고해상도 메시로 변형해야 한다. 다음 절차를 따라 한다.

1. **오브젝트 모드**에서 모델을 선택하고 **Ctrl + 5**를 눌러서 메시를 부드럽고 매끄러운 형태로 바꾼다. 이 단축키를 사용함으로써 메시에 **모디파이어 속성** 탭의 속성 패널에서 볼 수 있는 서브디비전 서페이스 모디파이어^{Subdivision Surface Modifier}를 자동으로 추가한다.

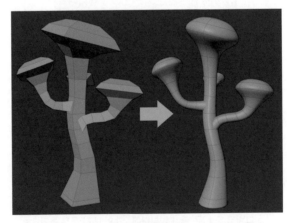

그림 3.6 메시에 서브디비전 서페이스 모디파이어 추가

2. 여기서 **모디파이어**를 **서브디비전**으로 나열한 것을 볼 수 있다. **레벨 뷰포트**^{Levels} ^{Viewport}를 4~5의 서브디비전으로 설정한다.

3. 메시를 스컬핑하기 전에 마우스 포인터가 모디파이어 위에 올라가 있는 상태에서 모디파이어를 메시에 **Ctrl + A** 단축키를 사용해서 적용한다.

메시의 단순한 와이어프레임이 수많은 면이 생성된 것을 볼 수 있다. 이 메시가 3D 스컬핑에 사용될 메시다.

이번 절에서 기본 메시에 서브디비전 서페이스 모디파이어를 사용하고 **적용**^{Apply} 기능을 사용해서 세분화하는 방법을 배웠다.

필요한 모델이 고해상도(고밀도 메시)로 준비가 됐다.

다음 절에서 **리메시**^{Remesh} 기능을 사용해서 모든 나무 줄기가 하나의 표면으로 결합되도록 한다. 이후에 재미있는 부분을 계속 진행한다. 큰 표면 모양들 중에서 일부를 스컬핑하는 것, 즉 기본 형태를 만드는 것이다.

⋮ 기본 형태 스컬핑하기

3D 스컬핑 과정을 시작하기에 앞서 블렌더의 **스컬핑 워크스페이스**^{Sculpting Workspace}의 **리메시** 기능을 사용해야 한다.

IMPORTANT

> 리메시의 **복셀 크기**(Voxel Size)에 대한 수치는 제안된 수치로 사용해야 한다. 실제 숫자는 컴퓨터 시스템이 감당할 수 있는 작업에 따라 다르므로 이에 따라 숫자를 조정한다.

다음 항목을 따라 한다.

1. 헤더 바의 **Remesh** 버튼을 클릭한다. **리메시** 기능은 1장에서 설명했다.

2. 열리는 드롭다운 메뉴에서 **Voxel Size**를 대략 0.02m로 설정한다. 숫자가 작을수록 메시의 밀집도가 높아진다.

3. 이제 드롭다운 메뉴의 가장 아래에 있는 **Remesh** 버튼을 클릭하거나 **Ctrl + R** 단축키를 눌러서 적용한다.

4. 메시에 **Remesh**를 적용하면 메시의 표면은 더 많은 면으로 나뉜 것을 확인할 수 있다(이전보다 더 높은 지오메트리 밀집도를 갖고 있다). 또한 이전에는 나뉘어 있던 나무 줄기들이 하나의 메시로 합쳐진 것을 확인할 수 있다.

   메시가 너무 네모나면(또는 너무 늘어나 있다면) 언제든지 해당 과정을 반복할 수 있다. 리메시된 메시는 늘어난 메시를 균등하게 분할된 새로운 메시로 대체한다.

5. 나뭇가지가 외계 식물의 줄기와 연결되는 곳을 확대한다. 툴 바에서 **Smooth** 브러시를 선택한다.

6. **Shift + F**를 눌러서 **Brush Strength** 팝업 메뉴를 활성화하고 값을 0.3으로 지정한다. 이제 나뭇가지가 줄기와 연결되는 곳을 칠한다. 연결된 부분의 날카로운 부분들이 부드럽게 바뀌는 것을 확인할 수 있다. 부드럽게 바뀐 선들은 그림 3.7처럼 다른 표면 사이에 큰 변화를 만든다.

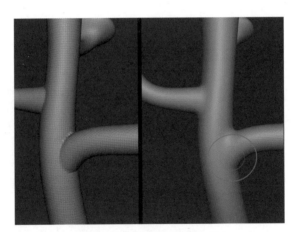

그림 3.7 연결된 부분 부드럽게 하기

7. 다음은 나무 줄기의 밑동이다. 좀 더 확대해서 **Draw** 브러시를 툴 바에서 선택한다. 먼저 여기부터 스컬핑을 한다. 줄기의 형태는 축소를 하거나 실루엣을 보고 있을 때 알아차릴 수 있는 가장 중요한 특징이기 때문에 기본적인 형태를 갖고 있다.

8. **Brush Strength**를 0.4로 설정하고 중간 크기의 붓질을 시작한다. 줄기 밑부분에서 형태를 밖으로 끌어내서 만든다.

만약 표면을 안쪽으로 넣고 싶을 때(브러시 반대 방향)는 **Ctrl** 버튼을 누른 상태로 스컬핑을 하면 그림 3.8처럼 할 수 있다.

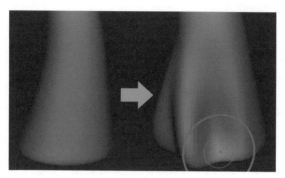

그림 3.8 나무 줄기 밑부분 스컬핑

만약 스컬핑 도중에 표면을 부드럽게 만들고 싶다면 **Shift** 키를 누른 상태로 스컬핑을 하면 된다. 해당 기능은 **그리기**Draw 브러시, **샤프 그리기**Draw Sharp 브러시, **팽창**Inflate 브러시에 적용된다.

처음으로 3D 스컬핑 작업을 완료했다. 블렌더에서 가장 중요한 스컬핑 툴 중 하나인 **그리기** 브러시를 사용하는 방법에 대해서 배웠다.

스무싱Smoothing 기능을 사용함과 동시에 브러시로 양쪽 방향으로 사용하는 법을 연습했다. 더 많이 연습하면 스컬핑 브러시를 다루는 능력이 확연하게 발전한다.

다음 절에서 일반적인 스컬핑 문제들을 해결하는 방법에 대해서 배운다.

⠿ 문제가 되는 부분 고치기

모든 3D 작업자는 때때로 일반적인 3D 스컬핑 문제들을 직면한다. 문제들을 어떻게 해결하는지 알아보자.

메시의 일부분 평평하게 만들기

나무 줄기의 밑부분을 스컬핑할 때 일부분이 땅보다 아래로 내려간다. 그림 3.9의 왼쪽 이미지처럼 나무 줄기의 아랫부분이 점선보다 아래로 내려간 것을 확인할 수 있다.

이 문제를 수정하려면 3D 스컬핑 툴셋들 중에서 **라인 프로젝트**Line Project 브러시가 있다. 어떻게 사용하는지 알아보자.

1. Line Project 브러시를 선택한 상태에서 마우스 좌클릭하고 왼쪽에서 오른쪽으로 선을 그린다.

2. 땅과 평행한 각도로 선을 그리려면 **Ctrl**을 누른 상태로 선을 그린다.

3. 나무 줄기의 밑부분을 지나는 선을 그렸으면 마우스 왼쪽 버튼에서 손을 뗀다. 선 바깥 부분에 있는 부분들은 전부 평평해진다. 아마 선 밑부분들이 윗부분보다 좀 더 어둡다는 사실을 확인할 수 있다. **Line Project** 브러시는 그림 3.9처럼 어두운 부분을 납작하게 만든다.

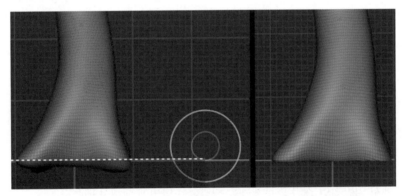

그림 3.9 라인 프로젝트 브러시를 사용해서 기준을 넘어간 부분 납작하게 만들기

4. 나무 밑동의 날카로운 테두리를 부드럽게 만든다.

이번 절에서 **라인 프로젝트** 브러시를 사용해서 메시의 일부분을 납작하게 만드는 방법에 대해서 배웠다. 이제 표면의 아티펙트artifact를 어떻게 수정하는지 알아보자.

표면에 있는 아티펙트 고치는 방법

메시 표면의 아티펙트들은 메시 표면이 불규칙적인 것을 말한다. 다양한 이유로 이러한 현상이 발생할 수 있지만 아티펙트의 주요 현상 중 한 가지로는 그림 3.10처럼 스무싱 에러 또는 이상한 구김 자국이다.

그림 3.10은 표면 아티펙트가 어떻게 보이는지에 대해서 보여 준다. 사진에서 볼 수 있 듯이 원하지 않은 표면 디테일을 생성한다.

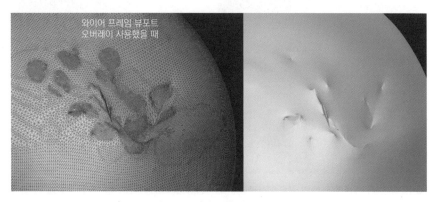

그림 3.10 메시 표면 아티펙트 예시

만약 3D 모형의 표면에 이러한 아티펙트가 존재한다면 다음 순서를 따른다.

1. **Ctrl + D**로 **Dyntopo** 브러시를 활성화한다. 또 다른 방법으로는 스컬핑 워크스페이스 헤더 바에서 그림 3.11처럼 **Dyntopo** 버튼을 사용해서 활성화할 수도 있다.

2. **브러시 강도**를 0으로 설정한다.

3. **Dyntopo** 드롭다운 메뉴에서 **Detail Size**를 5.00px로 설정한다.

그림 3.11 다인토포 브러시를 사용해서 표면 아티펙트를 고칠 때 다음 설정을 사용한다.

4. **Draw** 브러시를 선택해서 문제가 되는 부분을 부드럽게 칠한다. 이 행동은 메시와 닿는 부분의 형태를 그대로 유지하면서 지오메트리 디테일을 추가한다. 그림 3.12 에서 **Dyntopo** 브러시와 **Draw** 브러시와 같이 사용해서 표면 아티펙트를 작은 추가 삼각형 표면으로 교체했다.

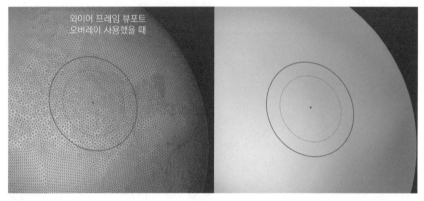

그림 3.12 (A) 표면 아티펙트 표면 위를 칠하면 작은 삼각형 표면으로 교체한다. (B) 해당 부분을 스무싱한다.

방금 표면 아티펙트를 어떻게 처리해야 하는 방법에 대해서 배웠다. 이제 외계 식물의 나머지 부분을 계속해서 스컬핑하자.

⠿ 디테일 추가하기

외계 식물의 기본적인 형태가 완성됐기에 상단 부분에 좀 더 세부 사항을 추가해 보자 (해당 작업은 스컬핑에서 **2차 작업**이라고 한다).

1. 2차 작업을 진행하기 전에 모델의 셰이딩shading을 스무싱한다. 외계 식물이 선택돼 있는지 먼저 확인하고 **Layout Workspace** 탭으로 변경한다. 3D 뷰포트의 어느 한 곳을 마우스 우클릭하고 **Shade Smooth** 메뉴를 선택한다. 그리고 다시 스컬핑 워크스페이스로 돌아온다.

2. 나무 줄기의 상단 부분을 확대한다. 여기서는 나무 줄기는 상단에 외계 식물 같은 포자낭이 달려 있는 것을 확인할 수 있다.

3. **Inflate** 브러시를 툴 바에서 선택하고 **Brush Strength**를 0.85로 설정한다.

4. 그림 3.13처럼 메시 표면에 돔 같은 형태가 나타날 때까지 브러시를 원형으로 계속 칠한다. 머리 부분에 이런 형태를 좀 더 만들고 나머지 3개에도 동일한 작업을 진행한다. 이 돔 중 일부를 합치고 일부 돔들은 거리를 유지한다. 돔들의 크기를 다양하게 한다. 이러한 작업은 유기적인 형태처럼 보인다. 만약 너무 일정한 간격으로 동일한 크기로 만들면 너무 기계적인 형태가 된다.

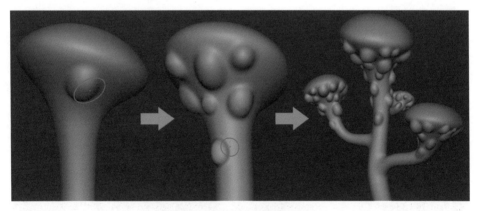

그림 3.13 외계 식물에 포자 주머니 추가

방금 작업으로 **팽창** 브러시를 사용해서 메시 표면에 돔처럼 생긴 세부 모양을 추가했다. 이제 마스킹을 사용해서 좀 더 재미있는 형태를 만드는 방법에 대해서 배워 보자.

3D 스컬핑에서 마스킹 사용하기

3D 스컬핑에서 마스킹은 수정하는 것을 막는 메시의 영역을 정의하는 것이다. 다른 스컬핑 툴과 같이 마스킹을 사용하면 메시를 변형할 수 있는 많은 새로운 방법을 제공한다.

표면을 브러시로 칠하는 방법 외에 한 번에 (전체적으로) 적용하는 방법에 대해서 배워보자.

1. 메시에 마스크 영역을 지정하기 위해서 **Mask** 브러시를 선택한다.

2. **Brush Strength**를 1, **Brush Radius**을 15로 설정한다.

3. 생성한 돔을 칠하지 않고 주변만 마스킹한다. 식물의 머리 주변을 계속해서 마스킹한다. 좀 더 큰 **Brush Radius**으로 식물의 상단 부분을 마스킹한다.

4. 외계 식물의 모든 머리 부분에 마스킹을 적용했다면 **Ctrl + I**를 사용해서 Invert **Mask** 기능을 사용한다. 적용 결과는 그림 3.14의 오른쪽 그림처럼 바뀐 것을 확인할 수 있다.

   이러한 방법을 사용한 이유는 적은 영역을 선택하고 반전하는 방법이 큰 영역을 마스킹하는 것보다 빠른 방법이기 때문이다.

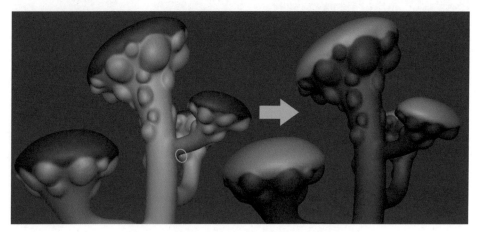

그림 3.14 (왼쪽) 마스크 적용 (오른쪽) 반전 마스크 적용

이제 마스킹된 영역을 제외한 나머지 영역을 팽창시킨다.

5. 툴 바에서 **Mesh Filter** 툴을 선택한다. 이 툴은 숨겨져 있거나 마스킹돼 있지 않은 부분들 또는 (선택한) 메시에 해당 효과를 적용한다.

6. **Filter Type** 옆의 헤더 바에서, 드롭다운 메뉴에서 **Inflate**를 선택한다.

7. 3D 뷰포크의 빈 공간을 마우스 좌클릭(메뉴에서 하는 것이 아니다)을 하고 마우스를 오른쪽으로 드래그해서 **Mesh Filter** 효과를 적용한다. 더 많이 끌고 갈수록 그림 3.15, 파트 A처럼 효과가 적용된다.

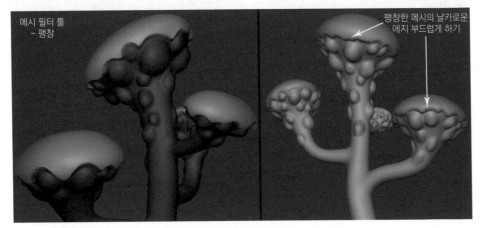

그림 3.15 (A) 메시의 마스킹돼 있지 않은 부분에 메시 필터 적용 (B) 날카로운 테두리 스무싱

8. 그림 3.15, 파트 A처럼 메시를 팽창하고 나서 **Alt + M**으로 **Clear Mask** 기능을 적용한다. 마스크가 해제된 메시는 그림 3.15, 파트 B처럼 보인다.

9. **Smooth** 브러시를 낮은 **강도**로 설정하고 식물 머리 주변의 날카로운 테두리를 스무싱한다.

10. 식물 머리의 큰 점들에 마스크를 적용한다.

11. **Ctrl + I**로 **Invert Mask**을 적용한다.

12. 점들을 팽창시키고자 **Mesh Filter**를 사용한다. 다만 밖으로 팽창하는 것 대신에 안쪽으로 팽창시키고자 방향을 반대로 설정한다.

13. **Alt + M**으로 **Clear Mask**를 적용한다.

14. 들어간 점들 주변의 날카로운 테두리를 그림 3.16, 파트 C처럼 부드럽게 만든다.

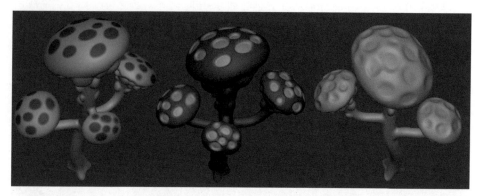

그림 3.16 (A) 마스크 적용 (B) 마스크 반전 및 안쪽으로 메시 필터 팽창 (C) 날카로운 테두리 스무싱

이번 절에서 마스킹을 **Mesh Filter** 툴과 함께 사용해서 마스킹되지 않은 영역의 메시에 영향을 미치는 방법에 대해서 배웠다.

외계 식물의 표면은 이제 흥미롭고 유기적으로 보이기 시작한다. 제공된 외계 식물 참고 이미지를 보면 식물 머리 부분에 작은 결절(돌기)들이 있는 것을 확인할 수 있다. 이 결절들은 포자 주머니의 포자를 외계 행성의 대기로 방출한다.

HANDY TIP

> 3D 애셋을 작업하는 동안 창의력을 발휘하려면 모델, 캐릭터, 영화 세트에 대한 배경 스토리를 생각해 내는 것이 유용하다. 배경 스토리가 있으면 생생한 세부 사항으로 가득 차 있기 때문에 프로젝트가 훨씬 더 살아난다.

다음 절에서 외계 식물 모델에 있는 결절들을 스컬핑하는 방법에 대해서 배운다.

포자 결절 스컬핑하기

이번 작업의 경우 다시 **Inflate** 브러시를 사용하지만 이전 작업에서 만든 각각의 오목한 부분의 내부에 사용한다. 일부 결절들이 다른 결절들보다 더 팽창돼 있고 크기가 다른지 확인한다.

1. 모든 결절이 충분히 팽창했으면 **Voxel Size**를 0.01에서 0.03 사이로 설정하고 적용한다.

2. 그림 3.17, 파트 C와 같이 **Draw** 브러시를 사용해 스컬핑하는 동안 **Ctrl** 키를 누른 상태에서 일부 결정의 중심을 누른다.

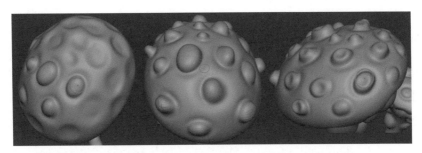

그림 3.17 (A) 결절 스컬핑 (B) 결절 팽창시키기 (C) 중심 부분 누르기

지금까지 완성된 외계 식물은 다음과 같다.

그림 3.18 지금까지의 외계 식물 진행 상황

이번 절에서 메시에 추가 세부 사항을 스컬핑하는지에 대해서 배웠다. 다음 절에서 마무리 작업을 진행한다.

모형에 마지막 마무리 작업 진행하기

지금까지 작업된 외계 식물이 훌륭해 보인다. 이제 마무리 작업을 진행하자.

스컬핑 개념에서 주름, 포자 주머니, 표면 주름 같은 세부적인 디테일을 **3차 디테일**^{tertiary} ^{detail}이라고 부른다. 다음 항목들을 추가하자.

1. **Draw Sharp** 브러시를 선택하고 강도를 0.5로 설정한다.

2. 식물 머리 중 1개에, 이전에 작업한 돔처럼 생긴 포자 주머니 주변에 테두리를 그리기 시작한다. 이런 선들은 시각적 세부 사항에 추가 레이어를 제공한다. 이러한 세부 사항들이 없으면 모든 작업이 너무 부드럽게 보인다.

3. 나머지 포자 주머니에도 테두리를 적용한다. 그림 3.19에서는 왼쪽에 있는 포자 주머니들이 부드럽게 보이는 반면 오른쪽에 있는 포자 주머니들은 날카롭게 표현되는 것을 보여 준다.

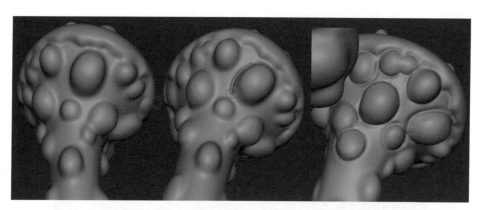

그림 3.19 Draw Sharp 브러시를 사용해서 날카로운 주름 추가

4. 모든 포자 주머니에 작업이 완료되면 식물의 나머지 머리에 있는 포자 결절에도 적용한다. 작업 후 결과물은 그림 3.20의 오른쪽에 있는 결과물처럼 나온다.

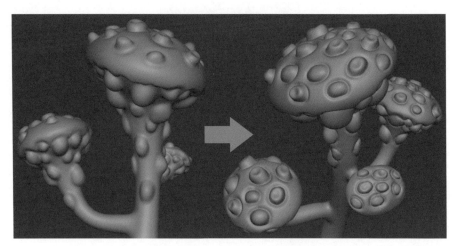

그림 3.20 포자 결절에 Draw Sharp 브러시를 사용해서 날카로운 주름 추가

5. 마지막 단계는 나무 줄기와 나뭇가지에 라인을 추가하는 것이다. 이 라인들은 모든 세부 사항의 균형을 맞추고 시각적인 응집력을 만들어 낸다. **Draw Sharp** 브러시(이전 설정과 동일)를 사용해서 그림 3.21에 표시된 대로 나무 줄기와 나뭇가지에 다양한 깊이와 길이의 선을 그린다.

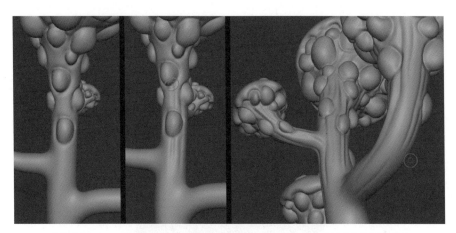

그림 3.21 Draw Sharp 브러시를 사용해서 나무 줄기와 나뭇가지에 날카로운 주름 추가

방금 블렌더에서 첫 번째 조각물을 완성했다! 완성된 모델은 그림 3.22에 보이는 외계 식물과 비슷하게 보일 것이다.

그림 3.22 완성된 외계 식물

완성된 외계 식물 모델을 블렌더 파일 포맷(.blend)로 저장한다. 그리고 4장 튜토리얼에서 사용할 수 있도록 고해상도로 익스포트한다. **File | Export | Wavefront(.obj)**를 찾아서 그림 3.23의 설정을 사용해서 저장한다.

File Name에 저장할 적당한 이름을 선택한다. 해당 고해상도 모델을 .obj 파일 포맷으로 저장한다.

그림 3.23 Wavefront (.obj) 설정으로 모델 저장

이번 절에서 다용도의 **Draw Sharp** 브러시를 사용해서 모델에 마무리 작업을 하는 방법에 대해서 배웠다.

축하한다! 3장의 모든 실용적인 3D 스컬핑 섹션을 완료하면서 스컬핑 파이프라인에 대한 개념을 배웠다. 즉 다양한 작업에 사용할 브러시와 문제가 있는 영역을 해결하는 방법을 배웠다.

이제 외계 식물이 완성됐으니 이 모델을 언리얼에서 사용할 수 있는 메시로 변환해야 한다.

이 단계에서 만들어진 결과물은 언리얼에서 애니메이션 모델로 사용하기에는 너무 고해상도다. 왜냐하면 메시에 있는 지오메트리가 조밀할수록 컴퓨터의 계산 능력CPU이 해당 메시를 변환해야 하기 때문이다(파일을 쓰는 도중 일반 데스크톱 PC의 CPU는 실시간으로 조밀한 메시를 변형할 만큼 강력하지 않다).

다음 절에서 모델을 저해상도 메시로 변환하는 단계에 대해서 알아보자.

⁝⁝ 저해상도 메시 생성하기

언리얼에 사용할 메시를 준비하려면 고해상도 메시와 동일한 모양의 새로운 메시가 필요하다. 하지만 새로운 메시는 지오메트리 조밀함에서 저해상도(저해상도 폴리곤 메시라고도 부른다)이어야 한다. 저해상도 메시를 만드는 과정을 **리토폴로지**retopology라고 부른다.

블렌더에서 리토폴로지를 하는 방법은 다양하다. 가장 정확한 방법은 손으로 모든 작업을 하는 것이다(수동 리토폴로지). 최상의 결과물을 제공하지만 이러한 기술은 이 책에서 알려 주는 범주를 벗어난다.

자동 리토폴로지auto-retopology(소프트웨어 알고리듬을 통해서 자동으로 생성된다)라고 불리는 방법을 사용해서 리토폴로지를 하는 방법에 대해서 소개하겠다. 새로운 저해상도 메시를 자동으로 생성하기에 가장 간단한 방법이다. 정확하지는 않지만 주요 이득은 단순함과 생산적인 면에서 시간을 엄청나게 단축할 수 있다는 것이다.

여기서 **인스턴트 메시**Instant Meshes(다운로드 링크는 기술 요구 사항 부분에 제공함)라는 무료 프로그램을 사용한다. 개인적으로 블렌더에 포함돼 있는 자동 리토폴로지 툴보다 더 좋은 결과물을 낸다고 생각한다.

먼저 인스턴트 메시는 들어오는 메시가 저해상도일 때 가장 잘되기 때문에 블렌더의 모디파이어를 사용해서 지오메트리의 조밀함을 줄이는 것이다.

다음 절에서는 블렌더에서 **데시메이트**Decimate 모디파이어를 사용하는 방법에 대해서 배운다.

블렌더에서 메시 변형하기

데시메이트 모디파이어는 메시를 변형한다. **데시메이션**Decimation은 메시의 지오메트리를 원본 메시보다 해상도가 낮은 삼각형으로 변환해 메시의 지오메트리를 줄인다.

일반적으로 이 기능을 사용해서 언리얼에서 사용할 저해상도 메시를 만들면 되지 않을까 생각한다. 그 질문에 대한 답은 애니메이션이 들어가는 모델들의 표면 토폴로지(면과 모서리의 레이아웃)에 적합하지 않고 메시에 스무싱 아티펙트가 생길 수도 있다는 것이다.

블렌더에서 메시를 변형하자.

1. **Object Mode**로 변경하고 **Layout Workspace**로 들어간다.

2. **Modifier** 리스트에서 **Decimate** 모디파이어를 찾는다.

3. 해당 모디파이어의 **Properties** 패널을 확인하면 메시가 아직 동일하게 보인다. 왜냐하면 비율 부분을 조절해야 하기 때문이다.

4. 기본 **비율**을 0.03으로 변경한다. 그림 3.24처럼 메시의 지오메트리 조밀함이 급격이 줄어든 것을 확인할 수 있다.

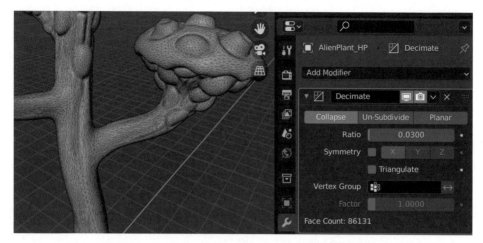

그림 3.24 데시메이트 모디파이어를 사용해서 메시의 조밀함을 줄임

5. **File** | **Export** | **Wavefront (.obj)**를 메뉴에서 찾는다. 해당 메뉴는 모델을 .obj 모델로 저장한다. .obj 파일 포맷을 사용하는 이유는 인스턴트 메시 소프트웨어는 .obj 파일과 .ply 파일 포맷만 지원하기 때문이다.

6. 그림 3.24의 설정을 사용한다. **File Name** 박스에는 저장할 파일의 이름을 적는다. 인스턴트 메시에서는 변형된 모델이 사용된다.

이번 절에서 데시메이트 모디파이어를 사용해서 메시의 지오메트리 조밀함을 인스턴트 메시에 적용할 수 있도록 줄이는 방법에 대해서 배웠다.

다음 절에서 인스턴트 메시를 사용해서 자동 리토폴로지를 하는 방법에 대해서 배운다.

자동 토폴로지에 인스턴트 메시 사용하기

인스턴트 메시는 원본 메시에서 자동 리토폴로지 메시를 생성할 때 사용되는 무료 소프트웨어다. 가이드 라인(Orientation Comb Line이라고 인스턴트 메시에서 부른다)을 그려서 자동 리토폴로지 알고리듬에게 알려 줄 수 있다.

인스턴트 메시 조작 방법은 다음과 같다.
회전: 마우스 좌클릭, **이동**: 마우스 우클릭, **줌**: 마우스 휠

이제 외계 식물 모델을 인스턴트 메시에서 사용해 보자.

1. 인스턴트 메시 소프트웨어를 실행한다.

2. **Open Mesh** 버튼을 누르고 위에서 작업해서 저장한 외계 식물 모델(.obj 포맷의 메시)을 불러온다.

3. **Target Vertex Count**를 대략 18K로 변경한다.

4. 전체 메시를 볼 수 있도록 메시를 움직인다.

5. 그림 3.25, 파트 A처럼 **Orientation Comb** 아이콘을 누른다. **Orientation Comb**이 활성화돼 있을 때 뷰포트 이동이 **Orientation Comb**를 다시 눌러서 비활성화할 때까지 잠긴다. **Orientation Comb** 기능은 소프트웨어에 에지 루프의 흐름을 메시 표면을 빗는 방향으로 지정하는 방법을 알려 주는 **Orientation Comb Line**(가이드 라인)을 생성한다.

6. 마우스 커서를 사용해서 **Orientation Comb** 선을 그린다. 먼저 그림 3.25, 파트 A처럼 좌클릭 + 드래그해서 메시 표면에 선을 그린다. 마우스 버튼에서 손을 떼면 그림 3.25, 파트 B처럼 작은 **X** 아이콘이 있는 색상 선이 나타난다.

   여러 색상의 선이 메시의 표면에 나타난 것을 확인할 수 있다. 이 선들은 그림 3.25처럼 에지의 흐름을 시각적으로 나타낸 선들이다.

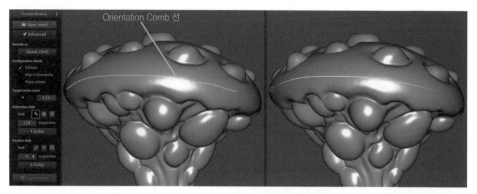

그림 3.25 (A) 모델 표면에 Orientation Comb 선을 그림 (B) Orientation Comb 선이 색깔이 있는 선으로 바뀜

7. 에지 루프의 흐름을 애니메이션을 적용하기 쉽고 UV 매핑하기 쉽게 흐름을 변경하려고 한다. 그림 3.26, 파트 A에서 기본 에지 흐름이 올바르지 않는 메시를 표시했다. 그림 3.26, 파트 B에서 메시의 표면에 여러 Orientation Comb 선들을 그려서 올바른 에지 흐름을 표현했다. 그림 3.26은 에지 흐름이 얼마나 정돈됐는지 보여준다.

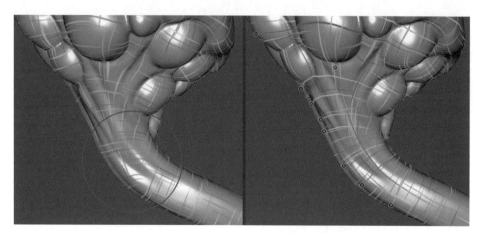

그림 3.26 (A) 선택된 부분에 에지 흐름이 정돈돼 있지 않음 (B) Orientation Comb 선을 그려서 에지 흐름을 수정함

8. 선을 삭제하고 싶을 때는 작은 X 아이콘을 누르면 된다.

9. 현재 보는 각도에서 가이드라인을 다 그렸으면 **Orientation Comb** 아이콘을 다시 누르고 새로운 각도로 회전한다. 다시 **Orientation Comb**를 눌러서 가이드라인을 그린다.

10. 그림 3.27과 비슷할 때까지 계속해서 이전 작업을 반복한다.

11. **Orientation** 항목에서 **Solve**를 누른다. 그러면 메시에 여러 색의 선이 나타나는 것을 볼 수 있다.

그림 3.27 Orientation Comb를 사용해서 가이드라인 생성

12. **Orientation Comb** 옵션을 비활성화한다.

13. **Position** 항목에서 **Solve** 버튼을 찾아서 누른다. 메시는 어두운 청색에 밝은 파란 색 에지 선들로 표현된다.

14. **Export Mesh** 버튼을 누른다. 현재 보이는 메뉴의 오른쪽에 또 다른 메뉴가 나타난다.

15. **Extract Mesh** 버튼을 눌러서 생성한 메시를 확인한다. 해당 메시는 빨간색 와이어 프레임에 파란색 면들을 갖고 있다. 메시가 그림 3.28에서 보이는 것처럼 보일 것이다.

16. **Save**… 버튼을 눌러서 메시를 저장한다. 이 작업은 메시를 .obj 파일로 저장해 준다.

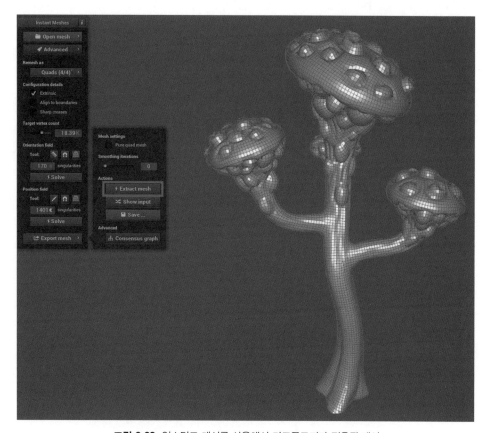

그림 3.28 인스턴트 메시를 사용해서 리토폴로지가 적용된 메시

인스턴트 메시를 사용해서 모델의 자동 리토폴로지를 생성하는 방법을 배웠다.

축하한다! 방금 블렌더에서 모델을 스컬핑하는 과정과 리토폴로지 메시를 생성하는 방법을 완료했다.

⣿ 요약

3장에서 3D 영화의 세트 피스^{set piece} 로 사용할 유기적인 형태의 외계 식물 모델을 스컬핑함으로써 블렌더의 3D 스컬핑 툴들을 실용적으로 활용하는 방법을 배웠다.

또, 참고 이미지를 따라서 블록아웃 모델을 만드는 방법을 배웠다.

그 이후에 지오메트리를 추가하고 디테일을 추가해서 모양을 다듬는 방법에 대해서 배웠다. 그리고 문제가 되는 부분을 수정하고 마스킹을 3D 스컬핑에서 사용하는 방법에 대해서 깊게 다뤘다.

마지막으로, 스컬핑한 모델을 갖고 언리얼 5에서 사용할 저해상도 메시로 변환하는 방법에 대해서 배웠다.

4장에서 모델들이 UV 매핑이 돼야 하는 이유와 방법 그리고 이를 사용해 이후의 텍스처링 튜토리얼에서 사용할 수 있도록 텍스처 맵을 굽는 방법에 대해서 배운다.

04

UV 맵과 텍스처 굽기

2장과 3장에서 로봇 드론 모델과 외계 식물 모델을 제작했다.

지금까지 이 회색(텍스처가 적용되지 않은) 모델은 좋아 보인다. 불행하게도 가상 3D 영화 세트에 이런 회색 모델이 있으면 사실적으로 보이지 않는다.

좀 더 사실적으로 만들기 위해서는 **텍스처**texture와 **머티리얼**material을 적용할 수 있는 모델이 준비돼야 한다.

텍스처와 머티리얼에 관한 핵심 개념을 살펴보는 것으로 시작한다. 그리고 UV 매핑의 개념에 대해 알아보자.

이후에는 외계 식물의 셰이딩을 준비하고 모델의 UV 매핑 단계별 과정을 진행한다. 로봇 드론 모델에 대해서도 비슷한 과정을 거치지만, 다수의 파츠로 이뤄진 기계적인 모델이므로 몇 가지 방법에 변화를 주게 된다.

이후에 외계 식물과 로봇 드론을 UV 매핑하고 나면 **xNormal**이라는 무료 텍스처 맵 베이킹 소프트웨어를 간략히 살펴본다. 그런 다음 외계 식물과 로봇 드론 모델에 xNormal을 사용해서 텍스처 맵을 굽는 전체 과정을 거친다.

4장이 끝나면 모든 모델은 UV 매핑이 돼 있고 모든 텍스처 맵이 구워져 있을 것이다. 작업된 모델들은 블렌더랑 퀵셀 믹서^{Quixel Mixer}에서 마지막 텍스처링 단계에서 사용할 수 있다.

이번 튜토리얼이 끝나면 모델 준비, UV 매핑, 텍스처 맵 굽기 같은 텍스처링 과정에 대한 전체적인 과정을 이해할 수 있다.

4장의 튜토리얼을 건너뛰고 싶은 분들은 UV 매핑이 완료된 외계 식물 모델, AlienPlant_UV_Mapped.blend 파일과 UV 매핑이 완료된 로봇 드론 모델, RobotDrone_UV_Mapped.blend와 구운 텍스처 맵들을 다음 사이트(https://github.com/PacktPublishing/Unreal-Engine-5-Character-Creation-Animation-and-Cinematics/tree/main/Chapter04)에서 받을 수 있다.

4장에서 다음 주제를 다룰 것이다.

- 텍스처와 머티리얼의 기본 개념

- UV 매핑에 대한 기본 개념 및 필요한 이유

- 메시의 셰이딩 문제 해결

- 블렌더에서 모델 UV 매핑

- 텍스처 굽기에 대한 기본 개념 및 필요한 이유

- xNormal을 사용해서 텍스처 굽기

먼저 텍스처와 머티리얼에 대한 기본 개념에 대해서 알아보자.

⠿ 기술 요구 사항

4장을 진행하기 위해서는 다음과 같은 프로그램과 장비가 필요하다.

- 3D 애니메이션 소프트웨어를 구동할 수 있는 컴퓨터가 필요하다.

- 다음 사이트(https://www.blender.org/)에서 블렌더를 다운로드 및 설치해야 한다.

이 책에서 사용하는 블렌더 버전은 2.93.5다. 만약 갖고 있는 블렌더 버전이 상위 버전이더라도 이번 예제를 따라 하는 데에는 큰 문제가 없다.

- 다음 사이트(https://xNormal.net/)에서 받은 xNormal의 최신 버전이 설치돼 있어야한다.

4장에서 사용되는 파일들은 다음 사이트(https://github.com/PacktPublishing/Unreal-Engine-5-Character-Creation-Animation-and-Cinematics/tree/main/Chapter04)에서 받을수 있다.

⁝⁝ 텍스처와 머티리얼이란?

이번 절에서 텍스처와 머티리얼의 기본 개념에 대해서 배운다. 먼저 텍스처의 개념부터 알아보자.

텍스처

3D 컴퓨터 그래픽에서 메시 표면의 외관을 설명하는 데에 **텍스처**(또는 텍스처 맵)라는 것을 사용한다.

일반적으로 텍스처(또는 텍스처 맵)는 레스터raster 이미지(격자 형태의 픽셀)로 만들어지거나 절차적으로 생성될 수 있다(이 작업은 통상 **절차적 텍스처링**Procedural Texturing이라고 부른다).

> **NOTE**
>
> 절차적 텍스처링은 (xNormal, 퀵셀 믹서(Quixel Mixer) 또는 서브스턴스 페인터(Substance Painter) 같은) 3D 소프트웨어 내부 알고리듬을 통해서 텍스처랑 머티리얼을 생성하는 3D 텍스처링 방법이다. 알고리듬은 절차적 텍스처를 생성하고자 설정한 값들과 텍스처 맵 그리고/또는 3D 메시의 정보를 활용한다. 이 방법에 대해서 5장에서 세부적으로 설명한다.

이번 튜토리얼에서 사용할 텍스처 맵은 다음과 같다.

- **알베도**Albedo **맵**: 이 맵은 그림자 또는 반사광이 없는 표면의 색상을 표현한 맵이다. 언리얼과 블렌더같이 몇몇 소프트웨어에서는 알베도 맵을 베이스 색상 맵으로 사용된다.

- **메탈니스**Metalness **맵**: 이 맵은 표면의 일부분이 금속인지 아닌지 알려 준다. 현실 세계에서는 표면은 금속일 수도 있고 비금속일 수도 있다. 그러나 물리적으로 가능할 필요가 없는 재료를 창조할 수 있는 창조적 자유를 원하기 때문에 0에서 255 사이의 금속성 값 범위를 선택할 수 있다.

- **러프니스**Roughness **맵**: 이 맵은 표면이 얼마나 부드러운지 아니면 거친 표면을 갖고 있는지 그레이스케일(검은색에서 하얀색)의 톤 값으로 0에서 255 값(0 = 100% 부드럽고 255 = 100% 거친 표면을 말한다) 사이로 표현한다.

- **노멀**Normal **맵**: 이 텍스처 맵들은 머티리얼에서 높이와 깊이에 대한 정보를 제공한다. 이 맵은 빛이 물체의 표면과 상호작용하는 방식을 조작해서 작은 점과 움푹 들어간 곳을 가짜로 만들어 낸다.

- **앰비언트 오클루전**AO, Ambient Occlusion **맵**: 이것은 직접적인 라이팅(간접 라이팅) 없이 부드러운 그림자를 만들기 위해 사용되는 그레이스케일의 텍스처 맵이다. 균열, 찌그러짐, 크랙들은 덜 밝게 비춰지므로 이러한 영역들은 그림자가 더 짙어진다.

- **이미시브 컬러**Emissive Color **맵**: 가끔 **셀프 일루미네이션**Self-Illumination **맵**이라고도 불리며, 메시 표면의 빛나는 부분을 나타낼 때 사용한다. 예를 들어, 머티리얼에 광원 효과를 만들 때 이 맵을 사용할 수 있다.

- **디스플레이스먼트**Displacement **맵**: 이는 텍스처의 그레이스케일 값을 기반으로 메시를 변형하는 데 사용되며 검은색 영역은 깊은 틈을 만들고 흰색 영역은 피크peak를 만든다. 언리얼 엔진에서 이 텍스처 맵은 **테셀레이션**Tessellation이라는 기능으로 작동하며 메시를 세분화해 변위 프로세스 중에서 사용할 수 있는 기하학적 세부 정보를 제공한다.

- **커버추어**^{Curvature} **맵**: 이 텍스처 맵은 날카로운 모서리와 틈에 그레이스케일 값을 제공하는 텍스처 맵이다. 이 정보들은 절차적 텍스처링에 사용된다.
- **머티리얼 ID**^{Material ID} **맵**: 이 텍스처 맵은 모델의 일부분에 색상 정보를 할당해서 절차적 텍스처링 도중에 색상 정보를 사용할 수 있도록 해주는 텍스처 맵이다.

이제 여러 텍스처 맵에 대한 개념을 배웠으니 머티리얼에 대해서 알아보자.

머티리얼

머티리얼은 하나 또는 여러 텍스처 맵으로 이뤄져 있다. 머티리얼은 이러한 텍스처 맵을 사용해서 다양한 표면의 물리적 형태를 나타낸다.

머티리얼은 퀵셀 믹서 또는 서브스턴스 페인터라는 소프트웨어에서 절차적으로 생성할 수도 있다.

다음은 가상의 돌 머티리얼 내부에서 사용할 수 있는 텍스처 맵에 대한 예시다.

- 알베도 맵은 돌 표면의 색상을 표현한다.
- 노멀 맵은 돌 표면의 울퉁불퉁함을 나타낸다.
- 러프니스 맵은 돌의 표면이 얼마나 부드럽거나 거칠지 표현한다.
- AO 맵은 돌 표면의 그림자 부분을 나타낸다.
- 돌 표면에는 광원 또는 금속 부분이 없기 때문에 이미시브 컬러 맵이랑 메탈니스 맵은 필요하지 않다.

이번 절에서 텍스처, 절차적 텍스처링, 머티리얼에 대한 기본 개념을 배웠다. 이 지식은 3D 컴퓨터 그래픽의 주요 분야 중 하나인 텍스처링에 대해서 더 많이 배우는 데 필요한 기본 개념들이다.

다음 절에서 UV 매핑에 대한 개념과 왜 필요한지에 대해서 설명한다.

⠿ UV 맵에 대한 이해

UV 맵은 3D 모델의 표면을 그림 4.1처럼 2D로 표현한다.

지구의 지리적 지도를 상상해 보자. 지도는 2D이지만 우리 모두 지도가 지구의 표면을 평평하게 표현하고 구형의 모양을 감싸고 있다는 것을 알고 있다. 마찬가지로 2D UV 맵은 3D 표면을 나타낸다.

다음 사이트(https://github.com/PacktPublishing/Unreal-Engine-5-Character-Creation-Animation-and-Cinematics/tree/main/Chapter04)에서 지구본 예제 모델(Earth.blend)을 다운로드할 수 있다.

해당 블렌더 파일을 열고 **Earth**라는 모델을 선택한다. 그리고 **UV Editing Workspace** 탭을 눌러서 이 모델의 UV 맵이 어떻게 생겼는지 확인한다.

해당 결과물이 UV 매핑이 어떻게 작용하는지에 대해서 잘 설명해 준다. 그림 4.1처럼 3D 뷰포트에서 지구 모델이 어떻게 생겼는지 확인하고 UV 에디터에서 UV가 어떻게 생겼는지 확인한다.

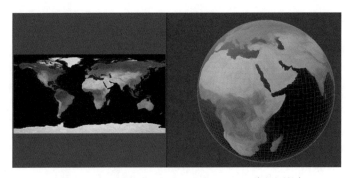

그림 4.1 UV 에디터에서의 지구 모델과 그 UV 맵(화면 왼쪽)

이제 UV 매핑에 대한 개념을 이해했으니 UV 맵을 생성하는 방법에 대해서 튜토리얼을 통해서 알아보자.

> NOTE
>
> UV 언래핑(unwrapping)은 UV 매핑의 과정을 표현한다. UV라는 개념(또는 UVs)은 모델의 UV 맵을 나타낸다.

⁞⁞ 외계 식물 모델의 UV 언래핑

외계 식물 모델의 UV 언래핑을 시작으로 UV 맵에 대해서 배워 보자. 시작하기에 앞서 메시의 셰이딩을 준비한다. 다음 절에서 해당 작업을 한다.

셰이딩 문제 고치기

3장의 '자동 토폴로지에 인스턴트 메시 사용하기' 절에서 만들었던 외계 식물 모델을 불러온다.

> **NOTE**
>
> low-poly는 저해상도 메시(낮은 기하학적 메시)를 나타낸다. 마찬가지로 high-poly는 고해상도 메시(밀도가 높은 기하학적 메시)을 나타낸다.

low-poly 외계 식물 모델은 블렌더에서 열어서 **에지 선택**^{Edge Selection} 모드를 활성화한 상태로 **에디트 모드**^{Edit Mode}로 변경한다. 메시의 에지들이 청록색으로 표현돼 있는 것을 확인할 수 있다. 왜냐하면 모델은 인스턴트 메시에서 .obj 파일로 가져왔고 일부 에지는 선명하게 표시되도록 설정됐기 때문이다. 다행스럽게도 이 문제를 해결할 수 있는 방법이 있다.

1. 모델의 모든 에지들을 선택하고 3D 뷰포트 내부에서 마우스 우클릭을 한다.

2. 새로 나타나는 메뉴에서 **Clear Sharp**라는 메뉴를 선택한다. 에지들은 이제 일반적으로 표현되던 방식으로 바뀔 것이다.

3. **오브젝트 모드**로 변경한다. 모델을 선택하고 3D 뷰포트 내부에서 마우스 우클릭을 한다.

4. **Shade Smooth** 메뉴를 선택한다.

방금 모델을 불러왔을 때 에지들이 날카롭게 표현되던 셰이딩 문제를 해결하는 방법에 대해서 배웠다.

다음 절에서 외계 식물 모델의 UV 경계선을 나타내는지 설명한다.

> (**에지 선택** 모드에서) 에지 루프를 선택하는 빠른 방법은 Alt 키를 누르고 있는 상태에서 에지 루프의
> 일부분을 선택하는 것이다. 에지 선택 모드에서 에지 범위(가장 짧은 경로)를 빠르게 선택하는 방법
> 은 시작하는 에지를 선택한 뒤, 마우스를 범위 끝으로 이동한 다음 Ctrl 키를 누른 상태로 마우스 좌
> 클릭으로 선택하는 것이다.

UV 경계선 만들기

모델의 UV 언래핑의 첫 번째 단계는 UV 경계선을 만드는 것이다. 이 UV 경계선들은
텍스처의 테두리를 시각적으로 나타낸다.

지구의 지도를 예로 들어 보자. 지구의 모양을 (겹치는 부분 없이) 평평하게 하려면 어딘가
를 잘라야 한다. 이 칼집들이 UV 경계선과 유사하다.

이제 UV 경계선에 대한 기본적인 개념을 알았으니 외계 식물 모델에 UV 경계선을 만
들어 보자.

외계 식물의 가장 큰 머리에 UV 경계선을 설정하는 것으로 시작해 보자.

1. 그림 4.2처럼 에지 루프를 선택한다.

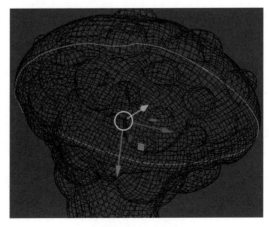

그림 4.2 에지 선택

2. 에지 루프가 올바르게 연결돼 있지 않은 경우 **Vertex Selection** 모드로 전환한 다음 J를 눌러서 **Connect Vertex Path** 툴을 사용해서 메시를 수정할 수 있다.

3. 점들 중 일부를 줄기의 밑부분 주위에 연결해서 에지 루프를 부드럽고 더 둥글게 만든다.

4. 에지 루프가 선택돼 있는 상태에서 뷰포트를 마우스 우클릭해서 나오는 메뉴에서 **Mark Seam**을 선택한다. 다른 방법으로는 U 단축키를 사용해서 UV 매핑 메뉴를 열어서 **Mark Seam**을 선택할 수도 있다.

그림 4.3 경계선 표시

5. 그림 4.4와 같이 선택한 에지들이 빨간색으로 변해 UV 경계선(UV 맵의 경계선이 있는 위치)임을 나타낸다.

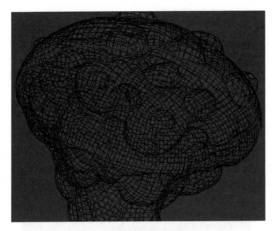

그림 4.4 에지들이 빨간색이다.

6. 외계 식물 머리 4개에 동일한 작업을 한다. 그림 4.5를 나머지 UV 경계선에 대한 참고 자료로 사용한다. 또한 UV 경계선이 적용된 예제 파일을 불러와도 된다.

만약 아직 완성하지 못했다면 UV 매핑이 적용된 외계 식물 모델 `AlientPlant_UV_Mapped.blend` 파일을 다음 사이트(https://github.com/PacktPublishing/Unreal-Engine-5-Character-Creation- Animation-and-Cinematics/tree/main/Chapter04)에서 받을 수 있다.

모델은 블렌더에 불러와서 모델에 적용한 UV 경계선을 확인한다. 모델링 워크스페이스에서 **에디트 모드**로 변경해서 UV 경계선이 보이도록 한다. 이후 UV 경계선을 동일한 방법으로 생성한다. 완성된 외계 식물의 UV 경계선들은 그림 4.5에서 확인할 수 있다.

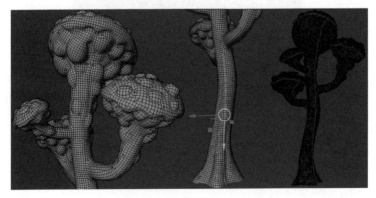

그림 4.5 외계 식물의 완성된 UV 경계선들

방금 모델에 UV 경계선을 설정하는 방법에 대해서 배웠다. 다음 절에서 UV 언래핑을 하는 방법에 대해서 배운다.

외계 식물 모델 UV 언래핑

이제 외계 식물 모델의 UV 언래핑 단계를 시작한다. 다음 단계를 따라 한다.

1. 외계 식물 모델을 선택하고, 상단 바에서 **UV Editing Workspace** 탭을 선택한다.

2. 모델이 **Edit Mode**에 있는지 확인하고 **Face Selection** 모드를 활성화한다. **A**를 눌러서 모델의 모든 면을 선택한다.

3. **U**를 눌러서 UV 매핑 메뉴를 활성화하고 **Unwrap**을 선택한다.

4. 모델은 이제 UV 언래핑이 적용됐고 **UV Editor** 창(3D 뷰포트의 왼쪽 패널의 창)에서 결과를 확인할 수 있다.

5. **UV Editor**의 헤더 바에서 **Show Overlays** 아이콘 옆의 작은 화살표를 클릭한다. 그리고 드롭다운 메뉴에서 그림 4.6과 동일한 설정을 사용한다.

그림 4.6 UV 에디터에서 Show Overlays 메뉴의 설정

(Show Overlay 메뉴에서) **Stretching**을 활성화하고 **Stretching** 타입을 **Area**로 설정하는 것이 색상을 이용해서 UV 맵의 늘어난 부분을 시각적으로 확인할 수 있다.

파란색과 **초록색**은 UV가 최적임을 의미한다(즉 늘어나지 않았다). **빨간색**과 **노란색** 영역은 늘어남이 존재한다는 것을 말한다(또는 UV에 너무 많은 텍스처 공간이 할당됐을 수도 있다).

6. 모델을 선택한 상태에서 **Edit Mode**로 변경하고 **Face Selection**을 활성화한다. A를 눌러서 모델의 모든 면을 선택한다.

7. **UV 에디터**에서 **Select Box** 선택 모드로 모델의 모든 면을 선택한다. 그리고 UV 에디터의 헤더 바에 있는 UV 드롭다운 메뉴를 활성화한다.

8. UV 드롭다운 메뉴에서 **Minimize Stretch** 메뉴를 선택해서 UV를 향상시킨다.

Minimize Stretch 기능은 유기적 형태의 메시에 가장 적합하다. (로봇 드론같이) 기계적인 형태를 갖고 있는 모델에는 Minimize Stretch 기능은 적합하지 않다. 그 이유는 블렌더가 UV를 최소화하는 데 사용하는 알고리듬은 유기적 형태의 메시에 더 적합하기 때문이다. 기계적인 형태의 메시에는 원하지 않은 왜곡 현상이 UV 맵에 생길 수 있다.

그림 4.7처럼 UV 파츠들(이 파츠들은 UV 매핑 단어로 **UV 아일랜드**라고 부른다)을 이동 및 회전해서 사각형에 알맞게 들어가도록 배치한다. 만약 크기를 줄이고 싶다면 UV 아일랜드들의 크기를 함께 줄여서 일정한 비율로 줄인다. 그렇지 않으면 텍스처 공간에서 UV는 일정하게 분배가 되지 않는다.

9. 그림 4.7처럼 외계 식물 모델의 UV 아일랜드를 회전해서 모델과 동일한 방향을 향하도록 하고 UV 아일랜드 사이에 약간의 간격을 둔다.

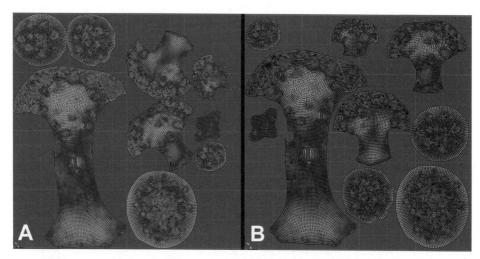

그림 4.7 (A) UV 레이아웃 원본 (B) 동일한 방향을 향하도록 파츠들이 회전된 수정된 UV 레이아웃

외계 식물의 UV 매핑 단계는 끝이 났다. 방금 블렌더에서 UV 매핑을 하는 방법에 대해서 배웠다.

다음 절에서 외계 식물 모델을 삼각화해서 익스포트 준비 작업을 진행한다.

외계 식물 모델 삼각화하기

이 시점에서 만들었던 모델은 대부분 사각형(쿼드^{Quad}라고도 불린다)으로 이뤄져 있다. 그러나 텍스처를 구우려면 (그리고 언리얼 엔진에서 사용하기 위해서는) 모델이 삼각형(즉 삼각형 면, Tris라고도 한다)으로 구성돼 있어야 한다.

모델의 모든 면들을 선택해서 **Ctrl + T**로 메시를 삼각화한다. 블렌더 파일 포맷(.blend)으로 삼각화한 모델을 저장한다.

방금 텍스처 굽기 및 언리얼 엔진에서 사용하고자 메시를 삼각화하는 방법에 대해서 배웠다.

다음 절에서 외계 식물 모델을 블렌더에서 .fbx 파일 포맷으로 익스포트하는 방법에 대해서 설명한다.

외계 식물 메시 익스포트

이제 블렌더에서 .fbx 파일 포맷으로 저장하는 방법에 대해서 알아보자.

다음 과정을 따라 한다.

1. 블렌더 내부에서 **오브젝트 모드**로 모델을 선택한다.

2. **File | Export | FBX (.fbx)**를 찾아서 선택한다. 블렌더 파일 보기 창이 열린다. 다음 설정을 해당 창에서 사용한다.

    ○ **Include** 드롭다운 메뉴에서 **Limit to Selected Objects**를 체크한다.

    ○ **Transform** 드롭다운 메뉴에서 **Forward**를 **-Y Forward**로 설정한다. **Up**은 **Z UP** 으로 설정한다.

    ○ **Geometry** 드롭다운 메뉴에서, **Smoothing**을 **Face**로 설정한다.

    ○ **Geometry** 드롭다운 메뉴에서, **Tangent Space**를 체크한다.

    ○ 파일 이름 입력 박스에서 저장할 파일의 적당한 이름을 입력한다.

3. **Export FBX** 버튼을 누른다.

그림 4.8을 참고해서 이전의 모든 **Export** 설정을 확인한다.

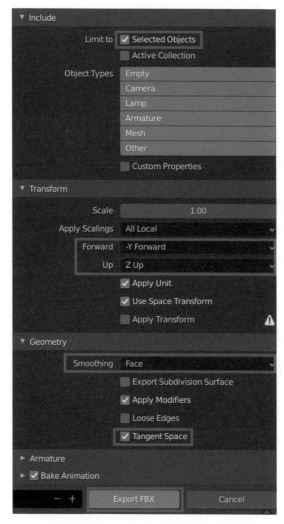

그림 4.8 블렌더 파일 보기 창에서 모델 익스포트

방금 블렌더에서 .fbx 파일 포맷으로 모델을 익스포트하는 방법에 대해서 배웠다.

방금 .fbx 파일 포맷으로 익스포트한 외계 식물 모델을 텍스처를 굽기 위한 용도로 xNormal에서 사용할 수 있는 low-poly 버전의 외계 식물 모델로 사용한다. 이후 해당 모델을 언리얼 엔진 5에서 사용한다.

다음 절에서 로봇 드론 모델에서 사용할 UV 맵을 생성하는 방법에 대해서 배운다.

로봇 드론 모델 UV 언래핑

이번 절에서 로봇 드론 모델의 각 부분에 개별적으로 UV 언래핑을 진행한다. 그리고 언래핑한 UV 맵을 합쳐서 하나의 UV 맵으로 구성한다.

먼저 2장 튜토리얼에서 만든 로봇 드론 모델을 불러온다. 다음 과정을 수행한다.

1. 만들었던 로봇 드론 모델의 복사본을 백업으로 만든다.

2. 그림 4.9처럼 로봇 드론의 몸체를 제외한 메시의 오른쪽 부분을 삭제한다.

3. low-poly 모델의 각 부분들은 개별적인 오브젝트로 분리한다. 해당 작업은 이전에 연결했던 메시 부분의 모든 면을 선택한다. 그리고 P를 눌러서 모델 파츠를 분리하고 **By Loose**를 선택한다. 각각 분리된 오브젝트 파츠들은 아웃라이너 패널에 나열돼 있는 것을 볼 수 있다.

4. **Hide, Unhide, Hide Unselected** 단축키를 사용해서 UV 테두리를 설정하는 동안 모델 파츠를 분리한다. UV 테두리를 설정하는 동안 모델 파츠를 분리함으로써 특정 모델 파츠에 집중하기 쉽다.

5. 모든 로봇 드론 파츠에 대해서 UV 테두리를 생성한다. 그림 4.9를 가이드로 참고해서 로봇 드론 모델 파츠의 어느 부분에 UV 테두리를 위치하면 되는지 확인한다. 또 다른 방법으로는 이미 만들어 둔 로봇 드론 모델을 가이드로 참고해서 UV 테두리를 배치해도 된다. 만약 아직 다운로드하지 않았다면 UV 매핑이 돼 있는 로봇 드론 모델 RobotDrone_UV_Mapped.fbx 파일을 다음 사이트(https://github.com/PacktPublishing/Unreal-Engine-5-Character-Creation-Animation-and-Cinematics/tree/main/Chapter04)에서 받을 수 있다.

6. 다운로드한 모델을 블렌더로 불러와서 모델에 UV 테두리를 설정한 방식을 확인한다. 모델링 워크스페이스에서 **Edit Mode**로 바꿔서 UV 테두리가 보이도록 한다. 다운로드한 로봇 드론에 적용된 UV 테두리처럼 각자 만든 로봇 드론 모델에 UV 테두리를 설정한다.

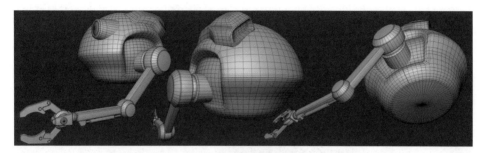

그림 4.9 로봇 드론의 UV 테두리(빨간색 선으로 표시돼 있다)

7. 로봇 드론 모델의 모델 파츠 중 1개를 선택한다. 그리고 **UV Editing Workspace** 탭을 상단 바에서 선택한다.

8. 모델 파츠들이 **Edit Mode**에 있는지 확인한다. 그리고 **Face Selection** 모드를 활성화한다. **A**를 눌러서 모델 파츠의 모든 면을 선택한다.

9. **U**를 눌러서 UV 매핑 메뉴를 활성화하고 **Unwrap**을 선택한다. 이 모델 파츠는 이제 UV 매핑이 됐다.

10. 나머지 로봇 드론 모델 파츠들에 동일한 작업을 반복한다.

NOTE

> 다운로드한 로봇 드론 모델에서 했던 것과 동일한 방식으로 UV 테두리를 배치한다면 UV 맵에 스트레칭이 없어야 한다.

11. 모든 로봇 드론의 모델 파츠들이 UV 매핑이 됐다면 모든 모델 파츠의 면을 선택한다.

12. UV 에디터 창의 상단바에서 **UV | Average Islands Scale**을 선택한다. 해당 기능은 각 모델 파츠의 UV 맵을 다른 모델 파츠와 비교해서 적당한 비율로 조정한다.

13. 동일한 UV 메뉴에서 **Pack Islands**를 선택해서 모든 UV를 (겹치는 UV 부분이 없이) 하나의 사각형으로 모은다. 그림 4.10, 파트 A에서 메뉴에서 **Pack Islands**가 선택돼 있는 것을 볼 수 있다.

14. 최소화된 오퍼레이터 패널이 열릴 것이다. **Pack Islands** 메뉴를 열어서 **Margin**을 0.015로 설정한다. 해당 작업은 UV 조각들끼리 약간의 공간을 갖도록 이동한다. 그림 4.10, 파트 B처럼 해당 작업을 UV 매핑 단어로 **Edge Padding**이라고 부른다.

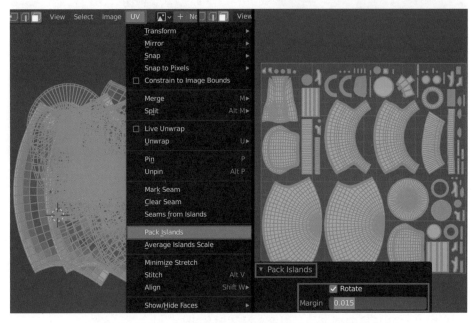

그림 4.10 (A) Pack Islands 기능 선택 (B) 포장한 UV 조각들의 여백 조절

15. 모델을 블렌더 파일 포맷(.blend)으로 저장한다. 4장 뒷부분에서 방금 저장한 버전의 로봇 드론 모델을 사용한다.

UV 맵이 완성됐다! 로봇 드론 모델은 이제 단일UV 맵이 사각형 안에 배치돼 있고 그림 4.11과 같이 모델의 모든 파츠를 포함하고 있다.

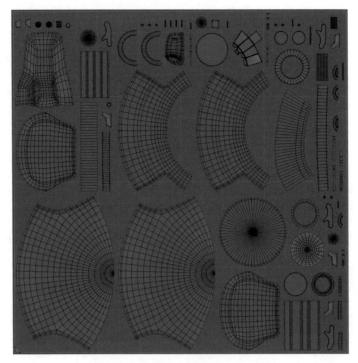

그림 4.11 로봇 드론 모델의 완성된 UV 맵

> **NOTE**
>
> UV 맵의 레이아웃은 다르지만 UV islands의 형태는 같은 위치에 UV 이음매를 배치하면 모양이 비슷하다.

이번 절에서 기계 형태 모델의 UV를 펼치는 방법에 대해서 배웠다. 이 기술은 이후의 프로젝트에서 매우 유용하다.

이제 외계 식물과 로봇 드론 모델의 UV 맵을 완성했으므로 4장의 뒷부분에서 세부적으로 다룰 텍스처 굽기 단계로 넘어갈 준비가 됐다.

⁂ 텍스처 굽기에 대한 이해

텍스처 굽기는 (xNormal 소개 부분에서 다룬 것처럼) xNormal 소프트웨어가 high-poly 모델의 표면에서 특정한 특징을 가져와서 low-poly 모델 표면에 투영해서 새로운 텍스처 맵을 만드는 것을 말한다. 이렇게 만들어진 새로운 텍스처 맵은 퀵셀 믹서 같은 절차적 텍스처링 소프트웨어에 사용할 수 있다.

NOTE

> 퀵셀 믹서에 대해서는 5장에서 좀 더 자세히 다룬다.

텍스처 굽기 과정의 최종 결과는 high-poly 모델의 다양한 특징에 대한 정보를 포함하고 있는 텍스처 맵이다. 예를 들어, 이러한 특징들 중 일부는 모델 가장자리의 선명도 또는 high-poly 모델의 미세한 기하학적 세부 정보에 대한 정보를 포함한다.

xNormal에서 high-poly 모델에서 텍스처 맵으로 굽고자 하는 특징을 선택할 수 있다. 이번 튜토리얼에서는 세 가지 특징을 텍스처 맵으로 굽는다. 구우려고 하는 세 가지 텍스처 맵은 다음과 같다.

- normal 맵

- AO 맵

- curvature 맵

IMPORTANT

> 퀵셀 믹서에서 xNormal에서 만든 텍스처 맵을 베이스 맵이라고 한다. 퀵셀 믹서는 이러한 베이스 맵을 사용해서 절차적 텍스처와 머티리얼을 생성하고 이후에 언리얼 엔진에서 사용한다.

이번 절에서 텍스처 굽기에 대한 기본적인 개념과 절차적 텍스처링에 왜 필요한지에 대해서 배웠다.

다음 절에서 텍스처를 구울 때 사용할 xNormal이라는 소프트웨어에 대해서 설명한다.

⠿ xNormal 소개

xNormal은 무료 독립형 3D 소프트웨어로, 텍스처 맵을 만드는 데에 있어서 매우 인기 있다.

xNormal을 사용해서 텍스처 맵을 굽는 이유는 블렌더에서 curvature 맵을 굽는 과정이 이 책의 범주에 비해서 너무 복잡하지만 xNormal은 매우 빠르고 사용하기 쉽기 때문이다.

이제 xNormal이 어디에 사용되는지 배웠다. 다음 절에서 xNormal에서 사용할 로봇 드론 모델을 준비하는 방법에 대해서 배운다.

⠿ xNormal에 사용할 로봇 드론 준비

로봇 드론 모델의 high-poly와 low-poly 메시를 익스포트해야 텍스처를 xNormal로 구울 수 있다.

구워질 모델에는 low-poly 메시와 high-poly메시 두 가지 버전이 있다.

먼저 low-poly 메시 로봇 드론 모델을 준비하는 것으로 시작한다.

low-poly 메시 준비

'로봇 드론 모델 UV 언래핑' 절에서 로봇 드론 모델의 모든 파츠를 분리했다. 즉 모델 파츠들은 더 이상 다른 모델 파츠들과 연결돼 있지 않다는 것이다.

xNormal에서 사용할 로봇 드론의 low-poly 메시를 준비한다.

1. 다음 단계는 그림 4.12와 같이 분리된 모든 메시 파츠를 서로 멀리 이동해서 각 파츠들 간에 공간이 있도록 하는 것이다.

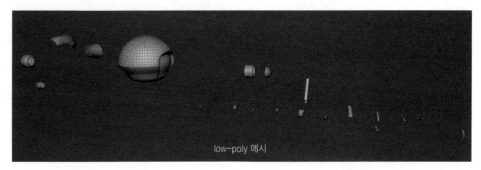

low-poly 메시

그림 4.12 로봇 드론의 low-poly 버전의 모든 파츠는 서로 떨어뜨린 다음, 삼각화했다.

NOTE

> 메시 파츠들을 서로 멀리 이동하는 이유는 구운 메시에 투영된 근처의 다른 메시로 인해서 발생하는 원치 않는 텍스처 베이킹 아티팩트를 방지하기 위해서다. 이러한 아티팩트를 피하는 가장 쉬운 방법은 메시 파츠 간에 약간의 거리를 두고 굽는 것이다. 텍스처 베이킹 용어에서 서로 거리를 두는 메시를 Exploded Mesh(분해된 메시)라고 한다. 외계 식물 모델과 같이 간단한 메시 1개를 텍스처 베이킹 할 때는 동일한 문제가 발생하지 않지만 보다 복잡한 기계적 모델 파츠에서 텍스처 베이킹을 하려면 이 방법이 필요하다.

2. 로봇 드론 파일을 RobotDrone_LowPoly와 RobotDrone_HighPoly 이름으로 두 번 저장한다.

3. 그림 4.12처럼 RobotDrone_LowPoly 파일에서 모든 메시 파츠를 삼각화한다.

4. 삼각화 작업이 끝나면 모델 파츠들을 각각 선택한다. 그리고 마우스 우클릭 후 **Shade Smooth**를 메뉴에서 선택한다.

5. 모든 모델 파츠에 대해서 삼각형화 작업과 **Shade Smooth** 작업이 완료되면, 모든 모델 파츠를 선택해서 low-poly 버전으로 해당 파일을 익스포트한다. 이전에 외계 식물을 .fbx 파일 포맷으로 저장한 것과 동일한 방법으로 저장한다.

로봇 드론의 low-poly 메시는 완성됐다. 이제 high-poly 메시 작업을 진행한다.

high-poly 메시 준비

xNormal에서 사용할 로봇 드론의 high-poly 메시를 준비한다.

1. RobotDrone_HighPoly 파일을 불러온다.

2. 서브디비전 서페이스 모디파이어를 **Body**, **Thruster_V2**, **Eye**, **Shoulder_Disk**, **Elbow_Disk**의 5개 모델 파츠에 적용한다.

3. **속성** 패널의 **모디파이어 설정**에서 **Levels Viewport**를 2로 설정한다(그림 4.13에서 5개 모델 파츠가 주황색으로 선택돼 있는 것을 확인할 수 있다. 쉬운 구분을 위해서 따로 네임 태그도 추가했다).

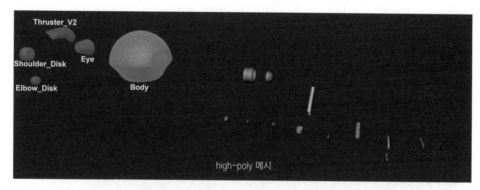

그림 4.13 로봇 드론 모델 파츠의 high-poly 버전

4. 5개 메시 파츠에 모디파이어를 적용한다.

5. 모든 서브디비전 서페이스 모디파이어를 적용한 후에 모든 파츠를 삼각화한다.

6. low-poly 메시 파츠를 제외한 서브디비전 서페이스 모디파이어를 갖고 있는 모든 모델 파츠에 **Shade Smooth**를 적용한다.

7. 모든 모델 파츠가 삼각화됐고 선택한 일부 모델 파츠들이 부드러운 음영 처리가 된 경우, 모든 모델 파츠를 선택해서 high-poly 버전으로 저장한다. 이전에 .fbx 파일 포맷으로 저장한 방식 그대로 저장한다.

이제 high-poly 모델과 low-poly모델 익스포트 과정을 완료했다. 방금 xNormal에서 텍스처 베이킹을 하기 위해서 복잡한 기계 모델을 준비하는 방법에 대해서 배웠다.

이제 유기적 형태의 모델과 기계적 형태 모델의 UV 매핑과 xNormal로 익스포트하는 과정을 배웠다.

다음 절에서 텍스처 베이킹에 xNormal을 사용하는 방법에 대해서 배운다.

텍스처 맵 굽기

이전 절에서 텍스처 베이킹을 위해서 로봇 드론 모델의 high-poly와 low-poly 버전을 만들어서 저장했다.

이번 절에서 로봇 드론 모델의 텍스처 베이킹 과정을 시작한다. 이후 동일한 방법으로 외계 식물 모델의 텍스처도 베이킹할 예정이다.

xNormal을 실행하면 다양한 메뉴와 함께 새로운 창이 실행된다.

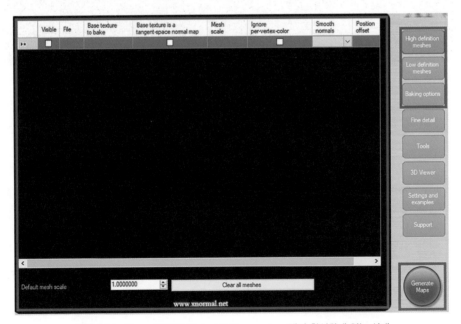

그림 4.14 xNormal의 UI와 High definition meshes 탭이 활성화돼 있는 상태

텍스처 맵을 굽기 전에 몇 단계만 준비하면 된다.

xNormal의 UI는 그림 4.14를 참고한다.

1. **High definition meshes** 탭이 선택돼 있는지 확인한다.

2. 그림 4.14처럼 xNormal 창 아무 곳이나 마우스 우클릭한다.

3. 마우스 우클릭했을 때 나오는 메뉴에서 **Add meshes**를 선택해서 high-poly 모델을 선택한다.

4. **Low definition meshes** 탭을 선택한다.

5. xNormal 창 아무 곳이나 마우스 우클릭한다.

6. 나오는 메뉴에서 **Add meshes**를 선택해서 low-poly 모델을 선택한다.

7. **Baking** 옵션 탭을 선택하고 그림 4.15처럼 설정을 설정한다.

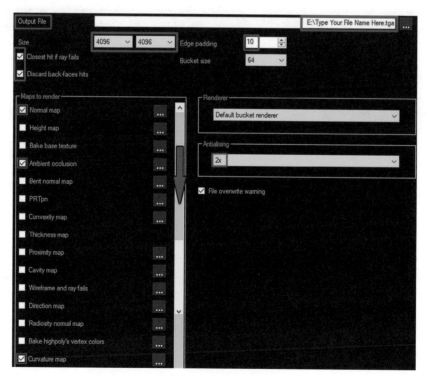

그림 4.15 Baking 옵션 창

8. **Normal map** 설정을 그림 4.16처럼 변경한다. 해당 맵 옆에 있는 초록색 박스에 하얀색 점 3개가 있는 아이콘을 눌러서 설정할 수 있다.

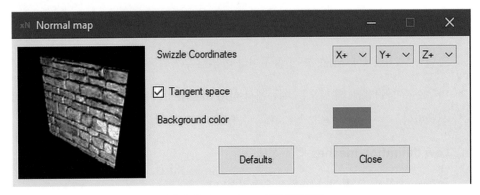

그림 4.16 Normal map 설정 설정하기

9. AO 맵 설정을 그림 4.17처럼 설정한다.

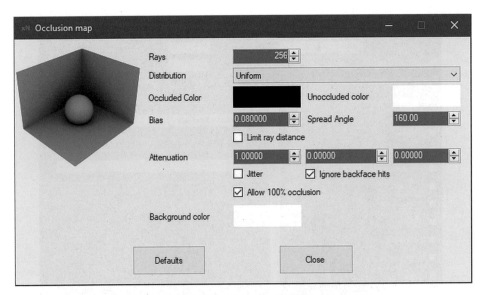

그림 4.17 AO 맵 설정 설정하기

10. Curvature 맵을 그림 4.18처럼 설정한다.

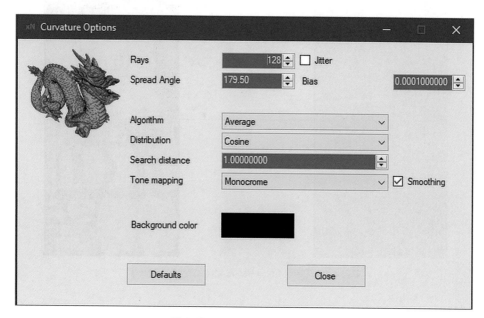

그림 4.18 Curvature 맵 설정 설정하기

11. 이제 Normal 맵, AO 맵, Curvature 맵에 대한 **Render** 설정을 설정했으므로 그림 4.14에 나온 것처럼 **Baking Options** 탭으로 돌아가서 UI의 오른쪽 하단에 있는 **Generate Maps**를 클릭한다.

12. xNormal은 렌더링할 때 텍스처 맵을 표시하는 **Preview**라는 다른 창을 실행한다. 3개의 텍스처 맵이 완료되면 **Close** 버튼이 활성화된다. **Close** 버튼을 눌러서 xNormal을 나간다.

이게 끝이다! 텍스처 맵이 모두 구워졌다! 그림 4.19에서 xNormal을 사용해서 외계 식물과 로봇 드론 모델에 사용되는 6장의 텍스처를 확인할 수 있다.

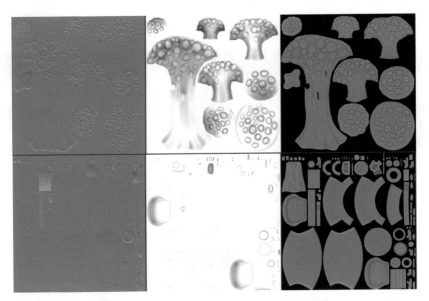

그림 4.19 구워진 6장의 텍스처 맵(각 모델별로 3장씩)

이제 5장에서 퀵셀 믹서를 사용한 절차적 텍스처링 튜토리얼을 시작할 준비가 됐다.

⠿ 요약

4장에서 텍스처와 머티리얼에 대해서 배웠다. 그리고 유기체 모양과 기계 형태의 3D 모델을 UV 매핑하는 방법을 배웠다.

셰이딩 문제를 해결하고 메시 구성 요소를 삼각화하고 분리하는 방법에 대해서도 배웠다. 마지막으로 xNormal을 사용해서 텍스처 맵을 굽는 방법을 배웠다.

그리고 이후에 진행되는 5장에서 외계 식물과 로봇 드론 모델에 텍스처를 입히면서 절차적 텍스처링을 연습해 볼 것이다.

05

퀵셀 믹서에서
모델 텍스처링하기

4장에서 **3차원**^{3D, Three-Dimensional} 애셋들에 UV 맵을 적용하는 방법과 텍스처 맵을 굽는 방법에 대해서 배웠으며 텍스처와 머티리얼의 개념에 대해서 배웠다.

5장에서 절차적 텍스처링 과정에 대해서 세부적으로 배운다.

먼저, 단계별 튜토리얼을 통해서 절차적 텍스처링 방법을 활용해 로봇 드론 모델의 텍스처 맵을 만드는 방법을 배운다.

이후 새로 얻는 절차적 텍스처링 지식을 사용해서 외계 식물 애셋을 텍스처링하면서 확인할 수 있다. 임의의 숫자를 입력하는 과정을 맹목적으로 따르고 특정 머티리얼을 사용하는 것보다 다양한 설정을 자유롭게 사용할 수 있다는 것은 다른 관점에서 소프트웨어를 이해하는 데 도움이 된다. 직접 실험하는 것이 3D를 배우는 가장 좋은 방법 중 하나다.

하지만 외계 식물의 최종 텍스처의 최종 결과에 도달한 방법을 이해하려고 단계별 과정을 따르는 것이 더 편하다고 느끼는 사람들이 있을 수 있다.

만약 그런 독자라면 또 다른 튜토리얼인 Additional Content Volume 4- Step-by-Step Texturing of the Alien Plant.pdf를 읽어 보는 것을 추천한다. 해당 튜토리얼 링크는 5장의 참고 문헌 부분에서 확인할 수 있다.

먼저 **퀵셀 믹서**Quixel Mixer(믹서Mixer라고도 한다)라는 무료 절차적 텍스처링 소프트웨어를 소개하는 것으로 시작하자.

믹서에 대한 소개가 끝나고 로봇 드론 텍스처링을 시작으로 마지막 외계 식물 텍스처링을 진행한다.

5장에서 다루는 주제는 다음과 같다.

- 퀵셀 믹서의 기본 개념 설명

- 믹서에서 로봇 드론 텍스처링

- 믹서에서 외계 식물 텍스처링

- **언리얼 엔진 5**에서 사용할 머티리얼 익스포트

로봇 드론과 외계 식물 텍스처링 튜토리얼을 완료하려면 (직접 제작한 것보다는) 제공된 3D 모델과 텍스처 맵을 사용해야 한다.

텍스처와 함께 로봇 드론 모델과 외계 식물 모델을 다음 사이트(https://github.com/PacktPublishing/Unreal-Engine-5-Character-Creation-Animation-and-Cinematics/tree/main/Chapter05)에서 받을 수 있다.

5장에서 절차적 텍스처링 튜토리얼을 완료하고 5장을 다시 읽어 보는 것을 추천한다. 그러나 다시 읽을 때에는 직접 만든 텍스처, 모델, 머티리얼과 설정을 직접 해보길 바란다. 5장에서 가장 중요한 것은 절차적 텍스처링 기술을 배우고 이후에 직접 작업한 3D 애셋들에 텍스처링을 할 수 있는 것이다.

5장을 마치면 3D 모델에 절차적으로 텍스처를 적용하는 방법을 습득할 수 있다. 또한 다양한 텍스처, 머티리얼, 마스크, 설정들을 변형하면서 나만의 머티리얼을 만들 수 있다.

먼저 믹서에 대한 소개로 시작하자. 여기서 **사용자 인터페이스**^{UI}의 기본과 이후에 사용할 가장 중요한 단축키에 대해서 배운다.

∷ 기술 요구 사항

5장을 완료하려면 다음 항목들이 필요하다.

- 3D 애니메이션 소프트웨어를 구동할 수 있는 컴퓨터가 필요하다.

- 블렌더에서 메시를 찾고 조작할 수 있는 방법에 대한 기본적인 이해. 해당 방법은 1장에서 다뤘다.

- 다음 사이트(https://blender.org)에서 받은 **블렌더**가 설치돼 있어야 한다. 여기서 사용할 블렌더 버전은 2.93.5다. 갖고 있는 블렌더 버전이 최신이더라도 해당 튜토리얼을 따라 하는 것에는 아무 문제가 없다.

- 다음 사이트(https://quixel.com/mixer)에서 받은 **퀵셀 믹서**가 설치돼 있어야 한다.

5장에서 사용된 모든 파일은 다음 사이트(https://github.com/PacktPublishing/Unreal-Engine-5-Character-Creation-Animation-and-Cinematics/tree/main/Chapter05)에서 받을 수 있다.

∷ 퀵셀 믹서 기본 개념 설명

퀵셀 믹서는 무료 절차적 텍스처링 소프트웨어다. 언리얼 엔진에서 사용할 정확한 머티리얼을 만들 때 사용할 수 있다.

믹서가 익스포트하는 머티리얼들은 **물리 기반 렌더링**^{PBR, Physically Based Rendering} 과정에서 사용한다. 이러한 머티리얼 렌더링 방법은 여러 종류의 표면에 빛이 어떻게 상호작용하는지를 모방한다. 언리얼 엔진과 같이 실시간 렌더러나 오프라인 렌더러에서 PBR 머티리얼을 사용할 수 있다.

또한 물리적 정확도가 중요하지 않은 비사실적 텍스처를 믹서에서 생성할 수도 있다.

믹서가 어떤 것인지 알았으니 컴퓨터에 설치하자. 설치 과정에서 스마트 머티리얼 팩Smart Material Pack 6개를 전부 선택해서 설치한다.

다음 절에서는 첫 번째 프로젝트에서 사용할 믹서를 설정한다.

믹서 파일과 프로젝트 설정하기

믹서를 처음 실행하면 **Mixes** 메뉴가 열린다. 다음 그림 5.1에 집중적으로 확인해야 하는 부분을 표시했다.

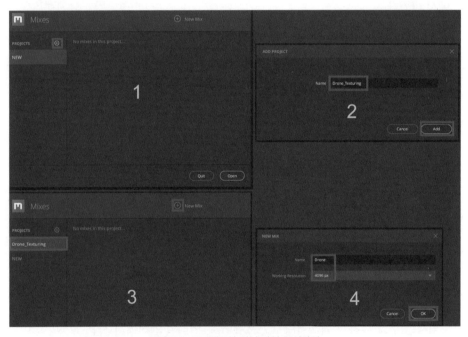

그림 5.1 프로젝트와 믹서 파일 구성하기

프로젝트와 믹서 파일을 구성하고자 다음 과정을 수행한다.

1. 창의 왼쪽에 **PROJECTS** 항목을 확인할 수 있다. 해당 항목에서 + 아이콘이 빨간색으로 강조돼 있는 것을 확인할 수 있다. 해당 + 아이콘을 누른다.

2. **ADD PROJECT** 창이 열린다. 프로젝트를 Drone_Texturing이라고 이름을 적는다. 이후에 해당 프로젝트를 추가하려면 **Add** 버튼을 누른다.

3. Drone_Texturing 제목을 가진 항목이 **PROJECTS** 항목 아래에 추가된 것을 확인할 수 있다. **NEW MIX** 항목 옆의 **+** 아이콘을 클릭한다(MIX는 퀵셀 믹서 파일을 뜻한다).

4. **NEW MIX** 창이 열린다. 여기서 퀵셀 믹서 파일 이름을 Drone이라 칭하고 **Working Resolution** 값을 4096px로 설정한다. **OK** 버튼을 누르고 새로운 믹서 파일을 실행한다.

방금 프로젝트와 믹서 파일 구성을 성공적으로 구성했다. 다음 절에서 퀵셀 믹서의 UI 구성에 대해서 간략히 둘러본다.

퀵셀 믹서 UI 및 단축키 설명

퀵셀 믹서가 실행되면 그림 5.2와 같은 화면이 표시되지만 흰색 문구, 노란색 숫자, 빨간색 표시는 표시되지 않는다(해당 항목들은 UI를 설명하고자 추가됐다).

처음 믹서를 실행하면 화면에는 3D 평면이 있는 것을 확인할 수 있다.

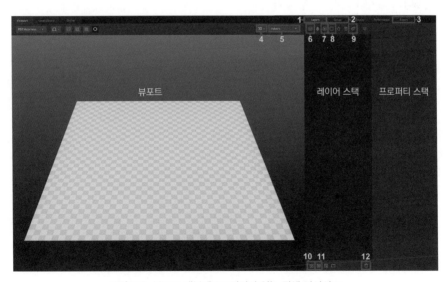

그림 5.2 뷰포트 내부에 3D 평면이 있는 퀵셀 믹서의 UI

그림 5.2에서 믹서의 UI를 확인할 수 있다. 5장에서 사용할 모든 항목을 강조하고 숫자로 표시해 뒀다. 각 영역에 대해서 세부적으로 알아보자.

- **뷰포트**: 작업하고 있는 3D 애셋을 보는 곳이다.

- **레이어 스택**Layer Stack: 표면 및 스마트 머티리얼의 레이어들을 볼 수 있는 곳이다.

- **프로퍼티 스택**Property Stack: 조절 가능한 설정들을 해당 창에서 볼 수 있다. 또한 여기서 **마스크 컴포넌트** 및 **마스크** 모디파이어를 추가하고 수정할 수 있다.

그림 5.2에서 숫자와 대응되는 항목들은 다음과 같다.

1. **레이어** 탭

2. **설정** 탭

3. **익스포트** 탭

4. **3D/2D 뷰 모드** 드롭다운 메뉴

5. **이미지 기반 라이팅**image-based lighting 드롭다운 메뉴

6. **서페이스 레이어**Surface Layer **추가**

7. **스마트 머티리얼**Smart Material **추가**

8. **솔리드 레이어**Solid Layer **추가**

9. **페인트 레이어**Paint Layer **추가**

10. **작업하는 레이어에 마스크 스택**Mask stack **추가**

11. **작업하는 레이어에 Material ID 추가**

12. **레이어/마스크 삭제**

시작하기에 앞서 이번 튜토리얼에서 사용되는 단축키는 다음과 같다.

- 믹서의 뷰포트 이동 단축키
  - 뷰 회전: Alt + 마우스 왼쪽 버튼
  - 뷰 이동: Alt + 마우스 중간 버튼
  - 확대/축소: Alt + 마우스 오른쪽 버튼(또는 마우스 휠)
- 다른 단축키
  - 이미지 기반 라이팅 회전: Shift + 마우스 오른쪽 버튼
  - 3D 모델에 Quick Eye Dropper를 사용해서 Material ID 맵 색상 선택: Q를 누르고 있기

이번 절에서 기본 UI에 대해 배웠고 사용할 아이콘의 위치와 단축키에 대해서 배웠다.

다음 절에서 로봇 드론 모델을 읽어 와서 텍스처링을 시작한다.

믹서에서 로봇 드론 텍스처링

텍스처링 튜토리얼을 시작하기에 앞서 먼저 믹서에서 라이팅이 작동하는 방식에 대해서 알아야 한다.

퀵셀 믹서의 뷰포트에서 다음 단축키 **Shift + 마우스 우클릭**을 사용해서 이미지 기반 라이팅을 회전시킨다.

그리고 드롭다운 메뉴에서 다양한 이미지 기반 라이팅 옵션을 사용해 보자(그림 5.2의 4번과 5번 참조). 다양한 라이팅 각도 및 조건에서 텍스처 및 머티리얼의 결과를 확인할 때 필요하다.

이제 모델을 믹서로 불러서 튜토리얼의 실질적인 부분을 시작하자.

로봇 드론 퀵셀 믹서로 읽어 오기

퀵셀 믹서에서 가장 먼저 해야 하는 것은 그림 5.2처럼 3D 평면 모델을 우리가 만든 커스텀 모델로 교체하는 것이다. 그림 5.3에서 **Setup** 탭의 메뉴를 추가했다.

그림 5.3 퀵셀 믹서에 커스텀 모델 불러오기

다음 과정을 통해서 커스텀 모델 파일을 불러온다.

1. 그림 5.3처럼 **Setup** 탭을 클릭한다.

2. 그림 5.3에서 **평면**plane이 믹서에서 로드되는 기본 모델 유형으로 선택돼 있는 것을 확인할 수 있다.

3. **Type** 드롭다운 메뉴를 클릭해서 **Custom Model**을 선택한다.

4. **Custom Model**을 클릭한다. **Select Model File** 창이 나타난다. 이 창에서 RobotDrone. fbx 모델을 선택한다. 해당 파일은 다음 사이트(https://github.com/PacktPublishing/ Unreal- Engine-5-Character-Creation-Animation-and-Cinematics/tree/ main/ Chapter05)에서 받을 수 있다. 3D 평면 모델은 이제 로봇 드론 모델로 교체됐다.

5. **Texture Resolution** 드롭다운 메뉴에서 **4096px**를 선택한다.

방금 믹서에 커스텀 모델을 추가하는 방법을 배웠다. 다음 절에서 믹서에 텍스처 맵을 추가하는 방법을 배운다.

텍스처 맵 추가하기

이제 퀵셀 믹서에 로봇 드론 모델을 불러왔으므로 다음 단계를 진행할 수 있다. 다음 단계는 xNormal에서 구운 텍스처 맵을 프로그램에 추가한다.

4장의 '텍스처 굽기에 대한 이해' 절에서 설명했듯이 퀵셀 믹서는 이러한 텍스처 맵을 기본 맵으로 사용한다.

IMPORTANT NOTE

> 4장에서 텍스처 맵을 굽는 방법에 대해서 배웠지만 5장에서는 제공된 텍스처 맵을 사용한다.

RobotDrone_Normal.tga, RobotDrone_AO.tga, RobotDrone_Curvature.tga, RobotDrone_Material_ID.png, RobotDrone_Lines.png 텍스처 맵 파일들을 다음 사이트(https://github.com/PacktPublishing/Unreal- Engine-5-Character-Creation-Animation-and-Cinematics/tree/ main/Chapter05)에서 받을 수 있다.

제공된 텍스처 맵을 사용해야 하는 이유는 이번 튜토리얼에서 이미 생성한 Material ID 맵을 사용하며 몇몇 단계에서는 특정 색상을 선택을 해야 하기 때문이다. 이러한 작업은 커스텀 Material ID 맵을 사용하면 할 수 없다.

퀵셀 믹서에 베이스 맵을 추가하는 방법은 **Texture Sets Editor** 기능을 사용하는 것이다. 그림 5.4에서 **Texture Sets Editor**에서 이번에 사용할 기능들을 표시해 뒀다.

그림 5.4 모델에 베이스 맵을 추가 (A) Setup 탭 (B) Texture Sets Editor

다음 단계들을 수행하면서 베이스 맵을 설정한다.

1. **Setup** 탭을 클릭한다. 해당 탭은 그림 5.4에 표시돼 있다.

2. **Edit Texture Sets** 버튼을 누른다. 그림 5.4의 오른쪽 그림처럼 TEXTURE SETS EDITOR 창이 실행된다.

3. **TEXTURE SETS EDITOR** 창에서 모든 베이스 맵을 각각의 슬롯에 지정해야 한다. **BASE MAPS** 항목에서 **Normals, AO, Curvature, Material ID** 슬롯에 파일 아이콘을 클릭해서 로컬에 저장돼 있는 베이스 맵들을 선택한다.

4. 베이스 맵 설정을 완료했다. 창 오른쪽 상단에 있는 X를 눌러서 **TEXTURE SETS EDITOR** 창을 닫는다.

기본적으로 퀵셀 믹서에 로드된 모델은 텍스처나 머티리얼이 할당되지 않기 때문에 그림 5.5처럼 모델 표면에 체크 무늬 텍스처가 표시되는 것을 확인할 수 있다.

그림 5.5 체크 무늬 패턴이 표시되는 로봇 드론

이게 끝이다! 베이스 맵과 프로젝트의 설정이 끝났고 이제 텍스처링 튜토리얼을 시작할 준비가 됐다.

패널링 디테일 추가하기

모델에 패널링 디테일을 추가하자. 패널링은 기계 부품의 가장자리를 말하며 부품이 접합되는 부분을 말한다. 다음 과정을 수행한다.

1. Drone_Lines.png를 사용한다(이전에 이미 받았던 텍스처다). 이 텍스처는 검은색 줄을 그린 텍스처다. 믹서는 해당 텍스처를 사용해서 패널링 디테일을 생성한다.

2. **Layers** 탭을 클릭한다.

3. **Add Solid Layer** 아이콘을 클릭한다. 해당 항목은 그림 5.6에 표시돼 있다. 모델의 표면이 옅은 회색으로 바뀐 것을 확인할 수 있다.

4. **Property**에서 **DISPLACEMENT**를 클릭해서 드롭다운 메뉴를 열고 Drone_Lines. png 파일을 불러 온다. 해당 과정은 그림 5.6에 표시했다.

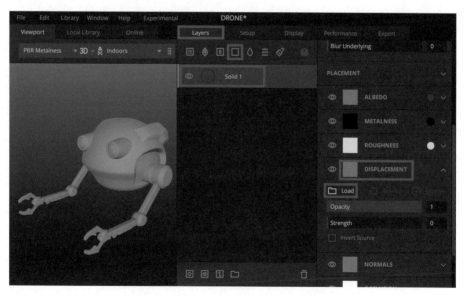

그림 5.6 Solid 레이어 및 Displacement 맵 추가

5. **Property**에서 **NORMALS**를 클릭해서 드롭다운 메뉴를 연다(이것도 그림 5.6의 오른쪽 구석에서 확인할 수 있다).

6. 그림 5.7처럼 **Generate from Displacement** 체크박스를 활성화해서 믹서가 Displacement 맵(검은색 선이 그려 있는 텍스처)을 Normal 맵으로 사용하도록 설정한다.

그림 5.7 Generate from Displacement 옵션 활성화하기

Normal mapping은 텍스처 맵 내부의 범프 및 찌그러짐을 구현하는 데 사용된다. 이 단계를 완료하는 즉시 모델 표면에 안쪽으로 들어간 선들을 확인할 수 있다.

7. **Property**에서 **Placement**를 클릭해서 드롭다운 메뉴를 연다.

8. 그림 5.8처럼 **PLACEMENT** 메뉴에서 **Box Projection**을 선택하고 드롭다운 메뉴에서 **Tiling**을 선택한다. 이것은 그림 5.9, 파트 A에서 볼 수 있듯이 손으로 그린 검은색 선 텍스처와 일치하는 선을 투영한다.

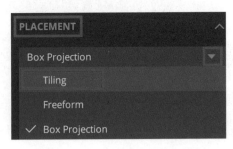

그림 5.8 Placement를 Tiling으로 설정

뷰포트에서 라이팅과 모델을 회전해서 들어간 패널 선의 모양을 확인한다. 패널 라인은 로봇 드론에 (공상 과학 같은) 시각적인 요소를 추가한다.

모델은 그림 5.9, 파트 B처럼 된 것을 확인할 수 있다.

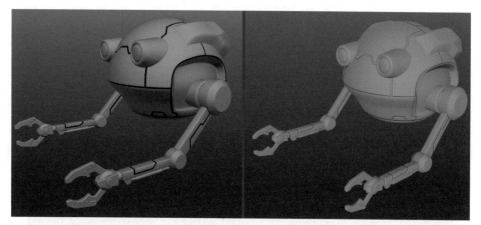

그림 5.9 (A) 검은색 선 텍스처 적용 (B) 검은색 선을 패널링을 위한 노멀 맵으로 사용

NOTE

블렌더에서 선 텍스처를 그리는 방법을 배워서 자신만의 패널 디테일을 만드는 방법에 대해서 배우자. 이 기술을 배우려면 다음 문서(Additional Content Volume 3 - Painting Lines in Blender. pdf)를 확인한다(해당 문서에 대한 링크는 5장 끝에 있는 추가 문헌 항목에서 확인할 수 있다).

이제 노멀 맵 패널 라인이 설정됐기에 다른 레이어의 텍스처와 머티리얼 작업을 진행할 수 있다.

로봇 드론 텍스처링

로봇 드론 모델에 절차적 텍스처링 단계를 진행할 준비가 완료됐다.

퀵셀 믹서 내부 모델에 텍스처, 스마트 머티리얼, 페인트 레이어, 표면 레이어, 마스크에 다양한 레이어를 추가해서 절차적 텍스처를 만든다. 이 모든 다양한 레이어는 나중에 언리얼로 익스포트할 최종 머티리얼을 만들 때 사용된다.

다음 과정을 따라서 표면 레이어를 추가하자.

1. **Add Surface Layer** 아이콘을 클릭한다. 해당 작업은 다양한 표면 머티리얼을 표시하는 **Local Library** 탭이 열린다(그림 5.10, 파트 A에 Local Library를 표시했다). 다음과 같은 몇 가지 용어를 자세히 알아보자.

   ○ **Local Library**: 해당 라이브러리는 로컬에 저장돼 있는 애셋들을 보여 준다.

   ○ **Online Library**: 해당 라이브러리는 퀵셀 믹서 서버에서 받을 수 있는 애셋들을 보여 준다.

   ○ **Surface**: 퀵셀 믹서에 포함돼 있고 다양한 텍스처를 갖고 있는 머티리얼이다.

   Local Library와 **Online** 탭을 그림 5.10에서 확인할 수 있다.

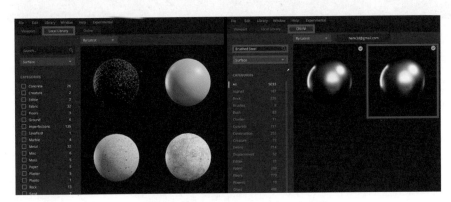

   그림 5.10 (A) Local Library 탭 (B) Online 탭

2. 필요한 표면은 **Online Library**에서 확인할 수 있다. **Online Library**를 사용하는 방법에 대해서 알아보자. 그림 5.10, 파트 B에서 **Online** 탭을 표시한 것을 확인할 수 있다. 이 탭은 퀵셀 믹서에서 현재 사용할 수 있는 애셋들(표면, 스마트 머티리얼 등등)을 보여 준다.

3. 그림 5.10, 파트 A에서 검색 박스를 확인할 수 있다. 검색 박스에 Brushed_Steel을 검색한다. 이 검색 박스 하단에 있는 것은 드롭다운 메뉴다. 해당 항목을 그림 5.10, 파트 B처럼 **Surface**로 설정한다.

4. 검색 항목 입력이 완료되면 **Enter**를 누른다. 2개의 표면(금속 구체 아이콘)이 오른쪽에 나타난다. 그림 5.10, 파트 B처럼 표시된 **Brushed Steel** 표면 머티리얼을 선택한다.

5. 표면 아이콘을 클릭한다. 표면 머티리얼을 다운로드할 수 있는 또 다른 창이 실행된다. **Brushed Steel** 표면 머티리얼을 **Local Library**로 다운받는다.

6. 방금 처음으로 표면 머티리얼(**Brushed Steel** 표면)을 레이어에 적용했다. 그림 5.11처럼 **Property**에서 **PLACEMENT**를 선택한다.

7. **Property**의 **PLACEMENT** 부분에서 그림 5.11에서 확인할 수 있듯이 **Brushed Steel** 효과가 더욱더 잘 보이도록 **Scale** 값을 2.5로 설정한다.

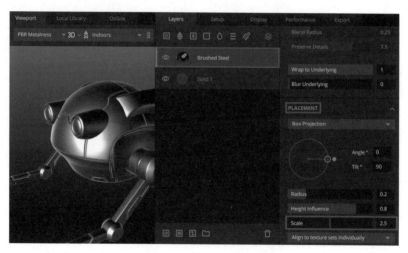

그림 5.11 Brushed Steel 값 조절

8. **Property** 창에서 표면 머티리얼의 다른 요소들(ALBEDO, METALNESS, ROUGHNESS 등등)이 나열돼 있는 부분까지 스크롤한다. 이 요소들은 그림 5.12, 파트 A에서 확인할 수 있다. 첫 번째 요소는 **ALBEDO**다. 각 머티리얼 요소 옆에 작은 동그라미 아이콘이 있는 것을 확인할 수 있다(그림 5.12, 파트 A에 표시돼 있다). **ALBEDO** 옆의 동그라미 아이콘을 클릭한다.

9. **SELCET ALBEDO COLOR** 메뉴가 열린다. 그림 5.12, 파트 B처럼 **Red**를 87, **Green**을 87, **Blue**를 87로 설정한다.

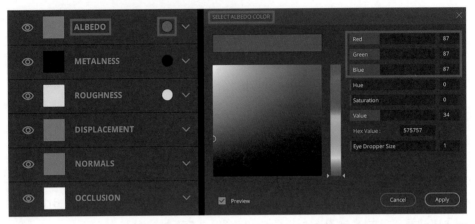

그림 5.12 (A) 다른 머티리얼 요소들, ALBEDO와 동그라미 아이콘이 표시됨 (B) SELCET ALBEDO COLOR 메뉴

10. 색상(검정 및 흰색 톤 색상)을 선택하는 방법을 알았으니 **ROUGHNESS**에도 동일한 작업을 진행한다. 이때 **Red, Green, Blue**의 값을 98로 설정한다.

11. 절차적 텍스처 머티리얼에 세 번째 레이어를 생성한다. **Add Solid Layer** 아이콘을 클릭한다. **ALBEDO**의 **Red**를 94, **Green**을 93, **Blue**를 92로 설정한다. 이 레이어는 드론의 일부 금속 표면을 덮는 색상을 나타낸다. 지금은 해당 색상이 드론 전체를 뒤덮는다.

12. 이제 드론 표면의 날카로운 가장자리 주변에 마모를 추가한다. 이 작업에서 마스크를 사용한다. **Add Mask Stack on this Layer** 아이콘을 클릭하거나 단축키 **K**를 사용한다. 방금 레이어에 그림 5.13처럼 비어 있는 마스크를 추가했다.

그림 5.13 솔리드 레이어에 마스크를 추가하고 강조 표시된 아이콘을 클릭해서 Property에 마스크 요소를 추가

13. 솔리드 레이어에 표시돼 있는 마스크를 선택하고 **Property**에서 **Add Mask Component** 아이콘(그림 5.13 오른쪽 상단에 표시돼 있다)을 클릭한다.

14. **Add Mask Component**를 클릭하는 순간 드롭다운 메뉴가 나타나고 그 메뉴에서 **Curvature**를 선택한다. 이 작업은 **Property**에 **Curvature** 설정을 추가해 준다.

Curvature 맵이 어떤 방식으로 작동하는가?

> 퀵셀 믹서는 Curvature 맵을 사용해서 메시의 볼록/오목한 부분을 계산한다. Curvature 맵은 메시에 날카로운 부분과 홈들을 회색 값으로 할당하는 텍스처 맵이다. 이러한 정보는 절차적 텍스처링에서 사용된다. 볼록한 표면을 가진 표면은 주로 가장자리가 뾰족한 반면 오목한 표면은 구멍이나 움푹 들어간 곳이 있다.
> 믹서는 표면의 날카로운 모서리가 더 많이 마모(주로 칠이 벗겨진 페인트)되는 반면 무딘 모서리는 덜 마모되도록 결정하는 알고리듬을 사용한다. Curvature 맵은 먼지, 오일 등등 여러 가지로 채워져야 하는 구멍 또는 움푹 들어간 부분이 있는지 확인하는 데 사용되기도 한다.

15. **Property**의 **Curvature** 메뉴에서 **Default Curvature**를 선택하고 나오는 드롭다운 메뉴에서 **Edges & Cavities**를 그림 5.14처럼 설정한다.

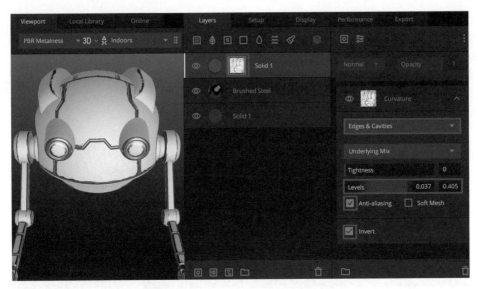

그림 5.14 마스크 요소에 Curvature 설정 적용

16. **Level** 설정을 0.037(왼쪽에 있는 첫 번째 박스)과 0.405(오른쪽에 있는 두 번째 박스)로 바꾼다. 이 작업은 그림 5.14처럼 모든 날카로운 모서리 주변에 부드러운 모서리 마모를 추가한다.

17. **Anti-aliasing** 체크박스와 **Invert** 체크박스를 체크한다. Curvature 마스크 요소가 반전됐기 때문에 페인트가 원래대로 표시된다. 페인트가 더 매끄럽고 평평한 영역을 덮고 있고 날카로운 모서리에는 페인트가 마스킹됐다.

18. 다음으로 모서리 마모가 너무 매끄러워 보이기 때문에 노이즈를 추가해서 모서리 마모를 좀 더 다양하게 만들려고 한다. 이전 13번째에 사용했던 **Add Mask Component**를 선택해서 **Noise**를 선택하고 새로 실행되는 창에서 그림 5.15, 파트 A처럼 **Simplex**를 **Noise** 타입으로 선택한다.

19. **Noise** 메뉴의 **Property**에서 그림 5.15, 파트 B처럼 **Seed** 값을 -29, **Amplitude**를 1.66, **Frequency**를 7.1, **Octaves**는 5, **Lacunarity**는 3.5, **Persistance**는 1로 수정한다.

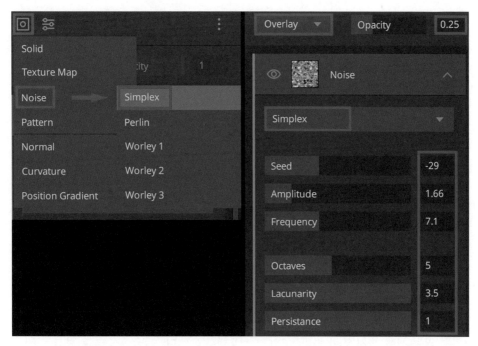

그림 5.15 (A) Simplex 타입 노이즈 마스크 요소 추가 (B) Property에서의 노이즈 설정

20. **Noise** 메뉴 바로 위에 **Normal**(이건 블렌딩 모드다)과 **Opacity**(해당 효과의 적용 값을 나타낸다) 항목이 보인다. **Opacity**를 0.25로 설정한다.

21. **Normal**을 선택하고 나오는 드롭다운 메뉴에서 그림 5.15, 파트 B처럼 **Overlay**를 새로운 블렌딩 모드로 변경한다.

22. 이제 모서리의 노이즈에 약간의 대비를 더해서 그것이 깨진 페인트처럼 보이게 한다. **Add Mask Modifier** 아이콘(그림 5.16에 초록색으로 표시했다)을 클릭한다. 드롭다운 메뉴에서 **Brightness/Contrast** 항목을 클릭한다.

23. **Brightness/Contrast** 메뉴의 **Property**에서 **Brightness**를 -1, **Contrast**를 8로 수정한다. 방금 그림 5.16에서 볼 수 있는 것처럼 **Chipped Paint Edge-Wear**(깨진 페인트 모서리) 레이어를 완성했다.

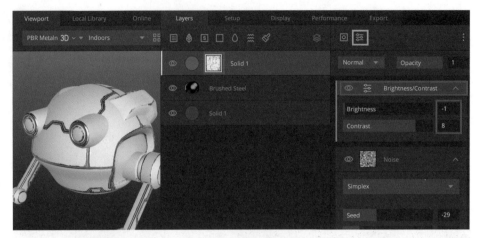

그림 5.16 Brightness/Contrast Mask Modifier 추가 및 사용된 설정 값들

24. 이번에는 믹서에서 **스마트 머티리얼**^{smart material}을 추가한다. 이런 종류의 머티리얼들은 주로 다른 레이어들로 구성돼 있고 각 레이어들은 모델의 베이스 맵으로 사용할 수 있는 고유 절차적 마스크^{procedural mask}를 갖고 있다. 해당 과정을 완료하기 위해서 **Add Smart Material** 아이콘(그림 5.17에 초록색으로 표시했다)을 클릭한다.

25. **Add Smart Material** 아이콘을 클릭하면 스마트 머티리얼에 **Type** 값이 설정된 **Local Library** 탭이 열린다. 검색 박스에 **Brass**(Oxidized)을 검색한다. 이 스마트 머티리얼은 **Smart Material Pack 2**에 포함돼 있다. 그림 5.17에서 해당 **Brass**(Oxidized) 스마트 머티리얼을 모델에 적용했고 스마트 머티리얼이 4개의 레이어도 포함하고 있는 것을 확인할 수 있다.

로봇 드론 표면 전체가 스마트 머티리얼 레이어로 교체됐다. **Layer**에서 그림 5.17처럼 **Brass**(Oxidized) 폴더를 클릭해서 드롭다운 메뉴를 연다.

그림 5.17 Add Smart Material 아이콘

26. 해당 스마트 머티리얼의 몇 가지 설정을 변경한다. **Brass**(Oxidized) 폴더 안에 **Weathering**이라는 항목의 갈색 동그라미 아이콘을 확인할 수 있다.

NOTE

단일 색상으로 렌더링된 원형 아이콘은 솔리드 레이어를 나타낸다. 원형 아이콘을 클릭해서 솔리드 레이어 설정 창을 연다. **ALBEDO**를 **Red**는 47, **Green**은 28, **Blue**는 4로 변경한다.

27. **Brass**(Oxidized) 폴더 안에서 **Discoloration** 레이어의 회색 원 아이콘을 클릭한다. **Property**에서 **ALBEDO**의 설정 값을 **Red**는 67, **Green**과 **Blue**는 69로 변경한다. 회색 원은 이제 그림 5.17처럼 밝은 갈색으로 바뀐다.

28. **Brass**(Oxidized) 폴더에서 **Clean Brass** 레이어의 구형 아이콘을 클릭한다.

   이 레이어는 표면이다. **Property**에서 **ALBEDO** 설정을 **Red**는 70, **Green**은 79, **Blue**는 80으로 변경한다. **Brass**(Oxidized) 스마트 머티리얼의 커스터마이즈를 완료했다.

모델은 다음 그림처럼 보일 것이다.

그림 5.18 수정된 Brass(Oxidized) 스마트 머티리얼의 결과물

이번 절에서 지금까지 배운 내용을 요약하면 다음과 같다.

- 표면 머티리얼, 솔리드 레이어, 스마트 머티리얼 추가

- **Property** 패널을 사용해서 머티리얼 설정 조정

- 마스크와 Curvature 맵을 사용해서 머티리얼에 마모 효과 생성

- **마스크** 요소에 노이즈를 사용하는 방법

그림 5.18처럼 새로운 스마트 머티리얼이 로봇 드론 전체를 뒤덮고 있는 것을 확인할 수 있다. 이 결과물이 우리가 원하는 결과물이 아니기 때문에 다음 절에서 모델의 특정 부분에 머티리얼을 적용하는 방법을 소개한다.

Material ID 맵과 마스크 사용하기

Material ID는 고유 색상 값이다. Material ID 맵을 사용해서 메시의 특정 영역에 머티리얼을 할당할 수 있다(이러한 영역은 텍스처 맵의 고유 색상 값으로 정의된다). 용어를 간단히 알아본다.

- **Material ID 맵**은 메시의 특정 영역을 고유 색상 값으로 구성한 텍스처다.

- **Material ID 마스크**는 퀵셀 믹서가 **Material ID 맵**의 특정 고유 색상 영역을 선택할 수 있도록 사용하는 마스크다.

- **Material ID 맵**과 **Material ID 마스크**는 항상 같이 적용된다. 다른 머티리얼을 모델의 다른 부분에 적용하면 시각적으로 흥미로운 결과물을 확인할 수 있다.

> NOTE
>
> Additional Content Volume 2 – Creating Material ID Maps.pdf를 통해서 블렌더에서 고유 Material ID 맵 텍스처를 만드는 방법을 배울 수 있다(해당 문서의 링크는 추가 문헌에서 제공된다).

이전에 Brass(Oxidized) 스마트 머티리얼을 로봇 드론 전체에 적용했다. 하지만 이것은 우리가 원하는 결과가 아니다. 그렇기에 이번 절에서 모델의 특정 부분에 스마트 머티리얼 또는 표면을 어떻게 적용하는지에 대해서 배운다.

적용하는 방법은 Material ID 마스크를 사용하는 것이다.

Brass(Oxidized) 스마트 머티리얼에 다음 과정을 통해서 Material ID 마스크를 적용하는 방법을 알아보자.

1. **Brass**(Oxidized) 폴더를 클릭한다. **Add MaterialID on this Layer** 아이콘을 클릭한다. 해당 작업은 **Brass**(Oxidized) 레이어에 비어 있는 Material ID 마스크를 추가한다.

2. **Layer**에서 **Material ID** 마스크를 선택한다. 해당 작업은 **Property**에서 Material ID 마스크 색상 선택 창이 열리고 각 색상에 대한 체크박스가 표시된다. 그림 5.19에서 선택한 것처럼 동일한 색상을 선택한다.

Material ID 색상을 선택하는 또 다른 방법은 **Q** 단축키를 누르고 있는 상태로 유지하는 것이다. 그러면 그림 5.19처럼 뷰포트가 일시적으로 변경돼 Material ID 색상 영역이 3D 모델에 표시된다. 머티리얼을 메시에 할당할 부분을 마우스 왼쪽 버튼으로 클릭한다.

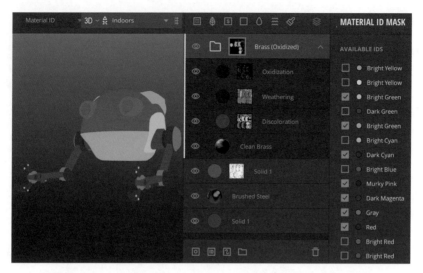

그림 5.19 Q 버튼을 누르고 있는 상태에서 모델에 Material ID 색상을 선택

그림 5.20, 파트 A에서 모델 선체에 스마트 머티리얼이 적용돼 있는 결과물을 볼 수 있다. 하지만 그림 5.20, 파트 B에서는 Material ID 마스크를 사용한 결과를 볼 수 있다. 확인할 수 있듯이 스마트 머티리얼이 모델의 특정 영역에만 적용됐다.

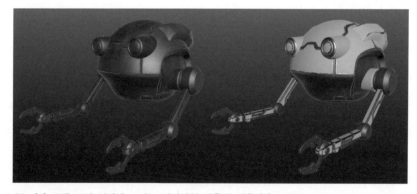

그림 5.20 (A) 모델 표면 전체에 스마트 머티리얼 적용돼 있음 (B) 모델에 Material ID 마스크를 사용해서 표면의 특정 영역에만 적용한 결과

이제 수년간 비가 오는 날씨를 겪은 것처럼 보이도록 패널 라인의 홈 안에 녹을 추가해 보자.

3. **Add Surface Layer** 아이콘을 클릭한다. **Online Library** 탭으로 변경하고 **Surface**를 애셋 종류로 설정한다. 그리고 **Rusted Metal Sheet**를 검색한다. 해당 표면을 다운로드받고 아이콘을 클릭한다. 해당 작업은 머티리얼을 모델 전체에 적용할 것이다.

4. **Rusted Metal Sheet** 레이어를 선택한 상태에서 **Property**의 **Placement** 항목을 확인한다. 그리고 **Scale** 값을 그림 5.21처럼 0.69로 수정한다.

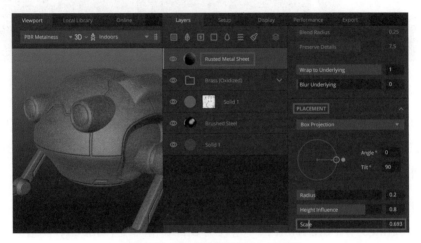

그림 5.21 표면 머티리얼의 Scale 값 수정

5. **Rusted Metal Sheet** 레이어를 선택한 상태에서 **Property**의 **Blend** 항목을 확인한다. 그리고 **Opacity** 값을 0.85로 수정한다.

6. **Rusted Metal Sheet** 레이어를 선택한 상태에서 **Add Mask Stack on this Layer** 아이콘을 클릭한다.

7. 방금 추가한 마스크를 선택한다. **Property**에서 **Add Mask component** 아이콘을 클릭한다. 그리고 메뉴창이 열리면 **Curvature**를 선택한다.

8. **Curvature** 메뉴에서 그림 5.22처럼 **Edges & Cavities**의 **Level** 값을 0.27과 0.825로 설정하고 **Anti-aliasing** 체크박스를 체크한다. 이렇게 하면 패널링 라인에 녹을 추가한다.

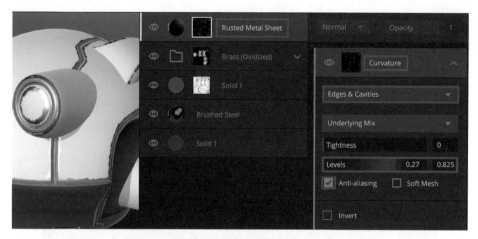

그림 5.22 Rusted Metal Sheet 표면의 Curvature 설정

9. 현재 모델이 너무 깨끗해 보이기 때문에 먼지를 추가할 준비가 됐다. 그림 5.23에서 볼 수 있듯이 **Add Solid Layer** 아이콘을 클릭한다. 솔리드 레이어는 그림 5.23에서 확인할 수 있다.

10. 솔리드 레이어의 **ALBEDO** 설정을 **Red**는 20, **Green**은 7, **Blue**는 2로 수정한다. **Roughness**를 Pure White로 변경한다. **Blend** 항목에서 **Opacity** 값을 0.438로 변경한다.

11. 그림 5.23처럼 단축키 **K**를 눌러서 레이어에 마스크를 추가하고 방금 추가한 마스크를 선택한다.

12. 마스크가 선택돼 있는 상태에서 **Property**에서 **Add Mask Component** 아이콘을 클릭하고 **Texture Map**을 옵션으로 선택한다. **Texture Map** 설정은 그림 5.23에서 확인할 수 있다.

13. 그림 5.23처럼 **Texture Map** 메뉴의 드롭다운 메뉴에서 **Custom Map**을 **Library Asset**으로 변경한다.

그림 5.23 마스크에 Library 애셋 추가

14. 폴더 아이콘을 클릭해서 애셋을 불러온다(그림 5.24에서 초록색으로 표시했다). **Local Library** 탭이 열린다. **Asset** 타입을 **Imperfection**으로 변경한다. Scratched Metal을 검색해서 추가한다.

15. **Imperfection** 머티리얼을 다운로드받고 해당 아이콘을 클릭한다. **Imperfection** 머티리얼은 마스크 내부에서 사용되며 그림 5.24에 나와 있는 것처럼 먼지를 더욱 사실적으로 보이게 하는 효과가 있다.

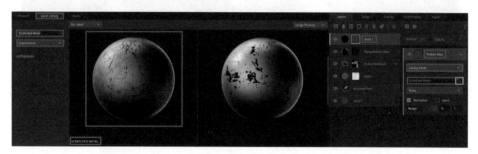

그림 5.24 레이어 마스크에 Scratched Metal Imperfection 머티리얼 추가

16. **Add mask Modifier** 아이콘을 클릭하고 **Brightness/Contrast Modifier**를 선택한 마스크에 추가한다.

17. **Property**에서 **Brightness/Contrast** 메뉴를 찾아서 **Brightness**를 0.5, **Contrast**를 3.42로 설정한다. 해당 작업은 먼지를 모델에 좀 더 보이게 해준다.

18. 이제 모델에 미세한 스크래치를 더해 보자. **Add Surface Layer** 아이콘을 클릭한 다음 **Online** 표면 라이브러리에서 Scratched Painted Iron을 검색한다. 해당 표면을 다운로드하고 아이콘을 클릭한다.

    (미세한 스크래치가 있는) **Scratched Painted Icon** 표면 머티리얼을 모델 전체에 적용한다. 아직까지는 모델의 전체를 뒤덮고 있지만 그림 5.25처럼 곧 수정한다.

19. **ALBEDO** 설정을 **Red, Green, Blue** 값을 30으로 변경한다. **ROUGHNESS** 설정을 **Red, Green, Blue** 값을 106으로 변경한다. **ALBEDO**와 **ROUGHNESS** 설정은 그림 5.25에서 확인할 수 있다.

그림 5.25 Scratched Painted Iron 머티리얼을 모델의 표면에 적용하고 ALBEDO와 ROUGHNESS 설정 값을 변경

20. 단축키 **K**로 해당 레이어에 마스크를 추가하고 생성한 마스크를 선택한다.

21. 마스크가 선택돼 있는 상태에서 **Add Mask Component** 아이콘을 클릭하고 **Texture Map**을 선택한다.

22. (이전 13단계에서 했던 것처럼) **Texture Map** 메뉴의 드롭다운 메뉴에서 **Custom Map**을 **Library Asset**으로 변경한다.

23. **폴더** 아이콘을 클릭해서 라이브러리에서 애셋을 불러온다. **Online Library** 탭으로 변경한다. 타입을 **Imperfection**으로 변경하고 Scratched Painted Metal을 검색한다.

24. **Mask** 구성 요소의 동일한 **Texture Map** 메뉴에서 **Range**를 0.85로 설정한다.

25. **Add Mask Modifier** 아이콘을 클릭해서 **Brightness/Contrast Modifier**를 추가한다.

26. **Brightness/Contrast** 메뉴에서 **Brightness**를 −1, **Contrast**를 3으로 설정한다. 이 작업은 그림 5.26처럼 **Scratched Painted Iron** 표면의 효과가 흰색 페인트의 미세한 긁힘처럼 보이게 해준다.

27. 이제 마지막 단계로 로봇 드론의 카메라 눈을 텍스처링한다. **Add Solid Layer** 아이콘을 클릭한다. **ALBEDO**를 **Red**는 0, **Green** 34, **Blue**는 255로 설정한다. 해당 작업은 모델 전체에 밝은 파란색 색상 레이어가 추가된다.

28. **Metalness**를 **Pure White Color**로 변경하고 **Roughness**를 **Pure Black Color**로 변경한다. 해당 작업은 파란색 레이어를 파란색 금속처럼 보이게 바꿨다. 현재 이 솔리드 레이어가 전체 모델을 뒤덮고 있지만 곧 수정한다.

29. **Solid Layer**(방금 생성한 파란색 레이어)를 선택한다. **Add Material ID on this Layer** 아이콘을 클릭한다. **Material ID** 마스크를 파란색 메탈릭metallic 레이어를 생성한다.

30. 이번에는 카메라 눈의 **Material ID** 색상을 선택하자. 뷰포트 내부의 **Camera Lens**(밝은 파란색 Material ID 색상)에서 **Q + 마우스 좌클릭**을 한다. 이제 파란색 금속 색상은 그림 5.26에서 보는 것처럼 카메라 눈으로 제한된다.

축하한다! 이제 막 첫 번째 절차적 텍스처링 튜토리얼을 마쳤다. 이제 모델이 여기에 표시된 모델과 비슷할 것이다.

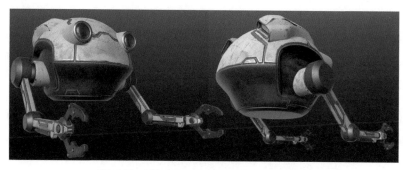

그림 5.26 로봇 드론 모델의 절차적 텍스처 적용 완료

이번 절에서 마스킹과 같은 기능을 사용해서 가장자리에 마모를 만들고 홈 내부에 먼지를 추가해 기계 유형의 모델에 대한 절차적 텍스처링 작업 과정을 배웠다.

이제 표면 솔리드 레이어 및 스마트 머티리얼을 적용하는 방법을 배웠고, Material ID 마스크 기능을 사용해 모델의 특정 영역에 적용하는 방법을 배웠다.

다음 절에서 절차적 텍스처링 방법을 사용해서 외계 식물을 텍스처링한다. 해당 작업 과정은 유기적인 형태의 모델이기 때문에 약간 다르다.

:: 믹서에서 외계 식물 텍스처링

이전에 로봇 드론에 단계별 튜토리얼을 통해서 절차적 텍스처링하는 방법에 대해서 배웠다. 이 경험은 로봇 드론 텍스처를 완성하면서 여러 가지를 배웠기 때문에 매우 귀중하다(최종 결과는 그림 5.26에서 확인할 수 있다).

그러나 이번 절에서는 완전히 다른 무언가를 할 예정이다. 이제 제공된 외계 식물 모델에서 절차적 텍스처링을 실험해 볼 수 있다. 원하는 스마트 머티리얼 또는 표면 텍스처를 사용하고 자신만의 설정을 사용할 수 있다. 이번 절은 절차적 텍스처링에 대한 새로운 지식을 유용하게 활용할 수 있는 기회를 제공한다.

이전에 이야기했듯이 만약 단계별 튜토리얼을 따라 하고 싶다면 Additional Content Volume 4 - Step-by-Step Texturing of the Alient-Plant.pdf를 확인하자. 해당 문서의 링크는 추가 문헌에서 확인할 수 있다.

이제 외계 식물 텍스처링을 시작하자.

1. `AlienPlant.fbx` 모델을 다음 사이트(https://github.com/PacktPublishing/Unreal-Engine-5-Character-Creation-Animation-and-Cinematics/tree/main/Chapter05)에서 받는다.

2. `AlientPlant_Normals.tga`, `AlienPlant_AO.tga`, `AlienPlant_Curvature.tga`, `AlienPlant_Material_ID.png`, `AlienPlant_Cavity.tga` 파일들을 다음 사이트(https://github.com/

PacktPublishing/Unreal-Engine-5-Character-Creation-Animation-and-Cinematics/tree/
main/Chapter05)에서 받는다.

3. 외계 식물 모델을 믹서로 로봇 드론과 동일한 방법으로 불러온다.

4. 외계 식물의 **Normals, AO, Curvature, Material ID** 기본 맵을 적용한다(로봇 드론
   모델과 동일한 방법으로).

5. 외계 식물 모델은 절차적 텍스처 실험을 진행할 준비가 됐다.

6. 원하는 방식대로 외계 식물 모델을 텍스처링한다. 작업이 완료되면 여기로 다시 돌
   아온다.

이제 외계 식물 모델을 절차적으로 텍스처링했는지 알아보자. 만들어진 모델은 그림
5.27에서 확인할 수 있다.

NOTE

> 이번 절에서 제안한 절차적 텍스처링을 실험한 경우 외계 식물 모델은 완성된 모델과 다르게 보일
> 것이다. 이 과정에서 올바른 답이란 것은 없다. 가장 중요한 것은 경험을 통해서 배우는 것이고 그렇
> 게 하는 것을 즐기는 것이다.

그림 5.27 외계 식물 모델 최종 결과물

이번 절에서 외계 식물 모델을 텍스처링하고자 절차적 텍스처링을 실험하는 방법을 배
웠다. 다음 절에서 텍스처를 언리얼 엔진 5에서 사용하기 위한 익스포트 방법을 배운다.

언리얼에서 사용할 머티리얼 익스포트

방금 절차적 텍스처링 튜토리얼을 모두 완료했으며 여러 레이어로 구성된 멋진 머티리얼들을 만들었다. 그러나 이 머티리얼들은 어떻게 언리얼 엔진 5로 가져가는지 궁금할 것이다. 이것은 실제로는 매우 간단한 작업이므로 다음과 같이 작업을 진행한다.

1. 그림 5.2의 3번으로 표시돼 있는 **Export** 탭을 클릭한다.

2. **Export Location** 옆에 위치한 **Export Target** 메뉴에서 저장할 곳을 선택한다.

3. **Asset Name** 옆에 원하는 파일 이름을 적는다.

4. **Texture Preset** 옆에 있는 타입에 **Metalness Maps**를 선택한다. 익스포트할 텍스처 맵으로는 그림 5.28처럼 체크박스를 체크한다.

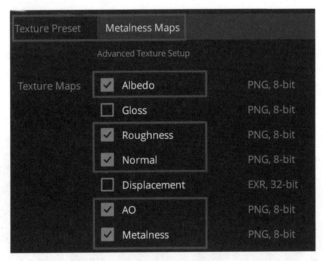

그림 5.28 언리얼 엔진 5에서 사용할 텍스처 맵 선택

5. 가장 마지막 단계다! **Export to Disk** 버튼을 누른다.

방금 퀵셀 믹서에서 머티리얼을 익스포트하는 방법을 배웠다. 7장에서 방금 생성한 텍스처 맵을 사용해서 언리얼 엔진 5에서 머티리얼을 생성하는 방법을 알려 주겠다.

이것으로 5장의 튜토리얼을 모두 마친다.

⠿ 요약

2개의 절차적 텍스처링 튜토리얼을 성공적으로 완료했으며 그 과정에서 다양한 절차적 텍스처링 작업 과정에 대해서 많은 것을 배웠다. 이번 같은 경우 기계적 형태와 유기적 형태의 모델을 텍스처링하는 것의 차이점을 배웠다.

이제 3D 영화에 대한 자신만의 3D 애셋을 만들고 절차적 텍스처링을 할 수 있다.

3D 영화의 로봇 드론과 외계 식물 애셋들이 이제 100% 완성됐으며 언리얼 엔진 5로 내보낼 준비가 됐다. 6장에서 UI, 기본 메뉴, 조작 방법과 같은 언리얼 엔진 5의 기본 개념을 배운다.

6장에서 다시 만나자!

⠿ 추가 자료

이번 튜토리얼을 위해서 3개의 추가 튜토리얼을 작성했다.

- *Additional Content Volume 2 – Creating Material ID Maps.pdf*
- *Additional Content Volume 3 – Painting Lines in Blender.pdf*
- *Additional Content Volume 4 – Step-by-Step Texturing of the Alien Plant.pdf*

위 문서들은 다음 사이트(https://github.com/PacktPublishing/Unreal-Engine-5-Character-Creation-Animation-and-Cinematics/tree/main/Chapter05)에서 받을 수 있다.

2부

언리얼 엔진에서
가상 영화 세트 제작

2부에서는 메타휴먼을 사용해서 사실적인 3D 인간을 만드는 방법과 언리얼 엔진에서 사용할 가상 3D 영화 세트를 구축하는 방법을 배운다.

2부에서는 다음 장들을 다룬다.

- 6장, 언리얼 엔진 5 소개

- 7장, 언리얼 엔진 5에서 머티리얼 설정

- 8장, 메타휴먼을 사용해서 언리얼 엔진 5용 사실적인 인간 만들기

- 9장, 언리얼 엔진 5에서 가상의 3D 세트 만들기

- 10장, 언리얼 엔진 5에서 라이팅 및 대기 효과 추가하기

06

언리얼 엔진 5 소개

5장에서 3D 애셋을 생성하는 방법에 대해서 배웠다. 이제 기계적이고 유기적인 모델을 만들 수 있는 실용적이고 이론적인 지식을 갖게 됐다. 또한 이러한 3D 애셋을 UV 매핑 및 텍스처링하는 방법도 알고 있다.

이제 제작한 3D 애셋을 모두 가상 3D 영화 제작을 위한 3D 영화 세트(외계 식물) 및 배우(로봇 드론)로 사용할 준비가 됐다.

먼저 7장, 8장, 9장, 10장에서 사용할 **언리얼 엔진**에서 사용할 기본적인 기능들을 알아보는 것으로 시작한다. 6장에서 언리얼 엔진 5의 모든 세부 사항을 설명하지는 않는다. 왜냐하면 해당 설명은 이 책의 범주를 넘어서기 때문이다.

언리얼 엔진 5를 확실하게 이해하고 이를 이용해서 3D 영화를 만드는 방법을 알게 되면 사용자 인터페이스, 화면 조작, 유용한 단축키를 알아보기 시작하자.

6장에서는 다음 주제를 다룬다.

- 언리얼 엔진 5 소개

- 언리얼 엔진 5의 템플릿을 사용해서 프로젝트 세팅하기

- 언리얼 엔진 5의 3D 뷰포트 조작

- 언리얼 엔진 5에서 가장 유용한 단축키 배우기

- 언리얼 엔진 5의 사용자 인터페이스에 대해서 알아보기

6장이 끝나면 언리얼 엔진 5의 기본적인 개념, 이를 사용해서 3D 영화를 만드는 방법, 사용자 인터페이스 레이아웃, 조작, 주로 사용되는 단축키에 대해서 알게 된다.

다음 절에서 언리얼 엔진 5에 대해서 소개한다.

⚙ 기술 요구 사항

6장에서는 언리얼 엔진 5가 설치돼 있어야 한다. 만약 언리얼 엔진의 버전이 상위 버전이라도 이 예제들을 실행하는 데에는 아무 문제가 없다. 다음 항목들이 6장을 완료하는 데 필요하다.

- 3D 애니메이션 소프트웨어를 구동할 수 있는 컴퓨터가 필요하다.

- UE 5.0.1. 엔진은 다음 사이트(https://www.unrealengine.com/en-US/download)에서 받을 수 있다.

- Epic Game Launcher. 해당 프로그램은 다음 사이트(https://store.epicgames.com/en-US/download)에서 받을 수 있다.

- 언리얼 엔진 5의 하드웨어 요구 사항은 다음 사이트(https://docs.unrealengine.com/5.0/ko/hardware-and-software-specifications-for-unreal-engine/)에서 확인할 수 있다.

⠿ 언리얼 엔진 5 소개

언리얼 엔진 5가 무엇이며 왜 3D 영화를 제작하는 데 사용해야 하는가?

언리얼 엔진 5는 3D 영화와 같은 게임과 디지털 미디어를 만드는 데 사용할 수 있는 최첨단 실시간 3D 게임 엔진이자 편집기다.

블렌더, 마야^{Maya}, 3ds Max 같은 3D 소프트웨어는 처음부터 모델링, UV 맵, 텍스처를 만들 수 있는 진정한 콘텐츠 제작 툴이지만 언리얼 엔진은 이를 만드는 대신에 미리 만들어진 3D 애셋을 사용한다.

예를 들어, 언리얼 엔진 5를 사용해서 블렌더에서 만든 3D 애셋을 가져온 다음 게임 또는 3D 영화 세트를 만들고 애니메이션을 만든 다음 **시퀀서**^{Sequencer}를 사용해서 3D 영화의 프레임을 렌더링할 수 있다.

자세히 살펴보기 전에 공식 언리얼 엔진 5 페이지(https://www.unrealengine.com/en-US/unreal-engine-5)를 간단히 살펴보자.

> **NOTE**
>
> **렌더링**이란 3D 소프트웨어가 메시, 머티리얼, 라이팅을 사용해서 이미지를 생성하는 과정을 이야기한다. 영화와 애니메이션에서 프레임은 하나의 스틸 이미지다. 영상이 재생되면 각 프레임이 매우 짧은 시간 동안 표시되고 바로 다음 프레임으로 교체된다. 이것은 움직임의 환상을 만든다. 영화의 1초당 24~30프레임이 있다. 이러한 단위를 우리는 **FPS**(Frames Per Second)라고 한다.

다른 디지털 콘텐츠 제작 툴(예: 블렌더, 마야, 3ds Max와 Cinema 4D)과 비교해서 **언리얼 엔진**이 제공하는 주요 이점은 애니메이션 프레임의 출력을 위해서 **실시간 렌더링**(또는 거의 실시간)이라는 방법을 사용한다는 것이다.

다른 디지털 콘텐츠 제작 툴은 **오프라인 렌더링**$^{offline\ rendering}$이라는 기법을 사용해서 각 프레임을 렌더한다. 이 방법은 매우 느린 렌더링 방법이다.

실시간은 렌더링 방법을 이야기한다. 3D 소프트웨어는 각 프레임을 매우 빠르게 렌더링해서 즉시 생성되는 것처럼 보인다. 렌더링 속도는 언리얼 엔진에서 3D 영화를 만들고 싶은 가장 중요한 이유다.

이것은 언리얼 엔진에서 (거의) 실시간으로 영상을 위한 애니메이션을 렌더링할 수 있기 때문이다. 또한 3D 장면에서 대기 효과, 머티리얼, 라이팅을 편집하고 거의 즉각적인 피드백을 받을 수 있다. 이것은 전통적인 오프라인 렌더링 방법과 비교하면 놀라울 정도의 시간 절약이다.

언리얼 엔진은 오프라인 렌더링 방법을 사용해서 만들어진 렌더링보다 더욱 사실적인 렌더링을 할 수 있다.

언리얼 엔진을 갖고 무엇을 할 수 있는가?

언리얼 엔진은 게임 엔진으로 시작했지만 최근에는 게임 산업 이외에서 사용하는 경우가 많아졌다.

이제 언리얼 엔진 5는 다양한 산업에서 사용되고 있다. 여기에는 인터랙티브 게임, 영화, VFX, TV 프로덕션, 시각화 작업(건축, 운송, 과학, 의료산업), 모션 그래픽, 혼합 현실 작업이 포함된다.

3D 영화와 관련해서 언리얼 엔진 5를 사용해 캐릭터를 위한 컨트롤 릭^{Control Rig}을 만들고 캐릭터들을 애니메이션화하고 3D 영화 세트 같은 환경을 만들고 대기 효과 및 VFX 파티클을 추가하고, 라이팅을 추가하고 이러한 장면들을 렌더하고 언리얼 시퀀서를 사용해서 영화를 편집할 수 있다.

또한 혼합/가상 현실, 게임, 시뮬레이션과 같은 상호작용형 환경을 만들 수 있다.

방금 배운 것처럼 모든 디지털 콘텐츠 제작에 언리얼 엔진 5를 사용할 수 있다. 언리얼 엔진 5의 최신 기능에 대해서 알아보자.

언리얼 엔진 5에서의 새로운 기능

언리얼 엔진 5에 있는 신기한 기능들은 다음과 같다.

- **루멘**^{Lumen}: 이것은 실시간 다이내믹 **글로벌 일루미네이션**^{GI, Global Illumination} 시스템이다. GI는 신^{scene}에서 라이팅이 다른 표면(또는 메시)으로 반사되는 것을 계산해 주는 렌더링 기술이다. 이걸 사용함으로써 간접 라이팅을 흉내낼 수 있다. 간접 라이팅은 실제 세계에서 빛 입자(광자)가 행동하는 방식이기 때문에 사실주의에 도움이 된다. 10장에서 루멘의 GI 시스템을 외계 식물 3D 영화 세트에 적용하는 방법을 배운다. 루멘에 대한 자세한 내용은 다음 사이트(https://docs.unrealengine.com/5.0/ko/lumen-global-illumination-and-reflections-in-unreal-engine/)에서 읽을 수 있다.

- **나나이트**^{Nanite}: 가상화된 마이크로 폴리곤 지오메트리^{micropolygon geometry} 시스템으로 (비변형) 3D 애셋에 엄청난 양의 기하학적 디테일을 추가할 수 있다. 이 시스템은 돌, 절벽, 동상, 땅 등과 같은 환경 애셋에 적합하다. 캐릭터와 폴리지를 변형할 때 나나이트를 사용하지 않는다.

  캐릭터의 단단한 표면 부분은 예외다. 왜냐하면 갑옷, 로봇의 외피 부분, 돌, 골램^{golem}의 피부와 같이 단단한 부분들에는 나나이트를 사용할 수 있기 때문이다. 9장에서 나나이트를 사용해서 외계 행성 표면을 만드는 방법을 배운다. 나나이트에 대한 자세한 내용은 다음 사이트(https://docs.unrealengine.com/5.0/ko/nanite-virtualized-geometry-in-unreal-engine/)에서 확인할 수 있다.

- **메타휴먼**^{MetaHumans}: 클라우드 기반 앱은 사실적인 가상 인간을 만드는 데 사용된다. 디지털 휴먼의 성별, 나이, 얼굴 특징, 머리 스타일을 커스터마이징^{customizing}할 수 있다. 8장에서 단계별 튜토리얼을 통해서 3D 영화에 사용할 메타휴먼을 직접 만드는 방법에 대해서 배운다. 메타휴먼에 대한 내용은 다음 사이트(https://docs.metahuman.unrealengine.com/ko/metahuman-creator-overview/)에서 확인할 수 있다.

- **월드 파티션 시스템**^{World Partition System}: 언리얼 엔진 5는 자동으로 월드를 그리드 시스템으로 분할한 후 이러한 셀들을 보이는 방식 그대로 스트리밍하는 새로운 월드 파티션 시스템을 도입했다. 월드 파티션 시스템에 대한 자세한 내용은 다음 사이트

(https://docs.unrealengine.com/5.0/ko/world-partition-in-unreal-engine/)에서 확인할 수 있다.

- **컨트롤 릭**^{Control Rig}: 이 툴을 사용하면 캐릭터에 대한 컨트롤 릭을 빠르게 만들어서 여러 캐릭터에 공유하고 시퀀서에서 포즈를 취하고 포즈 브라우저에서 사용할 수 있다. 또한 새로운 전신 **IK**^{Inverse Kinematics} 시스템을 사용한다. 이러한 모든 기능은 이 책의 뒷부분에 나오는 컨트롤 릭 튜토리얼에서 다룬다. 컨트롤 릭에 대한 자세한 내용은 다음 사이트(https://docs.unrealengine.com/5.0/ko/control-rig-in-unreal-engine/)에서 확인할 수 있다.

- **메타사운드**^{Metasounds}: 이 기능을 사용하면 사운드 제작에서 절차적 콘텐츠 생성 방법을 사용할 수 있다. 음원의 오디오의 **DSPGraph** 생성을 완벽하게 제어할 수 있다. 메타사운드 시스템에 대한 자세한 내용은 다음 사이트(https://docs.unrealengine.com/5.0/ko/metasounds-the-next-generation-sound-sources-in-unreal-engine/)에서 확인할 수 있다.

지금까지 언리얼 엔진 5에서 사용할 수 있는 가장 중요한 새로운 기능 중 일부에 대해서 배웠다. 다음 절에서 일부 무료 샘플 애셋 및 프로젝트를 다운받는 방법에 대해서 알아보자.

무료 샘플 프로젝트

언리얼 엔진 5에 익숙해지기 가장 좋은 방법 중 하나는 (100% 무료) 샘플 프로젝트와 애셋을 일부 다운로드해서 사용해 보는 것이다.

이 애셋들을 갖고 작업할 수 있으며 프로젝트의 화면 조작감을 연습할 수 있다. 단순히 영감을 주는 역할을 할 수도 있지만 언리얼 엔진 5로 성취할 수 있는 것들 또한 보여준다.

시작하려면 다음 과정을 따라 한다.

1. Epic Games Launcher를 실행하고 로그인한다. 만약 계정이 없다면 새로 계정을 만든다.

2. Epic Games 앱[1]이 실행되면 무료 콘텐츠를 받을 수 있는 곳이 두 군데 있다. 이 옵션에 대해서 지금 설명한다.

3. 먼저 그림 6.1처럼 화면 상단의 **Samples** 탭을 클릭한다. 이 탭에는 다양한 언리얼 엔진 기능 샘플에 대한 링크가 있다.

그림 6.1 Samples 탭

4. 다음 방법은 그림 6.2처럼 **Marketplace** 탭에서 받을 수 있다. 여기서는 **Epic Games**의 무료 콘텐츠 및 **Marketplace** 컬렉션의 링크들이 있다. **Add to Cart**를 눌러서 무료 콘텐츠들을 개인 라이브러리에 추가할 수 있다.

그림 6.2에는 유료 콘텐츠들도 있지만 **Filter Results** 패널에서 **Free** 태그를 사용하면 무료 콘텐츠만 확인할 수 있다.

---

1 해당 앱의 언어를 바꾸는 방법은 왼쪽 아래에 있는 Settings를 클릭한 후 Language를 Korean으로 바꾸면 된다.
   – 옮긴이

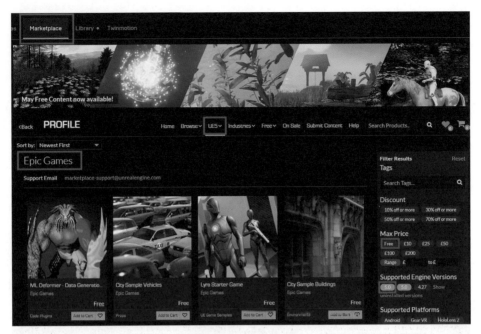

그림 6.2 Marketplace 탭

5. **Add to Cart** 버튼을 클릭하면 새로운 콘텐츠들이 개인 **Vault**에 저장되며 사용할
수 있게 된다. **Vault**는 **Library** 탭을 클릭하면 확인할 수 있다. 그림 6.3에서 빨간색
네모로 표시했다. 그림 6.3은 개인 보관함이기 때문에 각자의 보관함은 그림 6.3과
다르다.

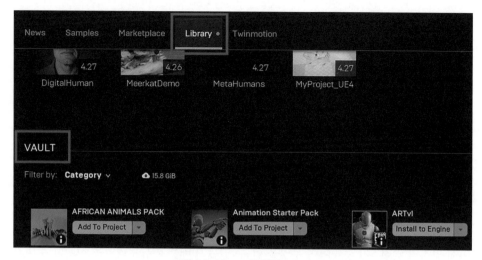

그림 6.3 Library 탭 안의 VAULT

이제 무료 콘텐츠(그리고 유료 콘텐츠)를 찾아서 언리얼 엔진에 추가하는 방법을 배웠다. 다음 튜토리얼을 진행하기에 앞서 무료 애셋과 프로젝트를 한번 사용해 보는 것을 추천한다.

다음 절에서 언리얼 엔진 5를 사용해서 제작된 3D 영화와 TV 제작물을 알아보자.

언리얼 엔진 5에서 이미 만들어 준 예제 애니메이션 프로젝트

다음은 언리얼 엔진 웹사이트의 링크들이다.

- 주목받고 있는 다양한 언리얼 엔진 프로젝트를 보여 주는 애니메이션 뉴스 피드 (https://www.unrealengine.com/en-US/feed/all/animation)

- 장편 애니메이션, **Allahyar and the Legend of Markhor**은 언리얼 엔진으로 만들어진 최초 작품(https://www.unrealengine.com/en-US/developer-interviews/visually-stunning-animated-feature-allahyar-and-the-legend-of-markhor-is-the-first-produced-entirely-in-unreal-engine)

- Blue Zoo는 특징적인 단편 애니메이션 Ada를 만들기 위해서 실시간 기술을 사용 (https://www.unrealengine.com/en-US/spotlights/blue-zoo-uses-real-time-technology-to-create-distinctive-animated-short-ada)

- Weta Digital의 Meerkat 단편 영화 제작 비하인드(https://www.unrealengine.com/en-US/spotlights/behind-the-scenes-on-weta-digital-s-real-time-hair-and-fur-short-meerkat)

- The Short Film Challenge Australia의 제작 비하인드(https://www.unrealengine.com/en-US/spotlights/behind-the-lens-of-the-short-film-challenge-australia)

이제 언리얼 엔진 5가 무엇이며 무엇을 할 수 있는지 배웠고 튜토리얼을 진행할 준비가 됐다. 먼저 튜토리얼에서 사용할 용어를 배우는 것으로 시작한다.

언리얼 엔진 용어

언리얼 엔진에는 고유한 콘셉트와 용어가 존재하지만 이번 튜토리얼에서는 7장, 8장, 9장, 10장에서 사용할 용어들만 배운다.

- 액터Actor: 화면에 배치할 수 있는 모든 오브젝트는 전부 액터로 분류된다. 액터의 대표적인 예시로는 메시, 카메라, 라이팅들이 있다.

- 스태틱 메시 액터Static Mesh Actor: 이름에서 알 수 있듯이 변형되지 않는 액터를 나타낸다.

- 스켈레탈 메시 액터Skeletal mesh Actor: 해당 액터들은 스켈레톤(블렌더에서는 아마튜어 armature라고 한다)를 갖고 있고 애니메이션으로 변형이 가능한 액터다. 다음 언리얼 엔진 5 공식 문서에서 액터에 대해서 더 자세하게 확인할 수 있다(https://docs.unrealengine.com/5.0/ko/actors-and-geometry-in-unreal-engine/).

⫸ 프로젝트 세팅하기

언리얼 엔진을 처음 실행하면 **언리얼 프로젝트 브라우저**^{Unreal Project Browser} 창이 실행된다. 이 브라우저는 프로젝트의 시작 지점으로 사용할 템플릿 파일을 선택할 수 있다.

시작하려면 다음 과정을 따라 한다.

1. 3D 영화를 만들기 때문에 **FILM / VIDEO & LIVE EVENTS** 탭을 선택한다.

2. 메뉴에서 **Blank**를 템플릿으로 선택한다.

3. **Project Defaults** 부분에서 **Starter Contents**의 체크를 해제한다.

4. 프로젝트 저장 위치와 이름을 지정한다. 이 작업은 해당 프로젝트를 개인 컴퓨터에 저장한다.

5. 프로젝트 템플릿 설정이 끝나면 언리얼 엔진 5로 작업할 준비가 됐다. **CREATE** 버튼을 눌러서 브라우저 창을 닫고 언리얼 엔진 5 에디터를 실행한다.

그림 6.4에서 중요한 부분들은 빨간색으로 표시된 언리얼 엔진 프로젝트 브라우저 창을 보여 준다.

그림 6.4 언리얼 엔진 프로젝트 브라우저 창

NOTE

> 언리얼 애셋 파일들은 언리얼에서 사용하는 애셋 형식이다. 다른 애셋(메시, 텍스처, 사운드 등등)들을 .uasset 파일로 변환한다. 이 파일들은 현재 프로젝트의 콘텐츠 폴더 안에 저장된다.

이번 절에서 프로젝트에 언리얼 엔진 5 템플릿을 사용하는 방법을 배웠다.

이제 프로젝트 세팅이 끝나고 언리얼 엔진 5 에디터도 실행됐으니 뷰포트 내부에서 조작하는 방법과 유용한 단축키들을 알아야 한다. 다음 절에서 알아보자.

뷰포트 조작

뷰포트에서 다음 단축키를 사용해서 조작한다.

- **뷰 이동**: 마우스 좌클릭을 한 상태에서 움직인다. 마우스를 위로 이동하면 앞으로 움직이고 마우스를 아래로 이동하면 뒤로 이동한다. 마우스를 좌우로 움직이면 뷰를 왼쪽 또는 오른쪽으로 회전한다.
- **뷰 회전**: **Alt + 마우스 좌클릭**을 유지한 상태로 마우스를 움직인다.
- **뷰 이동**: 마우스 중간 버튼 클릭을 유지한 상태로 마우스를 움직인다.
- **뷰 확대**: 마우스 휠을 위아래로 굴린다. 또 다른 방법으로는 **Alt + 마우스 우클릭**을 유지한 상태로 마우스를 움직이는 방법도 있다.

이번 절에서 가장 유용한 뷰포트 조작 방법에 대해서 배웠다. 이제 뷰를 회전, 확대, 이동해서 3D 배경을 둘러볼 수 있다.

📎 가장 유용한 단축키

언리얼에서 사용되는 단축키는 다양하지만 다음이 가장 많이 사용되는 단축키다.

- **이동: W**

- **회전: E**

- **확대/축소: R**

- **찾기: F.** 이 기능을 사용하면 선택된 항목으로 뷰가 바로 확대된다.

- **게임 뷰(토글): G.** 이 모드는 뷰포트에서 아이콘과 그리드를 숨긴다.

- **전체 화면(토글): F11.** 이 모드는 뷰포트를 전체 화면으로 바꿔 준다.

- **콘텐츠 창(토글): Ctrl + 스페이스 바**

- **오브젝트 선택 모드: Q**

이번 절에서는 언리얼 엔진 5에서 가장 유용하게 사용되는 단축키에 대해서 배웠다. 다음 절에서 언리얼 엔진 5의 사용자 인터페이스에 대해서 알아보자.

📎 언리얼 엔진의 사용자 인터페이스

언리얼 엔진 5가 실행되면 그림 6.5와 동일한 화면을 볼 수 있다.

일부 메뉴는 기본적으로 보이지 않기 때문에 찾아야 한다. 그러나 먼저 사용자 인터페이스의 영역들에 대해서 알아보자.

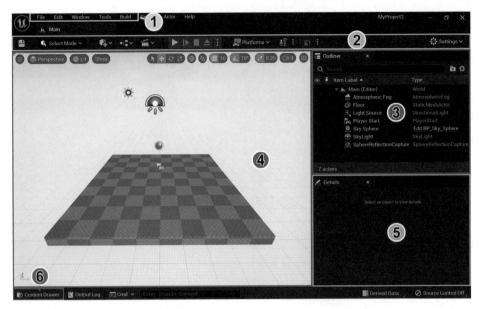

그림 6.5 언리얼 엔진 5의 사용자 인터페이스 영역

사용자 인터페이스를 설명하고자 기본 시작 화면에서 6개의 주요 사용자 인터페이스 영역을 표시하고 번호를 지정했다.

1. **메뉴 바**: 여기서 **File**, **Edit**, **Window**, **Tools**, **Build**, **Help** 같은 드롭다운 메뉴를 확인할 수 있다.

2. **툴 바**: 이 메뉴에는 일반적으로 사용되는 기능에 빠르게 액세스할 수 있고 다양한 모드로 전환할 수 있다. 이 책의 튜토리얼에서는 **Create** 아이콘과 **Cinematics** 아이콘이 필요하다. **Select Mode** 드롭다운 메뉴에서 **Animation** 모드가 있다. 이번 프로젝트의 경우 해당 드롭다운 메뉴에서 찾을 수 있는 **Landscape** 모드와 **Foliage** 모드도 필요하다.

3. **World Outliner**: 이 패널은 레벨에 존재하는 모든 아이템(액터 포함)을 나타낸다. 여기서 애셋을 정리하기 위한 폴더를 생성할 수 있다. 불러온 기본 템플릿 프로젝트에는 **Atmospheric Fog**, **Floor**, **Light Source**, **Player Start**, **Sky Sphere**, **Sky Light**, **SphereReflectionCapture**가 World Outliner에 있는 것을 확인할 수 있다. 이것

들에 대해서는 9장에서 가상의 3D 영화 세트를 만들 때 배운다.

4. **뷰포트**: 3D 월드에서 일어나는 일들을 확인할 수 있는 곳이다. 뷰포트 메뉴 바는 뷰포트의 상단에 있으며 이 부분에 대해서는 이후에 자세하게 배운다.

5. **Details 패널**: World Outliner에서 선택된 모든 항목은 해당 패널에 세부 정보를 보여 준다. 일부 항목들은 수정 가능하지만 수정 불가능한 항목들도 있다.

6. **Content Drawer**: **Content Drawer** 패널을 활성화하는 아이콘이다. **Content Drawer**는 뷰포트 하단에 붙이면 **Content Browser**가 된다. 이 패널은 월드의 모든 애셋을 보여 준다. 여기서 애셋들을 편집, 임포트, 정리, 태그로 찾기 및 프로젝트 애셋 필터링을 할 수 있다.

Content Browser 패널 붙이기

Content Drawer 패널은 사용할 때만 활성화되고 패널 바깥 부분을 클릭하면 바로 닫힌다.

만약 패널이 계속해서 열려 있기를 원하면 그림 6.6처럼 **Content Drawer** 패널의 오른쪽 상단에 있는 **Dock In Layout** 아이콘을 클릭한다.

그림 6.6 Content Drawer를 Content Browser로 바꾸기 위해서 붙이기

이렇게 하면 패널이 열린 상태로 유지되도록 뷰포트 하단에 붙는다. 그림 6.7은 뷰포트 하단에 붙은 **Content Browser** 패널이다.

그림 6.7 뷰포트 하단에 붙은 Content Browser

다음 절에서 뷰포트에서 중요한 영역인 뷰포트 메뉴 바 영역을 살펴보자.

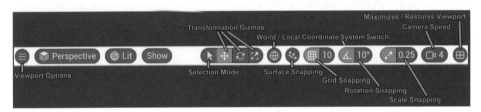

그림 6.8 뷰포트 메뉴 바

이 아이콘들에 대해서 설명하기 위해서 아이콘들을 왼쪽에서 오른쪽로 설명한다.

- **View port Options**: 뷰포트의 기본적인 렌더링 설정을 지정할 수 있는 드롭다운 메뉴다. 예를 들어, 여기서는 **Field of View**, 뷰포트에 오버레이된 다양한 통계를 표시하거나 고해상도 스크린샷을 촬영하기 등 이 메뉴에서 사용할 수 있는 몇 가지 옵션을 지정할 수 있다.

- **Perspective**: 이 아이콘은 뷰포트 레이아웃 방법을 선택할 수 있는 드롭다운 메뉴다. 예를 들어, 기본적인 레이아웃은 **Perspective**이지만 **Top**, **Bottom**, **Left**, **Right**, **Front**, **Back** 또는 **Cinematic**으로 변경할 수 있다.

- **Lit**: 이 드롭다운 메뉴에서는 뷰포트에 표시되는 현재 레벨의 렌더링 방법이 표시된다. 예를 들어, 기본 렌더링 방법은 Lit이지만 **Unlit**, **Wireframe**, **Detail Lighting**, **Reflection** 또는 기타 시각화 모드 및/또는 보기 모드같이 선택할 수 있는 다양한 옵션이 있다.

- **Show**: 이 드롭다운 메뉴는 액터actor, 볼륨volume, 메시 등과 같은 항목이 표시되는 방식을 변경하기 위한 플래그가 포함돼 있다. 예를 들어, **Grid** 항목의 체크를 해제해서 뷰포트에서 그리드를 숨길 수 있다.

- **Selection Mode**: **Select Object Mode**를 설정한다.

- **Transform Controls/Transformation Gizmos**: 이것들은 이동, 회전, 확대/축소를 위한 장치들이다. 이것들은 블렌더의 오브젝트 기즈모와 기본적으로 동일한 방식으로 작동하기 때문에 어떻게 작동하는지 설명을 하지 않겠다(1장 참고).

- **Transform Gizmo Coordinate System Switch**: 해당 아이콘(3개의 선이 있는 지구본 또는 큐브 아이콘)은 월드와 로컬 좌표계 사이를 전환한다. 이것은 이동 및 회전 트랜스폼 기즈모Transform Gizmo에만 적용된다.

- **Surface Snapping**: 이 기능은 액터가 또 다른 액터 또는 바닥 격자에 정렬할 수 있도록 해준다.

- **Grid Snapping Settings**: 활성화돼 있으면 액터는 특정 값만큼 이동한다. 예를 들어, 10 Unit으로 설정한 경우 액터를 10 Unit씩 이동할 수 있다. 이 값은 아이콘에 있는 숫자를 클릭해서 변경할 수 있다. 아이콘을 클릭하면 값을 설정할 수 있는 드롭다운 메뉴가 나온다(참고: 1 Unit = 1 cm).

- **Rotation Snapping Settings**: 2개의 파란색 각선 아이콘이 활성화되면 특정 값만큼 회전한다.

- **Scale Snapping Settings**: 화살표가 있는 작은 큐브 아이콘이 활성화되면 특정 값만큼 확대/축소한다.

- **Camera Speed Setting**: 아이콘에 있는 숫자를 클릭하면 뷰포트 카메라 속도를 설정할 수 있는 드롭다운 메뉴가 나온다.

- **Maximizes/Restore Viewport Toggle**: 이 아이콘은 다른 뷰포트 레이아웃 간에 전환된다. 한 번 클릭하면 뷰포트 레이아웃(Perspective, Right, Front, Top)이 열린다. 4개의 뷰에서 동일한 아이콘을 클릭하면 현재 뷰를 확대한다.

지금까지 뷰포트 메뉴 바에서 사용할 수 있는 모든 옵션에 대해서 배웠다. 이것으로 언리얼 엔진 5의 기본 사용자 인터페이스, 탐색, 단축키에 대한 튜토리얼을 마친다.

⠿ 요약

축하한다! 언리얼 엔진 5에 대한 기본적인 내용들을 배웠다! 6장에서 사용자 인터페이스의 기본, 뷰포트 탐색 및 언리얼 엔진 5의 단축키에 대해서 배웠다. 이제 언리얼 엔진 5가 3D 영화 제작 파이프라인에서 어떻게 사용될 수 있는지 알게 됐다.

7장에서 언리얼 엔진 5에 대한 학습 과정을 계속 진행한다. 이전 장에서 제작한 3D 애셋을 사용해서 언리얼 엔진 5로 가져오는 방법에 대해서 배운다.

그런 다음 5장에서 퀵셀 믹서로 만든 머티리얼을 설정하는 방법을 배운다.

7장에서 다시 만나기 바란다!

07

언리얼 엔진 5에서
머티리얼 설정

6장에서 **언리얼 엔진 5**의 사용자 인터페이스, 조작과 단축키의 기본 개념에 대해서 배웠다.

7장에서 모델과 텍스처를 불러오는 과정과 3D 애셋에 사용할 머티리얼을 제작하는 과정에 대해서 배운다.

이번에 사용할 머티리얼들은 5장에서 생성한 머티리얼이다.

7장에서는 다음 주제를 다룬다.

- 언리얼 엔진 5로 모델 불러오기

- 머티리얼, 텍스처, 스태틱 메시 에디터^{Static Mesh Editor}의 기본적인 사용자 인터페이스 배우기

- 언리얼 엔진 5로 텍스처 불러오기

- 언리얼 엔진 5에서 머티리얼 생성하기

- 기본 라이팅과 함께 모델 확인하기

7장이 끝나면 로봇 드론Robot Drone과 외계 식물의 언리얼 엔진 머티리얼 설정과 가상 3D 영화 세트에서 배치하고 사용할 준비가 돼 있을 것이다.

다음 절에서 언리얼 엔진 5에 모델 불러오는 과정을 진행한다.

기술 요구 사항

7장에서는 다음 기술과 소프트웨어가 필요하다.

- 3D 애니메이션 소프트웨어를 구동할 수 있는 컴퓨터가 필요하다.

- UE 5.0.1. 언리얼 엔진은 다음 사이트(https://www.unrealengine.com/en-US/download)에서 받을 수 있다.

- 언리얼 엔진 5에서 탐색하는 방법에 대한 기본적인 이해가 필요하다. 이 내용은 6장에서 다뤘다.

7장에서 사용되는 파일들은 다음 사이트(https://github.com/PacktPublishing/Unreal-Engine-5-Character-Creation-Animation-and-Cinematics/tree/main/Chapter07)에 있다.

3D 애셋 임포트

로봇 드론과 외계 식물 모델을 언리얼 엔진 5로 불러오는 것으로 시작하자.

만약 7장에서 스스로 제작한 모델보다는 제공된 모델을 사용하고 싶다면 다음 사이트 (https://github.com/PacktPublishing/Unreal-Engine-5-Character-Creation-Animation-and-Cinematics/tree/main/Chapter07)에서 RobotDrone.fbx와 AlienPlant.fbx 모델을 받아서 사용한다.

이 파일들은 모델의 스태틱 메시 버전이다. 이 모델들은 머티리얼 생성 과정에서만 사용한다.

1. **Content Browser** 패널에 마우스 우클릭으로 나오는 팝업 메뉴에서 **New Folder**를 선택해서 새로운 폴더를 하나 생성한다. 이 폴더의 이름을 RobotDrone으로 변경하고 안으로 들어간다.

2. 방금 들어온 경로에 Model이라는 새로운 폴더를 하나 생성한다. 그리고 해당 폴더를 들어간다.

3. RobotDrone.fbx 파일을 드래그해서 **Content Browser** 패널의 **애셋 뷰 영역**Asset View Area에 놓는다. **애셋 뷰 영역**은 그림 7.1에서 확인할 수 있다.

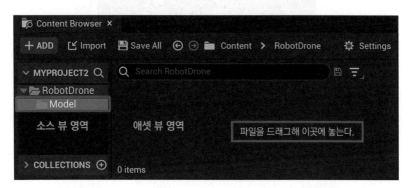

그림 7.1 Content Browser의 애셋 뷰 영역에 파일을 드래그한다.

4. **Content Browser** 패널의 **애셋 뷰 영역**에 모델 파일을 놓으면 **FBX Import Option** 창이 실행된다. 그림 7.2와 동일하게 설정한다.

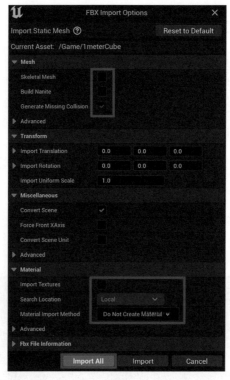

그림 7.2 스태틱 메시 불러오기 설정

5. 그림 7.2처럼 설정이 끝나면 그림 7.2에 표시된 **Import All** 버튼을 눌러서 작업을 완료한다. Model 폴더 안에 RobotDrone 모델이 불러졌다.

6. 외계 식물에도 동일한 작업을 진행한다. **Content Browser**에 새로운 폴더를 만들고 AlienPlant라고 이름을 변경한다.

7. AlienPlant 폴더 안에 Model이라는 새로운 폴더를 생성하고 들어간다.

8. AlienPlant.fbx 파일을 드래그해서 애셋 뷰 영역에 놓는다. 그림 7.2와 동일한 설정을 사용한다. AlienPlant 모델이 Model 폴더 내부에 불러졌다.

이제 모든 모델이 각 모델의 Model 폴더에서 확인할 수 있다. 텍스처가 적용되지 않은 모델을 애셋 뷰 영역에서 확인할 수 있다. 애셋에 텍스처가 적용되지 않았다면 표면에 체크 무늬가 표시된다.

7장의 모델 가져오기 단계를 완료했다. 다음 절에서 **퀵셀 믹서**에서 익스포트한 텍스처를 가져온다.

⁙ 텍스처 불러오기

언리얼 엔진 5로 텍스처를 임포트^{import}하는 방법은 쉽다. 먼저 로봇 드론 텍스처를 임포트해 보자.

1. RobotDrone 폴더 안에 **Content Browser** 패널에 마우스 우클릭으로 2개의 새 폴더를 생성한다. 새로 생성한 폴더들의 이름을 Textures와 Materials로 변경한다. Textures 폴더를 연다.

2. 로봇 드론의 모든 텍스처를 선택한다. 이 텍스처는 5장에서 만든 텍스처다. 사용할 텍스처는 RobotDrone_Albedo.png, RobotDrone_AO.png, RobotDrone_Metalness.png, RobotDrone_Roughness.png, RobotDrone_Normal.png다.

3. 로컬 위치에서 **Content Browser** 패널에 로봇 드론의 텍스처들을 드래그해서 놓는다. 해당 작업은 Textures 폴더에 텍스처를 추가한다. 그리고 텍스처 하단 좌측에 별표 문양이 있는 것을 확인할 수 있다. 그림 7.3처럼 이 문양은 텍스처가 아직 저장돼 있지 않다는 것을 말한다.

그림 7.3 로봇 드론 텍스처가 Content Browser에 추가됨

4. 외계 식물 텍스처에도 동일한 작업을 진행한다. AlienPlant 폴더 내부에 이전처럼 2개의 폴더를 생성하고 Textures와 Materials로 수정한다.

5. AlientPlant의 Textures 폴더를 선택하고 외계 식물 텍스처를 **Content Browser** 패널에 드래그해서 놓는다. 사용되는 텍스처는 AlienPlant_Albedo.png, AlienPlant_AO.png, AlienPlant_Roughness.png, AlienPlant_Normal.png다.

방금 **Content Browser** 패널에 새 폴더를 생성하는 방법과 텍스처를 가져오는 방법에 대해서 배웠다.

다음 절에서 각 텍스처의 설정을 언리얼 엔진 5의 텍스처 에디터를 사용해서 변경하는 방법에 대해서 배운다.

텍스처 에디터

텍스처 에디터 Texture Editor는 언리얼 엔진 5에서 텍스처의 설정을 변경할 때 사용한다. 그림 7.4처럼 텍스처 에디터의 스크린샷을 확인할 수 있다(텍스처가 지금 로드돼 있지 않다).

에디터의 모든 부분을 설명하는 것보다 이번 튜토리얼에서 필요한 부분에 집중한다. 자기 자신의 텍스처를 설정할 수 있도록 준비하기 위해서다. 이 에디터에는 더 많은 고급 옵션이 있지만 해당 기능들은 이 책의 범주를 벗어난다.

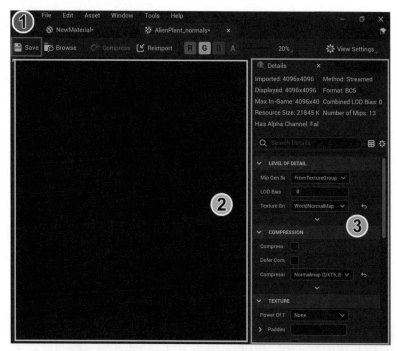

그림 7.4 텍스처 에디터의 사용자 인터페이스에서 집중할 부분들

그림 7.4에 표시된 것처럼 텍스처 에디터의 사용자 인터페이스에서 중점적으로 다룰 부분과 해당 영역들은 다음과 같다.

1. **툴 바**: 저장 아이콘을 찾을 수 있다.

2. **뷰포트**: 현재 수정하고 있는 텍스처를 확인할 수 있다.

3. **Details 패널**: 수정하고 있는 텍스처의 설정과 세부 사항들을 확인 및 변경할 수 있다.

RobotDrone_Albedo 텍스처를 먼저 수정하는 것으로 시작하자.

1. 애셋 뷰 영역에 있는 RobotDrone_Albedo 텍스처를 더블클릭한다. 텍스처 에디터 창이 실행된다. 선택된 텍스처는 텍스처 에디터에 자동으로 불린다.

2. **RobotDrone_Albedo** 텍스처가 텍스처 에디터에 있는 상태에서 다음과 같이 **Details** 패널의 설정을 변경한다.

   ◦ **LEVEL OF DETAIL** 드롭다운 메뉴에서 **Mip Gen Settings**를 **NoMipMaps**로 변경한다.

   ◦ **COMPRESSION** 드롭다운 메뉴에서 **Compression Settings**이 **Default**(DX1/5, BC1/3 on DX11)로 설정돼 있는지 확인한다.

   ◦ **Texture** 드롭다운 메뉴에서 **sRGB** 항목이 체크돼 있는지 확인한다. 그리고 텍스처를 저장하고 창을 닫는다.

방금 첫 번째 텍스처 준비를 끝마쳤다. 이번 과정에서 **Save** 버튼을 포함해서 그림 7.5에 확인할 부분들을 표시해 뒀다.

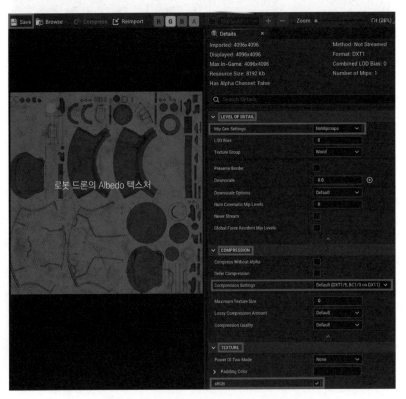

그림 7.5 텍스처 에디터에서 Albedo 텍스처 설정

3. RobotDrone_AO 텍스처를 더블클릭해서 텍스처 에디터로 불러온다. 이전과 동일한 설정을 Albedo 텍스처에도 적용하되 **sRGB** 항목은 체크하지 않는다(Albedo 텍스처만 sRGB 항목이 체크돼야 한다).

4. RobotDrone_Metalness 텍스처와 RobotDrone_Roughness 텍스처에 3번 과정을 동일하게 적용한다.

5. RobotDrone_Normal 텍스처를 더블클릭해서 텍스처 에디터로 불러온 뒤 다음 작업을 진행한다.

  ◦ **LEVEL OF DETAIL** 드롭다운 메뉴에서 **Mip Gen Settings**를 **NoMipMaps**로 설정한다.

  ◦ **COMPRESSION** 드롭다운 메뉴에서 **Compression Settings**를 **Normalmap** (DXT5, BC5 on DX11)로 설정한다.

  ◦ **Texture** 드롭다운 메뉴에서 **sRGB**가 비활성화가 됐는지 확인한다.

  ◦ **Texture** 드롭다운 메뉴에서 **Advanced** 앞에 있는 화살표를 눌러서 메뉴를 확장하고 해당 메뉴에서 **Flip Green Channel**을 체크해서 그림 7.6처럼 활성화한다.

그림 7.6 퀵셀 믹서에서 불러온 Normal Map에 대해 Flip Green Channel 체크박스를 체크한다.

6. 외계 식물에도 방금 진행했던 텍스처 준비과정을 반복한다. `AlienPlant_Albedo` 텍스처에는 2번 과정을 반복하고 `AlienPlant_AO` 텍스처와 `AlienPlant_Roughness` 텍스처에는 3번 과정을 반복한다. `AlienPlant_Normal` 텍스처에서는 5번 과정을 반복한다.

방금 로봇 드론과 외계 식물에 대한 모든 텍스처를 설정하는 방법을 배웠다. 다음 절에서 머티리얼을 설정하는 과정을 배운다.

머티리얼 생성

이전 과정에서 준비한 텍스처를 사용해서 로봇 드론 및 외계 식물에 대한 머티리얼을 만든다.

이제 **Content Browser**에 다음 과정을 통해서 첫 번째 머티리얼을 생성하자.

1. **Content Browser** 패널에서 RobotDrone의 Material 폴더를 연다.

2. **Content Browser** 패널의 애셋 뷰 영역에 마우스 우클릭을 하면 메뉴가 열린다.
   CREATE BASIC ASSET 섹션에서 그림 7.7처럼 **Material**을 선택한다.

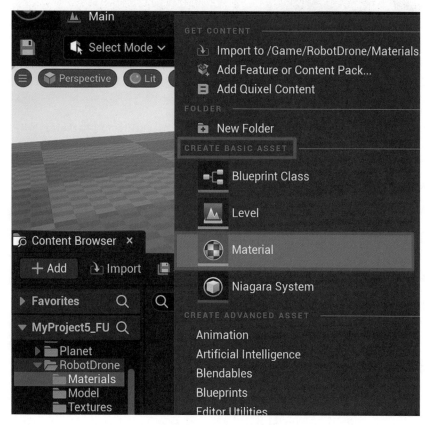

그림 7.7 새로운 머티리얼 생성

3. 이렇게 하면 아직 텍스처가 연결되지 않은 새로운 머티리얼이 애셋 브라우저^{Asset}
   ^{Browser}에 생성된다. 해당 머티리얼을 M_RobotDrone으로 이름을 변경한다. 새 머티리
   얼은 그림 7.8에서 확인할 수 있다.

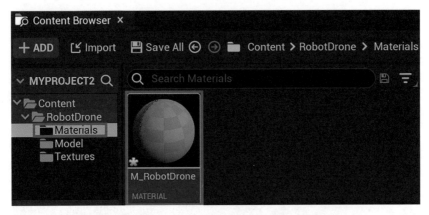

그림 7.8 Content Browser의 애셋 뷰 영역에 생성된 새로운 머티리얼

4. 외계 식물에도 해당 과정(1번과 2번)을 반복한다. AlientPlant의 Material 폴더 안에 새로운 머티리얼을 생성하고 M_AlienPlant로 이름을 변경한다.

5. 새로 생성된 M_RobotDrone 머티리얼을 더블클릭한다. 머티리얼 에디터에 방금 선택한 머티리얼이 불린다. 그림 7.9에서 머티리얼 에디터의 스크린 샷을 확인할 수 있다. 중점적으로 다룰 부분에 번호를 매기고 강조 표시했다.

방금 언리얼 엔진 5에서 새로운 머티리얼을 생성하는 방법을 배웠다. 다음 절에서 머티리얼 에디터^{Material Editor} 창에 대해서 알아보자.

머티리얼 에디터

머티리얼 에디터는 기본 머티리얼 노드에 연결하는 데 사용된다. 기본 머티리얼 노드는 머티리얼을 시각적으로 표현한 것이다. 이 노드에 연결하는 각 텍스처에 대한 머티리얼의 특정 속성을 나타낸다.

예를 들어, 만약 Roughness 맵을 이 노드에 연결하면 머티리얼의 거칠기 또는 매끄러운 영역을 표현하는 것이다. 동일한 머티리얼의 여러 측면을 표현할 수 있는 여러 텍스처를 가질 수 있다. 예를 들어, 큐브 모델의 머티리얼에 Roughness 맵으로 표현되는 부드러운 영역과 Metalness 맵으로 표현되는 금속 영역을 동시에 가질 수 있다.

이제 **Content Browser**의 애셋 뷰 영역에서 머티리얼을 더블클릭하면 나오는 머티리얼 에디터의 UI에 대해서 알아보자.

그림 7.9에서 머티리얼 에디터의 스크린샷을 확인할 수 있다. 설명을 위해서 각 UI 영역에 숫자와 강조 표시를 했다.

그림 7.9 머티리얼 에디터 영역

그림 7.9에서 표시된 UI 영역은 다음과 같다.

1. **툴 바**: **Save** 아이콘을 여기서 확인할 수 있다.

2. **뷰포트 패널**: 머티리얼을 확인할 수 있다.

3. **Details 패널**: 머티리얼의 변경 가능한 설정들을 표시한다.

4. **Graph 패널**: **Base Material** 노드에 텍스처를 연결한다.

로봇 드론의 머티리얼을 설정하는 것부터 시작하자.

1. **Restore Down** 아이콘(창 우측 상단에 두 네모가 겹쳐 있는 아이콘)을 클릭해서 머티리얼 에디터의 창 크기를 줄인다. **Content Browser**에서 로봇 드론의 머티리얼 5개를 머티리얼 에디터의 **Graph** 패널로 가져온다.

2. 텍스처를 그림 7.10과 동일한 위치로 이동시킨다.

3. **Base Material** 노드는 이미 **Graph** 패널을 실행하면 포함돼 있기 때문에 5개 텍스처만 이동하면 된다. Details 패널에서 클릭한 텍스처의 이름이 표시된다.

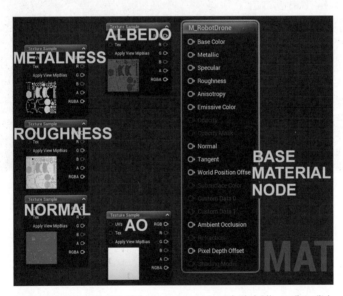

그림 7.10 로봇 드론 텍스처와 Base Material 노드가 같이 있는 그래프 패널

4. **Albedo** 텍스처부터 시작한다. **RGB** 아웃풋을 그림 7.11, 파트 A처럼 클릭한다. 이후 **Base Material** 노드의 **Base Color**로 드래그해서 연결한다. 그림 7.11, 파트 B처럼 **Base Color**는 **Albedo**와 동일해졌다.

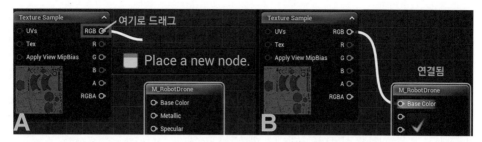

그림 7.11 머티리얼 노드에 텍스처 연결 (A) RGB 연결 아웃풋을 드래그해서 가져오기 (B) Base Color 인풋으로 연결

5. **Metalness** 아웃풋을 **Matallic**과 연결, **Roughness** 아웃풋을 **Roughness**에 연결, **Normal** 아웃풋을 **Normal** 인풋과 연결, **AO** 아웃풋을 **Ambient Occlusion** 인풋과 연결한다.

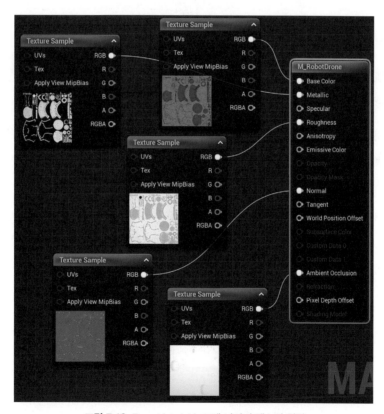

그림 7.12 Base Material 노드에 나머지 텍스처 연결

6. 마지막으로 **Save** 아이콘을 클릭한다. 이것은 머티리얼에 대한 변경 내용이 저장된다. 이제 머티리얼 에디터 창을 닫는다.

7. 이전 단계(1번부터 5번)를 `M_AlienPlant` 머티리얼에 사용하되 머티리얼 4개만 사용하고 저장한다.

방금 로봇 드론과 외계 식물의 머티리얼 제작을 완료했다.

이번 절에서는 언리얼 엔진 5에서 새로운 머티리얼을 만드는 방법에 대해서 배웠다. 그리고 퀵셀 믹서에서 가져온 텍스처를 연결해서 언리얼 엔진 5에서 사용할 수 있는 머티리얼로 만드는 방법도 배웠다.

다음 절에서 이 머티리얼들을 모델에 적용하는 방법에 대해서 배운다.

스태틱 메시 에디터

스태틱 메시 에디터^{Static Mesh Editor}는 언리얼 엔진 5에서의 스태틱 메시의 설정을 변경할 때 사용된다. 또한 스태틱 메시에 특정 머티리얼을 적용할 때에도 사용할 수 있다.

이전에 로봇 드론과 외계 식물의 텍스처 가져오기 작업을 완료하고 개별 텍스처 설정을 편집했다. 그리고 이 모델에 대한 새 머티리얼을 생성했다. 마지막으로 모델에 만들었던 머티리얼을 적용할 준비가 됐다.

스태틱 메시 에디터를 사용해서 머티리얼을 적용한다. 그전에 이 튜토리얼에서 사용할 기본 UI 영역을 검토하자. 그림 7.13에서 **스태틱 메시 에디터**의 스크린샷을 확인할 수 있다. 설명을 위해서 UI 영역별로 숫자를 강조 표시했다.

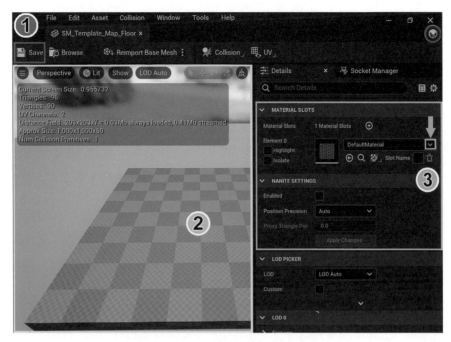

그림 7.13 스태틱 메시 에디터의 UI와 집중할 부분들

그림 7.13에서 표시된 UI 영역들은 다음과 같다.

1. **툴 바**: Save 아이콘을 찾을 수 있다.

2. **뷰포트 패널**: 현재 편집하고 있는 모델을 확인할 수 있다.

3. **Details 패널**: 설정, 뷰 세부 사항 등을 편집할 수 있고 모델에 머티리얼을 적용할 수도 있다. **Material Slot** 드롭다운 선택 메뉴는 초록색 화살표로 표시돼 있다.

먼저 로봇 드론의 머티리얼을 적용하고 외계 식물에도 적용하자.

1. RobotDrone 폴더를 연다.

2. 애셋 뷰 영역 내부에서 **RobotDrone** 모델(스태틱 메시)을 더블클릭한다. 이것은 그림 7.13처럼 스태틱 메시 에디터 창을 실행한다. **로봇 드론** 스태틱 메시는 뷰포트 패널에 올라와 있는 것을 확인할 수 있다.

이 시점에서는 모델에 체커(checker) 무늬가 있다.

3. **Details** 패널에서 그림 7.13에 초록색 화살표로 표시돼 있는 **Material Slot** 드롭다운 메뉴를 클릭한다.

4. 드롭다운 메뉴에서 이전에 생성한 머티리얼 2개를 확인할 수 있다. `M_RobotDrone` 머티리얼을 선택한다. 해당 작업은 로봇 드론의 표면을 체커 무늬에서 생성한 머티리얼로 교체한다.

5. **Save** 아이콘을 눌러서 스태틱 메시에 가한 변경 사항들을 저장한다.

6. 이전 과정(1번에서 5번)을 외계 식물(스태틱 메시)에도 `M_AlienPlant` 머티리얼을 사용해서 동일하게 적용한다.

이번 절에서 스태틱 메시 에디터를 사용해서 스태틱 메시에 머티리얼을 적용하는 방법에 대해서 배웠다. 나중에 스켈레탈 메시 에디터를 사용해서 로봇 드론 및 외계 식물의 스켈레탈 메시 버전에 대해서 기본적으로 동일한 작업 과정을 사용한다. 이후에는 **스켈레탈 메시**에 머티리얼을 적용하는 방법에 대해서 순차적으로 배운다.

이제 로봇 드론과 외계 식물에 머티리얼을 적용했으니 뷰포트에서 어떻게 보이는지 확인할 시간이다.

다음 절에서는 기본 라이팅의 그림자가 매우 어둡기 때문에 머티리얼을 더 잘 볼 수 있도록 레벨의 라이팅을 조정하는 방법을 알아보자.

라이팅과 함께 모델 미리보기

이번 절의 목표는 3D 애셋을 미리 보는 데 사용할 몇 가지 기본적인 라이팅 방법을 배우는 것이다. 10장에서 **라이팅**에 대해서 심층적으로 배운다.

시작하기에 앞서 RobotDrone과 AlienPlant 스태틱 메시 모델을 레벨(월드)에 추가해서 방금 만든 머티리얼이 어떻게 생겼는지 확인한다. 그리고 좀 더 만족스러운 결과를 위해서 라이팅을 조정한다.

> **NOTE**
>
> 이 단계를 사용해서 모델의 머티리얼을 미리 확인하는 것이기 때문에 작업 과정에서 이 부분은 최종 3D 영화 세트에서 사용되지 않는다.

1. **로봇 드론** 모델(스태틱 메시)을 **Content Browser**의 애셋 뷰 영역에서 마우스 좌클릭 후 드래그해서 뷰포트로 가져온다. 월드에서의 위치가 만족스러우면 마우스 버튼에서 손을 뗀다.

2. 로봇 드론이 선택돼 있는 상태에서 **Details** 패널을 확인한다. **Transform** 영역에서 **Z축**(파란색)을 그림 7.14처럼 40으로 변경한다. 해당 작업은 로봇 드론 모델이 땅에 붙어 있지 않고 공중에 뜨게 해준다(공상 과학 로봇 드론들은 주로 땅 위에 떠 있다).

그림 7.14 로봇 드론의 Z축 변경

3. 이제 외계 식물을 월드에 배치한다. **AlienPlant** 모델(스태틱 메시)을 **Content Browser**의 애셋 뷰 영역에서 마우스 좌클릭 후 뷰포트로 드래그해서 배치한다. 월드에서의 위치가 마음에 들면 마우스에서 손을 뗀다. 외계 식물은 지면에 붙어 있기 때문에 추가적인 변경이 필요하지 않다.

4. 뷰포트의 빈 공간을 마우스 좌클릭하고 키보드에서 **G**를 누른다. 이 단축키를 사용하면 모델을 더 잘 볼 수 있도록 뷰포트의 아이콘과 그리드의 표시가 전환된다.

5. 이제 모든 모델이 뷰포트에 배치됐으며 라이팅을 조정한다. **World Outliner**에서 **Sky Light**를 클릭한다. **Details** 패널 내부에서 Lighting 아래에 있는 **Intensity Scale**을 그림 7.15처럼 6으로 변경한다.

그림 7.15 Sky Light의 강도 스케일 조절

6. **World Outliner**에서 **Light Source**를 클릭한다. **Details** 패널에서 Light 아래에 있는 **Intensity**를 그림 7.16처럼 10.0 lux로 변경한다.

그림 7.16 Light Source 강도 변경

7. 뷰포트에서 실시간으로 햇빛의 각도를 조정한다. 빈 공간에서 뷰포트 내부를 마우스 좌클릭 후 마우스를 움직이면서 **Ctrl + L** 단축키를 사용해서 햇빛의 각도를 실시간으로 조절한다.

8. 햇빛의 각도가 만족스럽다면 단축키에서 손을 뗀다. 그림 7.17에서 외계 식물과 로봇 드론을 비추는 데 사용되는 햇빛을 보기 좋게 조정했다.

그림 7.17 모델을 다양한 라이팅 각도로 테스트

다양한 유형과 각도의 라이팅을 사용해서 모델을 테스트하면 나중에 9장에서 구축할 3D 영화 세트에 모델이 배치되면 어떤 모습이 될지 더 잘 알 수 있다.

이번 절에서 모델을 월드에 배치하는 방법에 대해서 배웠다.

또한 언리얼 엔진 5에서 라이팅의 특성을 조정하는 방법과 실시간으로 햇빛의 각도를 조정하는 방법도 배웠다.

⠂⠂⠂ 요약

애셋을 가져오고 머티리얼을 만들고 텍스처를 머티리얼에 연결하고 3D 애셋에 적용하는 튜토리얼을 완료했다.

마지막으로 모델을 월드에 배치하는 방법과 미리보기 목적으로 라이팅을 조정하는 방법을 배웠다.

8장에서 언리얼 엔진 5에서 사실적인 인간 캐릭터를 만들 때 사용할 수 있는 메타휴먼 크리에이터MetaHuman Creator에 대해서 알아보자. 공상 과학 스타일의 여성 캐릭터를 단계별 과정을 통해서 만든다.

8장에서 다시 만나기 바란다!

08

메타휴먼을 사용해서
언리얼 엔진 5용 사실적인 인간 만들기

7장에서 언리얼 엔진 5에 애셋을 넣는 방법에 대해서 배웠다.

그리고 애셋에 머티리얼을 제작하고 적용하는 방법을 배웠다.

8장에서는 **메타휴먼 크리에이터**MetaHuman Creator라는 Epic의 무료 클라우드 기반 앱을 사용해서 언리얼 엔진 5에 사용할 사실적인 인간 캐릭터를 만드는 방법에 대해 알아보자.

메타휴먼은 본질적으로 디지털 인간(인간의 사실적인 3D 모델)이다. 메타휴먼 크리에이터는 만들고 있는 디지털 인간의 얼굴 특징을 커스터마이즈할 수 있게 해준다. 또한 체형, 얼굴 텍스처, 머리 스타일 중에서 선택하고 세 가지 의상 및 액세서리 세트 중에서 선택할 수 있다.

해당 글을 쓰는 당시 메타휴먼 크리에이터 앱은 아직 개발 중이다.

메타휴먼 크리에이터가 정식으로 출시되면 선택할 수 있는 의상, 액세서리, 헤어스타일이 더 많아질 것으로 기대한다. 이를 통해서 캐릭터를 더욱 다양하게 만들 수 있다.

8장에서 메타휴먼 앱의 사용자 인터페이스와 기본 탐색 및 기능에 대해 살펴보고 3D 영화에서 주인공 역할을 하는 여성 공상 과학 스타일 캐릭터를 만드는 방법을 알려 준다.

새로 만든 공상 과학 캐릭터를 언리얼 엔진 5로 가져오고 머티리얼을 할당하고 몸에 공상 과학 갑옷을 적용하는 방법을 알려 주겠다.

8장에서는 다음 주제를 다룬다.

- 메타휴먼 크리에이터란?
- 사실적인 여성 공상 과학 캐릭터 제작
- 메타휴먼을 언리얼 엔진 5에 추가
- 캐릭터 의상 커스터마이징

8장이 끝나면 언리얼 엔진에서 사용할 사실적인 인간 캐릭터를 제작할 수 있다. 그리고 3D 영화의 분위기에 어울리는 캐릭터의 의상을 커스터마이징하는 방법도 배운다.

다음 절에서 메타휴먼 크리에이터 앱이 무엇인지 좀 더 배워 보자.

∷ 기술 요구 사항

8장을 수료하려면 다음과 같은 기술과 소프트웨어가 필요하다.

- 3D 애니메이션 소프트웨어를 구동할 수 있는 컴퓨터가 필요하다.
- UE 5.0.1은 다음 사이트(https://www.unrealengine.com/en-US/download)에서 받을 수 있다.
- 메타휴먼 크리에이터 앱은 크롬Chrome, 에지Edge, 파이어폭스Firefox 또는 사파리Safari 기반 웹 브라우저와의 인터넷 연결이 필요하다. 또한 메타휴먼 크리에이터 클라우드 기반 앱에 접근하려면 DirectX12 또는 맥OSmacOS 운영체제를 지원하는 윈도우

Windows 10 이상의 컴퓨터와 레이 트레이싱이 가능한 엔비디아^{NVIDIA} 그래픽 카드가 필요하다.

- 언리얼 엔진의 3D 사용자 인터페이스를 탐색하는 방법에 대한 기본적인 지식이 필요하다. 앞의 단계를 건너뛰었다면 걱정할 필요 없다. 이 내용은 6장에서 다뤘다.

8장과 관련된 파일들은 다음 사이트(https://github.com/PacktPublishing/Unreal-Engine-5-Character-Creation-Animation-and-Cinematics/tree/main/Chapter08)에 위치한다.

⠿ 메타휴먼 크리에이터란?

메타휴먼 크리에이터는 사실적인 인간 캐릭터를 제작할 때 사용되는 무료 클라우드 기반 앱이다.

이 책을 쓰고 있는 시점에서는 이 앱으로 젊은 사람을 제작할 수는 없지만 정식 버전에서는 젊은 사람을 만들 수 있을 것이다.

이 앱은 언리얼 엔진을 만든 Epic이 개발했다. 앱이 만드는 모든 메타휴먼 캐릭터는 언리얼 엔진 5와 완벽하게 호환된다. 메타휴먼 앱은 인터넷 브라우저 창에서 실행된다.

앱은 메타휴먼의 얼굴을 커스터마이즈할 수 있는 미세한 제어 기능을 제공한다. 책을 쓰고 있는 시점에서 이 앱은 선택할 수 있는 체형, 헤어스타일, 옷의 옵션이 적다. 의류 및 액세서리는 현재 상의, 하의(바지/정장), 신발의 세 가지 중에서 선택할 수 있다.

이러한 제한에도 이 앱은 사실적인 인간 성인을 만드는 데 사용할 수 있는 최고의 도구다.

이를 통해서 메타휴먼 크리에이터가 무엇인지 배웠다. 다음 절에서 메타휴먼 크리에이터 앱에 접근하는 방법에 대해서 배운다.

메타휴먼에 관한 더 많은 정보는 다음 사이트(https://docs.metahuman.unrealengine.com/ko)의 언리얼 엔진 5 공식 문서를 확인한다.

메타휴먼 크리에이터에 접근

메타휴먼 크리에이터는 작성 시점에 얼리 액세스early access이기 때문에 Epic에 접근 권한을 요청해야 한다. 권한을 얻는 방법은 다음과 같다.

1. 다음 사이트(https://www.unrealengine.com/en-US/metahuman-creator)로 들어간다. 그리고 열린 페이지에서 조금 내려가면 **Request Early Access**라는 버튼/링크가 있는 것을 확인할 수 있다.

2. 해당 링크가 보이면 **Epic Games** 계정으로 로그인할 수 있는 페이지로 연결된다.

3. 메타휴먼 크리에이터 앱에 접근 권한이 생기면 메일로 알림이 온다.

4. 접근 권한이 생성된 후부터는 다음 사이트(https://metahuman.unrealengine.com)에서 메타휴먼 크리에이터 앱을 사용하면 된다.

이번 절에서 메타휴먼 크리에이터 클라우드 기반 앱에 접근 권한을 얻는 방법에 대해서 배웠다.

다음 절에서 메타휴먼 크리에이터 앱을 실행하고 **Preset Selection** 화면을 살펴본다.

메타휴먼 크리에이터 실행

메타휴먼 크리에이터 클라우드 기반 앱이 실행되기까지 몇 분 정도의 시간이 걸린다.

이 글을 쓰는 시점에서는 메타휴먼은 최대 1시간의 세션 시간 동안 앱을 사용할 수 있다. 세션 시간이 만료되면 원하는 만큼 새로운 세션을 요청할 수 있다. 제한 시간(세션당 1시간)은 모든 새 세션에 적용된다.

메타휴먼 앱이 실행되면 브라우저 창에 메타휴먼 **Preset Screen**이 열린다. 그림 8.1과 같은 내용이 표시된다.

그림 8.1 메타휴먼 Preset Screen

그림 8.1을 참고해서 **메타휴먼** 타일 아래에 다음과 같은 2개의 제목이 있는 것을 확인할 수 있다.

- **CREATE METAHUMAN**: 이 옵션은 사용자 자신의 메타휴먼을 만들기 위한 시작점으로 사용하기 위해 선택할 수 있는 메타휴먼 프리셋을 제공한다. 화면 왼쪽에는 많은 메타휴먼 초상화가 포함된 **Character Preset** 창이 표시되고 오른쪽에는 스크롤 막대가 표시된다.

- **MY METAHUMANS**: 사용자가 이전에 만든 메타휴먼을 표시한다.

이제 튜토리얼을 시작하자.

1. 그림 8.1처럼 **CREATE METAHUMANS** 옵션을 선택한다.

2. 스크롤바를 사용해서 메타휴먼 초상화들을 아래로 스크롤할 수 있다. 그런 다음 그림 8.1에서 강조한 초상화에 표시된 **피아**^{Pia}라는 여성의 초상화를 클릭한다. 그녀는 3D 영화에서 여성 공상 과학 캐릭터의 출발점이다.

3. **Next** 버튼을 누른다. 이 버튼을 누르면 2번에서 선택한 **Character Preset**을 커스터마이즈할 수 있는 메타휴먼 크리에이터를 **Edit Mode**로 실행한다.

> **NOTE**
>
> 일부 메타휴먼을 사용해서 실험하려는 경우 그림 8.1과 같이 **Character Preset** 창에서 캐릭터 초상화를 클릭해서 다른 메타휴먼 프리셋(preset) 캐릭터를 선택할 수 있다. **Edit Mode**로 전환되면 캐릭터 모델을 자유롭게 조정하고 탐색해 이 앱이 어떻게 작동하는지 더 잘 이해할 수 있다. 그런 다음 **피아** 여성 캐릭터(이 튜토리얼의 시작점으로 이용)를 선택하고 해당 지점으로 돌아간다.

지금까지 메타휴먼 크리에이터 앱을 실행하고 자신만의 메타휴먼을 위한 시작점이 될 캐릭터 프리셋을 선택하는 방법을 배웠다.

다음 절에서 메타휴먼 크리에이터의 사용자 인터페이스 및 기본적인 조작 방법에 대해서 배운다.

⫶⫶ 메타휴먼 사용자 인터페이스

이제 **Edit Mode**에서 미리 설정된 캐릭터와 함께 메타휴먼 크리에이터 앱이 실행되면 그림 8.2와 유사한 화면이 나타난다.

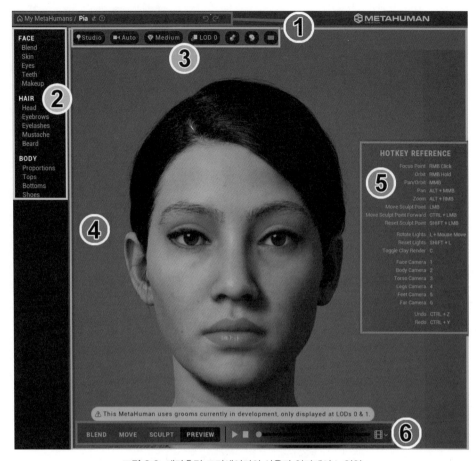

그림 8.2 메타휴먼 크리에이터의 사용자 인터페이스 영역

여기서 설명을 위해서 각 사용자 인터페이스 영역들에 강조 표시 및 번호를 매겼다. 순서대로 각 영역에 대해서 알아보자.

1. **타이틀 바**^{Title bar}: 이 사용자 인터페이스 영역은 **My Metahuman** 갤러리로 돌아갈 수 있는 링크가 있다. 링크의 오른쪽에는 캐릭터의 이름을 변경할 수 있는 옵션이 있다. 또한 **Help, Undo, Redo** 아이콘도 존재한다.

2. **Attributes and Properties 선택**: 여기서 커스터마이징이 가능한 메타휴먼 속성을 확인할 수 있다. 속성들은 **얼굴, 머리, 몸**의 세 가지 그룹으로 나뉜다. 이 속성들을 변경해서 커스터마이징할 수 있다.

3. **Viewport Environment and Quality 툴 바**: 이 메뉴에는 다양한 기능이 존재한다. 왼쪽부터 시작해서 여기에 존재하는 옵션들은 다음과 같다.

   - **Studio**(전구 아이콘): 이 기능은 다양한 이미지 기반 환경 라이팅 옵션을 선택할 수 있다.

   - **Auto**(카메라 아이콘): 이 기능은 캐릭터의 특정 부분을 집중할 수 있도록 해준다.

   - **Medium**(다이아몬드 아이콘): 이 기능은 렌더링 퀄리티 설정을 선택할 수 있는 기능을 제공한다.

   - **LOD 0**: 이 부분은 **세밀도**LOD, Level of Detail를 설정할 수 있다. 따로 변경할 부분은 없지만 **LOD 0**으로 설정돼 있는지 확인한다.

   - **Toggle Clay Material 아이콘**: 이 기능은 메타휴먼을 회색으로 전환한다.

   - **Head 아이콘**: 이 기능은 머리카락을 숨기거나 보인다.

   - **Keyboard 아이콘**: 단축키(키보드 단축키 리스트) 표시 여부를 전환한다(5번 영역 참고).

4. **Render preview of your MetaHuman**: 해당 뷰포트에서 메타휴먼을 변경하고 실시간으로 미리 볼 수 있다.

5. **Hotkey Reference 패널**: 여기서 키보드 및 마우스 단축키 리스트를 표시한다. 키보드 아이콘(3번 영역에 있는 메뉴 바에 위치함)은 해당 리스트를 키거나 끌 수 있다.

6. **Viewport Sculpting and Animation 툴 바**: 이 메뉴 바에는 세 가지 다른 뷰포트 스컬핑 툴에 대한 토글 버튼이 있다. 이 툴들을 사용해서 얼굴 형상을 편집할 수 있다. 이 툴들은 **Blend, Move, Sculpt**다. 이것들에 대해서는 다음 절에서 자세히 배운다.

Preview 버튼을 사용하면 뷰포트 스컬핑 편집 사항들을 애니메이션과 함께 실시간으로 미리 볼 수 있다. 애니메이션을 통해서 **Play, Stop, Scrub**을 할 수 있는 버튼이 있다. 메뉴 바의 끝에는 **Film Frame** 아이콘이 있다. 해당 아이콘은 얼굴과 몸에 서로 다른 애니메이션을 선택할 수 있도록 해준다.

방금 메타휴먼 크리에이터의 사용자 인터페이스 및 키보드 단축키에 대해서 배웠다.

다음 절에서 메타휴먼 프리셋 캐릭터를 커스터마이징해서 만든 새로운 캐릭터가 고유한 캐릭터가 될 수 있도록 단계별 튜토리얼을 진행한다.

사실적인 공상 과학 여성 제작

메타휴먼 크리에이터 앱이 실행됐고 **피아**가 프리셋 캐릭터로 로드됐으므로 이 튜토리얼의 편집(커스터마이징) 부분을 시작할 수 있다.

1. 기본으로 캐릭터가 움직이고 있는 것을 확인할 수 있다. **Viewport Sculpting and Animation** 툴 바에서(그림 8.2의 6번 영역), **Stop** 아이콘(네모)를 눌러서 애니메이션을 멈춘다.

2. 가장 먼저 할 일은 3D 영화를 위해 만들 여성 공상 과학 캐릭터의 비율을 정하는 것이다. 그림 8.2의 2번 영역에서 메타휴먼에 대해 편집할 수 있는 모든 특성 및 속성 목록을 볼 수 있다. 이 목록의 **Body** 영역에서 **Proportions**을 눌러서 **Proportion** 메뉴를 실행한다.

3. 기본 **피아** 프리셋 캐릭터는 작은 키와 체중이 **Normal**로 설정돼 있다. 해당 캐릭터를 그림 8.3과 같이 체중은 **Normal**로 유지하면서 평균 키가 되도록 비율을 변경한다.

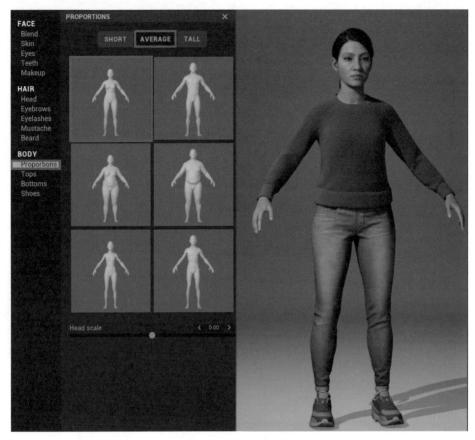

그림 8.3 캐릭터의 몸 비율 변경

4. 그림 8.2의 2번 영역에서 **Body** 영역 내부에 **Shoes** 항목을 클릭해서 네 가지 종류의 신발을 선택할 수 있는 메뉴를 연다.

5. 신발의 색상을 변경한다. **Shoes** 영역 내부에서 **Primary Color** 제목을 찾는다. 색상 바를 클릭해서 중간 연한 회색으로 변경한다.

   이것들은 집필 당시 메타휴먼 크리에이터에서 사용할 수 있는 공상 과학 스타일의 옷과 외관상 가장 가깝기 때문에 상하의는 그대로 유지한다. 하지만 좀 더 공상 과학적으로 보이도록 옷의 색깔을 바꿀 수 있다. 색상을 바꾸려면 **Tops**(2번 영역, Body 섹션)를 클릭하고 기본 빨간색에서 중간 어두운 회색으로 변경한다.

6. **Bottoms**(2번 영역, **Body** 섹션)를 클릭해서 바지/정장의 기본 색상을 어두운 회색으로 변경한다.

7. 다음으로 헤어스타일이다. 2번 영역의 **Hair** 섹션에서 **Head**를 클릭해서 **Hairstyles** 프리셋 메뉴를 연다. 메뉴를 아래로 조금 스크롤한다. 여기서 **Side Swept Fringe**라는 여성 헤어스타일을 찾을 수 있다. 해당 헤어스타일을 클릭해서 캐릭터에 적용한다.

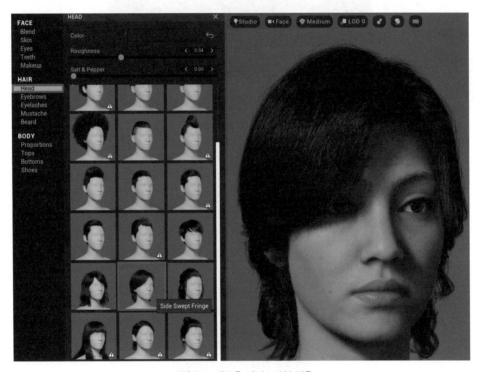

그림 8.4 새로운 헤어스타일 적용

8. 이제 캐릭터가 새로운 헤어스타일을 갖게 됐으며 머리 색깔을 커스터마이즈한다. 그림 8.4의 상단 근처에 표시된 **Color** 옆의 색상 탭을 클릭한다. 헤어 컬러 메뉴가 열린다. 이 메뉴에서 **Enable Hair Dye** 체크박스를 체크하고 사용자 지정 색상을 선택한다(그림 8.5에 표시된 값을 사용해서 머리색을 진한 빨간색으로 변경).

그림 8.5 머리 색상 커스터마이징

9. 다음으로 눈 색깔과 홍채 패턴을 변경한다. **Eyes** 메뉴(2번 영역, Face 섹션)에서 **Preset 010**을 선택하고 메뉴 상단에 있는 **Iris** 탭을 클릭한다. 그림 8.6에 표시된 것처럼 선택 영역의 가운데에 있는 홍채를 선택한다.

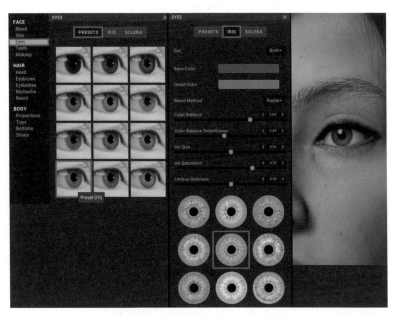

그림 8.6 메타휴먼의 눈 커스터마이징

10. 메타휴먼의 립스틱의 가장자리가 너무 뚜렷한 것을 확인할 수 있다. 입술에 립스틱이 묻지 않도록 변경해서 더 자연스럽게 보이도록 한다. **Makeup**(2번 영역, Face 섹션)을 클릭하고 해당 메뉴에서 그림 8.7에 강조된 것처럼 화장을 하지 않은 입술 아이콘을 클릭한다. 이제 메타휴먼의 얼굴이 그림 8.7과 같이 보일 것이다.

그림 8.7 메타휴먼의 화장을 제거

11. **Teeth** 메뉴(2번 영역, Face 섹션)에서 **Variation**을 0.26으로 변경한다. 이렇게 하면 치아에 약간의 무작위 변경을 추가해서 치아가 더욱 사실적으로 보이도록 할 수 있다.

12. **Skin** 메뉴(2번 영역, Face 섹션)에서 **Freckles** 탭을 선택하고 네 가지 중에서 두 번째 주근깨 얼굴 이미지를 선택한다. **Density**를 0.18, **Strength**를 0.20, **Saturation**을 0.34, **Tone shift**를 0.5로 설정한다.

13. 메타휴먼의 얼굴에서 마지막으로 변경할 것은 눈썹이다. **Eyebrows**(2번 영역, Hair 섹션)를 클릭해서 메뉴에서 **Medium Thick Eyebrows**(열한 가지 항목 중 다섯 번째 눈썹 이미지)를 선택한다.

14. 캐릭터 이름을 **Title Bar**(그림 8.2, 1번 영역)에서 SciFiGirl로 변경한다.

메타휴먼 캐릭터에 몇 가지 기본적인 변경 사항을 적용했다.

남은 것은 메타휴먼의 얼굴 특징(얼굴 형태)을 커스터마이징하는 가장 중요한 단계다.

다음 절에서 캐릭터의 얼굴 모양을 커스터마이징할 때 사용할 수 있는 툴을 알아 보자.

캐릭터 얼굴 모양 커스터마이징

이제 캐릭터의 얼굴 모양을 커스터마이즈할 준비가 됐다. 이 작업에서 사용할 수 있는 세 가지 툴이 있다. 세 가지 툴은 **Viewport Sculpting tools**라고 하며 다음과 같다.

- **Blend 툴**: 다양한 캐릭터의 얼굴 형태를 혼합하는 툴이다.

- **Move 툴**: 얼굴의 특정 부분들을 이동할 수 있는 툴이다.

- **Sculpt 툴**: 얼굴의 컨트롤 지점들을 밀고 당기는 툴이다.

이 세 가지 툴을 사용하는 목적은 캐릭터의 얼굴 모양을 커스터마이징하는 것이다. 이 것은 다른 누구도 같은 방식으로 캐릭터의 얼굴을 수정하지 않기 때문에 캐릭터를 독특하게 보이게 하는 데 도움이 된다.

이 세 가지 툴 중 하나를 사용해서 얼굴 모양을 변경하거나 세 가지 툴을 전부 사용할 수도 있다. 선택은 자유다.

세 가지 Viewport Sculpting tools를 사용하는 방법을 배우면 캐릭터의 얼굴을 원하는 대로 수정할 수 있다.

이제 Blend 툴부터 시작해서 세 가지 Viewport Sculpting tools를 자세히 알아보자.

Blend 툴

Blend 툴을 사용하면 얼굴 형상을 편집할 수 있으며 사전 정의된 영역에서 세 가지 프리셋 캐릭터의 얼굴 특징을 혼합(모핑morphing이라고도 함)해 작동한다.

먼저 메타휴먼 크리에이터 앱에 혼합할 캐릭터를 알려 줘야 한다. 혼합 서클의 슬롯에 프리셋 캐릭터의 초상화 아이콘을 배치해서 알려 줄 수 있다. 3개의 프리셋 캐릭터를 슬롯에 모두 배치하면 혼합을 시작할 수 있다.

Blend 툴을 사용해서 메타휴먼 얼굴을 커스터마이징해 보자.

1. **Blend**(2번 영역, **Face** 섹션)를 클릭한다. **Blend**는 그림 8.8에서도 표시돼 있다.

2. 혼합 서클 안에 있는 **피아**(원래 캐릭터)의 초상화와 함께 메뉴가 열린다. 이 원은 3개의 슬롯으로 둘러싸여 있다(이러한 슬롯은 그림 8.8과 같이 프리셋 선택 패널에서 선택해야 하는 캐릭터의 자리 표시자다).

3. 그림 8.8과 같이 **Zhen** 프리셋 캐릭터를 혼합 서클의 왼쪽 하단 슬롯으로 끌어서 놓는다. 여기에서 **Zhen** 프리셋 캐릭터를 빨간색 원으로 표시했다. **Zhen**을 드래그해야 하는 슬롯을 나타내는 흰색 화살표도 확인할 수 있다. 이를 통해서 첫 번째 프리셋 캐릭터를 슬롯에 배치했다.

그림 8.8 혼합 서클의 슬롯에 프리셋 캐릭터 드래그 앤 드롭

4. 그림 8.9처럼 **Valerie**를 오른쪽 하단 슬롯에 드래그해서 놓는다.

5. 그림 8.9처럼 **Irene**을 상단 슬롯에 놓는다.

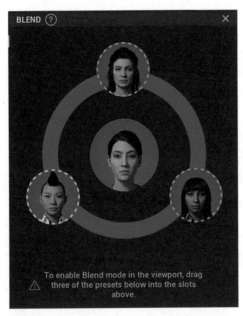

그림 8.9 혼합 서클의 모든 슬롯에 프리셋 캐릭터가 전부 배치됐다. Blend 툴을 사용해서 특징을 혼합할 수 있다.

이번 공상 튜토리얼에서 다음 세 가지 프리셋 캐릭터를 사용했지만 이후 프로젝트에서 사용할 메타휴먼을 제작할 때는 원하는 프리셋 캐릭터를 사용해도 된다.

6. **Viewport Sculpting and Animation** 툴 바(그림 8.2, 6번 영역)에 있는 **Blend** 버튼을 클릭한다. 해당 버튼을 클릭하면 캐릭터의 얼굴 여러 부분에 작은 흰색 원들이 나타난다. 이 흰색 원들이 **Blend** 툴을 사용할 수 있는 영역을 나타낸다.

7. 3/4 각도에서 얼굴을 볼 수 있도록 카메라를 회전한다. 이 카메라 각도는 얼굴에 변화를 줄 때 3차원으로 볼 수 있기 때문에 좋다. 정면에서 보는 것은 2차원적인 변화만 알 수 있다.

8. 입술 중앙의 흰색 원을 마우스 왼쪽 버튼으로 클릭한 상태에서 흰색 원을 위쪽과 오른쪽 회색 원 사이의 위치로 드래그한다. 이 회색 원은 다음 스크린샷에 표시돼 있으며 슬롯을 나타낸다(이 슬롯들은 그림 8.8에 표시돼 있다). 이렇게 하면 **Valerie**와 **Irene**의 입술 사이의 중간 지점인 기하학적 모양의 입술이 혼합된다.

그림 8.10 다른 캐릭터의 입술 형태 혼합

훌륭하다! 방금 다른 캐릭터의 얼굴 특징 중 두 가지를 처음으로 혼합했다.

이제 광대본에도 비슷하게 수정한다. 왼쪽 하단 슬롯에 배치한 **Zhen** 캐릭터는 매우 뚜렷한 광대본을 갖고 있다. **Blend** 툴을 사용해서 이 광대뼈 모양을 여성 공상 과학 캐릭터에 추가한다.

9. 광대뼈 중 하나의 중앙에 있는 흰색 원을 마우스 왼쪽 버튼으로 클릭한 상태에서 흰 색 원을 Zhen의 캐릭터 슬롯이 있는 위치(왼쪽 하단 슬롯)로 드래그한다.

이렇게 하면 그림 8.11과 같이 캐릭터의 광대본을 Zhen의 광대뼈 모양에 혼합한다 는 것을 메타휴먼 앱에 알릴 수 있다.

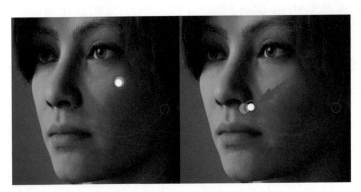

그림 8.11 다른 캐릭터의 광대본의 형태와 혼합

이번 절에서 **Blend** 툴을 사용해서 캐릭터에 적용하려는 다양한 캐릭터의 얼굴 특징을 혼합하는 방법을 배웠다.

여기에서 사용한 예시는 상당히 미묘하지만 사진의 캐릭터보다 얼굴 특징의 차이가 더 큰 캐릭터를 선택해서 얼굴 특징을 더 과감하게 변경할 수 있다.

다음 절에서 **Move** 툴을 사용해서 공상 과학 여성 캐릭터의 얼굴 특징을 변경하는 법을 배운다.

Move 툴

Move 툴은 캐릭터의 얼굴 특징을 변경하는 데 매우 직접적인 접근 방식을 사용한다.

다음을 살펴보자.

1. **Viewport Sculpting and Animation** 툴 바(그림 8.2의 6번 영역)에서 **Move** 버튼을 클릭한다. 캐릭터의 얼굴 여러 부분에 흰색 안내선이 나타난다. 이 흰색 가이드라인 을 사용해서 캐릭터 얼굴의 코 모양을 수정하는 방법을 알아보자.

2. 캐릭터를 프로필(측면) 보기로 회전하고 그림 8.12, 파트 A와 같이 코 끝의 가이드라인에 마우스 좌클릭한 상태로 커서를 유지한다. 가이드라인을 클릭하면 사라진다. 가이드라인을 선택한 영역에서 흰색 점과 파란색 점선이 나타나 그림 8.12, 파트 B와 같이 수정할 수 있는 영역을 나타낸다.

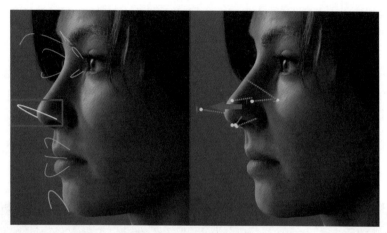

그림 8.12 (A) 코 끝의 흰색 가이드라인 클릭 (B) 코의 형태를 변경하고자 마우스 커서를 앞으로 드래그

3. 마우스 왼쪽 버튼을 누른 상태에서 마우스 커서를 앞으로 천천히 드래그하면 콧대가 높아지고 코 모양이 앞으로 약간 돌출된다.

방금 **Move** 툴을 사용해서 캐릭터의 얼굴 특징 모양을 직접 편집하는 방법을 배웠다. 이것은 큰 얼굴 특징을 매우 빠르게 변경할 때 매우 유용한 툴이다.

다음 절에서 세 가지 **Viewport Sculpting** 툴들의 마지막 툴을 알아보자. 이 툴을 사용하는 방법을 배우기 위해서 실제로 해당 툴을 사용해 볼 것이다.

Sculpt 툴

Sculpt 툴은 얼굴 특징의 모양을 직접 조작할 수 있다는 점에서 **Move** 툴과 유사하다.

Sculpt 툴을 사용해서 캐릭터의 턱의 윤곽, 턱 선 및 모양을 변경해서 실제 예를 살펴보자.

1. 얼굴을 정면으로 회전하는 것으로 시작한다. **Viewport Sculpting and Animation** 툴 바(그림 8.2, 6번 영역)의 **Sculpt** 버튼을 클릭한다. 그림 8.13, 파트 A처럼 작은 회색 원이 캐릭터의 얼굴 전체에 나타나는 것을 확인할 수 있다.

2. 턱 한쪽에 있는 작은 회색 원을 마우스 좌클릭한 상태로 유지한다. 작은 회색 원을 클릭하면 흰색 점이 있는 회색 점선이 나타나 해당 얼굴 특징 영역을 스컬핑할 수 있다.

3. 마우스 좌클릭한 상태에서 마우스 커서를 그림 8.13, 파트 B와 같이 왼쪽 상단으로 천천히 드래그한다. 그러면 마우스를 드래그할 때 턱 선의 기하학적 모양이 실시간으로 변경된다. 얼굴의 한쪽을 편집하면 얼굴의 다른 쪽도 동시에 자동으로 수정된다. **Symmetry**가 기본적으로 활성화돼 있기 때문이다. **Symmetry** 설정을 기본 상태로 유지한다.

그림 8.13 (A) 턱의 회색 점을 클릭 (B) 턱의 형태를 변경하고자 마우스 커서를 드래그

얼굴의 턱 선 영역에도 동일한 작업을 진행한다.

1. 그림 8.14, 파트 A에 표시된 것처럼 턱 선의 한쪽에 있는 작은 회색 원을 마우스 좌클릭한 상태를 유지한다. 이 회색 원을 선택하면 나머지 회색 원이 사라지고 그림 8.14, 파트 B와 같이 현재 활성화된 스컬핑 영역을 나타내는 흰색 점이 있는 회색 점선이 표시된다.

2. 마우스 왼쪽 버튼을 누른 상태에서 마우스 커서를 약간 아래로 천천히 옆으로 드래
   그한다. 이제 그림 8.14, 파트 C에 표시된 것처럼 턱 선 모양을 약간 더 날카롭게 수
   정했다.

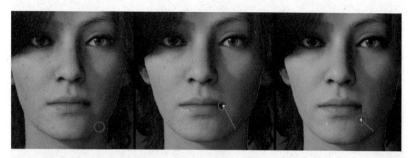

그림 8.14 (A) 턱 선의 작은 회색 원을 선택 (B) 현재 활성화된 영역을 표시하는 회색 점선과 흰색 점 (C)
마우스 커서를 드래그해서 턱 선의 모양 변경

수정하려는 캐릭터 얼굴의 마지막 부분은 턱이다. 현재 캐릭터의 턱은 안쪽으로 들어가
있어서 **Sculpt** 툴을 사용해서 앞으로 밀고 싶다. 다음 과정을 따라 한다.

1. 얼굴을 프로필(측면) 보기로 회전한다. 그림 8.15, 파트 A에 표시된 것처럼 턱에 있
   는 작은 회색 원을 마우스 좌클릭한 상태로 유지한다.

2. 마우스 좌클릭한 상태에서 마우스 커서를 약간 아래쪽과 앞으로 천천히 드래그한다.
   이제 그림 8.15, 파트 B에 표시된 것처럼 턱의 모양이 앞으로 더 돌출되도록 수정
   했다.

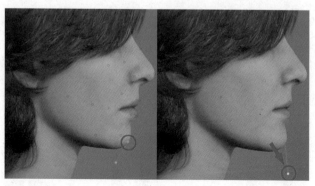

그림 8.15 (A) 턱의 앞에 위치한 작은 회색 원 선택 (B) 마우스 커서를 드래그해서 턱의 모양 변경

Sculpt 툴을 사용해서 캐릭터의 얼굴 특징을 직접적으로 변경하는 방법을 배웠다.
다음은 완성된 공상 과학 여성 캐릭터의 머리를 클로즈업한 것이다.

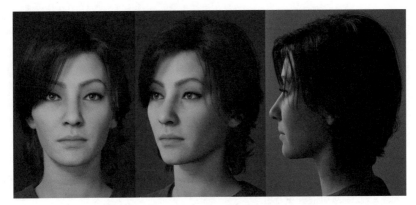

그림 8.16 여성 공상 과학 캐릭터의 머리 클로즈업

이것으로 메타휴먼 크리에이터에서 공상 과학 여성 캐릭터를 만들기 위해 수행할 수 있는 커스터마이징을 마무리한다. 나머지 커스터마이징은 언리얼 엔진 5를 사용한다.

언리얼 엔진 5로 돌아가기 전 마지막 단계는 다양한 애니메이션으로 캐릭터를 미리 보는 것이다. 애니메이션이 있는 캐릭터를 미리 보면 기본 정적 포즈(이 정적 포즈는 **A 포즈**로 알려져 있음)로 캐릭터를 보는 것보다 캐릭터가 3D 영화에서 어떻게 보일지 확인할 수 있다.

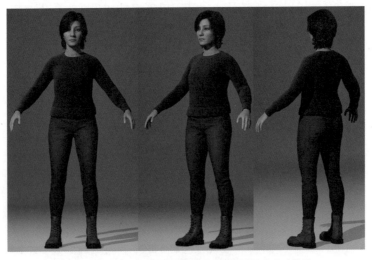

그림 8.17 'A 포즈'로 있는 여성 공상 과학 캐릭터의 전신 샷

다음 절에서 메타휴먼 크리에이터의 애니메이션 미리보기 기능을 알아보자.

애니메이션과 함께 캐릭터 미리보기

애니메이션이 있는 캐릭터를 미리 보려면 **Viewport Sculpting and Animation** 툴 바(그림 8.2, 6번 영역)를 사용할 수 있다.

미리보기 버튼은 기본적으로 선택돼 있다. **Viewport Sculpting and Animation** 툴 바의 **Blend, Move** 또는 **Sculpt** 툴을 클릭하면 애니메이션 컨트롤이 자동으로 숨겨진다. 애니메이션 컨트롤을 다시 활성화하려면 **Preview** 버튼을 다시 클릭하면 된다.

애니메이션 컨트롤이 표시되면 표준 비디오 플레이어 컨트롤을 사용해서 **Play** 아이콘, **Stop** 아이콘, **Timeline** 영역을 사용해서 재생, 중지 또는 스크러빙scrubbing할 수 있다.

Viewport Sculpting and Animation 툴 바 오른쪽 끝에는 **Film Frame** 아이콘이 있다. 이 **Film Frame** 아이콘을 클릭하면 다음과 같이 다양한 종류의 애니메이션 옵션이 있는 팝업 메뉴가 나타난다.

- **Idle**: 이 옵션은 일반적인 **Idle** 애니메이션을 재생한다. 캐릭터가 서서 주위를 둘러보고 살짝 움직이는 애니메이션이다.
- **FaceROM**: 이 애니메이션 파일은 다양한 얼굴 애니메이션을 재생한다(ROM은 Range Of Motion의 약자다).

그림 8.18은 현재 캐릭터의 얼굴에 활성화된 ROM 애니메이션을 보여 준다.

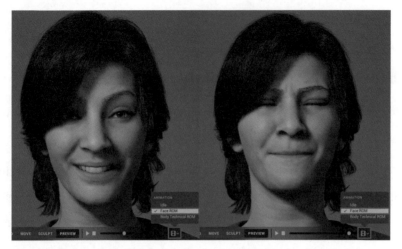

그림 8.18 얼굴 애니메이션 테스트

- **Body Technical ROM**: 이 애니메이션 파일은 다양한 신체 움직임 애니메이션을 재생한다. 더 넓은 범위의 포즈와 동작으로 캐릭터를 미리 보는 데 사용된다.

그림 8.19는 현재 캐릭터의 몸에서 활성화된 신체 움직임 애니메이션(Body Technical ROM)의 범위를 보여 준다.

그림 8.19 다양한 신체 동작으로 캐릭터 미리보기

이것으로 몸과 얼굴에 대한 애니메이션으로 메타휴먼 캐릭터를 미리 보는 방법을 배웠다.

다음 절에서는 언리얼 엔진 5로 돌아간다. 새로 만든 메타휴먼을 언리얼 엔진 5에 추가하는 단계별 작업 과정을 살펴보자.

언리얼 엔진 5에 메타휴먼 추가하기

이번 절에서 새로 만든 메타휴먼 공상 과학 여성 캐릭터를 언리얼 엔진 5에 추가한다.

시작하기에 앞서 언리얼 엔진 5에서 퀵셀 브리지^{Quixel Bridge} 플러그인을 활성화했는지 확인한다. 퀵셀 브리지 플러그인은 언리얼 엔진 5 기본 설치에 포함돼 있다. 이 플러그인이 활성화돼 있는지 확인하려면 다음 과정을 수행한다.

1. 언리얼 엔진 5를 실행한다. **Menu** 바에서 **Edit | Plugins**를 클릭한다.

2. 검색창에 bridge를 입력하고 체크박스를 체크해서 활성화한다(비활성화인 경우). 그런 다음 메뉴를 닫고 언리얼 엔진 5를 닫는다.

3. 언리얼 엔진 5를 재시작한다. 7장에서 생성한 프로젝트 파일을 사용한다.

4. 툴 바에서 **Create** 아이콘을 클릭한다. 그러면 드롭다운 메뉴가 열린다. 해당 메뉴에서 **퀵셀 브리지**를 선택해서 퀵셀 브리지 앱을 실행한다.

5. 그림 8.20과 같이 퀵셀 브리지 앱 창이 열린다. 이 창을 최대화한다. 창의 오른쪽 상단에 **초상화** 아이콘이 있다. 이 **초상화** 아이콘을 클릭한 다음 드롭다운 메뉴에서 로그인을 클릭한다. 그러면 메뉴가 포함된 다른 창이 열린다. **Sign in with Epic Games**를 클릭한다.

그림 8.20 'My MetaHumans'가 선택된 상태의 퀵셀 브리지 앱 창

6. 퀵셀 브리지 계정에 로그인하면 왼쪽 메뉴에 **MetaHumans**가 표시된다. **Meta Humans**를 클릭해서 드롭다운 메뉴를 연다. 이 드롭다운 메뉴 내에서 앞의 스크린 샷과 같이 **My MetaHumans**를 선택한다.

   중앙 영역에는 자신이 만든 모든 메타휴먼의 초상화가 있다. **SciFiGirl**이 첫 번째 캐릭터인 경우 이 캐릭터 1개만 표시된다.

7. 오른쪽 하단에 **Low Quality, Medium Quality, High Quality**로 메타휴먼을 다운 로드할 수 있는 메뉴가 표시된다. 품질 설정은 캐릭터에 대해 다운로드하려는 텍스처 크기를 나타낸다. 이 텍스처 크기를 살펴보자.

   ○ **Low Quality**: 1024 × 1024 픽셀

   ○ **Medium Quality**: 2048 × 2048 픽셀

   ○ **High Quality**: 8192 × 8192 픽셀

8. 다운로드하려는 텍스처 크기가 클수록 캐릭터를 익스포트하는 데 더 오래 걸린다. 또한 **High Quality** 텍스처를 사용하려면 더 좋은 컴퓨터가 필요하다. 이 튜토리얼에서는 **Medium Quality**을 선택했다.

9. 필요한 품질 수준(텍스처 크기)을 선택했으면 **Download** 버튼을 클릭한다. 이 작업이 완료되면 그림 8.21과 같이 진행률 애니메이션이 표시된다.

그림 8.21 (A) 다운로드 진행률 애니메이션 (B) 다운로드가 완료되면 'Add' 버튼이 활성화된다.

10. 그림 8.21, 파트 A에서 애니메이션 다운로드 원으로 표시되는 다운로드 진행률을 확인할 수 있다. 다운로드가 완료되는 데 시간이 조금 걸린다. 완료되면 그림 8.21, 파트 B처럼 파란색 **Add** 버튼을 클릭하면 된다. 그러면 퀵셀 브리지에서 선택한 캐릭터를 자동으로 익스포트하고 이 캐릭터를 언리얼 엔진 5로 가져오는 과정이 시작된다.

11. **Add** 버튼을 클릭하면 다양한 임포트 메시지를 표시하는 메시지 창이 나타난다. 퀵셀 브리지를 최소화하고 언리얼 엔진 5로 돌아간다. 모든 임포트 메시지가 나타날 때까지 기다린다. 누락된 프로젝트 설정에 대해 알려 주는 메시지 창이 언리얼 엔진 5에서 열린다. 각 메시지 창에 대해 **Enable Missing** 버튼을 클릭한다. 모든 플러그인과 프로젝트 설정이 업데이트되면 언리얼 엔진 5를 다시 시작한다.

12. 언리얼 엔진 5를 다시 시작하면 '**A change to a source content file has been detected. Would you like to import it?**(소스 콘텐츠 파일에 대한 변경 사항이 감지됐습니다. 임포트하시겠습니까?)' 메시지가 표시된다. **Import**를 클릭한다.

13. Content Browser 창의 콘텐츠 아래에 **MetaHumans**라는 새 디렉터리가 보일 것이다. 이 파일 디렉터리를 열고 SciFiGirl이라는 이름의 폴더를 클릭한다. **Content Browser**의 애셋 보기 영역에 몇 개의 폴더가 있는 것을 볼 수 있다. BP_SciFiGirl이라는 이름의 아이콘이 있는 파일도 있다(그림 8.23에서 이 파일 아이콘을 표시했다).

14. BP_SciFiGirl(블루프린트 파일)을 마우스 왼쪽 버튼으로 클릭하고 뷰포트 바닥으로 드래그한다. 그러면 언리얼 엔진 5 뷰포트에 메타휴먼이 추가된다.

15. **World Outliner** 패널에서 BP_SciFiGirl을 선택한다. **Details** 패널에서 그림 8.22와 같이 설정을 변경한다. 여기에서는 캐릭터의 신발이 현재 바닥과 교차하고 있기

때문에 Z축으로 캐릭터를 약간 위쪽으로 이동시킨다. 그런 다음 라이팅을 더 잘 비추도록 캐릭터를 회전한다.

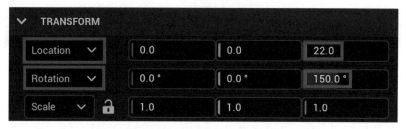

그림 8.22 BP_SciFiGirl 트랜스폼 값 변경

퀵셀 브리지 플러그인(언리얼 엔진 5에 내장돼 있음)을 사용해서 커스텀 메타휴먼을 언리얼 엔진 5로 임포트하는 방법을 배웠다.

다음 절에서 프로젝트 파일에 수정된 의상 머티리얼과 공상 과학 갑옷을 추가하는 방법을 배운다.

캐릭터 옷 커스터마이징

방금 SciFiGirl이라는 사용자 지정 메타휴먼을 프로젝트 파일에 추가했는데 정말 멋져 보인다!

외계 식물 영화 세트의 공상 과학 테마에 더 잘 어울리도록 맞춤형 공상 과학 갑옷을 추가하고 의상 머티리얼을 수정해 보자.

Armor와 Materials 파일(관련된 모든 콘텐츠 포함)을 다음 사이트(https://github.com/PacktPublishing/Unreal-Engine-5-Character-Creation-Animation-and-Cinematics/tree/main/Chapter08/SciFiGirl)에서 다운로드한다.

IMPORTANT

> 이 파일들을 다운로드할 때 폴더 구조와 파일 콘텐츠를 있는 그대로 받아야 한다.

Armor 폴더에는 8장에서 사용할 16개의 공상 과학 갑옷 조각, 텍스처, 머티리얼이 포함돼 있다.

Materials 폴더에는 캐릭터의 부츠, 청바지, 스웨터의 의상 머티리얼이 포함돼 있다.

자신만의 공상 과학 갑옷을 만들고 싶다면 이 책의 앞부분에서 배운 기술을 사용할 수 있다. 지금까지 배운 내용을 시험해 볼 수 있는 좋은 연습이 될 것이다.

다음 과정을 따라서 사용자 정의 공상 과학 갑옷 및 수정된 의상 머티리얼로 프로젝트를 업데이트한다.

1. 언리얼 엔진 5를 닫는다. Armor 및 Materials 폴더(하위 폴더와 파일이 모두 포함)를 프로젝트의 Content\MetaHumans\SciFiGirls\ 경로에 배치한다. 그림 8.23에서 이 디렉터리 구조를 표시했다.

2. 언리얼 엔진 5를 실행한다. **Content Browser** 창이 다음처럼 돼 있는 것을 확인할 수 있다.

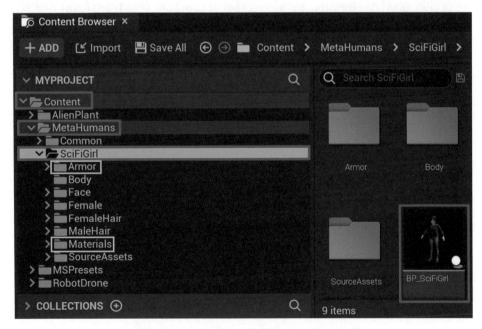

그림 8.23 SciFiGirl 폴더가 추가된 Content Browser 창

3. 프로젝트와 셰이더가 업데이트되고 있음을 알리는 메시지 창이 열린다. 해당 업데이트 프로세스가 완료되면 SciFiGirl 캐릭터의 의상 머티리얼이 약간 변경된 것을 확인할 수 있다.

4. **Content Browser** 창에서 Armor 폴더를 연다. 해당 경로 내부에서 Armor_models 폴더를 연다. **Content Browser** 창의 애셋 뷰 영역에 16개의 갑옷 조각이 모두 표시된다. **Shift** 키를 누른 상태에서 동시에 16개의 갑옷 조각을 모두 선택한다. 그리고 16개의 갑옷 조각을 모두 뷰포트로 끌어 놓는다. 이제 모든 갑옷 조각이 **World Outliner** 패널에 표시돼 있는 것을 확인할 수 있다.

5. 갑옷 조각들이 모두 선택돼 있는 상태에서 **World Outliner** 패널 상단의 더하기(+) 기호가 있는 폴더 아이콘을 클릭하면 모든 갑옷 조각이 새 폴더에 자동으로 추가된다. 이 새 폴더의 이름을 Armor로 바꾼다. 이제 모든 갑옷 조각들이 **World Outliner** 패널 내부의 폴더에 깔끔하게 정리됐다.

6. **World Outliner** 패널에서 Armor 폴더를 연다. **Shift** 키를 누르고 16개의 방어구를 모두 선택한다. **Details** 패널로 이동해서 그림 8.22와 같이 **Transform** 값을 BP_SciFiGirl에 사용한 것과 동일하게 설정한다. 이렇게 하면 모든 갑옷 조각이 즉시 이동하고 회전해서 캐릭터의 위치 및 회전과 일치한다.

훌륭하다! 캐릭터가 이제 공상 과학 갑옷을 입었다!

IMPORTANT

> 20장에서 공상 과학 갑옷이 스켈레톤에 부착될 것이기 때문에 현재 작업은 진행 상황을 볼 수 있는 일시적인 것이다.

공상 과학 여성 캐릭터는 그림 8.24와 그림 8.25처럼 보일 것이다.

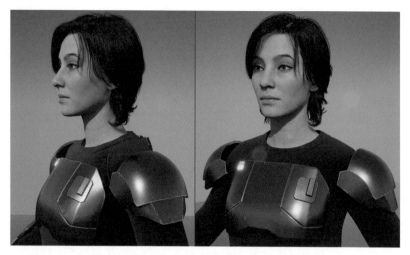

그림 8.24 공상 과학 갑옷을 입은 공상 과학 캐릭터 클로즈업

유일한 차이점은 캐릭터의 공상 과학 갑옷에 아직 빛에 빛나는 효과가 없다는 것이다. 10장에서 갑옷에 빛나는 효과를 추가하는 방법을 배운다.

그림 8.25 공상 과학 갑옷을 입고 있는 공상 과학 여성 캐릭터 전신 샷

이것으로 언리얼 엔진 5 프로젝트 파일에 새로운 애셋을 추가하는 방법을 배웠다. 또한 **World Outliner** 패널에서 애셋을 폴더 안에 그룹화해서 구성하는 방법도 배웠다.

⠿ 요약

8장에서 메타휴먼 캐릭터 생성 튜토리얼을 완료했다. 캐릭터 생성 방법, 캐릭터 익스포트 방법, 언리얼 엔진 5에 추가하는 방법을 배웠다.

마지막으로 캐릭터가 3D 애니메이션 영화의 공상 과학 테마와 일치하도록 프로젝트에 커스텀 애셋을 추가하는 방법을 배웠다.

9장에서는 언리얼 엔진 5에서 모든 애셋을 통합하고 가상 3D 영화 세트를 구성하는 방법을 배운다.

퀵셀 브리지에서 랜드스케이프 메시 및 암석 애셋을 가져와서 외계 랜드스케이프를 구성하는 방법을 배운다. 그리고 이후에 외계 식물로 외계 랜드스케이프를 채운다.

9장에서 만나자!

09

언리얼 엔진 5에서 가상의 3D 세트 만들기

8장에서 커스텀 메타휴먼을 제작한 다음 언리얼 엔진 5 프로젝트에 캐릭터를 추가하는 방법을 배웠다.

지금까지 3D 영화를 위한 배우(공상 과학 여성 캐릭터와 로봇 드론)와 환경 소품(외계 식물)을 만드는 데 중점을 뒀다. 9장에서는 가상 3D 영화 세트의 기초를 구성하는 3D 환경을 중점적으로 배운다.

먼저 지면에 대한 메시를 가져오고 3D 영화 세트에 더 많은 애셋을 추가하는 단계별 과정을 진행한다. 그리고 언리얼 엔진 5에 통합된 퀵셀 브리지 플러그인을 알아본다. 퀵셀 브리지에서는 무료 3D 바위 애셋과 3D 영화 세트에 사용될 일부 머티리얼 애셋들을 받는다.

해당 애셋들을 3D 영화 세트의 외계 행성의 표면에 사용할 수 있도록 언리얼 엔진 5로 익스포트하는 방법과 커스터마이징하는 방법을 배워 보자.

이 튜토리얼은 초심자 수준의 언리얼 엔진 사용자를 대상으로 한다. 가장 기본적인 설정과 기법을 사용해서 3D 영화 세트를 만드는 것에 중점을 둔다. 언리얼 엔진 5에서 훨

썬 더 상세하고 사실적인 3D 영화 세트를 만드는 것이 확실히 가능하지만 해당 내용들은 9장의 튜토리얼 범위를 벗어난다.

9장에서는 다음 주제를 다룬다.

- 3D 영화 세트의 기본 요소 설정
- 머티리얼 인스턴스 커스터마이징
- 3D 영화 세트 제작

9장이 끝나면 사용자 지정 3D 영화 세트를 만드는 방법을 알게 된다.

기술 요구 사항

9장을 마무리하려면 언리얼 엔진 5가 설치돼 있어야 한다. 만약 설치돼 있는 언리얼 엔진이 상위 버전이더라도 해당 예제를 따라 하기에는 아무 문제가 없다. 9장을 완료하려면 다음 항목들이 필요하다.

- 3D 애니메이션 소프트웨어를 구동할 수 있는 컴퓨터가 필요하다.
- UE 5.0.1. 해당 엔진은 다음 사이트(https://www.unrealengine.com/en-US/download)에서 받을 수 있다.
- 언리얼 엔진 5의 기본적인 UI를 이해하려면 6장을 읽어야 한다.

장면을 준비하면서 9장의 튜토리얼을 시작하자. 해당 장면은 3D 영화 세트의 기초가 된다.

9장에서 사용되는 파일들은 다음 사이트(https://github.com/PacktPublishing/Unreal-Engine-5-Character-Creation-Animation-and-Cinematics/tree/main/Chapter09)에서 받을 수 있다.

3D 영화 세트 기본 요소 설정

3D 영화 세트는 액터, 배경 요소, 소품들이 배치돼 있는 장면을 말한다.

이번 튜토리얼에서는 외계 행성 표면의 3D 영화 세트를 제작한다. 풍경은 바위와 외계 식물로 채워진 그라운드 레이어ground layer(베이스 그라운드 메시base ground mesh)로 구성된다. 하늘에는 태양과 외계 행성이 있다.

이번 튜토리얼에서 사용해야 하는 세 가지 모델을 깃허브GitHub 저장소에서 받을 수 있다.

- 처음 두 모델은 전경foreground 및 배경 베이스 그라운드 메시다. 블렌더의 3D 스컬핑 툴을 사용해서 이 두 메시를 만들었다. 앞으로는 3장에서 배운 3D 스컬핑 기술을 사용해서 베이스 그라운드 모델을 만들 수 있다. 지금은 다음 사이트(https://github.com/PacktPublishing/Unreal-Engine-5-Character-Creation-Animation-and-Cinematics/tree/main/Chapter09)에서 ForeGround.fbx와 Background.fbx 파일을 다운로드한다.

- 세 번째 모델은 외계 식물 모델이다. 해당 모델은 언리얼 엔진의 .uasset 확장자를 갖고 있다. Planet.zip 파일을 다운로드하고 안의 내용물을 하드 드라이브의 Planet 폴더에 압축을 푼다. 외계 식물 모델은 다음 사이트(https://github.com/PacktPublishing/Unreal-Engine-5-Character-Creation-Animation-and-Cinematics/tree/main/Chapter09)에서 다운로드할 수 있다.

위 세 가지 애셋을 받고 Planet.zip 파일의 압축을 풀었으면 3D 영화 세트를 제작할 준비가 됐다.

1. 언리얼 엔진을 실행하고 6장에서처럼 새로운 **Film/Video Live Events** 프로젝트를 생성한다.

2. **World Outliner** 패널에서 **Floor**, **Player Start**, **SphereReflectionCapture**를 선택한다. 해당 오브젝트들은 이번 튜토리얼에서 사용하지 않기 때문에 **Delete** 키를 눌러서 삭제한다.

3. **Content Browser** 창의 소스 뷰 영역에서 Content 폴더를 클릭한다. 새로운 폴더를 생성하고 Terrain_models로 이름을 변경한다.

4. Terrain_models 폴더를 열고 ForeGround.fbx와 Background.fbx 스태틱 메시를 **Content Browser** 창의 애셋 뷰 영역으로 드래그해서 놓는다. **FBX Import Options** 창이 나타난다. 이전 언리얼 엔진 장에서 사용한 것과 동일한 스태틱 메시 **Import** 설정을 사용하지만 이번에는 **Mesh** 섹션 아래의 **Build Nanaite** 체크박스를 체크한다. 이렇게 하면 임포트 중에 나나이트가 활성화되므로 나중에 수동으로 활성화할 필요가 없다. 그리고 Terrain_models 폴더에 2개의 기본 풍경 메시가 추가된다.

5. MetaHumans, AlientPlant, RobotDrone 폴더를 이전 언리얼 엔진 프로젝트 콘텐츠 폴더에서 새로운 프로젝트의 콘텐츠 폴더로 복사한다.

6. Planet 폴더(하위 폴더 포함)를 프로젝트 콘텐츠 폴더 안에 복사한다.

7. 새로운 프로젝트의 콘텐츠 폴더에 복사를 했기 때문에 언리얼 엔진은 '**Changes to source content fi les have been detected. Would you like to import them?**(소스 콘텐츠 파일에 대한 변경 사항이 감지됐습니다. 임포트하시겠습니까?)' 같은 메시지를 보여 준다. **Import** 버튼을 누르면 언리얼 엔진이 모든 변경된 소스 파일에 대한 변경 사항을 처리한다.

8. AlienPlant, MetaHumans, Planet, RobotDrone 폴더가 **Content Browser**의 소스 뷰 영역에 있는 것을 확인할 수 있다.

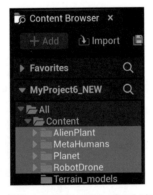

그림 9.1 Content Browser 창은 프로젝트의 콘텐츠 경로에 방금 추가한 폴더를 보여 준다.

9. **ForeGround**(스태틱 메시)와 **BackGround**(스태틱 메시)를 `Terrain_models` 폴더에서 뷰포트로 드래그해서 놓는다. 그러면 스태틱 메시들이 장면 안에 배치된다.

NOTE

그림 9.2는 Transform 섹션에서 어떤 축이 어디에 있는지를 보여 주는 참조 역할을 한다(표시된 숫자 값은 기본값이며 이 튜토리얼의 일부가 아니다).

그림 9.2 Details 패널의 트랜스폼 항목

10. 이제 스태틱 메시가 해당 장면에 배치됐으므로 **Details** 패널의 **Transform** 항목을 사용해서 위치를 조정한다. 다음 단계에서 언급된 축은 그림 9.2에 표시돼 있다. **Transform** 항목에서 **ForeGround**(스태틱 메시)의 위치를 **X축**: 0, **Y축**: 0, **Z축**: 20으로 설정한다. **Rotation** 및 **Scale**은 그대로 둔다.

11. **Transform** 항목에서 **BackGround**(스태틱 메시)의 위치를 **X축**: 0, **Y축**: 0, **Z축**: 22로 설정한다. **Rotation** 및 **Scale**은 그대로 둔다.

12. 비율 및 위치의 참조 역할을 위해서 여성 공상 과학 캐릭터를 추가한다. **Content Browser** 창의 소스 뷰 영역에서 **MetaHumans | SciFiGirl** 경로를 찾아 들어간다. **Content Browser**의 애셋 뷰 영역에서 `BP_SciFilGirl` 블루프린트를 찾아서 더블클릭한다. 블루프린트가 새로운 에디터 창에서 열린다. 언리얼 엔진이 셰이더를 컴파일 중이라는 진행률 표시 바가 있는 메시지가 나타난다. 이 작업이 완료될 때까지 기다린다.

13. 누락된 플러그인 및 누락된 프로젝트 설정에 대해서 알려 주는 메시지 창이 나온다. 이 모든 메시지 창에서 **Enable Missing**을 클릭하기만 하면 된다. 누락된 플러그인과 프로젝트 설정이 모두 업데이트되고 난 후에, 'Restart required to apply new settings' 메시지가 나온다. **Restart Now** 버튼을 눌러서 언리얼 엔진 5를 재시작한다.

14. **BP_SciFiGirl**(블루프린트 파일)을 뷰포트로 드래그해서 놓는다. **Transform** 항목에서 **Location**을 **X축**: 0, **Y축**: 0, **Z축**: 22로 설정한다. 회전과 스케일은 그대로 유지한다.

15. **MetaHumans** | **SciFiGirl** | **Armor** | **Armor_models** 경로로 들어가서 **Shift**를 누른 상태로 16개의 갑옷 조각 모두 선택한다.

16. 모든 16개 공상 과학 갑옷 조각들을 Armor_models에서 뷰포트로 드래그해서 놓는다. **Transform** 항목에서 **Location**를 **X축**: 0, **Y축**: 0, **Z축**: 22로 설정한다. **Rotation**과 **Scale**은 그대로 유지한다. 이러면 모든 갑옷 조각이 공상 과학 여성 캐릭터의 현재 위치에 있는지 확인할 수 있다.

17. **World Outliner**의 빈 공간에 마우스 우클릭을 해서 **Create Folder** 옵션을 선택한다. 해당 폴더의 이름을 Armor로 변경한다.

18. 16개의 갑옷 조각들을 뷰포트로 드래그하고 Armor 폴더에 추가한다. 16개 갑옷 조각을 모두 선택하고 해당 위치를 **SciFiGirl**과 동일한 위치로 이동한다.

19. **Planet1**을 뷰포트로 드래그해서 놓는다. **Transform** 항목에서 **Location**을 **X축**: 96656, **Y축**: −12354, **Z축**: 14629로 이동시킨다. **Rotation**은 그대로 유지한다. **Scale**은 **X축**: 600, **Y축**: 600, **Z축**: 600으로 변경한다. 이것은 좋은 장면 구성을 만들기 위해 바위가 많은 외계 행성을 하늘에 배치한다.

NOTE

이 회계 행성은 물리적으로 정확하지 않아서 적절한 시차 관점이 부족하다. 카메라가 너무 많이 움직이지 않는다면 보기에는 괜찮을 것이다. 만약 외계 행성이 이 단계에서 사실적으로 보이지 않더라도 걱정하지 마라. 10장에서 외계 행성이 수정돼 3D 영화 세트에 적합하게 보일 것이다.

20. 이제 로봇 드론 캐릭터를 추가한다. **RobotDrone**(스태틱 메시)을 드래그해서 뷰포트에 놓는다. **Transform** 항목에서 **Location**을 **X축**: 3.32, **Y축**: 348.73, **Z축**: 180으로 이동한다. **Rotation**은 **X축**: 9.3, **Y축**: 1.78, **Z축**: 150으로 회전시킨다. **Scale**은 그대로 유지한다.

21. **AlienPlant**(스태틱 메시)를 뷰포트에 드래그해서 놓는다. **Transform** 항목에서 **Location**을 **X축**: 82.68, **Y축**: −164.24, **Z축**: 137.22으로 이동한다. **Rotation**은 **X축**:

0, Y축: 0, Z축: -71으로 회전시킨다. **Scale**은 그대로 유지한다.

이것으로 3D 영화 세트의 처음 7개 3D 애셋(SciFiGirl, Armor, ForeGround, Background, RobotDrone, AlienPlant, Planet)을 배치했다.

그림 9.3은 레벨이 어떻게 보여야 하는지 보여 준다.

NOTE

> **ForeGround**와 **BackGround** 스태틱 메시는 현재 텍스처가 적용돼 있지 않아 노이즈가 많은 체크 무늬 패턴으로 표현된다.

그림 9.3에 표시된 뷰는 20장에서 **시네 카메라 액터**^{Cine Camera Actor}를 설정할 때 사용할 카메라 각도다.

그림 9.3 알맞은 위치에 배치된 3D 영화의 기본 요소들

3D 영화 세트에서 처음 7개의 3D 애셋을 배치하는 방법과 **Details** 패널의 **Transform** 섹션을 사용해서 각각의 **Location**, **Rotation**, **Scale**을 변경하는 방법을 배웠다.

다음 절에서 장면에 대해 설정해야 하는 몇 가지 기본 설정을 살펴보자. 이러한 설정들 중 첫 번째는 뷰포트 디스플레이의 노출^{expoure}이다.

장면 노출도 조절

언리얼 엔진은 기본적으로 **자동 노출**^{Auto Exposure}이라는 기능이 활성화돼 있다. 이렇게 하면 현재 장면의 노출도가 자동으로 조정돼 뷰가 변경됨에 따라서 더 밝아지거나 어두워진다.

이 기능은 비디오 게임에 많은 사실감을 더하지만 3D 영화를 만들 때는 활성화하고 싶은 기능이 아니다. 장면의 노출도를 수동으로 제어하는 것이 훨씬 좋다.

자동 노출을 **수동 노출**^{Man ual Exposure}로 기본 설정을 변경한다.

1. 툴 바에서 **Create** 아이콘을 클릭해서 그림 9.4처럼 **Visual Effects** | **PostProcess Volume**으로 들어간다. 그러면 현재 장면에 **PostProcessVolume**을 하나 생성한다. 장면에 **PostProcessVolume**이라고 적힌 와이어프레임 박스가 있는 것을 확인할 수 있다.

그림 9.4 장면에 PostProcessVolume을 추가

2. **World Outliner** 패널에서 **PostProcessVolume**을 선택한다. 그리고 **Details** 패널로 들어간다. **Global Illumination** 섹션을 찾아서 **Method** 체크박스를 체크하고 **Lumen**으로 설정했는지 확인한다.

3. **Post Process Volume** 항목의 설정들 중에서 **Infinite Extent**(Unbound) 체크박스를 체크한다. 이 설정은 **Post Process Volume**이 와이어프레임 박스 내부만이 아닌 장면 전체에 영향을 주도록 설정한다.

4. **Lens** 항목으로 간다. 여기서 **Exposure**라는 하위 항목을 찾을 수 있다. **Metering Mode** 체크박스를 체크한다. 옆의 드롭다운 메뉴에서 **Manual**로 변경한다. 이제 언리얼 엔진에서 장면의 노출도를 수동으로 조절하도록 설정했다.

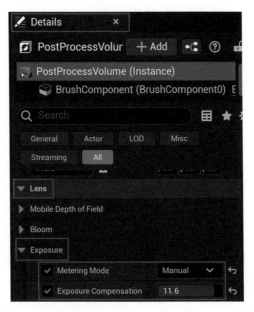

그림 9.5 노출을 수동으로 변경 및 Exposure Compensation 설정 변경

5. **Exposure** 항목에서 그림 9.5처럼 **Exposure Compensation** 체크박스를 체크하고 값을 11.6으로 변경한다.

NOTE

10장에서 라이팅을 생성할 때 **노출 보정**(exposure compensation) 값을 다시 설정한다.

노출을 **수동 모드**로 설정하는 방법, **노출 보정** 값을 변경하는 방법 전체 장면에 영향을 미치도록 **Post Process Volume** 크기를 **무한**으로 설정하는 방법을 배웠다.

다음 절에서 뷰포트의 **시야각**^{FOV, Field Of View}과 3D 영화 세트를 구성하는 동안 이 설정을 조정하는 것이 중요한 이유를 살펴보자.

뷰포트 시야각 조절

3D 영화 세트를 만들기 시작할 때 일반적인 실제 카메라의 렌즈 **시야각**과 일치하도록 뷰포트의 FOV를 설정한다.

NOTE

> **FOV**는 관찰 가능한 뷰의 범위이며 일반적으로 각도로 측정된다. 일반적인 35mm 카메라 렌즈의 FOV는 63도이고 50mm 카메라 렌즈의 FOV는 46도다.

언리얼 엔진의 뷰포트는 기본 FOV가 90도이므로 주변 환경을 더 많이 보고 싶은 게임에 적합하다. 그러나 이것은 뷰의 가장자리를 왜곡하기 때문에 3D 영화에는 적합하지 않다.

알맞은 FOV(가장자리 주변 왜곡 없음)는 3D 영화 세트에 3D 애셋을 보다 정확하게 배치하는 데 도움이 된다.

뷰포트의 FOV를 조정해 보자. 뷰포트 메뉴 바에서 **Viewport Options** 아이콘(그림 9.6에 표시했다)을 클릭한다. 그러면 드롭다운 메뉴가 열린다. 이 메뉴에서 **Field of View (H)**를 50으로 변경한다.

그림 9.6 뷰포트의 Field of View (H) 값 변경

실제 카메라 렌즈의 FOV 각도에 더 가깝도록 뷰포트의 FOV를 조정하는 방법을 배웠다. 이것은 3D 애셋으로 3D 영화 세트를 채우기 시작할 때 많은 도움이 된다.

다음 절에서 퀵셀 브리지 플러그인을 사용해서 3D 영화용 무료 3D 스캔 애셋들을 얻는 방법을 알아보자.

⁙ 퀵셀 브리지를 사용해서 무료 3D 애셋 획득

이번 절에서는 언리얼 엔진 5에 내장된 퀵셀 브리지 플러그인을 활용해서 장면에 3D 애셋을 추가한다. 이 튜토리얼의 경우 무료 3D 스캔 애셋을 찾을 수 있다. 이 바위는 **사진 측량**photogrammetry 기술을 사용해서 스캔돼 사실적이다. 다음 단계를 따른다.

1. 툴 바에서 **Create** 아이콘을 클릭한다. 그러면 드롭다운 메뉴가 열린다. 그림 9.7에서 볼 수 있듯이 메뉴에서 **Quixel Bridge**를 선택한다.

그림 9.7 언리얼 엔진 5에 내장돼 있는 퀵셀 브리지 플러그인 선택

2. 1단계에서 언급한 **Quixel Bridge** 버튼을 클릭하면 퀵셀 브리지 앱이 자동으로 열린다.

3. 퀵셀 브리지 앱 창의 오른쪽 상단에서 작은 초상화 아이콘을 클릭해서 드롭다운 메뉴를 연다. 이 메뉴에서 **Sign In**을 선택하고 **SIGN IN WITH EPIC GAMES**을 선택한다.

그림 9.8 (1) 초상화 아이콘 클릭 (2) 로그인 선택 (3) 에픽 게임 계정으로 로그인

4. 이제 언리얼 엔진 5에서 사용할 수 있는 무료 3D 애셋을 찾아볼 준비가 됐다. 그림 9.9처럼 **Collections | Environment | Natural | Canyons of Utah**로 이동한다.

그림 9.9 퀵셀 브리지 앱에서 'Canyons of Utah' 애셋 갤러리 검색

5. **Canyons of Utah** 애셋 갤러리에서 3D 바위 환경 애셋의 아이콘으로 가득 찬 스크롤 페이지를 확인할 수 있다. 그러나 먼저 이 애셋들을 로컬 하드 드라이브에 다운로드하는 방법을 알아본다. 다음 스크린샷은 애셋을 다운로드하기 위해 수행해야 하는 세 단계를 보여 준다.

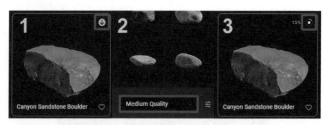

그림 9.10 (1) 애셋 선택 (2) 우측에 열리는 패널에서 Medium Quality를 선택한다. (3) 다운로드하려면 아래를 가리키는 화살표를 클릭한다.

6. 이 튜토리얼에서는 그림 9.11에 표시된 모든 3D 애셋을 다운로드한다. 다운로드할 애셋의 모든 파일 이름은 그림 9.14에도 나와 있다. **Medium Quality** 설정에서 모든 애셋을 다운로드한다.

7. 퀵셀 브리지 앱의 왼쪽 메뉴에 **Local**이라는 컴퓨터 모니터로 표시된 작은 아이콘이 표시된다. **Local | Megascans**를 클릭해서 로컬 하드 드라이브에 다운로드한 3D 애셋들을 표시하는 갤러리를 열 수 있다.

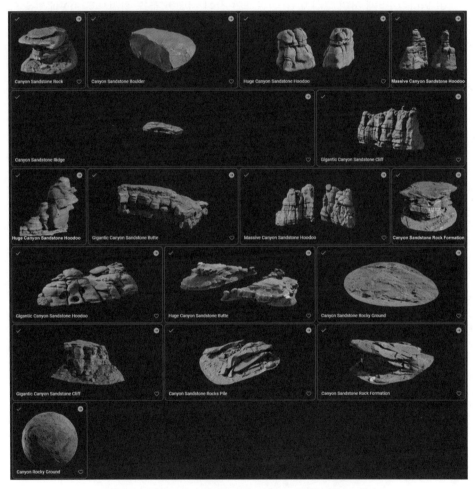

그림 9.11 퀵셀 브리지 앱에서 위의 모든 3D 애셋을 다운로드한다.

8. 3D 애셋이 다운로드되면 **다운로드** 아이콘(그림 9.10, 1단계에 표시된 녹색 원 안의 아래쪽을 향하는 화살표)이 **익스포트** 아이콘(파란색 원 안의 오른쪽을 향하고 있는 화살표)으로 변경된다. 3D 애셋의 **갤러리** 아이콘 왼쪽에도 녹색 체크 표시도 있다. 그림 9.11에서 모든 3D 애셋에 녹색 체크 표시와 **익스포트** 아이콘이 있는 것을 확인할 수 있다.

9. 그림 9.11에 표시된 모든 3D 애셋을 다운로드한 후에 로컬 라이브러리에 다운로드한 각 3D 애셋에 대해 그림 9.12에 표시된 대로 **익스포트** 아이콘을 한 번만 클릭하면 된다. 이렇게 하면 그림 9.10, 2단계와 같이 선택한 품질 설정으로 3D 애셋을 익스포트한다.

그림 9.12 퀵셀 브리지에서 3D 애셋 익스포트. 왼쪽에는 초록색 체크 표시가 있으며 오른쪽에는 익스포트 아이콘이 있다.

10. 모든 3D 애셋이 추가되면 퀵셀 브리지 앱 창을 닫는다. 언리얼 엔진 5로 돌아가서 언리얼 엔진 5 내부에 Megascans 및 MSPreSets라는 2개의 새 폴더가 자동으로 생성된 것을 확인할 수 있다(그림 9.13에 이 폴더들을 표시했다).

이 폴더들은 익스포트한 3D 애셋을 갖고 있다. **Content Browser**의 뷰 영역은 다음과 같다.

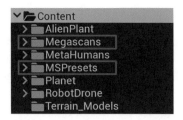

그림 9.13 이제 Content Browser의 보기 영역에 이 폴더들이 포함돼 있어야 한다.

퀵셀 브리지 앱에서 3D 애셋을 찾고 다운로드하는 방법을 배웠다.

다음 절에서 외계 행성 표면의 색상과 혼합할 수 있도록 3D 스캔한 암석 애셋들을 커스터마이징하는 방법을 알아보자.

머티리얼 인스턴스 커스터마이징

언리얼 엔진 5로 돌아왔으니 이제 퀵셀 브리지 앱에서 익스포트한 후 자동으로 언리얼 엔진 5로 임포트된 3D 애셋을 모두 살펴보자.

Content Browser 뷰 영역에서 **Megascans** 폴더 옆의 작은 화살표를 클릭해서 폴더 구조를 확장한다. 임포트한 모든 3D 애셋은 그림 9.14에서 확인할 수 있다.

그림 9.14 임포트한 3D 애셋들의 폴더 구조 보기

머티리얼 인스턴스(Material Instance)는 원본 머티리얼에 연결된 머티리얼의 복사본이다(3D 그래픽에서는 **인스턴스**라고 한다). 이 머티리얼 인스턴스는 기존 머티리얼에서 생성되며 원본에 영향을 주지 않고 머티리얼을 변형하는 데 사용된다. 머티리얼 인스턴스에는 노출된 매개 변수 세트가 있으며 원래 머티리얼과 같은 노드 그래프(노드 트리)가 없다.

3D 영화에서 머티리얼 인스턴스를 사용하면 다음과 같은 몇 가지 이점이 있다.

- 머티리얼 인스턴스를 사용하면 복잡한 노드 그래프를 처리하는 대신에 선택한 매개 변수를 간단하게 편집할 수 있다.
- 머티리얼 인스턴스의 파라미터를 편집해서 원본 머티리얼을 원하는 만큼 다양하게 변형할 수 있다.
- 머티리얼 인스턴스 에디터에서 변경할 때마다 머티리얼 인스턴스를 다시 컴파일할 필요가 없기 때문에 뷰포트 업데이트 속도가 훨씬 빠르다.

ForeGround와 BackGround 랜드스케이프 메시에 머티리얼 인스턴스를 할당하는 것을 시작하자.

1. Shift 키를 누른 채 World Outliner 패널에서 ForeGround와 BackGround(스태틱 메시)를 함께 선택한다.

2. Content Browser 창의 소스 뷰 영역에서 Megascans | Surfaces | Canyon_Rocky_Ground_ulmiecglw 경로로 들어간다. 해당 폴더 내부에서 그림 9.15처럼 MI_Canyon_Rocky_Ground_ulmiecglw_2K 이름을 가진 머티리얼 인스턴스를 확인할 수 있다.

3. 이 머티리얼 인스턴스를 Details 패널의 ForeGround 및 BackGround 머티리얼 슬롯 영역으로 끌어다 놓는다. 그림 9.15에서 녹색 점선 윤곽선으로 슬롯을 강조 표시했다. 그러면 선택된 모든 스태틱 메시에 머티리얼 인스턴스가 적용된다. 이 머티리얼 적용 방법은 Viewport/World Outliner에 있는 메시에 적용할 수 있다.

그림 9.15 머티리얼을 ForeGround와 BackGround의 머티리얼 슬롯 영역으로 끌어다 놓는다.

4. 뷰포트에 있는 **ForeGround**와 **BackGround** 스태틱 메시는 이제 밝은 갈색 바위 머티리얼이 적용됐다.

방금 머티리얼/머티리얼 인스턴스를 한 번에 여러 메시에 할당하는 방법을 배웠다. 다음 절에서 머티리얼 인스턴스 에디터의 사용자 인터페이스를 알아보자.

머티리얼 인스턴스 에디터 사용자 인터페이스

이번 절에서는 머티리얼 인스턴스 에디터의 기본 사용자 인터페이스 영역에 대해서 알아보자. 그림 9.16은 머티리얼 인스턴스 에디터 창을 보여 준다.

그림 9.16 머티리얼 인스턴스 에디터의 기본 사용자 인터페이스 영역들

설명을 위해서 다양한 사용자 인터페이스 영역을 나타내기 위해 숫자와 하이라이트를 추가했다.

1. **툴 바**: Save 아이콘을 찾을 수 있다.

2. **뷰포트**: 현재 편집하고 있는 머티리얼 인스턴스를 확인할 수 있다.

3. **Details 패널**: 파라미터를 변경하고 머티리얼 인스턴스의 세부 정보를 볼 수 있는 곳이다.

이 튜토리얼에서 사용할 머티리얼 인스턴스 에디터의 세 가지 기본 사용자 인터페이스 영역에 대해서 방금 알아봤다. 다음 절에서 이 지식을 사용해서 머티리얼 인스턴스 편집을 시작한다.

머티리얼 인스턴스 편집

ForeGround와 **BackGround** 스태틱 메시에 적용한 머티리얼 인스턴스를 커스터마이징 하는 것으로 시작하자.

1. **Content Browser** 창에서 Canyon_Rocky_Ground_ulmiecglw 폴더로 들어간다.

2. **MI_Canyon_Rocky_Ground_ulmiecglw_2K** 머티리얼 인스턴스를 더블클릭한다. 이 머티리얼 인스턴스는 그림 9.15에서도 표시돼 있다. 머티리얼 인스턴스가 이제 열렸다.

3. 머티리얼 인스턴스 에디터의 **Details** 패널에서 **Parameter Group** | **00-Global** | **Tiling/Offset**을 찾는다. 이제 그림 9.17에서 강조 표시된 아래로 향하는 화살표를 클릭한다. 이렇게 하면 타일링 양을 늘릴 수 있는 **Tiling/Offset** 드롭다운 메뉴가 열린다. 먼저 **Tiling/Offset** 옆의 체크박스를 체크하고 **Tiling X**를 10, **Tiling Y**를 10으로 설정한다. 이렇게 하면 **ForeGround**와 **BackGround** 스태틱 메시에서 바위 머티리얼에 더 미세한 디테일이 있는 것처럼 보인다.

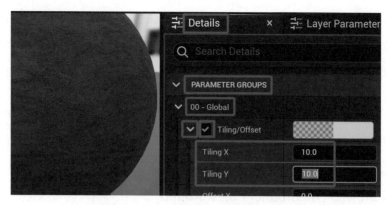

그림 9.17 머티리얼 인스턴스의 타일링 속성 편집

4. 다음으로 머티리얼 인스턴스의 색상을 조정한다. 공상 과학 테마에 더 잘 맞도록 이 머티리얼을 커스터마이징하고 싶기 때문이다. **Details** 패널에서 **Parameter Group | 01- Albedo | Albedo Tint**의 체크박스를 체크한다. 그러면 이 **Material Instance**의 **틴트**tint 색상을 편집할 수 있다. 그림 9.18에서 강조 표시된 것처럼 **Albedo Tint** 옆에 있는 색상 선택 막대를 클릭한다. 그러면 색상을 선택할 수 있는 **Color Picker** 창이 열린다. 그림 9.18에 표시된 색상 설정을 사용한다. 에디터 창을 닫기 전에 머티리얼 인스턴스를 저장한다.

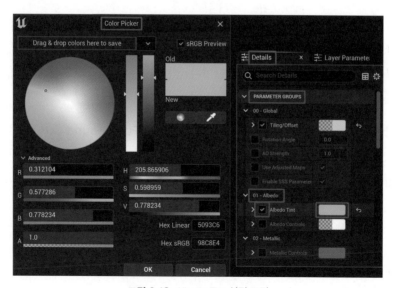

그림 9.18 Albedo Tint 설정 조정

5. 이제 바위 소재의 세세한 디테일(범프 디테일)을 강화한다. 이를 위해서는 **Normal 맵**의 강도를 높인다. **Details** 패널에서 **Parameter Group** | **05 – Normal** | **Normal Strength**를 찾는다. **Normal Strength** 체크박스를 체크하고 값을 3.5로 변경한다.

방금 타일링 양과 색상을 변경해 머티리얼 인스턴스를 편집하는 방법과 **Normal 맵** 영역의 디테일을 향상시키는 방법을 배웠다.

다음 절에서 퀵셀 브리지에서 임포트한 모든 바위 애셋의 색상(Albedo Tint)을 변경한다. 이렇게 하면 **ForeGround**와 **BackGround** 스태틱 메시의 머티리얼에 더 잘 맞고 새로운 미묘한 파란색 테마는 외계 행성 3D 영화 세트에 더 잘 맞도록 도와준다.

바위 애셋에 Albedo Tint 적용

이제 **ForeGround**와 **BackGround** 스태틱 메시에 약간의 푸른색 색조가 생겼으므로 테마와 일치하도록 모든 바위 애셋을 조정하자.

1. **Content Browser** 콘텐츠 뷰 영역에서 **Megascans** | **3D_assets** 경로로 들어간다. 이 폴더 안에는 퀵셀 브리지에서 가져온 16개의 바위 애셋이 모두 표시된다.

   각각의 16개의 폴더에는 스태틱 메시, 머티리얼 인스턴스 및 다양한 텍스처 맵이 있다. 색상(Albedo Tint)을 일치시키려면 폴더의 애셋 뷰 영역에서 뷰포트로 모든 스태틱 메시(바위 애셋)를 일시적으로 끌어다 놓는다. 눈으로 색상을 쉽게 일치시킬 수 있도록 서로 가깝게 배치한다.

2. 바위 애셋(스태틱 메시) 16개 모두가 뷰포트에 있고 **ForeGround** 스태틱 메시에 있으므로 뷰포트 메뉴 바의 보기 모드를 사용해서 그림 9.19처럼 기본 **Lit** 보기 모드를 **Unlit** 보기 모드로 변경한다.

그림 9.19 'Unlit' 보기 모드로 변경

3. 뷰모드가 **Unlit**으로 설정돼 있을 때 색상(Albedo Tint 사용)을 일치시키기 편하다. 모든 바위 애셋(스태틱 메시)이 밝은 갈색의 다른 음영을 갖고 있음을 알 수 있다. 스태틱 메시의 색상(Albedo Tint)을 변경하려면 해당 머티리얼 인스턴스를 편집해야 한다.

HANDY TIP

스태틱 메시의 머티리얼 인스턴스를 찾는 가장 쉬운 방법은 스태틱 메시를 선택한 다음 뷰포트 내부를 마우스 우클릭하는 것이다. 메뉴가 열린다. 이 메뉴에서 **Browse to asset**을 클릭한다. 그러면 **Content Browser** 창에서 선택한 애셋의 폴더가 열린다. 이 폴더에서 머티리얼 인스턴스를 찾을 수 있다.

4. 선택한 스태틱 메시 애셋의 머티리얼 인스턴스를 더블클릭해 머티리얼 인스턴스 에디터를 연다.

5. 선택한 머티리얼 인스턴스가 내부에 로드된 상태로 머티리얼 인스턴스 에디터가 열렸으니 앞서 머티리얼 인스턴스 편집 섹션의 4단계에서 이전에 했던 것과 동일한 방법으로 **Albedo Tint**를 변경한다. 바위 애셋의 **Albedo Tint** 속성을 약간 파란색 톤으로 변경한다. 사용하려는 색상의 정확한 파란색 톤은 사용자에게 달려 있다. 에디터 창을 닫기 전에 머티리얼 인스턴스를 저장한다.

6. 16개의 모든 바위 애셋에 대해서 동일한 작업을 수행한다. 모든 바위 애셋은 이제 약간 파란색 톤을 갖게 되며 서로 잘 어울린다. 이렇게 하면 3D 영화 세트의 파란색 테마와 일치하게 된다. 뷰포트 메뉴 모음에서 뷰모드를 다시 **Lit**으로 변경한다.

7. **Shift** 키를 누르고 모두 선택한 다음 **Delete** 키를 눌러서 뷰포트에서 (임시) 바위 애셋을 삭제한다.

방금 **Albedo Tint** 값을 조정해 머티리얼 인스턴스의 색을 커스터마이징하는 방법을 배웠다.

다음 절에서 언리얼 엔진 5의 새로운 나나이트 시스템을 바위 애셋에 적용하는 방법을 배운다.

바위 애셋에 나나이트 적용

이번 절에서 언리얼 엔진 5의 새로운 나나이트 시스템을 바위 애셋에 적용한다.

16개의 바위 애셋(스태틱 메시) 각각에 대해 별도로 **Nanite Support**을 활성화해야 한다. 다음 단계를 따라 한다.

1. 먼저 **Content Browser** 창에서 바위 애셋의 스태틱 메시를 더블클릭한다. 그러면 **Static Mesh Editor**가 열린다.

2. **Static Mesh Editor**에서 그림 9.20처럼 **Nanite settings**에 있는 **Enable Nanite Support** 체크박스를 체크한다. 에디터에서 애셋을 변경한 후에 툴 바 패널에서 **Save**를 클릭해야 한다.

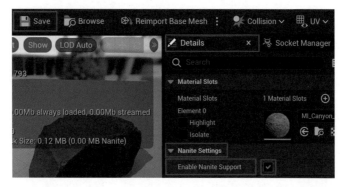

그림 9.20 스태틱 메시 에디터에서 각 바위 애셋에 대해 나나이트 활성화

모든 바위 애셋에 대해 나나이트를 활성화하면 언리얼 엔진 5의 퍼포먼스 속도가 크게 향상된다. 언리얼 엔진 5의 나나이트 시스템은 매우 효율적이어서 엔진이 수십억 개의 페이스(삼각형)를 쉽게 처리하고 거의 실시간으로 뷰포트에서 장면을 렌더링할 수 있다.

만약 바위 애셋에서 나나이트를 활성화하지 않으면 뷰포트 및 렌더링 성능이 저하된다.

방금 스태틱 메시 애셋에 대해 나나이트 시스템을 활성화하는 방법을 배웠다. 다음 절에서 **Content Browser** 창에서 콘텐츠 필터를 활용해서 작업 속도를 높이는 방법을 배운다.

Content Browser 창에서 애셋 필터 적용

3D 영화 세트에 애셋 배치를 시작하기 전에 **Content Browser** 창의 매우 유용한 기능을 빠르게 보여 주겠다. 여기에서 애셋 필터를 사용해서 **Content Browser** 패널의 애셋 뷰 영역에서(갤러리 보기 모드에서) 모든 바위 애셋을 볼 수 있다.

1. **Content Browser** 뷰 영역에서 **Content | Megascans** 경로로 들어가서 Megascans 폴더를 클릭한다.

2. **Content Browser**의 애셋 뷰 영역에서 3개의 줄무늬로 구성된 아이콘을 볼 수 있다. 이것은 **Content Browser** 창의 애셋 보기 영역에서 뷰를 필터링하는 데 사용할 수 있는 애셋 필터다. 해당 아이콘을 클릭한다.

그림 9.21 Content Browser 창의 애셋 뷰 영역에 애셋 필터 추가

3. 다양한 종류의 애셋 필터 목록이 포함된 메뉴가 나타난다. 모든 바위 애셋은 **스태틱 메시**이므로 스태틱 메시 필터를 선택한다. 모든 바위 애셋 스태틱 메시는 이제 그림 9.22와 같이 **Content Browser** 창의 애셋 뷰 영역에 나란히 표시된다.

Content Browser 애셋 뷰 영역에서 애셋 필터 기능을 사용하면 사용 가능한 애셋의 갤러리 목록에서 애셋을 선택하는 것이 매우 쉽다.

이렇게 하면 애셋을 찾기 위해 많은 폴더를 탐색할 필요가 없으므로 시간이 절약된다. 다음 절에서 사용할 수 있도록 이 애셋 필터를 활성화된 상태로 유지한다.

그림 9.22 이제 모든 바위 애셋이 Content Browser의 애셋 뷰 영역에 표시된다.

NOTE

애셋 필터를 제거하려면 필터 이름을 마우스 오른쪽 버튼으로 클릭하고 **Remove**를 선택한다.

이제 모든 애셋에 쉽게 접근할 수 있으므로 3D 영화 세트에 배치할 애셋을 시각적으로 결정할 수 있다.

방금 **Content Browser** 창에서 콘텐츠 필터를 사용하는 방법을 배웠다. 다음 절에서는 3D 영화 세트에 첫 번째 3D 애셋을 배치한다.

3D 영화 세트 제작

이제 마침내 3D 영화 세트 제작을 시작할 준비가 됐다.

3D 영화 세트에 배치하려는 첫 번째 바위 애셋은 매우 중요한 애셋이다. 이 특정 바위 애셋은 정확히 올바른 위치에 배치돼야 한다. 이것은 이 책의 뒷부분에서 공상 과학 여성 캐릭터가 이 바위 애셋에 앉아 있을 것이기 때문이다. 이제 시작하자.

1. Megascans 폴더를 선택한다. 애셋 필터가 활성화돼 있기 때문에 모든 바위 애셋은 **Content Browser** 창의 애셋 뷰 영역에 표시된다. S_Canyon_Sandstone_Boulder_uk4paev라는 바위 애셋을 선택한다.

2. 해당 바위를 뷰포트로 끌어다 놓는다. 그림 9.23에 해당 바위 애셋을 강조 표시했다.

3. **Details** 패널의 **Transform** 섹션에서 그림 9.23과 동일한 값을 **Location**, **Rotation**, **Scale**에 적용한다.

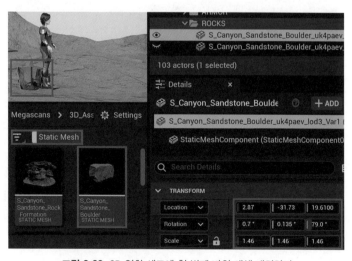

그림 9.23 3D 영화 세트에 첫 번째 바위 애셋 배치하기

4. 이제 첫 번째 바위 애셋이 3D 영화 세트에 배치됐으므로 Megascans 폴더에서 나머지 바위 애셋(스태틱 메시)을 **Content Browser** 창의 애셋 뷰 영역에서 뷰포트로 원하는 위치로 끌어다 배치할 수 있다. 일부 외계 식물 모델도 3D 영화 세트에 배치한다. 3D 영화 세트에 넣을 바위 애셋과 외계 식물 모델의 배치와 수는 사용자가 원하는 만큼 배치한다.

그림 9.24는 현재 3D 영화 세트가 어떻게 보여야 하는지에 대한 지도를 보여 준다.

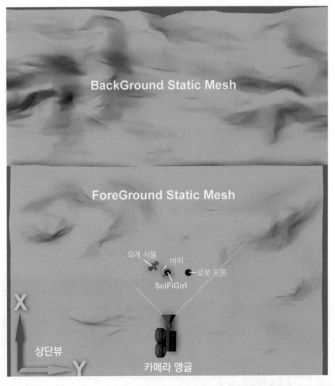

그림 9.24 평면도에서 본 현재 3D 영화 세트 레이아웃(지도가 카메라 각도와 일치하도록 회전됨)

이 단계에서 창의력을 발휘한다. 그러나 애셋을 배치할 때 단 하나의 규칙이 있으며 그림 9.25와 같이 **SciFiGirl, AlienPlant, S_Canyon_Sandstone_Boulder_uk4paev**(바위 애셋)과 **RobotDrone** 근처의 모든 바위 및 외계 식물 애셋으로부터 영역을 비워 두는 것이다.

빨간색 윤곽선 외부에 원하는 만큼 바위 및 외계 식물 애셋을 배치할 수 있다. 이것은 이 책의 뒷부분에서 공상 과학 여성 캐릭터가 걸어 들어가고 로봇 드론이 날아갈 수 있도록 장애물이 없는 영역이 필요하기 때문이다.

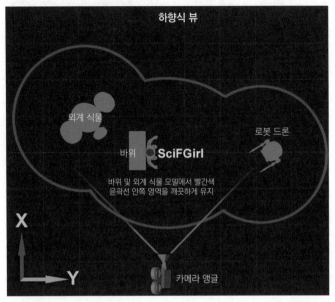

그림 9.25 바위 애셋 및 외계 식물 모델로부터 멀리 떨어져 있어야 하는 영역의 하향식(top-down) 뷰(지도가 카메라 각도와 일치하도록 회전됨)

HANDY TIP

뷰포트에서 애셋을 복제(복사)하는 쉬운 방법은 Alt 키를 누른 상태에서 마우스로 드래그하는 것이다. 애셋을 복제한 후에는 3D 영화 세트의 원하는 위치에 배치할 수 있다.

그림 9.26은 미리 배치한 방법에 대한 지도를 보여 준다(예시로만 사용한다). 3D 영화 세트에 애셋을 배치해 창의적으로 작업할 수 있다.

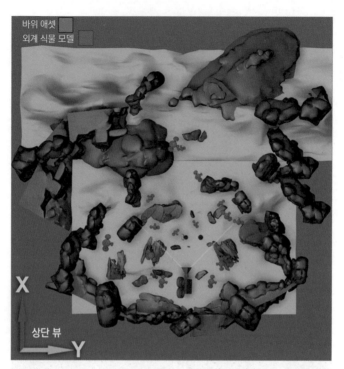

그림 9.26 바위 애셋과 외계 식물 모델이 추가된 완성된 3D 영화 세트(지도가 카메라 각도에 맞게 회전됨)

그림 9.27은 완성된 3D 영화 세트의 다른 뷰를 보여 준다.

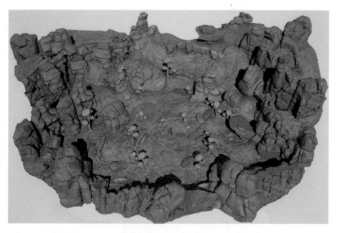

그림 9.27 바위 애셋과 외계 식물 모델로 구성된 완성된 3D 영화 세트의 다른 뷰

이제 이 책의 뒷부분에서 사용할 카메라를 통해서 3D 영화 장면을 살펴보자.

그림 9.28 카메라의 시야를 통해 본 완성된 3D 영화 세트

이제 3D 영화 세트가 완성돼 다음 단계, 즉 라이팅과 대기 시각 효과를 추가할 준비가 됐다. 이번 절에서 장면에 3D 애셋을 배치하는 방법과 3D 애셋을 뷰포트에서 직접 복제(복사)하는 방법을 배웠다. 또한 창의력을 발휘해 3D 애셋을 배치하는 경험을 얻었다.

이걸로 9장의 튜토리얼을 마친다.

⁑ 요약

축하한다! 자신만의 가상 3D 영화 세트를 구성하기 위한 9장의 튜토리얼을 완료했다.

또한 무료 리소스를 받고 영화 세트에서 원하는 스타일에 맞게 수정하는 방법도 배웠다. 마지막으로 영화 세트에 다양한 소품과 환경 애셋을 채우는 방법을 배웠다.

10장에서는 방금 만든 3D 영화 세트를 사용해서 신^{scene}을 비추는 방법에 대해서 알아보자. 그런 다음 안개, 렌즈 플레어, 광폭, 광축과 같은 분위기 있는 시각 효과를 추가해 최종 광택을 더하고 공상 과학 갑옷에 빛나는 효과를 추가한다.

11장에서 보자!

10

언리얼 엔진 5에서 라이팅 및 대기 효과 추가하기

9장에서 가상의 외계 행성 표면의 3D 영화 세트를 만드는 방법을 배웠다.

10장에서는 9장에서 만든 3D 영화 세트에 라이팅을 비추고 다양한 분위기의 시각 효과를 추가하는 단계별 과정을 살펴본다.

라이팅은 모든 장면에서 정말 중요한 측면이다. 라이팅은 전체 분위기와 주변 환경을 보는 사람의 감정적인 반응 측면에서 매우 많은 기여를 하기 때문에 3D 영화 세트의 분위기를 망치거나 시너지를 낼 수 있다.

안개Fog, **렌즈 플레어**Lens Flares, **라이트 블룸**Light Bloom, **빛 기둥**Light Shafts 같은 대기 효과들은 전통적인 영화 장면에서 날씨가 감정에 영향을 미치는 방식과 유사하게 3D 영화 세트의 분위기를 추가하는 데 도움이 될 수 있다.

이번 튜토리얼은 언리얼 엔진 초보자를 대상으로 하고 있다. 그렇기에 가장 기본적인 설정과 기법을 사용해서 3D 영화 세트의 라이팅과 대기 시각 효과에 초점을 둔다. 언리얼 엔진 5에서 훨씬 더 상세하고 사실적인 라이팅 및 대기 효과를 (더욱 고급 기능을 사용해서) 생성할 수 있지만 이는 해당 튜토리얼의 범위를 벗어난 것이다.

10장에서는 다음 주제를 다룬다.

- 3D 그래픽의 라이팅 기초

- 언리얼 엔진 5 프로젝트에서 루멘 사용

- 3D 영화 세트 라이팅

- 대기 시각 효과 추가

10장이 끝나면 라이팅이 무엇인지 알게 되며 3D 영화 세트에 대기 효과를 추가할 수 있다. 이제 시작하자!

기술 요구 사항

10장을 완료하려면 언리얼 엔진 5가 설치돼 있어야 한다. 만약 갖고 있는 언리얼 엔진의 버전이 상위 버전이더라도 이번 예제를 진행하는 데에는 문제가 없다. 다음 항목들이 이번 튜토리얼을 진행하는 데에 필요하다.

- 3D 애니메이션 소프트웨어를 구동할 수 있는 컴퓨터가 필요하다.

- UE 5.0.1. 엔진은 다음 사이트(https://www.unrealengine.com/en-US/download)에서 받을 수 있다.

- 언리얼 엔진 5의 기본적인 UI를 이해하려면 6장을 읽어야 한다.

3D 그래픽의 라이팅 기초에 대한 소개로 10장의 튜토리얼을 시작한다. 그리고 언리얼 엔진 5에서 사용할 수 있는 다섯 가지 라이팅 유형에 대해서 알아보자.

⠿ 3D 그래픽의 라이팅 기초

시작하기에 앞서 3D 컴퓨터 그래픽에서 라이팅이 무엇인지에 대한 기초적인 것부터 시작한다.

3D 그래픽에서 라이팅이란 무엇인가? 컴퓨터 그래픽 기술을 사용해 가상의 3D 세계 내부에 실제 라이팅을 시뮬레이션한 것을 말한다.

라이팅을 비춘다는 것은 무엇을 의미하는가? **라이팅**은 장면에서 라이팅을 만들고 배치하고 편집해서 원하는 분위기나 시각적 스타일을 만드는 작업이다.

라이팅은 이미지나 영화에서 이야기를 전달하는 데 도움을 준다. 라이팅을 사용해서 월드에서 주체, 전경 및 배경 요소를 구분할 수 있다. 3D 영화에서의 라이팅은 애니메이션화될 수 있으며 이것은 새로운 가능성을 열어 준다. 예를 들어, 3D 영화에서 애니메이션화된 라이팅을 사용해서 초점을 하나의 주체에서 다른 주체로 변경할 수 있다.

사실적이고 스타일화된 라이팅

라이팅은 사실적이거나 스타일화할 수 있다. 픽사^{Pixar} 또는 드림웍스^{DreamWorks}의 3D 애니메이션 영화에서 스타일리시한 라이팅을 생각해 보자. 여기서 스타일과 분위기는 단순한 실제 라이팅의 모습을 고수하는 것보다 훨씬 더 중요하다. 이 라이팅 방법은 3D 영화, 영화, TV 쇼 제작 산업에서 널리 사용된다.

목표가 사실적인 라이팅인 경우 실시간 **글로벌 일루미네이션**^{GI, Global Illumination}을 위한 **루멘**과 같은 언리얼 엔진 5의 새로운 기능을 사용해서 해당 목표를 달성할 수 있다. 다음 절에서 루멘을 다룬다.

심지어 월드가 사실적이어야 하는 경우에도 추가 커스텀 라이팅을 사용해서 원하는 뷰를 얻을 수 있다.

원할 때마다 GI와 커스텀 라이팅을 혼합할 수 있다. 예를 들어, 실제 세트와 배우를 위해 맞춤형 라이팅을 사용하는 모든 할리우드 영화나 사진 스튜디오 사진 촬영을 생각해 보자.

그림 10.1은 월드에 분위기를 더하고자 라이팅과 대기 시각 효과를 사용한 방법의 예시를 보여 준다. 이것은 외계 세계의 이야기를 전달하는 데 도움이 된다.

그림 10.1에서 위 이미지top image는 기본 라이팅으로 월드를 비춰서 매우 평범해 보인다. 반면에 아래 이미지bottom image에서는 동일한 장면을 커스텀 라이팅으로 비추고 대기 시각 효과를 추가했다.

그림 10.1 (위) 기본 라이팅과 효과가 없는 월드 (하단) 커스텀 라이팅과 대기 시각 효과가 추가된 월드

라이팅의 기초와 라이팅이 3D 그래픽에서 어떻게 사용되는지에 대해서 배웠다. 다음 절에서 기본적인 세가지 라이팅 기술에 대해서 살펴보자.

기본적인 세 가지 라이팅 기술

세 가지 기본적인 라이팅 기술은 3D 애니메이션 영화, 영화, TV, 사진, 그림, 무대 공연에서 일반적으로 사용된다. 그 라이팅 기술들은 **키 라이트**^{Key Light}, **필 라이트**^{Fill Light}, **림 라이트**^{Rim Light}다.

이 세 가지 라이팅 기술 중 하나를 사용하려면 월드에 커스텀 라이팅을 만들어야 한다. 라이팅 기법에 대해 언리얼 엔진 5에서는 디렉셔널 라이트^{Directional Light}, 포인트 라이트^{Point Light}, 스포트 라이트^{Spot Light}, 렉트 라이트^{Rect light}(Rectangular Light의 줄임말)와 같은 라이팅들을 사용할 수 있다. 다음 절에서 이러한 라이팅들에 대해서 배운다.

이러한 기본적인 라이팅 기술을 루멘과 같은 사실적인 라이팅 방법과 함께 사용하거나 단독으로 사용할 수 있다.

이제 세 가지 기본적인 라이팅 기술을 알아보자.

키 라이트

키 라이트는 주요 광원이다. 다른 모든 라이팅은 키 라이트를 보완한다. 일반적으로 이 라이팅은 대상을 가리킨다. 그림 10.2는 원숭이 머리 모델(이 모델은 블렌더 내에서 사용 가능한 수잔 원숭이^{Suzanne Monkey} 머리 모델이다)을 보여 준다. 모델은 단일 키 라이트(라이팅 유형은 디렉셔널 라이트다)로 비춰진다.

그림 10.2 키 라이트 사용

필 라이트

필 라이트는 어두운 영역을 채우거나 밝히는 라이팅이다. 월드에서 반사된 (간접)라이팅을 나타낸다. 키 라이트의 대비를 부드럽게 하고자 사용한다. 키 라이트에 색상이 있는 경우 일반적으로 필 라이트도 (키 라이트에 대한 보색으로) 색상이 지정된다.

필 라이트의 또 다른 유형은 주변광ambient light이다. 이것은 흐린 하늘의 라이팅과 같이 모든 각도에서 월드를 채우는 자연광이다. 그림 10.3, 파트 B에서 필 라이트와 키 라이트(여기서 사용된 라이팅 유형은 디렉셔널 라이트임)로 밝혀진 수잔 원숭이 머리 모델을 볼 수 있다.

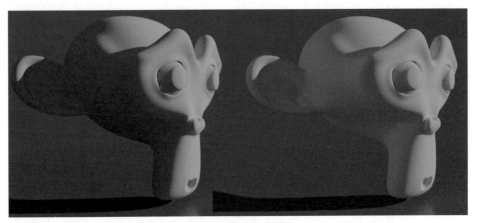

그림 10.3 (A) 키 라이트로만 비춰진 모델 (B) 키 라이트와 필 라이트로 비춰진 모델

다음 라이팅 기술인 림 라이트로 넘어가자.

림 라이트

림 라이트는 배경에서 피사체를 분리하는 데 사용된다. 림 라이트는 일반적으로 키 또는 필 라이트보다 더 강렬하며 모델 표면의 라이팅이 켜진 영역에서 라이팅이 없는 영역으로 더 선명하게 보인다.

그림 10.4, 파트 A에서 필 라이트와 키 라이트에 비춰진 모델을 확인할 수 있다. 그림 10.4, 파트 B에서 모델은 키 라이트, 필 라이트, 림 라이트에 비춰지고 있는 것을 확인할 수 있다.

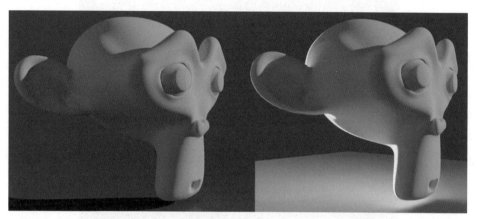

그림 10.4 (A) 필 라이트와 키 라이트로 모델을 비추고 있음 (B) 필 라이트, 키 라이트, 림 라이트로 모델을 비추고 있음

지금까지 3D 그래픽에서 커스텀 라이팅을 월드에 추가하는 데 사용되는 세 가지 기본 라이팅 기술에 대해서 알아봤다.

다음 절에서 언리얼 엔진 5에서 사용할 수 있는 라이팅 종류(광원)들을 알아보자.

언리얼 엔진 5에서의 라이팅 종류

언리얼 엔진 5에서는 몇 가지 라이팅 유형을 사용할 수 있다. 그림 10.5에서 이번 절에서 설명할 다섯 가지 라이팅을 표시한 것을 볼 수 있다.

월드에 이러한 광원을 추가하려면 툴 바에서 **크리에이트**create 아이콘(네모 상자에 + 표시가 있는 아이콘)을 클릭한다. 해당 아이콘은 그림 10.5의 상단 부근에 표시돼 있다.

방금 열린 드롭다운 메뉴에서 **Lights** 항목을 찾아서 추가하고 싶은 라이팅을 선택한다.

그림 10.5 오른쪽에 표시된 라이트 메뉴에서 사용할 수 있는 라이팅 유형

이제 **Lights** 메뉴를 찾는 방법을 배웠고 이전 스크린샷에 표시된 다섯 가지 라이팅에 대해서 자세히 알아보자.

- **Directional Light**: 이런 종류의 광원은 무한히 멀리서 방출되는 빛을 시뮬레이션 한다. 이 광원에서 나오는 광선은 서로 평행하다. 태양이 이런 종류의 빛의 한 예다. 디렉셔널 라이트에 관한 자세한 내용은 공식 언리얼 엔진 5 문서(https://docs.unrealengine.com/4.27/ko/BuildingWorlds/LightingAndShadows/LightTypes/Directional)를 참조한다.

- **Point Light**: 이 광원은 모든 방향으로 광선을 방출하는 광원이다. 전구가 이런 종류의 빛의 한 예다. 포인트 라이트에 대한 자세한 내용은 공식 언리얼 엔진 5 문서 (https://docs.unrealengine.com/4.27/ko/BuildingWorlds/LightingAndShadows/LightTypes/Point)를 참조한다.

- **Spot Light**: 이것은 한 점에서 광선이 방출되는 광원이다. 해당 빛은 원뿔 모양을 형성한다. 이러한 중류의 빛은 2개의 원뿔 각도를 갖고 있다. 즉 내측 원뿔 각도와 외측 원뿔 각도다. 내부 원뿔 각도는 최대 밝기다. 빛의 밝기는 외부 원뿔 각도의 가장자리 쪽으로 떨어진다. 손에 들고 다니는 횃불이 이런 종류의 빛의 한 예다. 스포트 라이트에 관한 자세한 내용은 공식 언리얼 엔진 5 문서(https://docs.unrealengine.com/4.27/ko/BuildingWorlds/LightingAndShadows/LightTypes/Spot)를 참조한다.

- **Rect Light**: 이런 종류의 빛은 직사각형 평면에서 방출된다. 렉트 라이팅에는 광원의 폭과 높이(Y축과 Z축) 설정이 있다. 컴퓨터 모니터와 텔레비전 화면이 이러한 종류의 빛의 한 예다. 렉트 라이트에 관한 자세한 내용은 공식 언리얼 엔진 5 문서(https://docs.unrealengine.com/4.27/ko/BuildingWorlds/LightingAndShadows/LightTypes/RectLights)를 참조한다.

- **Sky Light**: 이 빛은 월드의 먼 부분을 캡처한 다음 캡처한 결과를 광원으로 사용한다. 이 라이팅에 대해 실시간 캡처를 활성화하면 월드에서 라이팅을 이동할 때 스카이 라이트^{Sky Light}가 자동으로 업데이트된다. 스카이 라이트에 대한 자세한 내용은 공식 언리얼 엔진 5 문서(https://docs.unrealengine.com/4.27/ko/BuildingWorlds/LightingAndShadows/LightTypes/SkyLight)를 참조한다.

지금까지 3D 영화 세트를 밝히는 데 사용할 수 있는 다섯 가지 라이팅에 대해서 알아봤다. 또한 언리얼 엔진 5에서 이러한 라이팅을 월드에 추가하는 방법도 배웠다.

다음 절에서는 언리얼 엔진 5에서 놀라운 라이팅을 생성하는 데 도움이 될 라이팅 시스템인 **루멘**에 대해서 간략히 알아보자.

언리얼 엔진 5 프로젝트에서 루멘 사용

루멘은 언리얼 엔진 5에 내장된 **글로벌 일루미네이션**^{GI} 라이팅 시스템이다. 루멘은 이미 모든 새로운 언리얼 엔진 5 프로젝트에서 활성화돼 있다.

루멘은 월드에서 사실적이고 동적인 실시간 간접 라이팅 (반사된 라이팅)을 제공한다. 이것은 훌륭한 결과를 얻고자 많은 조정을 할 필요 없이 모든 GI 라이팅 계산을 수행한다. GI 라이팅 계산의 어려운 작업은 대부분 내부적으로 수행된다.

하지만 최종 수집 및 반사 품질을 수동으로 제어해야 하는 경우 **Details** 패널의 **Post Process Volume** 설정으로 이동해서 샘플 수를 늘릴 수 있다.

루멘은 기본적으로 소프트웨어 레이 트레이싱ray tracing을 사용하지만 하드웨어 레이 트레이싱이 활성화되면 높은 품질을 얻을 수 있다.

> NOTE
>
> 하드웨어 레이 트레이싱을 사용하려면 (NVIDIA RTX 시리즈 비디오 그래픽 카드처럼) 지원되는 비디오 그래픽 카드가 필요하다.

루멘을 사용할 때 주의해야 할 점

루멘을 사용할 때 다음 항목들을 주의해야 한다.

- 루멘의 소프트웨어 레이 트레이싱은 현재 스태틱 메시, 인스턴스화된 스태틱 메시, 계층적 인스턴스화된 스태틱 메시 및 랜드스케이프landscape에서만 작동된다. 스켈레탈 메시에 루멘을 사용하려면 **하드웨어 레이 트레이싱**을 활성화해야 한다.

- 순수한 흰색 또는 검은색의 알베도Albedo 값을 피한다. 이는 루멘이 GI를 사용해서 머티리얼에서 반사되는 빛의 양을 계산하기 때문이다. 실제 세계에는 순수한 흰색 또는 검은색 머티리얼이 없으므로 머티리얼이 순수한 흰색 또는 검은색을 사용하면 비현실적인 결과가 발생한다.

- 투명 머티리얼은 루멘에서 무시되고 마스크된 머티리얼은 불투명으로 처리된다.

- 표면의 발광emissive 머티리얼은 GI 계산에 기여한다. 발광 표면의 크기를 크고 상대적으로 어둡게 유지한다. 작고 매우 밝은 발광 표면은 문제가 있다.

- 루멘의 GI 솔루션의 최대 범위는 카메라에서 최대 200m다.

- 루멘은 나나이트가 활성화된 메시에서 훨씬 빠르게 작동한다. 나나이트 시스템을 사용하도록 모든 스태틱 메시를 변경한다.

다음 사이트(https://docs.unrealengine.com/5.0/ko/lumen-global-illumination-and-reflections-in-unreal-engine)에서 루멘에 관한 내용을 확인할 수 있다.

다음 사이트(https://docs.unrealengine.com/5.0/ko/lumen-technical-details-in-unreal-engine)에서 루멘의 기술적인 내용을 확인할 수 있다.

이번 튜토리얼에서는 루멘을 사용한다(루멘의 설정은 기본으로 활성화돼 있다).

월드에서 라이팅을 창의적으로 제어하기를 원하기 때문에 현실적인 루멘 GI 라이팅과 전통적인 라이팅 기술을 결합한다.

지금까지 루멘, 루멘의 한계, 프로젝트에서 루멘을 사용할 때 기억해야 할 유용한 팁에 대해서 배웠다. 또한 변경할 필요 없이 이미 프로젝트에서 사용되고 있다는 것도 마찬가지다.

다음 절에서는 10장의 실질적인 튜토리얼을 시작한다. 가장 먼저 해야 하는 것은 프로젝트를 준비하는 것이다. 시작해 보자.

∷ 프로젝트 준비

튜토리얼을 시작하기에 앞서 9장에서 만든 프로젝트를 불러온다. 이 프로젝트를 사용해서 10장의 튜토리얼을 계속 진행한다.

Atmospheric Fog와 **Sky Sphere**를 **World Outliner**에서 선택하고 **Delete** 키로 월드에서 삭제한다. 해당 애셋들이 삭제되는 순간 3D 영화 세트의 하늘이 완전히 어두워진다(왜냐하면 **Sky Sphere** 애셋을 삭제했기 때문이다). 하지만 걱정하지 말자. 이 모든 것이 이번 튜토리얼의 과정 중 일부다.

Atmospheric Fog 애셋을 삭제한 이유는 해당 안개보다 상위 버전인 **Exponential Height Fog**로 교체할 것이기 때문이다.

Sky Sphere를 제거한 이유는 Sky Sphere 대신에 Sky Atmosphere 시스템을 사용하기 때문이다.

World Outliner 패널에 여러 **Rock** 애셋, **ForeGround**, **BackGround**, 다양한 **AlienPlant** 스태틱 메시, **Planet1**, **SciFiGirl**, 16조각의 갑옷, **RobotDrone**, **Light Source**, **PostProcessVolume**, **Sky Light**만 존재한다.

방금 월드에서 필요 없는 애셋을 제거함으로써 초기 준비를 마쳤다.

다음 절에서 3D 영화 세트에 Sky Atmosphere 시스템을 추가하는 방법을 배운다.

⋮⋮⋮ 대기 시스템 추가

Sky Atmosphere 시스템은 언리얼 엔진 5 내부의 물리 기반^{physically-based}의 하늘 및 대기 렌더링 기술이다.

이 시스템을 사용하면 시간 설정을 조정해 현실적인 지구 또는 외계 행성 같은 분위기를 만들 수 있다. 이렇게 하면 한낮, 일몰 또는 일출과 같은 다양한 라이팅 시나리오를 만들 수 있다. Sky Atmosphere 시스템의 독특한 특징 중 하나는 대기를 통과하는 빛의 산란을 근사화해 대기 밀도를 시뮬레이션한다는 것이다.

Sky Atmosphere 시스템에 대해서 다음 사이트(https://docs.unrealengine.com/5.0/ko/sky-atmosphere-component-in-unreal-engine)에서 좀 더 확인할 수 있다.

이제 월드에 Sky Atmosphere 시스템을 추가해 보자.

1. 툴 바에서 **크리에이트** 아이콘을 클릭한다. **Visual Effect | Sky Atmosphere** 항목을 찾는다. 그림 10.6처럼 **Sky Atmosphere**를 클릭해서 월드에 추가한다.

그림 10.6 월드에 Sky Atmosphere를 추가

2. 뷰포트를 확인해 보면 화면에 수평선과 함께 맑고 푸른 하늘이 표시된다. 이제 **World Outliner** 패널에서 **Sky Atmosphere**가 추가된 것을 볼 수 있다. 3D 영화 세트에 맞게 **Sky Atmosphere** 시스템을 커스터마이징하는 과정을 알아보자.

3. **World Outliner** 패널에서 **Sky Atmosphere**를 선택한다. **Details** 패널에서 **Planet | Ground Radius**을 찾는다. 해당 값을 1로 변경한다. 이렇게 하면 수평선을 아래 로 움직인다. 하늘은 이제 균일한 푸른색을 갖게 됐다.

4. **Details** 패널에서 **Atmosphere | MultiScattering**으로 이동해서 값을 2로 변경 한다.

5. **Details** 패널에서 **Atmosphere – Rayleigh | Rayleigh Scattering**을 찾아서 색 상 바를 클릭한다. 열리는 색상 선택 메뉴에서 **R: 0.045, G: 0.41, B: 0.43**으로 설정 한다. **OK** 버튼을 눌러서 색상 선택 메뉴를 닫는다. 이렇게 하면 하늘의 색을 전형적 인 푸르스름한 하늘 색에서 더 외계 행성 같은 색으로 바뀐다.

지금까지 월드에 **Sky Atmosphere** 시스템을 추가하고 수평선 레벨을 조정하고 하늘의 색을 변경하는 방법을 배웠다.

다음 절에서 월드에 있는 라이팅을 조정하는 방법을 배운다.

⁝⁝ 3D 영화 세트 라이팅

이제 3D 영화 세트에 라이팅 작업을 진행할 준비가 됐다. 월드에 이미 배치돼 있는 **광원** Light Source을 조정하는 것으로 시작한다.

광원에 관련된 몇 가지 참고 사항이다.

- **광원**은 새로운 언리얼 엔진 5 프로젝트에 모두 포함돼 있다.
- 라이팅의 유형은 디렉셔널 라이트다.
- **Sky Atmosphere** 시스템은 **광원**을 월드에서의 태양으로 사용한다.
- **광원**은 이번 튜토리얼에서의 키 라이트다.

라이팅을 만들고 배치하기 전에 3D 영화 세트에 라이팅이 어떻게 배치되는지 간략하게 설명한다.

그림 10.7을 살펴보자. 이 다이어그램은 3D 영화 세트의 하향식 뷰를 나타내며 월드에 라이팅을 배치하는 기준 가이드 역할을 한다. 이러한 라이팅을 배치하는 데 필요한 모든 단계는 이 튜토리얼의 뒷부분에서 다룬다.

여기에서는 월드에서의 **광원**(태양)과 디렉셔널 라이트 라이팅을 어떻게 배치했는지 확인할 수 있다.

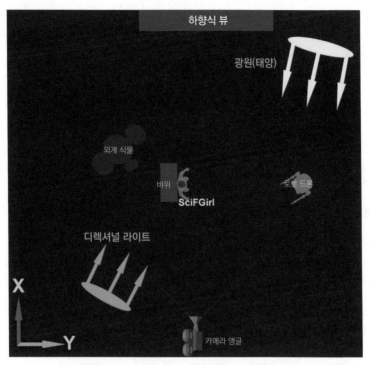

그림 10.7 3D 영화 세트의 라이팅 배치에 대한 하향식 뷰

지금까지 계획된 라이팅 배치에 대한 개요를 살펴봤다. 다음 절에서 키 라이트, 즉 **광원**에 대한 조정을 시작한다.

키 라이트 조정(광원)

1. **World Outliner** 패널에서 **Light Source**를 선택한다. **Details** 패널에서 **Transform** 항목을 찾는다(9장의 그림 9.2에 축을 표시해 뒀다).

2. **Light Source**의 **Transform** 값을 다음과 같이 설정한다.

   ○ 위치:

     – **X축**: 100

     – **Y축**: –225

     – **Z축**: 600

   ○ 회전:

     – **X축**: 56

     – **Y축**: –21

     – **Z축**: –174

3. 모든 축의 **Scale**을 2.5로 설정한다. 이 설정은 태양의 각도를 변경해서 3D 영화 세트의 바위 바로 위에 배치한다.

4. **Details** 패널에서 **Transform │ Mobility**를 찾아서 **Mobility**가 **Movable**로 돼 있는지 확인한다.

5. 이제 **광원**의 밝기를 조절하자. **Details** 패널에서 **Light │ Intensity**를 찾아서 5 lux로 설정한다.

6. 태양(**광원**)의 크기를 변경한다. 이것은 3D 영화 세트를 더욱더 외계 행성처럼 보이게 하는 데 도움이 될 것이다. 왜냐하면 태양은 실제 세계보다 더욱더 크게 나타나기 때문이다. **World Outliner** 패널에서 광원을 선택한다.

7. **Details** 패널에서 **Light │ Source Angle**를 찾아서 3으로 설정한다. 광원의 **Source Angle**^{소스 각도}를 증가시킴으로써 월드의 가장 중요한 두 가지를 변경했다.

   ○ 하늘에서 훨씬 더 크게 보이도록 태양(**광원**)을 확대했다.

   ○ **Source Angle** 뷰의 배율을 조정함으로써 그림자의 가장자리가 부드러워진다. 그림자는 그림자를 드리우는 물체로부터 머리 떨어져 있을수록 더 부드럽고 가까울수록 더 선명하다.

8. 이제 켈빈(K) 단위로 측정되는 태양(광원)의 색 온도를 조정한다. **Details** 패널에서 **Light | Use Temperature**으로 이동해서 체크박스를 체크해서 해당 기능을 활성화한다.

9. **Details** 패널에서 **Light**^{라이트} | **Temperature**^{온도}를 찾아서 5500으로 설정한다. 이 숫자는 빛 색상 온도를 조정한다. 낮은 숫자는 빛에 따뜻한 색상을 주고 높은 숫자는 차가운 색상을 준다.

10. 이제 월드의 간접 라이팅(반사광)을 조정한다. **Details** 패널에서 **Light | Indirect Lighting Intensity**로 이동해서 12로 설정한다. 이 설정은 간접 라이팅을 더 강렬하게 만들기 때문에 랜드스케이프 및 바위 애셋들의 음영 영역을 밝게 한다.

11. **Details** 패널에서 **Light | Volumetric Scattering Intensity**를 찾아서 10000으로 설정한다.

지금까지 다양한 설정을 조정해 태양(광원)의 모양과 밝기를 커스터마이징하는 방법을 배웠다. 다음 절에서는 월드의 그림자를 옅게 하기 위해서 스카이 라이트를 조정하는 방법에 대해 배운다.

첫 번째 필 라이트 조정

이전 절에서 간접 라이팅을 늘렸음에도 현재 월드의 음영 부분이 여전히 상당히 어둡다는 것을 확인할 수 있다.

월드의 그림자 영역을 밝게 하는 방법 중 하나는 스카이 라이트를 사용하는 것이다. 스카이 라이트는 여러 방향에서 빛을 방출하므로 음영 부분이 더 많은 빛을 받게 된다(따라서 더 밝게 나타난다). 스카이 라이트는 이번 튜토리얼에서 사용할 두 가지 필 라이트 중 하나다.

스카이 라이트에 몇 가지 조정을 해보자.

1. **World Outliner** 패널에서 **Sky Light**를 선택한다.

2. **Details** 패널에서 **Transform | Mobility**를 찾아서 **Mobility**가 **Movable**인지 확인한다.

3. **Details** 패널에서 **Light | Real Time Capture** 체크박스를 체크해서 해당 기능을 활성화한다. **Real Time Capture**를 활성화하자마자 월드의 음영 영역들이 조금 옅어진다.

4. **Details** 패널에서 **Light | Intensity Scale**을 찾아서 값을 6으로 설정한다. 이제 이전의 어두운 음영 영역이 모두 상당히 밝아진 것을 확인할 수 있다. **Intensity Scale** 값을 조정하면 월드가 하늘에서 받는 빛의 양이 증가하고 그림자가 밝아진다.

지금까지 스카이 라이트를 사용해서 그림자 영역을 밝게 하는 방법과 월드의 라이팅이 변경될 때 동적으로 업데이트되도록 해당 라이팅을 변경하는 방법을 배웠다.

다음 절에서 월드에 새로운 커스텀 광원을 추가하는지에 대해서 배운다. 새로운 라이팅은 두 번째 필 라이트다.

두 번째 필 라이트 추가

월드에 두 번째 필 라이트를 추가하자. 이번에 추가할 필 라이트의 라이팅 타입은 디렉셔널 라이트다.

> **NOTE**
>
> 디렉셔널 라이트는 **Sky Atmosphere** 시스템과 연결돼 있지 않다.

새로운 필 라이트는 월드의 음영 부분에 낮은 강도의 파란색 빛을 추가한다. 이 라이팅은 그림 10.7에 표시된 하향식 지도에 표시된 것처럼 키 라이트의 반대쪽에 위치한다.

새로운 필 라이트를 생성하자.

1. 툴 바에서 **크리에이트** 아이콘을 클릭해서 **Lights | Directional Light**를 찾는다. 그림 10.8처럼 **Directional Light**를 클릭해서 월드에 추가한다. 이 디렉셔널 라이트

는 강렬한 흰색 빛으로 즉시 월드를 밝혀 준다.

그림 10.8 월드에 또 다른 디렉셔널 라이트 추가

2. **Details** 패널에서 **Lights | Intensity**를 찾아서 0.8로 설정한다. 필 라이트(디렉셔널 라이트)가 조금 흐려진 것을 확인할 수 있다.

3. 디렉셔널 라이트에 대한 설정을 조정해 보자. **World Outliner** 패널에서 **Directiona lLight**를 선택한다. **Details** 패널에서 **Transform** 섹션으로 이동해서 **Y축 회전값**을 −18, **Z축 회전값**을 25로 변경한다. **Location**과 **Scale**은 그대로 둔다.

4. **Details** 패널에서 **Transform | Mobility**를 찾아서 **Movable**로 설정돼 있는지 확인한다.

5. **Details** 패널에서 **Light | Light Color**를 선택하고 흰색 막대를 클릭해서 색상 선택 메뉴 창을 연다. 이 메뉴에서 **R: 0.25, G: 0.5 B: 0.5**로 값으로 수정한다. 이렇게

하면 필 라이트의 색상이 어두운 청록색으로 변경된다. 월드의 파란색 테마와 더 잘 어울리기 때문에 해당 색상을 선택했다.

6. **Details** 패널에서 **Light** | **Cast Shadow**를 찾아서 체크박스의 체크를 해제한다. 이 라이팅은 어두운 음영 부분을 채우는 데만 사용하기 때문에 물리적으로 정확한 빛이 아니기 때문에 그림자 드리우기 기능을 제거한다. 그림 10.9, 파트 A는 필 라이트가 꺼진 월드를 보여 주고 그림 10.9, 파트 B는 필 라이트가 켜진 월드를 보여 준다.

그림 10.9 (A) 필 라이트가 없을 때 (B) 필 라이트가 켜져 있을 때

그림 10.10은 메인 오브젝트(SciFiGirl)에 키 라이트와 필 라이트가 적용됐을 때의 모습이다.

그림 10.10 키 라이트와 필 라이트가 적용된 SciFiGirl의 근접 사진

방금 월드에 새로운 커스텀 필 라이트를 추가하는 방법을 배웠다. 추가적인 필 라이트 유형은 디렉셔널 라이트이지만 언리얼 엔진 5의 모든 라이팅 유형을 필 라이트로 사용할 수 있다.

이것으로 이 튜토리얼의 라이팅 부분을 마친다. 다음 절에서는 3D 영화 세트에서 활용할 수 있는 다양한 대기 시각 효과를 알아보고 분위기 및 세련미를 추가한다.

대기 시각 효과 추가

월드에 안개를 추가하는 과정을 시작으로 이번 절을 시작한다.

안개 추가

3D 그래픽 세계의 안개는 현실 세계에서 안개가 어떻게 보이는지에 기반을 두고 있다. 가장 기본적인 안개는 월드의 모든 곳에 적용할 수 있지만 이번 튜토리얼에서는 언리얼 엔진 5에서 **익스포넨셜 하이트 포그**Exponential Height Fog라는 계층화된 밀도가 있는 유형의 안개를 사용하는 방법을 알아본다.

이러한 종류의 안개는 지면에 가까울수록 짙어지고 지면에서 멀어질수록 점차 옅어지는 안개다. 이렇게 하면 안개의 사실감에 도움이 되며 훨씬 흥미롭게 보인다.

익스포넨셜 하이트 포그의 개별 설정에 대해서는 다음 사이트(https://docs.unrealengine.com/5.0/ko/exponential-height-fog-in-unreal-engine)에서 확인할 수 있다.

이제 월드에 **익스포넨셜 하이트 포그**를 추가해 보자.

1. 툴 바에서 **크리에이트** 아이콘을 클릭한다. 그리고 **Visual Effect | Exponential Height Fog**를 찾는다.

2. 그림 10.11처럼 **Exponential Height Fog**를 클릭해서 월드에 추가한다. 지평선 근처에서 갑자기 하늘이 매우 밝아지고 풍경도 더 밝아지는 것을 알 수 있다. 이것은 방금 월드에 추가된 안개 때문이다.

그림 10.11 월드에 익스포넨셜 하이트 포그 추가

3. **World Outliner** 패널에서 **ExponentialHeightFog**를 선택한다.

4. **Details** 패널에서 **Transform | Mobility**를 찾아서 **Mobility**가 **Stationary**로 설정돼 있는지 확인한다.

5. **Details** 패널에서 **Exponential Height Fog Component | Fog Density**를 찾아서 값을 0.012로 설정한다. 이렇게 하면 안개의 밀도가 변경돼 밀도가 약간 낮아진다. 이제 하늘도 약간 더 어두워진다.

6. **Details** 패널에서 **Exponential Height Fog Component | Fog Height Falloff**를 찾아서 값을 2로 수정한다. 이렇게 하면 안개의 감쇠 범위가 변경된다. 감쇠 범위를 변경하면 안개가 수평선 주변에서 더욱 짙어지지만 수평선에서 멀어질수록 점차 얇아진다.

7. **Details** 패널에서 **Directional Inscattering | Directinal Inscattering Start Distance**를 찾아서 5000으로 변경한다.

월드에서 **Exponential Height Fog** 설정을 마쳤다. 안개의 효과가 매우 미묘하도록 안개에 저밀도 설정을 사용했다.

이 안개 효과는 월드에 약간의 분위기 있는 관점을 추가해서 더욱 분위기 있는 것처럼 보이게 한다.

> **NOTE**
>
> **Atmospheric Perspective**는 멀리 있는 물체가 대기를 통해서 보기 때문에 대기의 색상 중 일부를 취하는 경우다. 가까운 물체는 Atmospheric Perspective가 줄어든다. 현실 세계에서의 Atmospheric Perspective의 예는 멀리 있는 산들을 바라볼 때이다. 이 산은 하늘에서 밝은 파란색을 띤다.

그림 10.12, 파트 A에서 **Exponential Height Fog**가 비활성화된 3D 영화 세트의 뷰를 확인할 수 있다.

그림 10.12, 파트 B에서 **Exponential Height Fog**가 활성화된 3D 영화 세트의 뷰를 확인할 수 있다.

이것은 안개가 어떻게 월드에 **Atmospheric Perspective**를 추가할 수 있는지에 대한 좋은 예다.

그림 10.12 (A) 안개가 비활성화 (B) 안개 활성화

지금까지 **Exponential Height Fog**를 추가하고 커스텀하는 방법을 배웠다. 이 안개는 3D 영화 세트의 분위기를 형성하는 데 도움이 된다.

다음 절에서 **Exponential Height Fog**의 기능을 사용해서 안개 속에서 빛날 라이트 샤프트를 만들 수 있다.

라이트 샤프트 추가

라이트 샤프트^{Light Shafts}는 일반적으로 3D 그래픽에서 **볼류메트릭 라이트**^{volumetric lights} 또는 **갓 레이**^{God rays}라고도 하며 광선이 안개를 통해서 빛날 때 생성된다. 그림 10.13에서 월드에 표현되는 라이트 샤프트의 예를 볼 수 있다.

라이트 샤프트를 생성하려면 **Exponential Height Fog** 안의 **Volume Fog** 기능을 사용해야 한다. 이렇게 하면 디렉셔널 라이트가 안개를 통해서 빛날 라이트 샤프트를 생성하게 된다.

라이트 샤프트에 관해서는 다음 사이트(https://docs.unrealengine.com/5.0/ko/using-light-shafts-in-unreal-engine)에서 자세히 알아볼 수 있다.

이제 3D 영화 세트에 라이트 샤프트를 추가해 보자.

1. **Exponential Height Fog**를 선택한다. 그리고 **Details** 패널에서 **Volumetric Fog** | **Volumetric Fog**를 찾아서 체크박스를 체크한다. 이제 월드는 하얗게 바뀌지만 걱정하지 않아도 된다. 지금 이 문제를 해결할 것이다.

2. **Details** 패널에서 **Volumetric Fog** | **Scattering Distribution**을 찾아서 값을 0.22로 변경한다.

3. **Details** 패널에서 **Volumetric Fog** | **Albedo**를 찾아서 흰색 색상 바를 클릭해서 색상 선택 메뉴를 연다. 이 메뉴에서 **R**: 0.168, **G**: 0.558, **B**: 1로 값을 수정한다. 이렇게 하면 안개가 약간 파란색으로 변경되지만 아직 알아차리기 힘들다.

4. **Details** 패널에서 **Volumetric Fog** | **Extinction Scale**을 0.065로 변경한다. 이렇게 하면 안개의 밀도가 훨씬 낮아진다. 이제 이전 단계에서 지정한 안개 색상의 파란색 색조를 확인할 수 있다.

5. **Details** 패널에서 **Volumetric Fog** | **View Distance**를 찾아서 값을 1000으로 변경한다. 이제 안개는 뷰에 가까울수록 밀도가 낮아지기 때문에 훨씬 더 사실적으로 보인다.

6. 이제 **Volumetric Fog** 내부에 **Volumetric Shadow**를 생성하는 **Light Shaft Occlusion**이라는 기능을 추가해 보자. **Light Shaft Occlusion**은 오브젝트가 안개 내부의 디렉셔널 라이트를 가릴 때 생성되는 그림자를 추가한다.

7. **World Outliner** 패널에서 **Light Source**를 선택한다.

8. **Details** 패널에서 **Light Shaft** | **Light Shaft Occlusion**을 찾는다. **Light Shaft Occlusion** 옆의 체크박스를 체크한다. 이제 태양 빛을 가리는 물체 뒤에 그림자 영역volumetric shadows이 있음을 확인할 수 있다. 이 효과는 매우 미묘하므로 이를 확인하려면 뷰를 좌우로 이동해 봐야 한다. 그림 10.13은 외계 식물 뒤에 그림자 영역이 있는 것을 보여 준다.

그림 10.13 월드에 Light Shaft Occlusion이 적용된 Light Shafts

방금 **Exponential Height Fog** 및 **광원** 설정을 변경해 월드에 라이트 새프트Light Shafts 및 라이트 새프트 오클루전Light Shaft Occlusion을 추가하는 방법을 배웠다.

다음 절에서 3D 영화 세트에 최종 광택을 추가해서 라이트 블룸, 렌즈 플레어, 공상 과학 여성 캐릭터의 갑옷에 빛나는 효과를 추가한다.

렌즈 플레어 및 라이트 블룸

이제 라이팅이 완성되고 **Exponential Height Fog, Light Shaft, Sky Atmoshpere** 시스템을 추가했으므로 월드에 최종 광택을 추가해서 계속 진행하자.

태양의 빛을 보다 사실적으로 보이게 만드는 것부터 시작한다. 이를 위해서는 **라이트 블룸** 효과를 사용해서 태양이 주위에 빛나는 효과를 갖게 한다. **라이트 블룸** 효과는 또한 공상 과학 갑옷의 버튼들을 빛나게 한다.

라이트 블룸(라이트 글로우^{Light Glow}라고도 불린다)은 밝은 빛 경계선에서 방출되는 빛을 나타낸다.

라이트 블룸 효과에 대해서 다음 사이트(https://docs.unrealengine.com/5.0/ko/bloom-in-unreal-engine)에서 알아볼 수 있다.

다음 과정을 따라 한다.

1. **World Outliner** 패널에서 **PostProcessVolume**을 선택한다.

2. **Details** 패널에서 **Lens | Bloom | Method**를 찾는다. **Method**의 체크박스를 체크한다. 드롭다운 메뉴에서 **Standard**를 선택한다.

3. **Details** 패널에서 **Lens | Bloom | Intensity**를 찾는다. **Intensity** 체크박스를 체크한다. 그리고 값을 0.03으로 변경한다.

   그림 10.14에서 볼 수 있듯이 이제 태양(광원) 주변에 라이트 블룸 효과(빛나는 효과)와 태양의 방향에서 화면 아래쪽으로 발산되는 렌즈 플레어가 있는 것을 확인할 수 있다.

4. 현재 렌즈 플레어 효과가 너무 강렬하다. 강도를 약간 낮추자. **Details** 패널에서 **Lens | Lens Flares | Intensity**를 찾는다. 강도의 체크박스를 체크하고 값을 0.2로 변경한다. 이제 태양에서 발산되는 렌즈 플레어가 훨씬 더 미묘하다는 것을 확인할 수 있다. 그림 10.14는 렌즈 플레어를 보여 준다.

그림 10.14 태양에 렌즈 플레어 추가

5. 태양의 블룸 효과를 수정해서 더욱 흥미롭게 보이도록 하자. **World Outliner** 패널에서 **Light Source**(태양)를 선택한다.

6. **Details** 패널에서 **Light Shafts │ Light Shaft Bloom**을 찾는다. **Light Shaft Bloom** 체크박스를 체크한다. 이 옵션을 활성화하면 태양의 블룸 효과가 너무 강렬해진다. 다음 몇 단계에서 이 문제를 해결한다.

7. **Details** 패널에서 **Light Shaft │ Bloom Scale**을 찾는다. 그리고 값을 0.04로 변경한다. 블룸 효과가 조금 어두워진 것을 확인할 수 있다.

8. **Details** 패널에서 **Light Shaft Bloom Threshold**를 찾는다. 그리고 값을 0.9로 변경한다.

9. 태양의 블룸 효과에 붉은 오렌지 색조를 추가해 보자. 이렇게 하면 더 흥미롭고 외계 행성같이 보인다. **Details** 패널에서 **Light Shafts │ Bloom Tint**를 찾는다. 흰색 막대를 클릭해서 색상 선택 메뉴를 연다. 이 메뉴에서 값을 R: 0.5, G: 0.05, B: 0으로 변경한다. 이렇게 하면 태양의 블룸 색상이 빨강-오렌지 색조로 변경된다.

그림 10.15에서 **렌즈 플레어** 및 **라이트 섀프트 블룸**이 활성화된 상태에서 태양이 어떻게 보이는지 확인할 수 있다.

그림 10.15 (A) 렌즈 플레어와 블룸 효과가 없는 태양 (B) 렌즈 플레어와 블룸 효과가 활성화된 태양

이번 절의 2단계와 3단계에서 **PostProcessVolume** 내부의 블룸을 조정하면 그림 10.16과 같이 공상 과학 갑옷의 버튼들이 빛난다. 왼쪽 상단의 빛나는 버튼이 있는 팔뚝 갑옷의 클로즈업을 추가했다.

그림 10.16 갑옷의 버튼이 이제 빛이 난다.

이제 3D 영화 세트가 완성됐으며 그림 10.17에 표시된 뷰와 비슷하게 보여야 한다. 단, 월드는 다르게 배치돼 있을 것이다.

그림 10.17 완성된 3D 영화 세트

이제 전체 라이팅 프로세스를 완료했으며 안개, 라이트 셰프트, 렌즈 플레어, 라이트 블룸을 사용해서 3D 영화 세트의 분위기에 맞는 시각 효과를 추가하는 방법을 배웠다.

이것으로 실용적인 라이팅 및 대기 시각 효과 튜토리얼을 마친다.

요약

10장의 튜토리얼에서는 라이팅을 켜고 3D 영화 세트에 대기 시각 효과를 추가하는 방법을 배웠다. 이 지식을 향후 3D 영화 제작에 사용할 수 있다.

지난 10개의 장에서 3D 애셋 제작 과정과 언리얼 엔진 5에서 이러한 애셋을 사용하는 방법에 대해서 집중적으로 다뤘다.

11장에서는 외계 식물 모델의 리깅 과정을 살펴보자. 외계 식물에 생명을 불어넣는 애니메이션을 만들 수 있도록 메시에 스켈레톤을 추가하는 방법을 배운다.

⫸ 추가 자료

10장에서 다룬 주제에 대해 자세히 알아보려면 다음 자료들을 확인하자.

- *Post Process Effects in Unreal Engine*: https://docs.unrealengine.com/5.0/ko/post-process-effects-in-unreal-engine

- Lumen: Complete the Lumen Essentials (free) course for UE5: https://dev.epicgames.com/community/learning/courses/2Wo/lumen-essentials/dL16/introduction-to-lumen-essentials

- 언리얼 엔진 유튜브 채널에서 루멘 개요 보기: https://youtu.be/Dc1PPYl2uxA

3부

컨트롤 릭을 사용한 언리얼 엔진 5 애니메이션용 캐릭터 리깅

3부에서는 애셋을 쉽게 애니메이션화할 수 있도록 스켈레톤 및 컨트롤 릭을 만드는 방법을 다룬다.

3부에서는 다음 장들을 다룬다.

- 11장, 블렌더에서 외계 식물 조인트 설정하기

- 12장, 블렌더에서 외계 식물 스키닝하기

- 13장, 블렌더에서 로봇 조인트 설정 및 스키닝하기

- 14장, 컨트롤 릭을 사용해서 외계 식물의 커스텀 릭 만들기

- 15장, 언리얼 엔진 5에서 기본적인 IK를 가진 로봇의 컨트롤 릭 만들기

11

블렌더에서
외계 식물 조인트 설정

3장에서 외계 식물을 모델링하고 텍스처를 입히는 방법을 배웠다. 이번에는 외계 식물에 애니메이션을 붙여서 생명을 불어넣어 보자. 대부분의 3D 소프트웨어에서는 모델을 움직이는 데 여러 방법을 제공한다. 이것들 중에서 가장 일반적인 것은 두 가지 방법이다.

첫 번째 방법은 3D 모델을 직접 이동, 회전, 또는/그리고 스케일링해서 애니메이션화하는 것이다. 이 방법은 리지드^{rigid} 모델을 포함해서 간단한 애니메이션에 적합한 방법이다. 두 번째 방법은 모델의 구조에 연결돼 있는 **스켈레톤**^{skeleton}(**아마튜어**^{armature}라고도 불린다)을 사용하는 방법이다.

아주 간단한 애니메이션이 아닌 이상 애니메이션은 일반적으로 스켈레톤을 사용하는 것이 좋다. 3D 모델의 스켈레톤은 본^{bone}으로 구성된다. 실제 스켈레톤의 본이 사람의 전체적인 모양의 이동성을 정의하는 것처럼 3D 모델 스켈레톤의 본은 기본 구조에 해당하므로 애니메이션에서 모델의 어떤 부분이 움직일 수 있는지 정의한다.

일부 3D 소프트웨어에서는 본을 **조인트**joint라고 한다. 처음에는 혼란스러워 보일 수 있지만 실제로는 스켈레톤의 조인트로 생각하자. 11장의 끝에서 이것들과 같은 것을 보는 또 다른 방법이라는 것을 알게 된다.

11장에서는 다음 주제들을 다룬다.

- 스켈레톤을 사용할 모델 준비

- 3D 소프트웨어에서 부모/자식 구조

- 외계 식물에 스켈레톤 제작

기술 요구 사항

다음 사이트(https://www.blender.org)(작성 당시)에서 블렌더를 받아서 설치해야 한다. 11장에서 사용할 블렌더는 3.1.2이지만 몇몇 하위 버전 및 상위 버전도 사용할 수 있다.

또한 3D 사용자 인터페이스를 탐색하는 방법에 대한 기본적인 이해가 필요하다. 만약 건너뛰었다면 1장에서 다뤘으니 살펴보기 바란다. 블렌더 사용 방법에 대한 자세한 튜토리얼을 보려면 다음 사이트(https://www.blender.org/support/tutorials)에서 확인할 수 있다.

11장과 연관된 파일들은 다음 사이트(https://github.com/PacktPublishing/Unreal-Engine-5-Character-Creation-Animation-and-Cinematics/tree/main/Chapter11)에서 받을 수 있다.

스켈레톤을 만들 3D 모델 준비

인생의 많은 것과 마찬가지로 모든 것은 준비에 관한 것이다. 무엇이든 하기 전에 성공을 위한 3D 모델을 준비해야 한다. 여기에서는 최상의 결과를 위해 모델을 임포트하고 준비하는 방법을 배운다. 이는 다른 아티스트와 함께 팀이나 스튜디오에서 작업하는 경우에도 가장 좋은 방법이다.

블렌더에 외계 식물 임포트

외계 식물 모델은 **FBX 형식**을 통해서 블렌더로 임포트할 수 있다. 이는 언리얼 엔진 5, 블렌더, 마야, 3D 스튜디오 맥스를 포함한 대부분의 3D 소프트웨어 패키지에서 사용되는 범용 파일 형식이다. FBX에는 제한이 있으며 일부 프로그램 관련 항목이 포함되지 않는다. 주로 추가 작업을 위한 하나의 3D 프로그램에서 다른 프로그램으로 3D 애셋을 전달하는 데 사용된다.

외계 식물 모델을 임포트하려면 다음 과정을 따라 한다.

1. 그림 11.1처럼 블렌더를 실행해서 왼쪽 상단에 있는 **File | Import | FBX (.fbx)**를 찾아서 클릭한다.

그림 11.1 블렌더에 FBX 파일 임포트

2. **FBX (.fbx)**를 클릭하면 그림 11.2와 같은 창이 열린다. 이를 사용해서 이전에 저장한 외계 식물 FBX 모델 파일 또는 책 파일에 포함된 **FBX 모델 파일**을 찾는다. **FBX 파일**은 다음 사이트(https://github.com/PacktPublishing/Unreal-Engine-5-Character-Creation-Animation-and-Cinematics/tree/main/Chapter11/AlienPlant.fbx)에

서 받을 수 있다. 파일을 찾으면 오른쪽 하단 모서리에 있는 **Import FBX**를 클릭한다.

그림 11.2 블렌더 파일 검색을 통해서 FBX 파일 임포트

3. 외계 식물이 그림 11.3처럼 블렌더에 나타날 것이다.

그림 11.3 블렌더에 외계 식물 FBX가 임포트된 화면

모델을 임포트할 때 고려할 점

다음 단계로 이동하기 전에 일반적인 참고 사항으로 스켈레톤을 생성하려는 모델이 무엇이든지 3D 장면의 중간(일반적으로 월드의 원점이라고도 한다)에 가능한 한 완벽하게 배치됐는지 확인하는 것이 가장 좋다.

3D 모델이 3D 월드 축(X, Y, Z축) 중 하나에서 가능한 한 완벽하게 정면을 향하고 모델의 바닥이 지면에 있는 경우는 더욱 좋다. 예를 들어 언리얼 엔진 마네킹 모델은 그림 11.4와 같이 배치된다. 마네킹의 발은 지면에 있고 완벽하게 원점에 있으며 Y축을 똑바로 보고 있다.

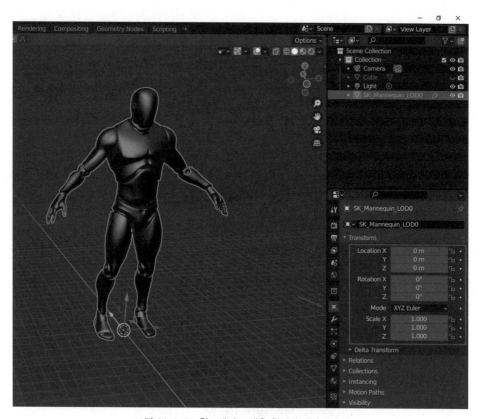

그림 11.4 3D 월드에서 모델을 원점에 위치시키기

블렌더에서 캐릭터의 발은 바닥(높이 0)에 있고 녹색과 빨간색 선이 교차하는 곳이 월드의 원점(0, 0, 0 좌표)임을 알 수 있다. 모델(이 경우 마네킹 모델)을 마우스 좌클릭하면 화면 오른쪽에 **Transform** 탭이 표시된다. 표시되지 않으면 빨간색 화살표로 표시된 **Object Properties**를 클릭한다. **Location** 및 **Rotation**은 모두 0, 0으로 설정하고 **Scale**은 모두 1로 설정한다. 해당 숫자는 숫자를 클릭하고 변경하면 된다.

모델의 로컬 피벗local pivot을 월드의 원점으로 이동하도록 해당 값을 설정하는 것이 가장 좋다(권장). 그러나 모델이 바닥에 달라붙거나 방향, 크기 조정이 잘못된 경우 쉽게 수정할 수 있다. 스켈레톤을 생성하기 전에 모델의 비율도 정확해야 한다.

외계 식물 스케일링 및 위치 잡기

스켈레톤 생성으로 이동하기 전에 외계 식물을 다시 살펴보자. 위치와 크기가 올바르게 조정됐는지 확인하자. 모델은 바닥에 있고 불규칙한 가지를 갖고 있기 때문에 가능한 한 평평한 곳에서 정면을 향하고 있다. 그러나 비율은 어떨까? 확인해 보자. 이는 여러 가지 방법으로 확인할 수 있다.

덜 정확한 방법은 인간 캐릭터(예: 언리얼 엔진의 마네킹)를 월드로 가져오고 다른 3D 개체의 크기를 조정해 상대적인 인간 크기와 시각적으로 일치시키는 것이다. 종종 비율이 알맞게 설정된 플레이어 캐릭터에 비례해서 사물이 보이는지 재확인하기 위해서 이 작업을 수행한다.

블렌더에서 개체의 크기를 확인하는 가장 쉽고 정확한 방법은 그림 11.5와 같이 **측정 툴** Measure Tool을 사용하는 것이다.

1. 외계 식물 모델을 평평한 측면 뷰에서 더 쉽게 측정할 수 있도록 뷰포트를 **Right Orthographic** 뷰로 바꾼다.

2. 왼쪽의 툴 바에서 X로 표시된 **Measure Tool**을 선택한다.

3. 외계 식물 모델의 베이스(A)에 마우스 좌클릭한 상태에서 식물의 상단으로 드래그한다. 측정 툴 가이드를 완료하려면 B에서 마우스 버튼을 놓는다.

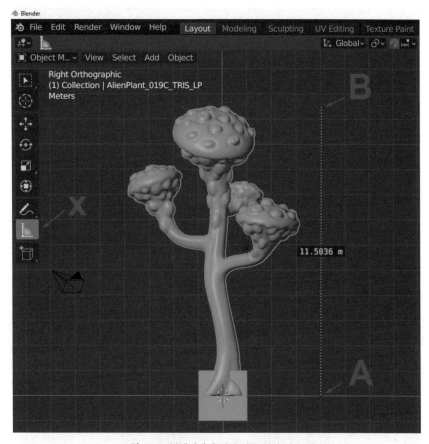

그림 11.5 블렌더에서 외계 식물 위치 및 크기

이제 이 특정 외계 식물 모델의 높이가 약 11.5미터임을 알 수 있다. 맞춤 제작된 식물은 비율이 다를 수 있으므로 이는 단지 설명을 위한 것이다. 마지막 장면에서는 그림 11.6과 같이 사람보다 약간 더 큰 2.2m에서 2.4m 정도로 만든다.

4. 이전 단계를 반복해서 다른 **측정 개체**를 만들지만 이번에는 개체의 높이가 약 2.4m가 되도록 끌어서 놓는다.

5. 스케일 툴을 사용해서 외계 식물을 해당 가이드 높이로 조정한다. 스케일 툴을 사용하는 동안 측정 툴은 사라지지만 참조를 위해 스케일 툴과 측정 툴 사이를 전환할 수 있다.

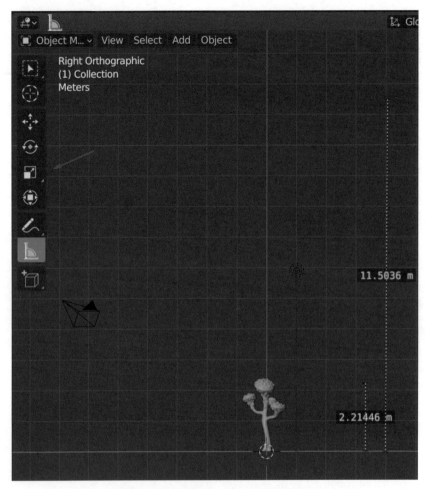

그림 11.6 스케일 툴로 외계 식물 스케일링

TOOL NOTE

처음에 블렌더를 실행했을 때 있는 큐브가 아직 존재한다면 이제 필요하지 않고 방해가 될 가능성이
높으므로 이 시점에서 삭제할 수 있다.

6. 그런 다음 그림 11.7과 같이 **View | Frame Selected** 또는 숫자 패드의 마침표(.)
키(키보드 단축키 설정에 따라서 다름)를 사용해서 크기가 수정된 식물에 초점을 맞추도
록 월드를 재구성할 수 있다.

그림 11.7 블렌더 뷰포트에 선택된 외계 식물을 뷰의 중심으로 설정

7. 마지막으로 오른쪽 상단 모서리에서 **Object | Apply | All Transform**을 클릭한다. 이렇게 하면 그림 11.8과 같이 3D 모델의 실제 크기에 영향을 주지 않고 3D 모델의 모든 변환값을 기본 0, 0, 0 및 스케일 1, 1, 1로 재설정한다.

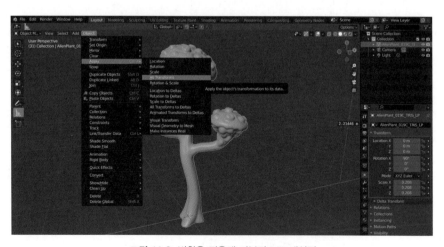

그림 11.8 변환을 적용해 기본값으로 재설정

이렇게 하는 이유는 스켈레톤 생성, 스키닝, 리깅이 훨씬 쉬워지기 때문이다. 그것은 작업을 멋지고 깔끔하게 유지하며 팀에서 다른 아티스트와 함께 작업하는 경우 일반적으로 좋은 습관이다. 기본값이 아닌 비율 및 변환값이 있는 스키닝된 모델이 있으면 나중에 혼란스러울 수 있다.

또한 일단 캐릭터가 스키닝되면 나중에 일부 3D 패키지에서 모델의 크기를 조정하기가 매우 어려워진다. 언리얼 엔진에서는 그렇게 큰 문제는 아니지만 나중에 파이프라인에서 다른 3D 패키지를 사용해야 하는 경우를 대비해서 스키닝하기 전에 올바른 비율을 갖는 것이 좋다.

.fbx 모델을 임포트하고 월드 위치 및 비율을 확인하는 방법을 배웠다. 자체 모델링한 외계 식물이 3D 월드에서 최적의 위치에 있는지 확인한 후 다음 단계로 넘어갈 차례다. 또는 다음 사이트(https://github.com/PacktPublishing/Unreal-Engine-5-Character-Creation-Animation-and-Cinematics/tree/main/Chapter11/AlienPlant.fbx)에서 제공된 외계 식물 모델을 가져온다.

다음으로 3D 소프트웨어에서의 부모/자식 관계에 대해서 알아보자.

3D 소프트웨어에서의 부모/자식 구조

스켈레톤 자체를 만들기 전에 잠시 시간을 내서 3D 프로그램에서 **계층**hierarchy 구조라고도 하는 **부모**parent 및 **자식**child 개념에 대해 설명한다.

3D 소프트웨어의 부모/자식 계층 구조는 부모가 아이의 손을 잡고 있을 때 아이가 항상 부모를 따라 돌아다닌다는 간단한 개념으로 설명된다.

하지만 아이가 당기면 부모는 아이를 따라가지 않는다. 이제 부모와 4명의 자녀(자녀 A, 자녀 B, 자녀 C, 자녀 D)가 있는 가족을 상상한다. 그림 11.9와 같이 다음 방식으로 연결된다.

- 이제 부모를 선택하면 그림 11.9와 같이 계층 구조의 맨 위에 있으므로 모든 자식이 부모와 함께 이동한다.

- 자식 A와 자식 B가 부모의 자식인 것과 마찬가지로 자식 B는 자식 C와 자식 D의 부모다. 자식 B만 선택하고 이동하면 그림 11.9와 같이 자식 C와 자식 D가 따라오고 나머지는 그대로 유지된다.

- 자식 A, 자식 C, 자식 D는 부모/자식 계층 구조의 끝에 있으며 이들을 선택해서 이동하면 그림 11.9와 같이 부모와 자식 B는 같은 위치에 유지된다.

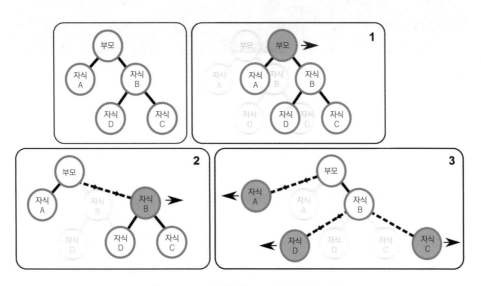

그림 11.9 부모/자식 계층 구조가 작동하는 방법

스켈레톤 계층은 이러한 부모/자식 관계와 동일한 방식으로 작동한다. 그림 11.10은 마야의 표준 언리얼 엔진 마네킹 손 스켈레톤의 예를 보여 준다. 조인트 사이의 관계를 시각적으로 조금 더 이해하기 쉽기 때문에 마야에서 보여 주기로 했다.

작은 원은 실제 조인트 피벗joint pivot이다. 길쭉한 삼각형 선은 부모/자식 연결 고리로, 부모 쪽 삼각형의 두꺼운 부분이 자식을 향할수록 가늘어진다. 대부분의 3D 소프트웨어는 비슷한 방식으로 표시한다.

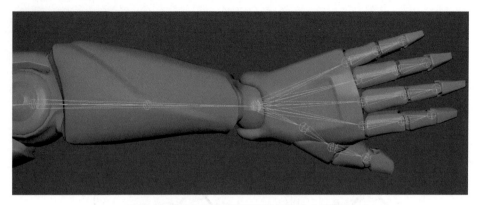

그림 11.10 3D 소프트웨어에서의 표준 팔 스켈레톤

부모/자식 구조는 블렌더에서 같은 방식으로 작동한다. 하지만 블렌더는 때때로 부모를 조금 다르게 표시하며, 커스텀 부모가 생성됐을 때 살짝 시각적으로 혼란스러울 수 있다. 그러나 우리가 스켈레톤을 만들 때 나머지 장에서 볼 수 있듯이 걱정할 필요 없다.

이제 자식/부모 계층 구조를 이해했으므로 스켈레톤을 만드는 단계로 넘어갈 수 있다.

⠿ 외계 식물에 사용할 스켈레톤 제작

블렌더는 모델이나 캐릭터의 뼈대와 조인트를 만드는 데 사용할 수 있는 많은 3D 소프트웨어 패키지 중 하나일 뿐이다. 대부분은 거의 같은 종류의 작업 방식을 사용하지만 약간의 차이가 있다. 블렌더에서 뼈대와 해당 본은 스톱 모션stop motion 애니메이션 및 일부 조각에 사용되는 와이어 지지대의 이름을 따서 명명된 **아마튜어**Armature라는 그룹 아래에 생성된다. 블렌더는 그것들을 스켈레톤이라고 부르지 않을 수도 있지만 업계에서는 일반적으로 스켈레톤이라고 부른다.

이제 외계 식물 스켈레톤을 만들 준비가 끝났다. 블렌더는 뷰포트에서 계층 구조를 부모로 표시하는 방법에 약간 이상한 점이 있지만 실제로는 대부분의 3D 패키지 구조와 동일하다.

스켈레톤 제작

11장의 앞부분에서 언급했듯이 블렌더에서 스켈레톤은 **아마튜어**라는 이름으로 그룹화된다. 이제 식물에 스켈레톤을 만드는 방법을 알아보자.

1. 그림 11.11처럼 블렌더 인터페이스의 왼쪽 상단에서 **Add** | **Armature**를 클릭한다.

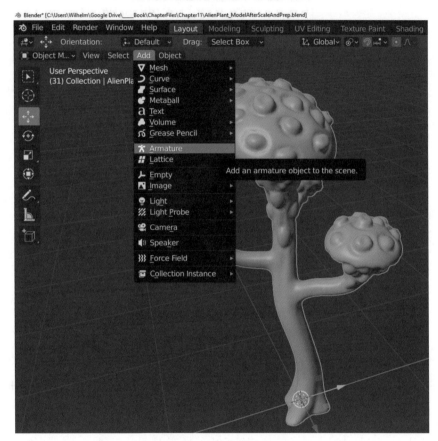

그림 11.11 블렌더에 아마튜어 추가

화면 왼쪽 하단에 **Add Armature** 메뉴가 나타난다. 여기에서 단위를 확인할 수 있다. 필요한 경우 그림 11.12와 같이 본이 더 크고 화면에 더 잘 보이도록 1m로 변경한다.

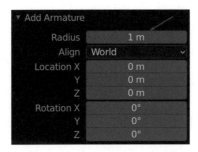

그림 11.12 블렌더에서 본 크기 설정

2. 새로 만든 아마튜어를 선택한 상태에서 화면 오른쪽 하단의 **Properties** 탭(Object Data Properties)에서 녹색 막대 그림인 **Stick Figure** 탭을 클릭하고 **Viewport Display**를 확장한 다음 확인란을 클릭해서 **In Front** 및 **Axes**를 체크한다. 그림 11.13에 나와 있다.

그림 11.13 본 뷰포트 표시 설정

이렇게 하면 3D 모델 위에 스켈레톤 뼈대가 표시돼 작업하기가 편해진다. 축은 본의 축(로컬 방향)을 표시한다. 어떤 경우에는 뷰포트에서 이것을 보는 것이 매우 유용하므로 스위치를 켜는 것이 좋다.

그림 11.14와 같이 뷰포트에서 **아마튜어** 그룹과 **신 컬렉션**Scene Collection을 볼 수 있다.

> **NOTE**
>
> 아마튜어가 월드의 원점에 나타나지 않으면 3D 커서를 다시 월드 원점으로 재설정할 수 있다. 아마튜어는 다른 개체와 마찬가지로 커서에 생성된다. 드롭다운 메뉴를 사용해서 해당 작업을 수행한다. 화면 왼쪽 상단에서 **Object** | **Snap** | **Cursor To World Origin**을 클릭한다.

그림 11.14 블렌더의 본 뷰포트 디스플레이

3. 작은 삼각형을 클릭해서 계층 구조를 확장하면 그림 11.15와 같이 아마튜어가 현재 본 하나만 있는 것을 확인할 수 있다. 나중에 볼 수 있듯이 부모/자식 계층 구조를 확인하기에 좋은 곳이다.

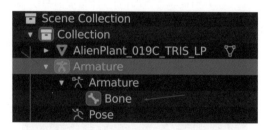

그림 11.15 블렌더 월드 컬렉션의 본 계층 구조 표시

다음으로 월드의 원점에 첫 번째 본, 즉 우리가 **루트 본**root bone이라고 부르는 것을 유지하고 싶다. 이 본은 나중에 언리얼 엔진에서 3D 월드의 원점에 대한 전체 스켈레톤의 좋은 전반적인 부모 역할을 한다. 하지만 시각적으로 본이 너무 커 보이므로 축소하자.

4. 블렌더를 **Edit Mode**로 전환한다. 이제 그림 11.16처럼 모든 일반 편집 툴을 뼈대에서 사용할 수 있다.

그림 11.16 블렌더에서 에디트 모드와 스케일 툴을 갖고 뼈대 수정

5. 이동 툴을 선택한 다음 뷰포트에서 본의 끝에 있는 작은 구를 선택한다. Z축 아래쪽으로 이동한다. 작은 구를 아래로 이동하면 본이 축소되는 것을 볼 수 있다. 그림 11.17과 같이 시각적으로 방해가 되지 않을 때까지 이동한다.

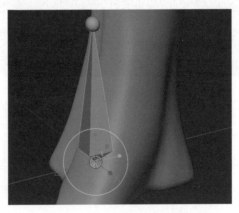

그림 11.17 블렌더에서 뼈대 크기 수정 결과

6. 이제 본 자체를 선택하고 **Armature** | **Duplicate**를 클릭해서 그림 11.18과 같이 본의 또 다른 복사본을 만든다. 새 본은 다시 클릭할 때까지 마우스와 함께 이동한다. 이 단계 후에 잘못된 위치에 있더라도 걱정하지 말자.

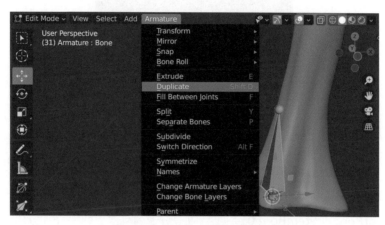

그림 11.18 블렌더에서 본 복제 및 수정

7. 나중에 그림 11.19와 같이 이전 본 위에 배치할 수 있지만 대략적으로 식물 줄기의 중간에 배치할 수 있다. 이제 **Scene Collection** 계층 구조에 본이 추가된 것을 확인할 수 있다.

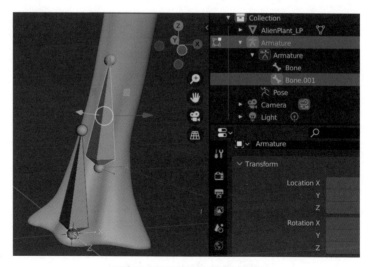

그림 11.19 복제된 본 이동 및 수정

8. **Scene Collection**에서 본의 이름을 더블 클릭해서 그림 11.20과 같이 RootBone과
StemBone01로 이름을 변경한다.

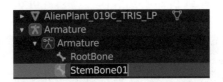

그림 11.20 블렌더에서 본의 이름 변경

부모/자식 구조 만들기

그러나 문제가 있다. **RootBone**이 전체 스켈레톤의 부모가 돼 다른 모든 본이
RootBone을 따르기를 원한다. 현재 계층 구조 자체는 우리가 **플랫**^{flat}이라고 부르는 상태다. **RootBone**과 **StemBone01**은 모두 계층 구조에서 동일한 수준에 있으므로 어느 쪽도 다른 쪽을 따르지 않는다. 이것을 수정해 보자.

1. 아직 **Edit Mode**에 있는 동안 뷰포트에서 먼저 **StemBone01**을 선택한다. 키보드에서 **Shift** 키를 누른 상태에서 **RootBone**을 두 번째로 선택한다. 마지막으로 선택한 개체에 부모 역할이 부여되므로 선택 순서가 매우 중요하다. 그림 11.21처럼 왼쪽 상단 모서리에서 **Armature | Parent | Make**를 클릭한다.

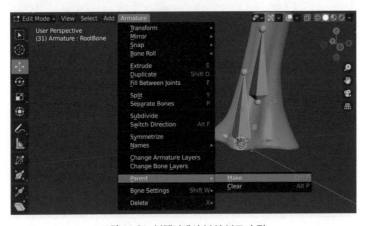

그림 11.21 블렌더에서 본의 부모 수정

2. 두 번째 메뉴가 열린다. **Keep Offset**을 그림 11.22처럼 선택한다.

그림 11.22 본의 부모를 설정할 때 Keep Offset 메뉴 선택

3. **Scene Collection**을 다시 보면 **StemBone01**이 사라진 것처럼 보이지만 작은 삼
   각형을 클릭하면 계층 구조가 확장되며, **StemBone01**은 이제 그림 11.23에서
   보다시피 **RootBone**의 자식이다.

그림 11.23 Scene Collection에서 본 계층 구조 표시

뷰포트에서 해당 본의 부모는 그림 11.24처럼 점선으로 표시돼 있다.

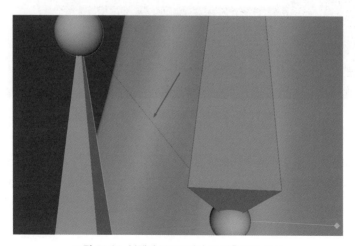

그림 11.24 블렌더 뷰포트에서 본 계층 구조 표시

이제 필요할 때 커스텀해서 부모를 설정하는 방법을 배웠다. 이제 더 긴 조인트 체인^{joint} chain을 빠르게 만드는 방법을 알아보자.

메인 줄기에 긴 조인트 체인 만들기

이제 외계 식물의 메인 줄기를 만드는 데 더 긴 스켈레톤 부모/자식 체인이 필요하다. 메인 줄기의 아래쪽에서 위쪽까지 충분히 긴 체인이 생길 때까지 이전 단계를 하나씩 반복하는 대신 본에 대한 특수 **돌출**^{extrude} 기능을 사용한다.

1. 다음 단계는 원근감이 아닌 **Right Orthographic** 뷰에서 더 잘 수행된다. **StemBone01**의 골격 상단에 있는 작은 구를 선택한 다음 **Armature** | **Extrude**를 클릭한다. 마우스를 다시 클릭할 때까지 골격이 돌출된다. 또한 그림 11.25와 같이 기본 블렌더 설정으로 **E**라는 단축키가 설정돼 있다.

그림 11.25 본들을 돌출시키면서 더 많은 본 생성

2. **Armature**가 그림 11.26과 비슷해질 때까지 이 단계를 반복한다. 나중 단계에서 본 체인을 연결하고자 가지의 각각 갈라진 부분에 본을 만들었다. 그림 11.26에서 화살표로 표시했다.

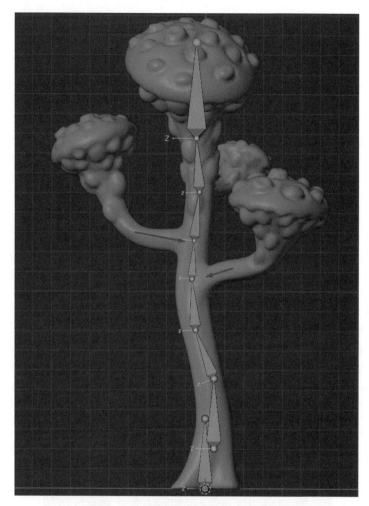

그림 11.26 돌출된 본 결과 및 줄기에 대한 본

3. 이제 **Back Orthographic** 뷰로 전환한다. **Right Orthographic** 뷰에서 돌출했기 때문에 해당 뷰를 기준으로 평평한 평면에 돌출이 생성됐다. 이것이 우리가 원했던 것이다. 이제 후면(외계 식물의 측면) 뷰에서 조정하기만 하면 된다.

이를 수행하는 가장 쉬운 방법은 골격 상단에 있는 작은 구를 선택하고 이동하는 것이다. 기본 골격을 선택하고 필요한 경우 이동할 수도 있지만 다르게 동작한다. 그림 11.27과 같이 자유롭게 테스트해 본다.

그림 11.27 본 위치 수정

IMPORTANT NOTE

이러한 종류의 뼈대를 만드는 목적은 본이 메인 줄기의 중간을 따라 충분한 간격으로 내려가도록 해서 스키닝했을 때 괜찮은 변형을 얻도록 하기 위해서다. 몇 가지 작업을 수행하고 나면 향후 프로젝트에서 뼈대를 배치하기에 가장 좋은 위치를 감잡기 시작할 것이다.

줄기 프로파일을 따라서 본을 이동하고 나면 그림 11.28과 같이 보일 것이다.

그림 11.28 본을 이동하고 난 후의 후면과 측면 뷰

3D 모델 주위를 탐색해 본이 메인 줄기 내부에 잘 배치돼 있는지 확인한다. 그렇지 않은 경우 배치에 만족할 때까지 약간 조정한다.

이제 외계 식물의 메인 줄기를 위한 완전한 본 체인을 갖게 됐다. 다음으로 동일한 스켈레톤의 일부로 가지에 대한 추가 뼈대를 만드는 방법을 알아보자.

가지에 스켈레톤 만들기

가지를 만들고자 **Extrude**와 **Subdivide**을 사용한다. 후자는 사용 가능한 기술 중 하나이며 빠른 조인트 체인을 만드는 데 유용하다.

1. 먼저 가지가 분기돼 이전처럼 돌출되는 작은 구체 중 하나를 선택한다. 이번에는 그림 11.29와 같이 조인트가 분기되는 것을 볼 수 있다.

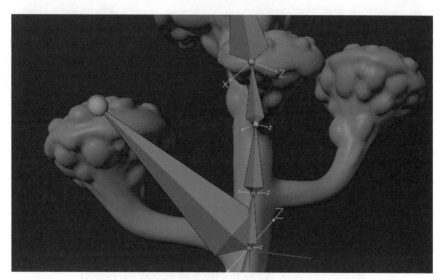

그림 11.29 가지 본 돌출

2. 그림 11.30과 같이 본의 끝을 구체의 상단과 중앙에 배치한다. 다음 단계를 진행하기 전에 Perspective 뷰에서 식물 주위를 둘러보면서 올바른 위치에 있는지 확인한다.

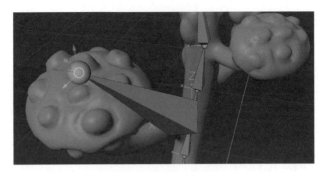

그림 11.30 본 위치 확인

3. **Scene Collection** 메뉴를 사용해서 가지 기본 골격을 다시 선택해 강조 표시한 다음, 그림 11.31처럼 **Armature** | **Subdivide**를 클릭한다.

그림 11.31 본 나누기

이렇게 하면 그림 11.32와 같이 본이 2개의 동일한 조각으로 나뉜다.

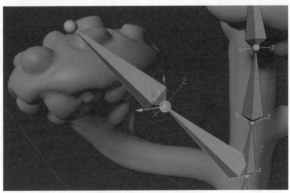

그림 11.32 본 나누기 결과

4. 그림 11.33과 같이 모든 각도에서 위치가 올바른지 확인하고자 개체 주위를 확인하면서 본의 바닥에 이 새로운 조인트(작은 구)를 배치한다.

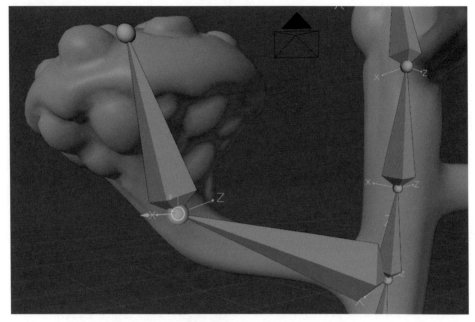

그림 11.33 본 위치 나누기

5. 베이스 조인트를 다시 선택하고 그림 11.34와 같이 가지를 따라서 해당 과정을 반복한다.

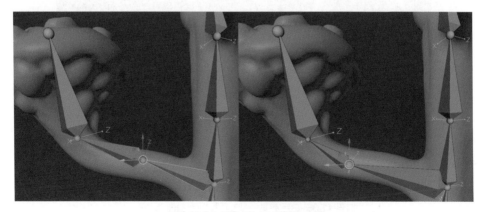

그림 11.34 본을 나누고 위치를 수정

6. 마지막으로 이 작업을 반복해서 그림 11.35와 같이 가지의 베이스에도 별도의 조인 트를 만든다.

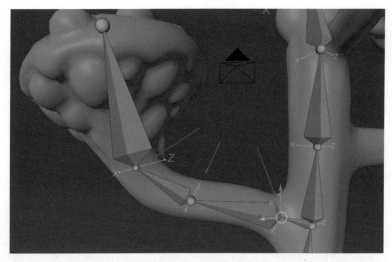

그림 11.35 본 나누기 수정 결과

7. 다른 두 가지에 대해 이 과정을 반복해서 그림 11.36과 같은 결과를 얻는다.

그림 11.36 모든 본과 스켈레톤을 만든 최종 결과물

8. 마지막으로 본의 이름을 이해하기 쉬운 이름으로 바꾸는 것이 가장 좋다. 그림 11.37과 같이 더 복잡한 리깅 및 스키닝을 수행하는 경우 좋은 본 이름을 사용하면 작업이 훨씬 쉬워지므로 습관을 들이는 것이 좋다.

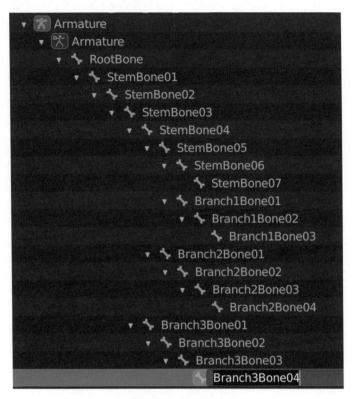

그림 11.37 본 이름 변경

9. 이 책의 뒷부분에서 사용할 수 있도록 외계 식물 블렌더 파일을 설명이 포함된 이름 으로 원하는 곳에 저장한다.

이제 외계 식물의 뼈대를 만들었으니 12장에서 스키닝에 대해 배울 준비가 됐다.

⠿ 요약

11장에서는 몇 가지 업계 모범 사례를 사용해서 뼈대를 만들기 전에 3D 모델을 준비하는 방법을 배웠다. 외계 식물의 뼈대를 만들고 작동 방식에 대한 더 깊은 통찰력을 얻었다. 커스텀 애니메이션 가능한 캐릭터를 만드는 방법을 잘 진행하고 있다.

12장에서는 스키닝과 그 작동 방식에 대해 모두 배운다.

12

블렌더에서
외계 식물 스키닝

11장에서 외계 식물에 대한 스켈레톤 뼈대를 만들었다. 3D 모델과 함께 스켈레톤을 사용하면 모델의 어떤 부분이 어떤 조인트를 따라가는지 3D 소프트웨어에 알려 줘야 한다. 또한 모델의 해당 부분, 특히 서로 다른 조인트 간의 혼합에 얼마나 많은 영향을 미치는지 3D 소프트웨어에 알려 줘야 한다. 이 과정을 **스키닝**skinning이라고 한다. 이것은 팔뚝 피부가 팔뚝 본을 따르고 팔꿈치 피부가 위아래 팔뚝의 본 사이에 혼합된 방식과 매우 유사하다. 스키닝은 일반적으로 **스킨 변형**skin deformation이라고도 한다.

이 모든 것이 매우 복잡하게 들릴 수 있다. 예를 들어 완전한 인간 또는 동물 캐릭터의 스키닝은 매우 어렵고 시간이 많이 소요된다. 그러나 우선 마스터하기도 쉽고 3D 월드에서 많은 것을 달성할 수 있는 매우 기본적인 것부터 시작한다. 12장에서는 다음 주제들을 다룬다.

- 블렌더에서의 스키닝 소개
- 외계 식물 메시를 스켈레톤에 스키닝

⁂ 기술 요구 사항

다음 사이트(https://www.blender.org)(작성 당시)에서 무료로 설치할 수 있는 블렌더가 설치돼 있어야 한다. 12장에서 사용하는 블렌더 버전은 3.1.2이지만 일부 이전 및 최신 버전에서도 문제없이 따라 할 수 있다.

또한 3D UI를 탐색하는 방법에 대한 기본적인 이해가 필요하다. 만약 건너뛰었다면 1장에서 다뤘으니 살펴보기 바란다. 블렌더 사용 방법에 대한 자세한 튜토리얼은 다음 사이트(https://www.blender.org/support/tutorials/)에서 확인할 수 있다.

12장에서 사용할 파일들은 다음 사이트(https://github.com/PacktPublishing/Unreal-Engine-5-Character-Creation-Animation-and-Cinematics/tree/main/Chapter12)에서 확인할 수 있다.

⁂ 블렌더에서의 스키닝 개요

앞에서 이야기했듯이 **스키닝**은 3D 모델에 본을 변형하고 따라가는 방법을 알려 주는 것을 말한다. 3D 소프트웨어에 3D 모델의 어떤 부분, 어떤 본, 얼마나 그리고 어떻게 혼합할지 알려 줄 수 있는 방법이 필요하다. 이것을 일반적으로 **스킨 변형**이라고 부른다. 스키닝은 3D 모델의 버텍스에 적용된다. 버텍스가 본에 의해 변형되는 양을 편집하는 것을 '가중치를 수정한다'고 한다.

스킨 변형에는 주로 두 가지 종류가 있다.

- **리지드**rigid: 모든 버텍스가 100% 본을 따라간다.

- **블렌디드**blended: 3D 모델의 두 주요 영역이 서로 다른 두 본에 의해서 만나 변형되는 것을 이야기한다. 혼합은 팔꿈치나 무릎과 같이 이들 사이를 부드럽게 전환하는 것이다.

하나의 버텍스가 동시에 2개가 아닌 3개, 4개 또는 5개의 본에 의해 영향을 받을 수 있는 특정 상황에서 혼합 변형이 어려워질 수 있다. 일반적으로 스키닝을 하기 어려운 부위는 인체의 쇄골 부위다. 이 부위의 버텍스는 쇄골, 위쪽 척추, 위쪽 팔, 심지어 때때로 목뼈의 영향을 받을 수 있다.

하지만 기본적인 것은 간단하며 몇 가지 쉬운 예를 들어 그 방법을 배운다. 고급 스키닝 작업은 이 책의 범위를 벗어나지만 추가적인 연구와 연습을 통해서 3D 캐릭터 스킨 작업에 능숙해질 수 있다.

스킨 가중치 칠하기

대부분의 3D 애니메이션 소프트웨어에는 **스킨 가중치 편집 툴**^{skin weight editing tool}이 있지만, 가장 일반적인 것은 **스킨 가중치 페인팅 툴**^{skin weight painting tool}일 것이다. 블렌더도 스킨 가중치를 칠하는 기능을 갖고 있다. 이 툴을 사용하는 방법을 알려 주는 예제를 살펴보자.

스켈레톤에 3D 오브젝트 적용 또는 연결

먼저 블렌더에서 모델에 스킨 모디파이어^{skin modifier}를 적용하는 방법에 대해서 알아보자. 다음 사이트(https://github.com/PacktPublishing/Unreal-Engine-5-Character-Creation-Animation-and-Cinematics/tree/main/Chapter12/AlienPlant_Skinning_Introduction.blend)에서 받아서 블렌더로 불러온다.

1. 그림 12.1처럼 `AlienPlant_Skinning_Introduction.blend` 파일을 불러온다.

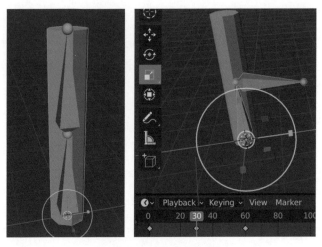

그림 12.1 스키닝 예제 파일

이 파일에는 간단한 조인트 체인이 있는 간단한 실린더가 있다. 이것을 팔꿈치나 무릎이라고 상상해 보자. 하단의 파란색 애니메이션 타임라인을 드래그하면 뼈대에도 매우 간단한 굽힘^{bending} 애니메이션이 있지만 실린더의 스킨은 아직 따라가지 않는다.

2. 다음 단계는 본에 스키닝하는 것이다. 이 작업을 하려면 블렌더에서 **오브젝트 모드**에 있는지 확인하고 원기둥(피부)을 먼저 선택하고 본(부모)을 선택한다. 뷰포트에서 둘 이상의 오브젝트를 선택하려면 **Shift**를 누르고 있는다. 마지막으로 선택한 오브젝트가 상위 항목이 되므로 선택 순서가 중요하다. **Object | Parent | With Automatic Weights**를 그림 12.2와 같이 선택한다.

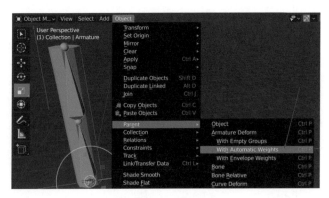

그림 12.2 스킨 웨이트 연결

이제 애니메이션 타임라인을 드래그하면 원기둥의 형태가 본과 함께 변형되는 것을 확인할 수 있다. 블렌더는 그림 12.3과 같이 자동 가중치를 사용해서 대부분의 작업을 수행했다.

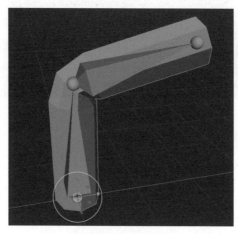

그림 12.3 스키닝 결과

그러나 자동 가중치 결과가 좋지 않은 경우 웨이트 페인트를 사용해서 편집할 수 있다.

작동하는 방법

뷰포트에서 가중치를 편집하거나 보고 싶을 때는 원기둥이 선택돼 있는 상태에서 그림 12.4처럼 **Weight Paint** 모드로 전환한다.

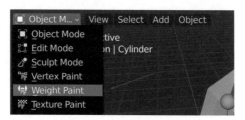

그림 12.4 Weight Paint 모드

Properties 메뉴의 기본적인 **Weight Paint** 설정들을 알아보자. **활성 툴**^{active tool}에서 그림 12.5처럼 **Weight Paint** 툴 설정을 확인할 수 있다.

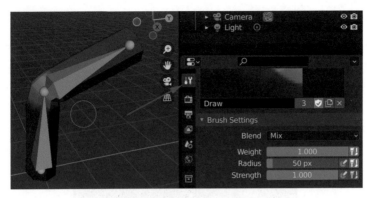

그림 12.5 Weight Paint 설정

매우 많은 **Weight Paint** 설정이 있지만 이 책의 범주에서는 대부분의 상황에서 사용되는 필수 설정에 대해서만 알아본다.

가장 중요한 것은 **Brush Settings**다.

- **Blend**를 Mix로 설정한다.

- **Weight**는 좀 더 상위 설정이기에 지금은 걱정할 필요 없다. 대부분의 경우 **1.000**으로 그대로 두면 된다.

- **Radius**는 뷰포트에서 **Weight Paint** 브러시의 크기를 제어하므로 중요하다. 그림 12.5의 뷰포트에서 구부러진 3D 모델 옆에 있는 주황색 원이다.

- **Strength**는 선택한 본에서 버텍스에 페인팅하는 가중치의 양을 제어하므로 중요하다.

3D 모델을 보면 무지개 색임을 확인할 수 있다. 색상은 선택한 본(선택한 본을 따라가는 양)과 버텍스 그룹(할당된 버텍스)의 가중치를 나타낸다.

간단하게 요약하면 색상은 다음을 나타낸다.

- **빨간색**은 본에 100% 가중치가 부여됐음을 뜻한다.

- **초록색**은 두 본 사이에서 50%/50%의 가중치가 부여됐음을 나타낸다.

- **파란색**은 본에 0% 가중치가 부여됐음을 나타낸다.

- 그 외의 다른 색상들은 해당 색상의 특성들의 조합이다.

블렌더 문서를 확인하면 그림 12.6과 같은 차트가 있다. 색상과 가중치는 다음과 같이 배치된다.

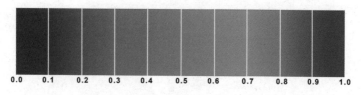

그림 12.6 블렌더 문서에서의 웨이트 페인트 색상

그러나 확실히 이해하기 위해 연습해 보자.

가중치 페인팅

페인팅에서 스킨 가중치를 편집하기 위해서 다음 과정을 따라 한다.

1. **웨이트 페인트** 모드에 있는 동안 **Properties** 메뉴의 **활성 툴**에서 **Weight Paint** 툴 설정을 확인할 수 있다. **Options** 드롭다운 메뉴를 열고 그림 12.7과 같이 **Auto Normalize**를 체크한다. 이렇게 하면 더 예측 가능한 웨이트 페인팅 결과를 얻을 수 있다.

그림 12.7 웨이트 페인트 설정

2. **Scene Collection**에서 **Cylinder** | **Vertex Groups**의 계층 구조를 확장해서 **Bone** 버텍스 그룹을 확인한다. 그림 12.8과 같이 여기서 적용할 뼈대와 가중치를 선택할 수 있다.

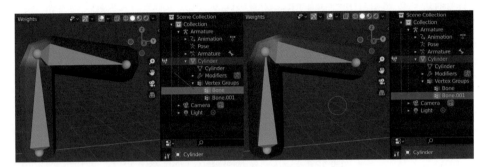

그림 12.8 웨이트 페인트 버텍스 그룹 선택

Bone(루트 본root bone)을 선택하면 아래쪽은 빨간색이고 위쪽은 파란색으로 칠해진 가중 치를 확인할 수 있다. 월드 바닥의 루트 본은 원기둥의 하단 부분(빨간색)과 원기둥 상단의 0%(파란색)에 영향을 준다.

이제 **Bone.001**(상단 본)을 선택하면 윗부분은 빨간색이고 아래쪽은 파란색이다. 이것은 이전과는 반대다. 원통의 위쪽 부분은 위쪽 본 100%(빨간색)와 아래쪽 0%(파란색)를 따른다.

중간은 두 본 사이의 혼합이기 때문에 두 경우 모두 녹색으로 유지된다.

이제 웨이트 페인팅을 해보자.

1. 과정을 좀 더 쉽게 하고자 그림 12.9와 같이 음영 처리된 뷰에서 **와이어프레임** wireframe을 켜서 칠해야 하는 버텍스가 어디인지 확인한다.

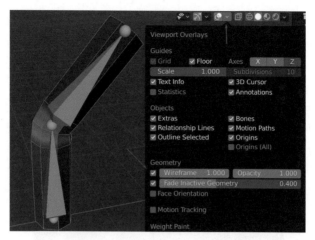

그림 12.9 웨이트 페인트 와이어프레임 표시

2. 조인트가 약 40도가 되도록 애니메이션 타임라인을 프레임 **14** 주변으로 드래그한다. 이것은 웨이트 페인팅의 효과를 더 쉽게 볼 수 있도록 하기 위한 것이다.

3. 첫 번째 루트 **본** 버텍스 그룹을 선택하고 브러시 **반경**을 50 px로 설정하고 **강도**를 **1.000**으로 설정한 상태에서 주황색 브러시 원을 마우스 좌클릭하고 구부러지는 원통의 중간 부분을 가로질러서 드래그한다. 다음 스트로크stroke를 위해서 다시 누른다.

버텍스가 이동하는 것을 볼 수 있다. 이렇게 하면 브러시를 칠할 때마다 칠하는 가중치가 쌓이기 때문에 버텍스는 빨간색이 된다. 그림 12.10과 같이 원통 주위를 돌려가면서 가운데 버텍스의 모든 면을 빨간색이 될 때까지 계속 칠한다.

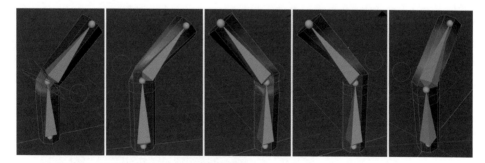

그림 12.10 웨이트 페인팅

4. 모든 중간 버텍스가 빨간색으로 칠해져 이제 **본**의 관절에 100% 영향을 받고 **Bone.001**을 따라가지 않는 것을 확인할 수 있다. 플레이백(Playback) 타임라인을 움직이면서 애니메이션을 확인하면 더욱 명확하게 확인할 수 있다.

이제 웨이트를 칠했고 유일한 문제는 애니메이션 타임라인을 프레임 **30**으로 드래그하면 중간에 구부러진 부분의 모든 버텍스가 그림 12.11처럼 기준 뼈대에 100%로 영향을 받고 있기 때문에 보기 좋지 않다.

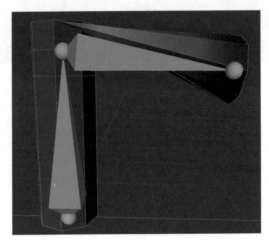

그림 12.11 웨이트 페인팅 결과

보다 자연스러운 구부러짐을 위해서 가중치 일부를 **Bone.001**로 다시 칠하자.

5. 그림 12.12처럼 **Strength**를 0.200으로 설정하고 **Bone.001** 버텍스 그룹을 선택한다.

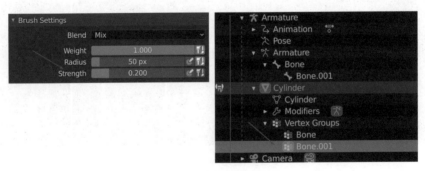

그림 12.12 웨이트 페인트 설정

6. 이번에는 원통 주위를 돌려가면서 페인팅하려는 버텍스를 한 번 클릭해서 칠한다. 그림 12.13에서 이와 같은 결과를 얻을 수 있는지 확인한다. 좋지는 않지만 더 좋게 만들어 보자.

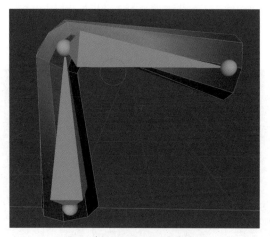

그림 12.13 웨이트 페인팅 편집

7. 뷰포트의 왼쪽 상단 모서리에서 기본 페인트 브러시 대신 **블러**Blur 툴을 선택한다. 스트로크와 댑dab, 스트로크 간에 마우스 좌클릭하고 놓기 등을 사용하려면 이 툴을 사용한다. 이 툴은 더 부드럽고 깔끔한 전환을 위해 가중치를 고르게 해준다. 그림 12.14와 같이 전체 중앙 영역이 고르게 구부러질 때까지 해당 작업을 계속한다.

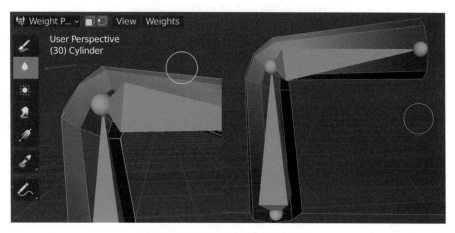

그림 12.14 웨이트 페인팅 블러 툴 결과

지금은 스키닝이 더 나아졌지만 구부러짐 쪽으로 갈수록 볼륨이 줄어들고 있다는 것을 볼 수 있다.
블렌더가 자동 웨이트를 할 때는 이런 결과가 없었다. 굽은 부분에서 볼륨이 감소하는 것은 페인트
스키닝에서는 흔히 발생하는 문제다. 빠른 수정 방법은 버텍스 그룹 사이를 전환하고 볼륨을 유지하
는 두 에지 루프(edge loop)에 100% 가중치를 칠하는 것이다(그림 12.15 참조). 그런 다음 2개의 외
곽 루프 사이가 균일해질 때까지 중간 에지를 블러 페인팅을 한다.

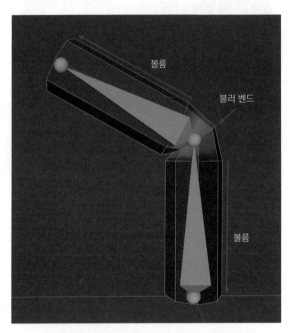

그림 12.15 볼륨을 유지한 상태로 웨이트 페인팅

다음은 스키닝을 더욱 개선하기 위한 추가 참고 사항이다.

- 조인트가 구부러질 가능성이 있는 곳을 끝까지 구부렸을 때의 상태를 포함하고 있는
임시 애니메이션을 갖고 있는 것이 매우 유용하다. 갖고 있으면 애니메이션 타임라인
을 드래그해서 해당 상태 사이의 모든 것을 확인할 수 있다. 이것은 방금 작업한 예시
와 약간 비슷하다.

- 이동하지 않으려는 버텍스를 칠하지 않도록 필요할 때 브러시 크기를 작게 만들거나
더 큰 영역을 매끄럽게 하려면 브러시 크기를 더 크게 만든다.

- 버텍스 그룹 사이를 계속 전환하면서 선택한 본 쪽으로 버텍스 가중치를 당긴다. 한 본에 너무 많은 가중치를 부여한 경우 다른 본을 선택하고 반대 방향으로 가중치를 칠한다.

- 정기적으로 웨이트 및 부드러운 블러 페인팅 사이에서 전환한다.

더 복잡한 모델에서 스키닝을 완벽하게 만드는 것은 때로 길고 힘든 과정이다. 실험하고 연습하는 것이 가장 좋은 방법이다. 이 책의 범주를 벗어나는 다른 스키닝 툴도 사용할 수 있지만 더 자세한 내용을 배우려면 많은 리소스를 공부해야 한다. 그러나 이러한 기본적인 기술만으로도 대부분의 3D 모델의 스킨 작업을 제대로 수행할 수 있다.

스키닝 작업의 원리를 이해했으니 이제 외계 식물의 스키닝 작업을 진행해 보자.

외계 식물 메시 스켈레톤에 스키닝

12장의 마지막 부분에서는 외계 식물의 스키닝을 진행한다. 11장에서 직접 모델링한 경우 여기서 사용하는 모델과 다를 수 있다. 그렇기에 스키닝 결과가 다를 수 있으며 더 많은 편집이 필요할 수도 있다. 12장에서 스킨 웨이트 페인팅의 기초를 배웠기 때문에 어떤 문제가 발생하더라도 해결할 수 있다. 그렇지 않은 경우 다음 사이트(https://github.com/PacktPublishing/Unreal-Engine-5-Character-Creation-Animation-and-Cinematics/tree/main/Chapter12/EndOffChapter11_Results_AlienPlant_withSkeleton.blend)에서 파일을 받아서 블렌더로 불러온다.

그러면 나머지 과정을 계속 진행할 수 있다.

외계 식물 스키닝

이전에 만든 스켈레톤을 사용하고 외계 식물에 스키닝을 적용한다. 그렇게 하려면 다음 과정을 따른다.

1. 스켈레톤과 함께 저장한 외계 식물 파일을 불러온다.

2. 파일이 로드되면 이전과 마찬가지로 먼저 외계 식물 3D 모델을 선택한 다음 스켈레톤을 선택해서 외계 식물 메시를 스켈레톤에 연결한다. **Object** | **Parent** | **With Automatic Weights**를 클릭한다.

3. 이제 외계 식물에 스키닝이 적용됐으니 테스트해 보고 고쳐야 할 부분이 있는지 알아보자. 블렌더를 **Pose Mode**로 전환하고 본을 하나씩 선택한 후 그림 12.16과 같이 회전시키면서 변형을 테스트한다.

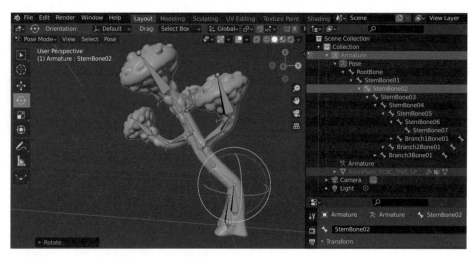

그림 12.16 스키닝 테스트

4. 각 회전 후 또는 테스트 후 스켈레톤을 스키닝된 기본 포즈로 되돌리기 위해 실행 취소(Ctrl + Z)를 사용한다. 또 다른 방법으로는 그림 12.17과 같이 모든 본(키보드 기존 단축키는 A)을 선택한 다음 **Pose** | **Clear Transform** | **All**을 사용해서 같은 결과를 얻을 수 있다.

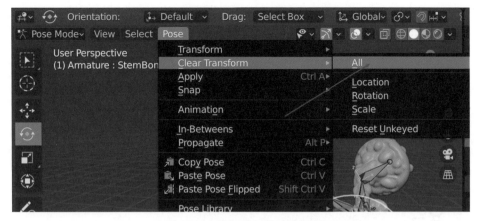

그림 12.17 테스트 후 모든 포즈 초기화

5. 블렌더를 **Object Mode**로 전환하고 식물 모델을 선택하고 **Vertex Paint**를 선택해
Scene Collection에서 각 버텍스 그룹을 선택해서 개별적으로 확인할 수 있다. 그림
12.18과 같이 버텍스 그룹이 한눈에 보이지 않을 때는 계층 구조를 확장해야 한다.

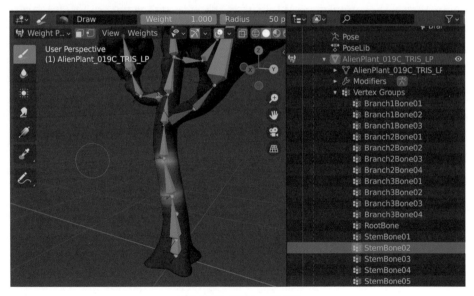

그림 12.18 버텍스 그룹 확인

6. 스키닝과 관련된 문제를 수정해야 하는 경우 **Paint Skin Weight** 툴을 사용한다.

7. 이후에 사용할 수 있도록 외계 식물 블렌더 파일을 원하는 위치에 설명이 포함된 이름으로 저장한다.

축하한다. 성공적으로 외계 식물을 스키닝했다. 이것은 이 책을 통해서 앞으로 나아가는 큰 발걸음이다.

▶ 요약

12장에서 스키닝을 수행하는 방법과 웨이트 페인팅으로 스키닝을 편집하는 방법을 배웠고 마지막으로 외계 식물을 스켈레톤에 스키닝했다. 이 과정이 즐거웠다면 업계에서 **캐릭터 리거**^{character rigger}라고 부르는 게임과 영화 캐릭터를 스키닝하고 리깅하는 것을 즐기는 사람들을 위한 전문 직업을 갖기 위한 첫 번째 단계를 뗀 것이다. 이 과정이 가장 좋아하는 과정이 아니더라도 제너럴리스트^{generalist}로서 직접 새로운 애니메이션 콘텐츠를 만들고 싶다면 방법을 배우는 것이 중요하다.

13장에서 지금까지 배운 내용을 활용해서 로봇 캐릭터의 스켈레톤과 스킨을 만든다.

13

블렌더에서 로봇 조인트 설정
및 스키닝

12장에서 외계 식물에 매우 간단한 스켈레톤을 완성했다. 이제 조금 복잡한 것으로 넘어갈 수 있다. 로봇 캐릭터는 독립적으로 움직이는 부분이 더 많으며 이 책의 뒷부분에서 리깅 및 애니메이션 부분을 다룰 때 조인트를 회전시키는 것보다 더 나은 제어 시스템이 필요한 팔도 있다. 로봇의 스켈레톤을 만드는 것은 12장에서 했던 것과 매우 유사하다. 그러나 여기서는 **조인트 방향**joint orientation과 본/조인트의 **로컬 축**local axe에 좀 더 주의를 기울여야 한다. 이에 대해서는 13장의 뒷부분에서 자세히 설명한다.

로봇은 단단한 금속 몸체이므로 스키닝을 수행하는 방식은 12장과 약간 다르지만 어떤 면에서는 훨씬 간단하다.

13장에서는 다음 주제들을 다룬다.

- 로봇 스켈레톤 제작

- 조인트의 로컬 축 방향 확인 및 편집

- 리지드rigid 방법으로 로봇 스켈레톤에 스키닝

:::: 기술 요구 사항

다음 사이트(https://www.blender.org)(작성 당시)에서 블렌더를 받아서 설치해야 한다. 13장에서 사용하는 블렌더 버전은 3.1.2이지만 일부 구버전 및 신버전 또한 사용할 수 있다.

또한 3D UI를 탐색하는 방법에 대한 기본적인 이해가 필요하다. 만약 1장을 건너뛴 경우 다시 돌아가서 확인한다. 블렌더 사용 방법에 대한 추가 튜토리얼을 보려면 다음 사이트(https://www.blender.org/support/tutorials/)에 좋은 리소스가 있다.

마지막으로 12장을 완료해야 한다.

13장에서 사용되는 파일들은 다음 사이트(https://github.com/PacktPublishing/Unreal-Engine-5-Character-Creation-Animation-and-Cinematics/tree/main/Chapter13)에서 받을 수 있다.

:::: 로봇 스켈레톤 제작

로봇의 스켈레톤을 제작하려면 먼저 12장에서 외계 식물 모델을 갖고 작업하기 시작한 시점에서부터 시작한다.

로봇 불러오기, 배치, 크기 조정

2장에서 만든 로봇 블렌더 파일을 연다. 만약 이 작업을 하지 않았다면 다음 사이트(https://github.com/PacktPublishing/Unreal-Engine-5-Character-Creation-Animation-and-Cinematics/tree/main/Chapter13/RobotDrone_Blender_File.blend)에서 받아서 실행한다. 모델이 월드의 중앙에 있고 스케일과 위치가 정확한지 확인한다. 최종적으로 높이가 약 40~50센티미터인 모델이 필요하므로 **척도**Measuring 툴을 사용해서 이를 확인한다. 이 작업을 수행하는 방법을 기억하는 데 문제가 있는 경우 그림 13.1과 같이 11장을 참고한다.

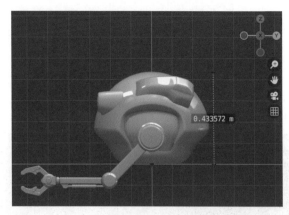

그림 13.1 로봇 크기

더 정리하려면 로봇의 크기와 위치가 정확하더라도 로봇의 모든 부분을 선택하고 **Object | Apply | All Transforms**를 사용해서 모든 중심점을 월드의 원점으로 재설정한다. 즉 이동한 후 모든 개별 부분을 다시 정렬해야 하는 경우 **Transforms** 섹션에 0, 0, 0을 입력하고 **Scale** 섹션에는 1, 1, 1을 입력하기만 하면 된다. 이렇게 하면 그림 13.2와 같이 나중에 스키닝할 때 더 깔끔하다.

그림 13.2 Apply | All Transform

이제 다음 과정을 위해 모든 것이 준비됐다.

몸과 왼쪽 팔 본

이제 로봇의 스켈레톤을 만들자.

1. 그림 13.3처럼 **Perspective** 뷰에서 **Add | Armature**를 찾는다.

그림 13.3 아마튜어

2. 아마튜어가 선택돼 있는 상태에서(선택을 취소하면 왼쪽 하단의 **Add Armature** 메뉴가 사라짐) **Radius**를 0.2m로 설정하고 그림 13.4와 같이 **Viewport Display** 아래에서 **In Front**와 **Axes** 체크박스를 체크한다.

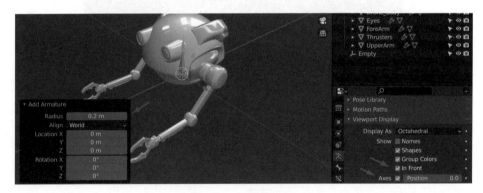

그림 13.4 아마튜어를 추가

3. 그림 13.5처럼 **Right Orthographic** 뷰와 **Edit Mode**로 전환한다.

4. **Bone**을 선택하고 그림 13.5처럼 **Armature** | **Duplicate**를 클릭한다.

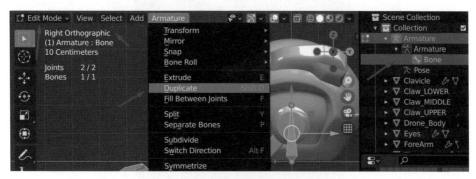

그림 13.5 본 오브젝트 복제

5. 새로운 Bone.001을 로봇 본체의 무게 중심에 배치한다. 메뉴에서 **X**와 **Y**를 0m로 설정한다. 가장 가까운 cm를 얻으려면 **Z** 속성을 반올림할 수 있지만 필수 사항은 아니다.

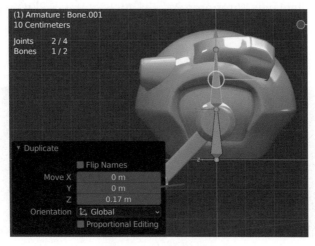

그림 13.6 Bone.001 배치

6. **Front Viewport**로 전환하고 Bone.001이 선택된 상태에서 **Armature | Duplicate**를 클릭해서 한 번 더 복제한다. 이번에는 그림 13.7과 같이 프론트 뷰에서 어깨 조인트가 될 위치에 Bone.002를 배치한다.

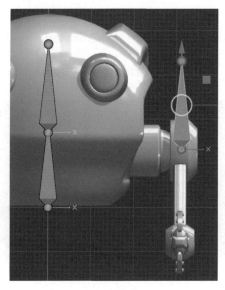

그림 13.7 어깨 본을 위해 본 복제

7. **Right Orthographic** 뷰로 전환한다.

8. **Viewport Display**를 **Wireframe**으로 전환한다. 그리고 본의 **Viewport Display | In Front** 체크박스를 해제한다. 그런 다음 로봇 어깨 기둥 메시 가장자리가 수렴하는 중심점을 확대해 더 정확한 중점을 찾는다.

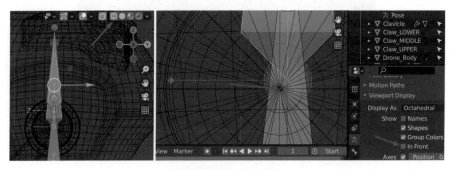

그림 13.8 어깨 위치의 본

9. Bone.002가 선택돼 있는 상태에서 가장자리가 수렴되는 어깨 기둥의 중심과 정렬되 도록 이동한다.

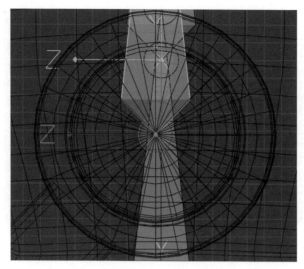

그림 13.9 어깨 위치의 본

10. **Right Orthographic** 뷰 상태에서 줌아웃을 한 뒤 Bone.002의 끝에 있는 작은 구체 를 선택한다. 그리고 그림 13.10처럼 로봇 팔의 팔꿈치 위치로 이동시킨다.

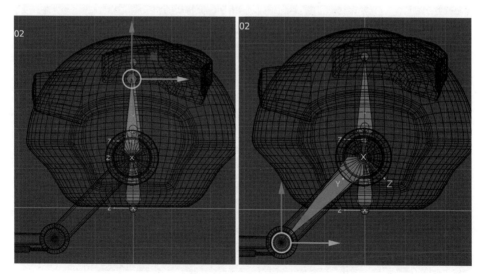

그림 13.10 팔꿈치 위치의 본

11. 팔꿈치로 확대해서 그림 13.11처럼 가능한 한 정확하게 팔꿈치의 중앙으로 이동한다.

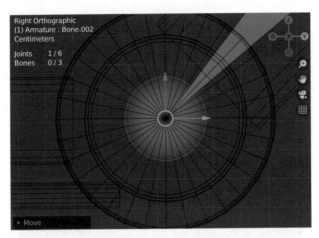

그림 13.11 팔꿈치 위치의 본

12. 다음으로 본의 끝부분을 선택한 상태에서 **Armature | Extrude**을 선택해서 손목에 걸칠 새로운 팔꿈치 뼈대를 만든다. 확대하고 그림 13.12와 같이 손목 볼 조인트[ball joint]의 중앙에 배치됐는지 확인한다.

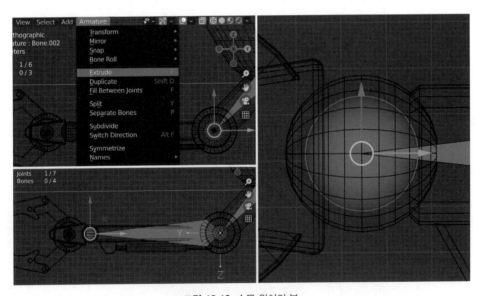

그림 13.12 손목 위치의 본

Right Orthographic 뷰에서는 모든 것이 좋아 보이지만 확인을 위해 **Top Orthographic** 뷰로 전환한다. 이 경우 손목 볼의 와이어프레임 디스플레이는 위에서 볼 때처럼 팔 조인트 체인이 팔의 중앙에 있는지 여부를 판단하는 데 유용한 가이드가 된다. 여기에 표시된 것처럼 팔꿈치 조인트가 어긋나 있고 위에서 볼 때 팔꿈치 조인트가 정확히 중간에 있지 않을 수도 있다.

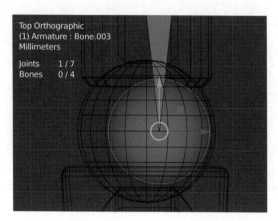

그림 13.13 Top Orthographic 뷰

13. 그렇기 때문에 작업하는 동안 항상 다른 뷰포트에서 확인하는 것이 중요하다. 이 문제를 해결하려면 새 어깨 본과 팔꿈치 본을 동시에 선택하고 최대한 팔의 시각적 중심에 올 때까지 함께 이동한다. 이 경우 그림 13.14와 같이 와이어프레임 뷰에서 손목 볼 조인트로 중심을 쉽게 식별할 수 있다.

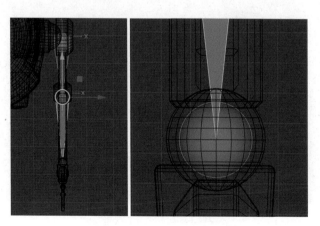

그림 13.14 Top Orthographic 뷰

14. 다시 **Right Orthographic** 뷰로 전환하고 **Armature | Extrude**를 선택해서 그림 13.15와 같이 손 뼈대를 만든다. 확대해서 손의 중심에 있는지 확인한다.

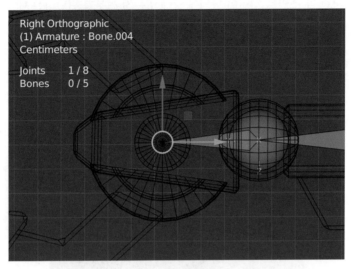

그림 13.15 손의 본

15. 손 본의 작은 구체가 선택돼 있는 상태에서 **Armature | Extrude**를 선택해서 그림 13.16과 같이 아래쪽 집게 본을 생성한다.

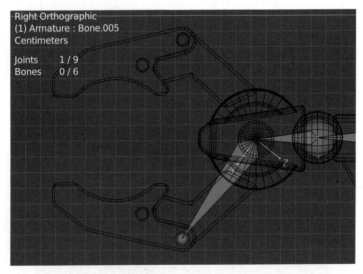

그림 13.16 아래쪽 집게 본

16. 15단계처럼 다시 손 본의 끝을 선택하고 **Armature** | **Extrude**를 선택해서 그림 13.17과 같이 위쪽 집게 본을 생성한다.

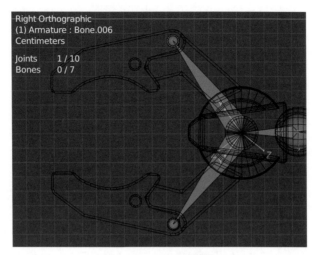

그림 13.17 위쪽 집게 본

이것으로 몸통과 왼팔의 뼈대가 있는 아마튜어를 생성했다. 오른팔에 동일한 과정을 따르는 대신에 **대칭화**^{Symmetrize} 툴을 사용해서 대칭되는 본을 생성하는 방법을 수행한다. 하지만 그러기 전에 항상 그렇듯이 기초 작업이 필요하다. 다음 절에서 기초 작업을 진행한다.

본 연결 및 이름 변경

계속 진행하기 전에 스켈레톤의 부모를 구성하고 편집해야 한다. 그런 다음 **대칭화** 툴이 만들어진 본을 사용해서 빠르고 쉽게 오른쪽 팔 본을 만들 수 있도록 본에 명명 규칙을 사용해야 한다.

오른쪽이 왼쪽의 대칭 이미지인 대부분의 동물 및 생물과 같이 캐릭터 또는 3D 모델의 왼쪽과 오른쪽이 동일한 경우 양쪽에 뼈대를 만들 필요가 없다. 블렌더 및 대부분의 다른 3D 소프트웨어에는 **미러 본**^{Mirror bones} 툴과 같은 기능이 있다. 블렌더에서는 **대칭화** 툴이라고 한다. 이 툴은 이름 지정 방식에 따라 대칭돼야 하는 본을 인식한다.

블렌더는 본에 대해서는 가장 일반적인 업계 표준 이름 형식을 인식한다. 몇 가지 작업 예는 다음과 같다.

- Left_Bone

- L_Bone

- Bone.L

- Bone.l

- Bone.right

- Bone_right

개인적으로는 L_Bone과 R_Bone이 가장 좋다. 이 이름들은 짧고 본 이름이 L_ 또는 R_로 시작하기 때문에 계층 구조, 스킨 웨이트 페인팅, 스켈레톤으로 다른 작업을 수행할 때 시각적으로 헷갈리지 않는다.

이제 다음 과정을 따라 하면서 이름을 변경하자.

1. 현재 본 이름은 블렌더가 본을 만들 때 자동으로 이름을 지정했기 때문에 그림 13.18에 표시된 것과 매우 유사하다.

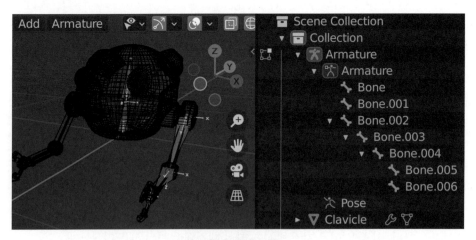

그림 13.18 본 이름

2. **Scene Collection**의 본의 이름을 더블 클릭하고 새 이름을 입력해 본의 이름을 바꾼다. 그림 13.19와 같이 이름을 바꾼다.

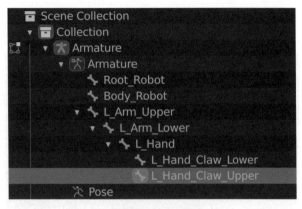

그림 13.19 본 이름

3. 다음으로 부모를 수정하고 편집해야 한다. **Edit Mode**에서 **Ctrl** 키를 누른 상태로 **Scene Collection**에서 **Body_Robot**과 **Root_Robot**을 하나씩 차례대로 클릭한다(마지막으로 선택된 오브젝트가 부모가 되므로 선택 순서가 매우 중요하다).

4. **Armature | Parent | Make**를 클릭한다. 다음에 나오는 메뉴에서 **Keep Offset**을 클릭한다.

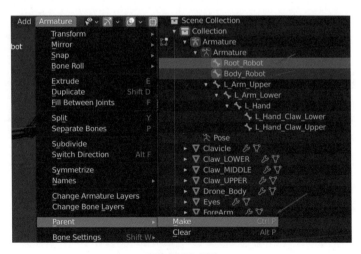

그림 13.20 부모

5. 다음으로 **L_Arm_Upper**와 **Body_Robot**을 선택한다. **Armature | Parent | Make**를 한 번 더 사용하고 **Keep Offset**을 다시 한 번 선택한다.

로봇 아마튜어 스켈레톤 구조는 다음과 같이 돼야 한다.

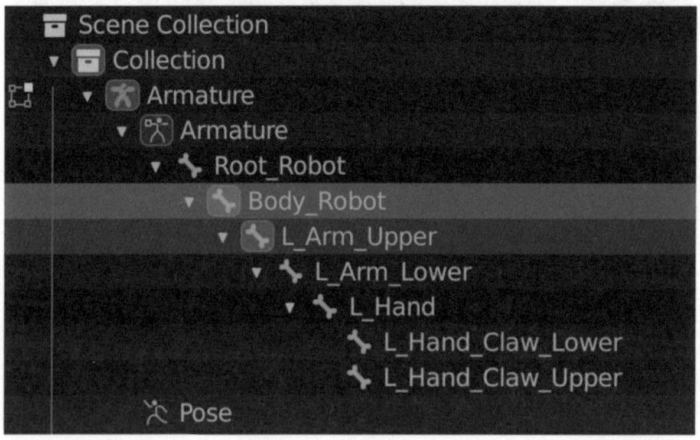

그림 13.21 뼈대 구조

Root_Robot 본은 이제 모든 본의 **부모**다. **Body_Robot** 본은 계층 구조에서 다음 뼈대이고 **L_Arm_Upper**(어깨) 본은 **Body_Robot** 본의 자식이므로 한 번에 집게까지 연결된다.

이를 통해서 로봇 스켈레톤과 왼쪽 팔 본의 이름이 올바르게 지정됐고 계층 구조가 올바른 순서로 지정됐다. 다음으로 대칭화 툴을 사용해서 오른쪽 팔 뼈대를 만든다.

대칭화 툴 사용

블렌더의 **에디트 모드**에서 **대칭화 툴**을 사용하는 것이 이보다 더 간단할 수 없다. 다음 단계를 따라가면서 배워 보자.

1. **Scene Collection**에서 **L_Arm_Upper**를 선택하고 키보드에서 **Shift** 키를 누른 상태에서 목록의 마지막 집게 뼈대, 즉 **L_Hand_Claw_Upper**를 마우스 좌클릭해 **Scene Collection**에서 왼쪽 팔 뼈대를 모두 선택한다. 이는 윈도우 10 탐색기에서 여러 파일을 선택할 때 수행하는 작업과 동일하다.

2. 그림 13.22와 같이 **Armature | Symmetrize**를 선택한다.

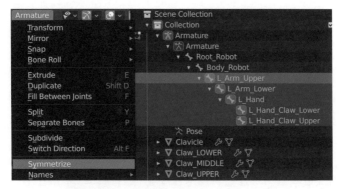

그림 13.22 오른쪽 팔을 만들고자 대칭화 툴 사용

그림 13.23의 결과를 확인해 보면 블렌더가 오른쪽 팔 뼈대를 생성한 것을 확인할 수 있다. 그것뿐만 아니라 오른쪽 팔 뼈대의 이름을 **L_** 대신에 **R_** 로 바꾸고 왼쪽 팔과 똑같은 계층 구조로 만들어 줬다.

왼쪽 하단의 **Symmetrize** 메뉴에서 캐릭터 또는 3D 모델이 다른 방향을 향하고 있을 때 필요한 경우 **Symmetrize Direction**을 다른 축으로 변경할 수 있다. 그러나 이번 같은 경우 기본 방향이 맞는 방향이다.

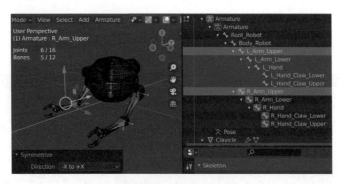

그림 13.23 오른쪽 팔 결과

이를 통해 로봇 캐릭터의 전체 스켈레톤을 성공적으로 만들었다. 로봇 3D 모델을 스켈레톤에 스키닝하기 전에 본의 **로컬 축**과 **방향**을 확인해야 한다. 이는 이 책의 뒷부분에서 중요하다.

⁙ 조인트의 로컬 축 방향의 위치 수정 및 확인

11장에서 외계 식물에 했던 것처럼 로봇 스켈레톤을 완성했다. 그러나 외계 식물과 로봇 사이에는 차이가 있다. 이 책의 뒷부분에서는 로봇 팔에 **역기구학**IK, Inverse Kinematics 애니메이션 컨트롤러를 사용할 것이다. 이 시점에서 IK 컨트롤러가 무엇인지 걱정할 필요 없다. 이에 대해서는 나중에 15장에서 자세히 알아본다. 지금 알아야 하는 것은 **본의 방향**과 **로컬 축**이 IK 컨트롤러로 올바르게 애니메이션되도록 로봇 팔에 대해 특정 방식으로 설정돼야 한다는 것이다.

일반적으로 깨끗하고 합리적인 본의 방향을 갖는 것이 좋으므로 이를 알고 이해하는 것이 매우 중요하다. 다음으로 그것들이 무엇인지 알아본다.

본의 로컬 축의 방향이란?

본의 로컬 축의 방향을 시각적으로 확인하기 위해 멀리 갈 필요가 없다. 그림 13.4와 같이 13장 앞부분의 뷰포트에서 이미 스위치를 켰다.

눈치챘겠지만 3D 소프트웨어는 X, Y, Z축을 사용해서 소프트웨어의 3D 월드 또는 공간에서 3D 개체의 위치를 정의한다. 같은 방식으로 3D 오브젝트 또는 본의 회전은 X, Y, Z축으로 나뉜다. 이렇게 하면 다음과 같이 X, Y, Z값 또는 이들의 조합을 입력해 3D 오브젝트를 회전하는 방법을 쉽고 정확히 할 수 있다.

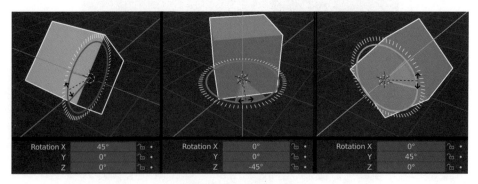

그림 13.24 로컬 회전 조합

3D 오브젝트 또는 본의 **Local Rotation Orientation** 값을 보려면 그림 13.25와 같이 **Rotate Transform** 툴이 활성화돼 있는 상태에서 **Transform Orientation**에서 **Local**을 선택한다.

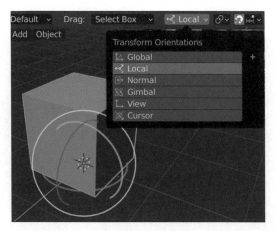

그림 13.25 로컬 회전

이 **Local Rotation Orientation** 값은 한 축을 따라서 한 방향으로만 회전할 수 있고 회전해야 하는 무릎 및 팔꿈치와 같은 항목에 매우 중요하다. 예를 들어 로봇 팔의 팔꿈치 본은 다음과 같이 X축을 따라서만 회전해야 한다.

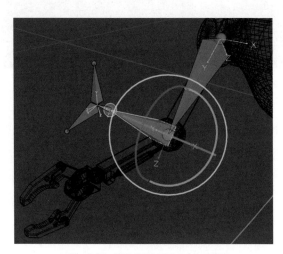

그림 13.26 회전 중인 로컬 로봇 팔꿈치

Pose Mode에서 **R_Arm_Lower** 본을 선택하면 회전 툴을 사용한 **Local Bone Rotate Orientation**의 모양이 매우 양호하고 회전할 경우 X축을 따라 올바르게 회전하는 것을 볼 수 있다. 디스플레이 축이 이미 켜져 있으면 올바른지 시각적으로 쉽게 확인할 수 있다.

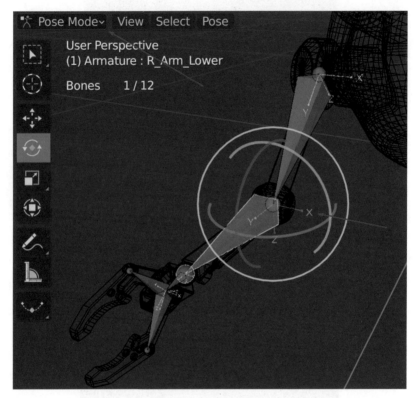

그림 13.27 팔꿈치 로컬 축

부분적으로는 **Right Orthographic** 뷰에서 이 팔 뼈대를 만들고 돌출시켰기 때문에 블렌더에서 로컬 축을 원하는 방식으로 쉽게 작업할 수 있었다. 이 경우 전체 스켈레톤에 로컬 축을 확인해 보면 모두 원하는 방식으로 만들어져 있다. 그러나 스켈레톤 생성 과정에서 종종 이러한 조인트들이 원하지 않는 **로컬 방향**을 갖는 상황에 처할 수 있다. 다행히도 블렌더(그리고 다른 3D 소프트웨어)는 이를 수정하는 방법을 제공한다.

본 로컬 방향 편집

Local Bone Orientation 값을 편집하는 방법을 알아보고자 로봇의 팔꿈치 조인트가 이상하게 변형됐다고 상상해 보자. 하위 뼈대에 영향을 주지 않고 로컬 회전 축 값을 편집하려면 다음 단계를 따른다.

1. 본 방향을 편집하는 방법을 배우는 과정에서 올바른 스켈레톤을 부정확하게 만들 예정이므로 나중에 사용할 수 있도록 현재 블렌더 파일을 저장한다.

2. **Edit Mode**로 전환한다.

3. **R_Arm_Lower** 본이 선택된 상태에서 그림 13.28처럼 **Bone Roll** 툴을 선택한다.

4. 노란 원 안쪽을 클릭하고 본을 돌리고자 마우스를 드래그한다. **롤** 값은 왼쪽 상단에 각도로 표시된다.

5. 원하는 각도에서 마우스 버튼에서 손을 뗀다.

6. 정확한 값을 위해서 **Bone Properties** 탭의 **Roll** 항목에 직접 입력할 수도 있다. 예를 들어 다음과 같이 –45를 입력한다.

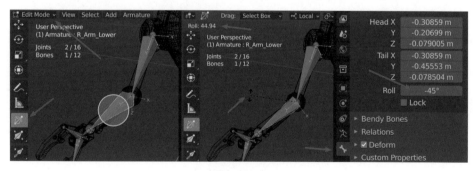

그림 13.28 롤 값

7. **Pose Mode**로 전환하고 본을 X축으로 **회전**한다. 새롭게 설정된 –45도에서의 회전이 매우 다르게 작동되는 것을 확인할 수 있다.

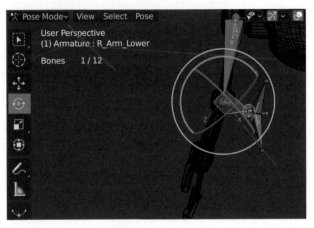

그림 13.29 롤 값 수정

8. 1단계에서 저장한 블렌더 파일을 다시 연다. 해당 파일을 열 때 변경 사항들을 저장하지 않는다. 13장의 마지막 부분을 위해 정확한 방향의 스켈레톤이 필요하다.

이를 통해 필요한 경우 로컬 본 방향을 편집하는 방법을 배웠다. 이것은 향후 캐릭터 릭rig을 계속 구축하는 경우 매우 유용할 것이다. 다음으로 13장의 마지막 부분으로 이동해서 리지드 방식으로 로봇을 스키닝한다.

리지드 방법으로 로봇을 스켈레톤에 스키닝

12장에서 **스킨 웨이트 페인팅** 툴을 사용해서 스킨 웨이트를 페인팅하는 방법을 배웠다. 그러나 3D 모델의 특정 버텍스에 특정 스킨 웨이트를 직접적으로 할당하는 다른 방법이 있다. 로봇의 경우 새로운 방법을 시도해 볼 수 있다.

이 로봇에는 강하고 단단하며 구부리기 어려운 별도의 이동 가능한 파츠가 있다. 이 경우 모든 파츠는 자신의 본을 100% 따라가야 함을 알고 있다. **자동 스킨 웨이트**Automatic Skin Weight를 할당한 후 각 파츠를 100% 웨이트 페인팅하는 대신 작업 과정을 빠르게 하고자 다른 방식으로 처리한다.

항상 그렇듯이 스키닝을 하기 전에 모델이 준비됐는지 확인한다.

모델 준비 및 모디파이어 제거

로봇 모델 일부에 **미러**^{Mirror}와 같은 모디파이어가 적용된 경우 스키닝 프로세스를 위해서 버텍스를 선택하는 방법이 복잡해질 수 있으므로 제거해야 한다. 그림 13.30처럼 로봇 파츠들에 모디파이어가 있는지 확인하려며 **Scene Collection**에서 오브젝트 계층 구조를 확장한다. 모디파이어를 제거(또는 축소)하려면 **Object Mode**에서 **Object | Apply | Visual Geometry**를 선택한다.

그림 13.30과 같이 모디파이어가 남아 있지 않을 때까지 모든 로봇 파츠를 살펴본다.

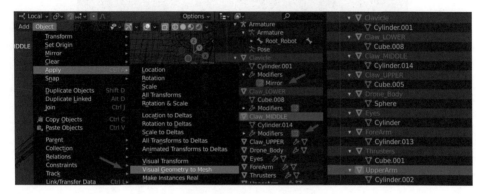

그림 13.30 모디파이어 제거

이제 모든 로봇 파츠가 준비됐다. 스키닝 작업을 시작하자.

로봇 몸체 스키닝

이 프로세스의 첫 번째 부분은 12장에서 배치한 것과 거의 동일하지만 약간 다른 스키닝 부모를 사용한다. **Parenting | With Automatic Weights**를 사용하는 대신에 **Empty Weights**를 사용한다. 그러면 비어 있는 버텍스 그룹으로 시작할 수 있다. 그 이유는 수동으로 버텍스 웨이트를 할당할 것이기에 블렌더에서 할당된 자동 스킨 웨이트를 갖고 해매는 것보다 깨끗한 상태에서 시작하는 것이 좋기 때문이다. 다음 과정을 따라 한다.

1. **Object Mode**에서 로봇 몸체 파츠 중 **Drone_Body**같이 1개를 선택한다. 그리고 아마튜어를 선택한다. 이전에 이야기했듯이 선택 순서가 매우 중요하다.

2. 그림 13.31처럼 **Drone_Body**를 아마튜어에 **Object | Parent | With Empty Groups**를 사용해서 종속시킨다.

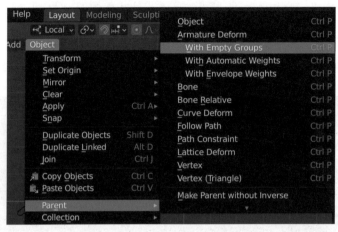

그림 13.31 버텍스 선택

3. 모든 로봇 몸체 파츠가 아마튜어에 스키닝될 때까지 해당 프로세스를 하나씩 반복한다.

이제 스켈레톤에 스키닝 처리가 된 로봇의 모든 파츠가 있다. 작동은 하지만 **Pose Mode**로 전환해서 본을 움직이면 버텍스 그룹이 아직 비어 있기 때문에 올바르게 변형되지 않는다는 것을 알 수 있다. 다음으로 리지드 스킨 웨이트를 적용한다.

버텍스들에 추가 스킨 웨이트 적용

이번 절에서 개별 또는 전체 버텍스 그룹의 정확한 값을 특정 본에 적용하는 방법을 배운다. 로봇 본체 파츠가 특정 본을 100% 따라가야 하는 것을 알고 있다. 그렇게 해야지 파츠들이 단단한 형태 그대로 있으며 유기적이거나 부드럽고 유연한 모델처럼 본 사이에서 구부러지지 않기 때문이다. 다음 과정을 따라 한다.

1. 로봇 몸체 파츠 모델 1개를 선택한다. 예를 들어 **Drone_Body**를 선택한다.

2. 블렌더에서 **Edit Mode**로 전환한다. 그림 13.32처럼 **Vertex Select**를 선택한다.

3. 로봇 몸체 파츠 모델에 있는 버텍스를 전부 선택한다.

NOTE

이것은 연결된 폴리곤의 각 그룹에서 하나의 버텍스를 선택하는 것으로 쉽게 수행할 수 있다. 예를 들어 팔이 단순한 원통과 긴 상자로 구성돼 있는 경우 원통에서 하나의 버텍스를 선택하고 상자에서 하나의 버텍스를 선택한다. 선택한 후에 **Select** | **Select Linked** | **Linked** 또는 Ctrl + L(기본 블렌더 단축키)을 사용한다.

또한 오른쪽 상단 디스플레이 옵션을 사용해서 블렌더를 엑스레이 모드로 설정하면 메시 전체에 대해 **선택 상자**를 드래그해 앞면과 뒷면 버텍스를 간편하게 선택할 수 있다. **Edit Mode**에서 활성화된 오브젝트의 모든 버텍스를 선택하는 가장 빠른 방법은 기본 블렌더 단축키인 A를 사용하는 것이다.

4. 그림 13.32와 같이 **Object Data** 탭을 클릭해서 열고 **Vertex Groups**를 확장한다.

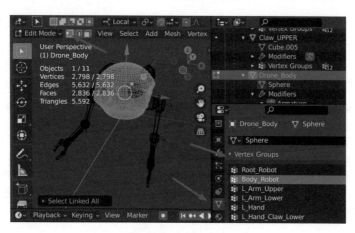

그림 13.32 Vertex Groups

모든 **Drone_Body** 버텍스가 **Body_Robot** 본을 100% 따라가야 하는 것을 알고 있다.

5. **Vertex Groups**에서 **Body_Robot**의 본의 **Vertex Groups**를 그림 13.33과 같이 선택한다.

6. **Weight**가 1.000(100%)로 설정돼 있는지 확인하고 **Assign**을 누른다.

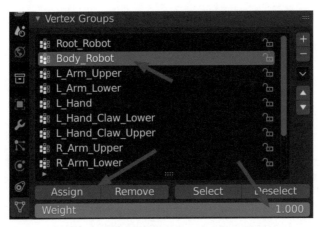

그림 13.33 버텍스 웨이트 적용

로봇 본체에서 모든 버텍스를 선택한 다음 값 1.000으로 **Body_Robot** 본에 적용했기 때문에 버텍스들은 이제 **Body_Robot** 본을 100%로 따른다. 이제 **Pose Mode**에서 테스트할 수 있다. 수행한 작업이 제대로 작동하는지 확인하고자 단계마다 항상 테스트한다.

IMPORTANT NOTE

로봇 모델을 어떻게 분할하고 구성하느냐에 따라 어떤 부분이 어떤 본 버텍스 그룹을 따라야 하는지 고민해야 한다. 로봇 본체는 **Root_Robot** 본이 아닌 **Body_Robot** 본에 스키닝되므로 추진기, 쇄골, 눈 메시와 같이 로봇 몸체에 대한 모든 정적 부착물도 마찬가지여야 한다.
로봇 모델에서 왼쪽 위팔과 오른쪽 위팔은 동일한 3D 모델의 일부다. 이 경우 먼저 왼쪽 팔 위쪽의 버텍스를 선택해서 **L_Arm_Upper** 뼈대 버텍스 그룹에 할당한 다음 오른쪽 팔 위쪽의 버텍스를 선택해서 **R_Arm_Upper** 뼈대 버텍스 그룹에 할당해야 한다. 이 논리는 나머지 스키닝에 적용된다. 이것이 본의 이름을 적절하게 지정하는 것이 중요한 이유이기도 하다. 이렇게 하면 할당하기 더 쉬워진다.

7. 다른 모든 로봇 본체 파츠 모델에 대해 이 작업 과정을 반복한다. 모델 버텍스 선택을 올바른 본과 일치시키고 웨이트를 할당한다. 각 웨이트 할당 후 **Edit Mode**를 종료하고 **Object Mode**를 사용해서 다음 로봇 신체 파츠 오브젝트를 선택한 다음 다시 **Edit Mode**로 들어간다.

8. **Pose Mode**에서 각 본을 회전해 모든 것이 예상대로 작동하는지 로봇의 오른쪽 부분이 오른쪽 본을 따르는지 확인해 얻은 것을 테스트한다. 각 회전 후 실행 취소해서

원래 포즈로 돌아간다. 또는 **Pose Mode**에서 모든 본을 선택한 상태에서 뷰포트를 마우스 우클릭하고 **Clear User Transforms**를 선택해서 본들을 원래 스키닝된 포즈로 되돌린다. 필수는 아니지만 그림 13.34와 같이 **Pose Mode**를 종료할 때 월드를 깨끗하게 유지한다.

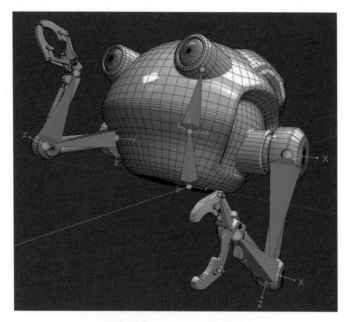

그림 13.34 포즈 모드에서 테스트

1. 로봇 본체 파츠에 대한 모든 스키닝을 완료한 후에 블렌더 파일을 저장한다.

고급 스키닝 팁

> 이 방법은 리지드 웨이트를 할당하는 데 유용할 뿐 아니라 스키닝이 더 고급화되면 혼합에도 유용할 수 있다. 예를 들어 값이 0.5로 설정된 경우 팔꿈치와 같은 2개 이상의 본 사이에 혼합을 할당할 수 있다.
> 부모 본과 자식 본(예: 팔꿈치) 사이 중간에 있는 버텍스 고리에 50%/50% 혼합을 설정하려면 버텍스 고리를 선택하고 웨이트 값을 1.000으로 부모 본에 할당한다. 이렇게 하면 선택한 버텍스에서 깨끗한 전체 **웨이트** 값으로 시작할 수 있다.
> 그런 다음 버텍스 고리가 선택된 상태에서 웨이트 값을 0.5로 변경하고 이를 하위 본에 할당한다. 이제 버텍스 고리가 두 본 사이의 완벽한 혼합이 돼야 한다. 이 값은 30%/70% 또는 10%/90%가 될 수 있으며 수행하려는 작업과 좋아 보이는 항목에 따라 다르다.

지금까지 본 버텍스 그룹에 구체적이고 정확한 버텍스 웨이트를 할당하는 방법을 배웠다. 이것은 앞으로 매우 유용한 툴이 될 것이다.

⁝⁝ 요약

13장에서 고급 스켈레톤을 생성하고 조인트 방향을 확인하는 방법을 배웠다. 또한 나중에 필요할 경우를 대비해 이러한 방향을 편집하는 방법을 배웠다. 마지막으로 리지드 스키닝에 특히 유용한 스킨 웨이트를 할당하는 보다 정확하고 직접적인 방법을 배웠다.

13장은 이 책에서 블렌더에 대해 다루는 마지막 장이다. 지금부터 끝까지 **언리얼 엔진 5**에서 거의 모든 것을 진행한다. 14장에서는 모델을 쉽게 애니메이션화할 수 있도록 언리얼 엔진 5에서 작동시키는 방법에 대해서 알아보자.

14

외계 식물에 컨트롤 릭을 사용한
커스텀 릭 만들기

13장에서 로봇의 복잡한 **뼈대**를 완성했다. 이제 **언리얼 엔진**^{UE}에서 애니메이션 친화적 릭^{rig}을 만드는 다음 단계로 넘어간다. 스켈레톤을 만들고 스키닝하는 것은 3D 모델 또는 캐릭터를 애니메이션화하기 위한 첫 번째 단계다. 애니메이터가 애니메이션을 더 쉽게 만들 수 있도록 **컨트롤러**^{controller}를 추가하는 방법을 배우게 된다.

스켈레톤 위에 좋은 컨트롤러가 있다면 애니메이터는 애니메이션을 보다 효과적으로 편집, 구성, 개선할 수 있다. 보다 복잡한 3D 모델을 애니메이션화하기 위한 일반적인 과정을 **리깅**^{rigging}이라고 한다.

리깅은 일반적으로 세 가지 단계가 있다.

1. 스켈레톤 제작

2. 3D 모델을 스켈레톤에 스키닝

3. 스켈레톤을 구동하거나 제어하기 위한 컨트롤러를 만들기(또는 애니메이션 릭 만들기 라고도 함)

최근까지 언리얼 엔진에는 애니메이션 릭과 애니메이션을 생성하고 관리하는 데 효과적인 툴이 없었지만 **컨트롤 릭**과 관련 툴이 개발되면서 언리얼 엔진 5 내부에서 이러한 릭을 효과적으로 생성하고 애니메이션화하는 것이 가능해졌다.

더 이상 블렌더 또는 마야 같은 타사 소프트웨어에서 이 작업을 수행할 필요가 없다. 15장에서 이 파이프라인이 언리얼 엔진 5에서 어떻게 작동하는지 배우므로 새 애니메이션을 만들거나 기존 애니메이션을 자유롭게 편집할 수 있다.

14장에서는 다음 주제들을 다룬다.

- 컨트롤 릭 에디터 소개

- 컨트롤 릭 컨트롤러 제작

- 외계 식물 스켈레톤 컨트롤러로 조작

⠿ 기술 요구 사항

14장을 완료하기 위해서는 다음 기술들과 소프트웨어가 필요하다.

- 3D 애니메이션 소프트웨어를 구동할 수 있는 컴퓨터가 필요하다.

- 다음 사이트(https://www.blender.org)(작성 당시)에서 블렌더를 무료로 설치해야 한다. 14장에서 사용하는 블렌더 버전은 3.1.2이지만 일부 구버전과 신버전에서도 진행할 수 있다.

- 3D UI로 탐색하는 방법에 대한 기본적인 이해가 필요하다. 만약 건너뛰었다면 1장에서 다뤘으니 살펴보기 바란다. 만약 블렌더를 깊이 있게 사용하는 방법에 대한 더 많은 튜토리얼이 필요하다면 다음 사이트(https://www.blender.org/support/tutorials/)가 훌륭한 자원이다.

- 언리얼 엔진 5가 설치돼 있어야 한다.

- 언리얼 엔진 3D 사용자 인터페이스로 탐색하는 방법에 대한 기본적인 이해가 필요하다. 만약 앞에서 건너뛰었다면 6장에서 다뤘으니 살펴보기 바란다.

마지막으로 12장을 완료해야 한다.

14장에 사용된 파일들은 다음 사이트(https://github.com/PacktPublishing/Unreal-Engine-5-Character-Creation-Animation-and-Cinematics/tree/main/Chapter14)에서 받을 수 있다.

컨트롤 릭 에디터 소개

컨트롤 릭 에디터 Control Rig Editor는 언리얼 엔진에서 애니메이션 릭과 해당 컨트롤을 만드는 곳이다. 이 책을 집필하는 시점에는 아직 개발 단계에 있지만 시간이 지남에 따라서 기능이 확장되고 단순성과 최적화도 향상될 것이라고 확신한다.

현재 기본적으로 활성화돼 있지 않으므로 먼저 언리얼 엔진에서 컨트롤 릭 플러그인을 활성화해야 한다. 컨트롤 릭 에디터는 이 책에서 다루지 않는 많은 기능을 포함하는 매우 강력한 툴이 돼줄 수 있다. 그러나 여기서 배우게 될 기본 부분을 통해 언리얼 엔진 5에서 대부분을 충분히 리깅하고 애니메이션할 수 있다.

컨트롤 릭 툴 언리얼 엔진으로 불러오기

언리얼 엔진 5의 컨트롤 릭은 플러그인plugin이다. 플러그인은 소프트웨어의 추가 기능일 뿐이다. 때로는 프로그램을 더 가볍게 실행하고 더 빠르게 로드하고자 기본적으로는 활성화돼 있지 않다. 플러그인을 사용하면 필요한 것을 로드할 수 있다. 컨트롤 릭 툴 플러그인을 로드하려면 다음 단계를 따라 한다.

1. **GAMES** 탭에서 **Blank** 프로젝트를 생성한다. 또한 **Starter Content**의 체크를 해제해서 그림 14.1과 같이 **Blank** 프로젝트를 만든다.

그림 14.1 빈 언리얼 엔진 프로젝트 생성

2. 생성되면 그림 14.2처럼 **Edit | Plugins**를 선택한다.

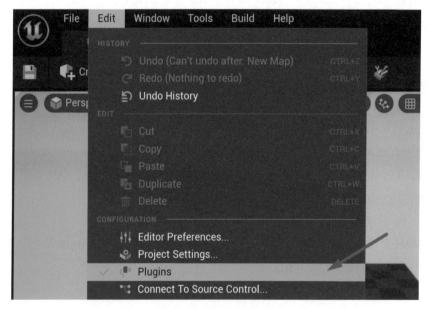

그림 14.2 플러그인 메뉴 열기

3. **Plugins** 메뉴에서 그림 14.3처럼 control을 검색하고 **Enabled** 체크박스를 클릭하고 **Restart Now**를 클릭해서 컨트롤 릭 툴이 활성화된 상태로 언리얼 엔진을 재시작한다.

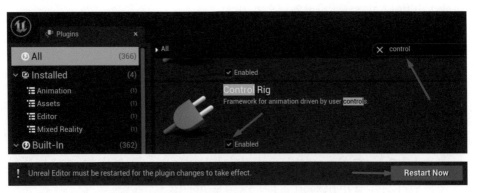

그림 14.3 컨트롤 릭 플러그인 활성화 및 언리얼 엔진 재시작

언리얼 엔진이 재시작되면 컨트롤 릭 툴이 로드됐고 사용할 준비가 됐다. 이제 외계 식물 모델을 언리얼 엔진으로 가져오자.

외계 식물과 스켈레톤 언리얼 엔진에서 불러오기

다음은 스키닝된 모델 **FBX** 파일을 언리얼 엔진에 가져오기 위한 과정이다. 언리얼 엔진에서 작업하기 전에 이 작업을 수행해야 한다. 이 작업 과정을 알고 나면 스키닝된 메시를 언리얼 엔진으로 가져온 다음 언리얼 엔진에서 월드나 게임에서 사용할 수 있다. 그러나 먼저 블렌더에서 **FBX** 파일을 익스포트해야 한다.

IMPORTANT NOTE

컨트롤 릭은 일반적으로 모델을 언리얼 엔진으로 가져오는 것보다 정확한 스케일과 방향에 훨씬 더 민감하다. 일반적으로 스켈레톤의 루트 본(root bone)은 가능한 경우 0, 0, 0에 배치하고 스케일은 1, 1, 1로 지정한다. 이렇게 하면 스켈레톤에 대한 컨트롤 릭 작업 및 생성이 훨씬 쉬워진다.
서로 다른 소프트웨어 패키지는 스케일과 단위를 처리하는 방식이 다를 수 있다. 13장에서 블렌더의 단위를 **Meters**로 설정하면서 **Unit Scale**을 0.01로 설정했다. 블렌더에서 이러한 설정을 사용해서 FBX 파일을 익스포트하고 언리얼 엔진으로 가져오면 이전 버전의 블렌더보다 더 좋은 결과를 얻을 수 있다. 최신 버전의 블렌더에서는 이 문제가 해결될 수도 있으며 **Meters**로 설정돼 있는 동안 기본 **Unit Scale**을 1.0으로 유지할 수 있다.

블렌더에서 외계 식물 익스포트

외계 식물의 스키닝된 FBX 파일을 언리얼 엔진으로 가져오려면 먼저 이 모델의 **FBX** 파일을 생성해야 한다. 언리얼 엔진에서 사용하고자 블렌더에서 스키닝된 **FBX** 모델을 생성하거나 익스포트하는 방법은 다음과 같다.

1. 블렌더를 실행해서 11장에서 저장한 **스키닝된 외계 식물** 블렌더 파일을 연다. 이전 버전은 다음 사이트(https://github.com/PacktPublishing/Unreal-Engine-5-Character-Creation-Animation-and-Cinematics/tree/main/Chapter14/EndOffChapter12_Results_AlienPlant_Skinned.blend)에서 받을 수 있다.

2. 뷰포트를 **Front Orthographic**으로 전환한다. 이는 **Export** 설정의 방향에 대한 참조를 얻기 위한 것이다(**Export** 설정이 장면과 동일하기를 원한다).

3. 블렌더의 **Object Mode**에서 외계 식물 모델을 선택하고 **Shift**를 누른 상태로 스켈레톤을 마우스 좌클릭해서 2개를 선택한다.

4. 블렌더 인터페이스의 좌측 상단에서 **File | Export | FBX(.fbx)**를 클릭해서 익스포트^{Export} 메뉴를 연다.

5. 익스포트하는 파일의 이름과 파일 위치를 선택하고 그림 14.4와 같이 익스포트 설정 아래에 다음과 같은 설정이 표시된다. 외계 식물을 익스포트한다.

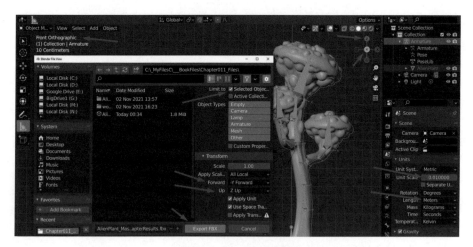

그림 14.4 FBX 익스포트 설정

그림 14.4의 설정에 대한 설명이다.

- 익스포트 메뉴에서 **Limit to Selected Objects**를 체크해서 선택된 오브젝트만 익스포트하게 한다.

- **Front Orthographic** 뷰에서 **-Y Forward**가 설정돼 있는 것을 확인할 수 있다. **Viewport Orientation Gizmo**를 오른쪽 상단에서 확인하면 **Z축**이 **위**로 설정돼 있는 것을 확인할 수 있다. 익스포트 메뉴의 **Forward** 및 **Up**을 동일하게 맞춘다.

- **Unit Scale**이 0.01, **Length**가 **Meters**로 설정돼 있는지 한 번 더 확인한다.

ADDITIONAL NOTE

작성 당시 블렌더와 언리얼 엔진 간의 단위 스케일링 문제는 주로 이전 버전의 블렌더와 스케일 단위를 언리얼 엔진으로 익스포트하는 방식에서의 문제다. 몇 가지 익스포트 테스트를 수행한 결과, 블렌더 버전 3.1.2부터는 Unit Scale이 1.0 및 Meters로 설정된 경우 단위 스케일 문제가 해결된 것을 확인할 수 있었다. 그러나 현재 버전에서의 Unit Scale 설정을 0.01과 Meters로 설정하면 작동하기 때문에 일단 가장 안전한 옵션이다.

블렌더 월드의 **Unit Scale**이 오래된 블렌더 버전에서 0.01과 **Meters**로 설정돼 있지 않은 경우 변환해야 할 수도 있다. 이는 다음과 같은 방법으로 해결할 수 있다. 이 문제를 해결하는 자세한 설명은 이 책의 범주를 벗어나므로 생략한다. 하지만 과정에 대해서 간단히 설명하자면 다음과 같다.

1. 새로운 블렌더 신^{scene}을 만든다. 신의 스케일 **Unit Scale**을 0.01, **Meters**로 설정한다.

2. 잘못 스케일링된 모델과 해당 스켈레톤을 신에 추가한다.

3. 모델 및 스켈레톤의 **Scale**이 잘못된 경우(스케일 툴을 사용해서 모델을 확인한다) 해당 스케일링을 수정한다. 보통 100배 작거나 크다. 올바르게 스케일링된 후 **Root Armature** 노드를 선택하고 **Object | Apply | All Transforms**를 선택해서 스케일을 다시 1, 1, 1로 재설정한다.

4. 3D 모델에 동일한 작업을 수행한다. 이제 적절한 스케일링 단위로 언리얼 엔진으로 익스포트할 준비가 됐다.

이제 바로 사용할 수 있는 외계 식물 FBX 파일이 생겼다. 언리얼 엔진으로 임포트한다.

언리얼 엔진에 외계 식물 임포트

언리얼 엔진으로 돌아가서 외계 식물 FBX 파일을 임포트하려면 다음 단계를 따라 한다.

1. 그림 14.5처럼 화면 하단의 **Content Drawer**를 열어서 **Import**를 클릭한다.

그림 14.5 FBX 임포트

2. 다음에 나타나는 메뉴에서 **외계 식물 FBX** 파일을 찾아서 선택 후에 **Open**을 누른다. 또 다른 방법으로는 다음 사이트(https://github.com/PacktPublishing/Unreal-Engine-5-Character-Creation-Animation-and-Cinematics/blob/main/Chapter14/EndOffChapter12_Results_AlienPlant_Skinned.fbx)에서 파일을 받는다.

3. **FBX Import Setting** 창이 열린다. 외계 식물에 애니메이션이 없기 때문에 **Import Animation** 체크를 해제한다.

4. 이 파일을 올바르게 임포트하는 데 도움이 되는 세 가지 추가 설정(Convert Scene, Force Front X Axis, Convert Scene Units)이 있다. 그림 14.6과 같이 이 옵션들을 체

크한다. **Front X Axis** 강제 옵션은 올바른 방향을 임포트하고자 일부 파일들에 해당 항목의 체크를 해제할 수 있다. 이것은 여러 요인에 따라 달라진다.

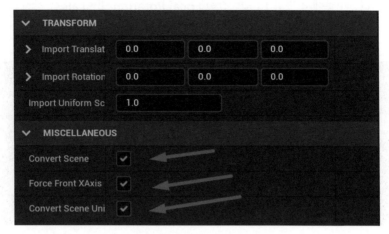

그림 14.6 FBX 임포트 옵션

5. **Import All** 버튼을 클릭한다. 본에 버텍스 웨이트가 없다는 경고가 로그 창에 표시될 수 있지만 이를 무시하고 로그 창을 닫는다.

6. 이렇게 하면 외계 식물 애셋이 **Content Drawer** 하단에 생성된다. **MATERIAL, SKELETAL MESH, PHYSICS ASSET, SKELETON**으로 나뉘어 있다. **SKELETON** 애셋을 더블 클릭해서 그림 14.7처럼 스켈레톤 트리 페이지를 확인한다.

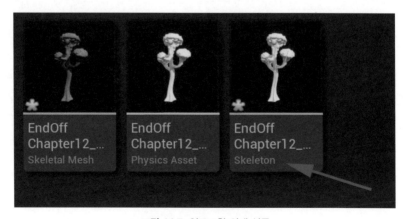

그림 14.7 임포트한 외계 식물

7. 스켈레톤 트리 페이지가 열리면 **RootBone**을 선택한다. **RootBone**의 **Local Location, Local Rotation** 값이 전부 0인지 확인한다. 그리고 **Scale**은 전부 1인지 확인한다. 이 중에서 그림 14.8과 같이 **Local Rotation** 및 **Scale**을 각각 0, 0, 0 및 1, 1, 1로 설정하는 것이 가장 중요하다.

그림 14.8 임포트된 외계 식물 확인

만약 모든 것이 정확하다면 외계 식물을 성공적으로 임포트했다. 이제 다음 단계인 컨트롤 릭을 만들 준비가 됐다.

외계 식물에 컨트롤 릭 노드 제작

외계 식물 위에 또는 연결된 컨트롤 릭 노드를 만들려면 다음 단계를 수행한다.

1. 스켈레톤 트리 창을 닫는다.

2. **Content Drawer**에서 **SKELETAL MESH**를 마우스 우클릭한다. **SKELETAL MESH ACTIONS** 메뉴가 나타난다. 그림 14.9처럼 **Create | Create Control Rig**을 클릭한다.

그림 14.9 컨트롤 릭 생성

3. **컨트롤 릭** 애셋을 더블 클릭해서 그림 14.10처럼 **Control Rig Editor**를 실행한다.

그림 14.10 컨트롤 릭 생성

이제 외계 식물 스켈레톤 위에 컨트롤 릭 노드를 생성하는 방법을 배웠다. 기본 컨트롤 릭 에디터 인터페이스를 살펴보자.

컨트롤 릭 에디터 인터페이스 레이아웃에 대한 이해

이번 절을 진행하면서 컨트롤 릭 에디터 인터페이스를 알아보자.

그림 14.11 컨트롤 릭 인터페이스

그림 14.11에 보이는 것은 이 책에서 필요한 일반적인 참조용 컨트롤 릭 에디터 인터페이스의 기본 레이아웃이다.

1. **툴 바**: 기본적인 툴이 있는 곳이다.

2. **뷰포트**: 여기서 3D 신을 둘러본다.

3. **Rig Hierarchy**: 스켈레톤 및 릭 계층 구조를 확인할 수 있다.

4. **Rig Graph**: 여기에서 언리얼 엔진을 통해 릭에 리깅 요소와 툴을 시각적으로 추가해 동작을 수정할 수 있다.

5. **Details, Preview Scene Settings**: 여기에서 선택한 개체의 더 자세한 설정에 액세스하고 프리뷰를 설정할 수 있다.

처음으로 컨트롤 릭 인터페이스를 실행하면 외계 식물이 뷰포트에 보이지 않을 수 있다. 이 문제를 해결하려면 **Preview Scene Settings**에서 **Preview Mesh** 항목에 그림 14.12처럼 드롭다운 메뉴에서 외계 식물 스켈레탈 메시를 선택한다.

그림 14.12 스켈레탈 메시 선택

컨트롤 릭 플러그인을 활성화하고 외계 식물을 가져오고 컨트롤 릭 노드를 생성했다. 이제 스켈레톤을 위한 컨트롤러 생성을 시작할 준비가 됐다.

기본적인 컨트롤 릭 컨트롤러 제작

외계 식물은 매우 간단한 **순기구학**FK, Forward Kinematics 릭 설정만 필요하다. 이 작업이 매우 복잡하게 들리겠지만 FK는 기본적으로 스켈레톤 자체에서 수행한 것과 동일한 부모/자식 설정이다. 자식 본은 부모를 따라 계층 구조를 따라 내려간다. FK 애니메이션 릭 컨트롤러는 동일한 방식으로 작동한다.

애니메이션에서 조인트를 제어하는 두 가지 주요 방법은 **FK**와 **IK**다. 14장에서는 FK를 다루고 15장에서 IK를 다룬다.

이제 컨트롤러를 제작해 보자. 먼저 간단한 컨트롤 셰이프를 생성한다.

2개의 간단한 컨트롤 셰이프 제작

매우 간단한 방법으로 시작해서 스켈레톤 본을 제어할 2개의 컨트롤 셰이프를 만든다.

1. **Rig Hierarchy** 패널의 빈 곳을 마우스 우클릭하고 **New** | **New Control**을 선택한다. 새로운 컨트롤러가 그림 14.13처럼 아래쪽에 생성된다.

그림 14.13 새로운 컨트롤러 생성

2. 새로운 컨트롤러를 선택한 상태에서 **Details** 패널의 **Shape** 항목 안의 **Shape Properties**에서 Circle_Thick를 선택한다. 그림 14.14처럼 **Shape Transform**의 스케일을 모든 축에 대해서 10으로 설정한다.

여기에서 컨트롤러가 순전히 시각적으로 컨트롤러가 어떻게 보이는지 설정하고 편집할 수 있다. 여러 옵션이 있지만 외계 식물에 대해서는 원 모양의 컨트롤러가 가장 좋은 옵션 중 하나다. 애니메이션 작업 시 무엇을 하는지 시각적으로 보기 쉽도록 컨트롤러 모양을 선택하는 것이 좋다.

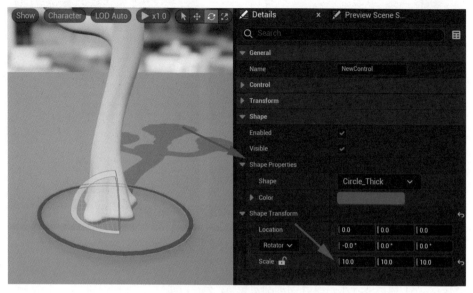

그림 14.14 새로운 컨트롤러 셰이프

3. 릭 계층 구조에서 **NewControl**을 더블 클릭해서 그림 14.15처럼 이름을 Root로 변경하고 엔터를 누른다.

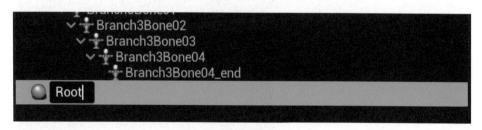

그림 14.15 컨트롤러 이름 변경

4. 방금 이름을 변경한 **Root** 컨트롤러를 마우스 우클릭하면 메뉴가 나온다. **Duplicate**를 선택한다. 이 작업은 컨트롤러를 복제한다. 복제한 컨트롤러의 이름을 3단계에서 사용한 방법으로 그림 14.16처럼 **Stem01**로 변경한다.

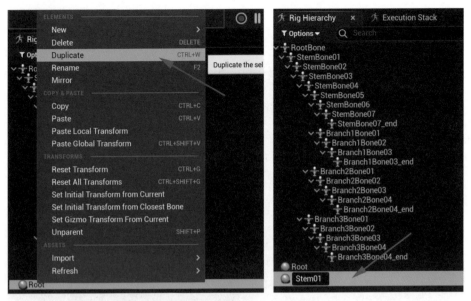

그림 14.16 컨트롤러 복제 및 이름 변경

5. **Stem01** 컨트롤러가 선택된 상태에서 *X*, *Y*, *Z*축 스케일을 10 대신에 5로 변경한다. 이제 그림 14.17처럼 작은 컨트롤러를 확인할 수 있다.

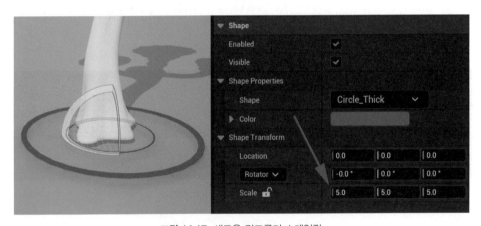

그림 14.17 새로운 컨트롤러 스케일링

이제 필요한 메인 컨트롤러 2개를 생성했다.

Root 컨트롤러는 리깅된 오브젝트를 움직일 때 사용한다. 작은 컨트롤러는 이후에 복제돼 외계 식물의 줄기와 가지 주위에 자식 컨트롤러로 사용된다.

다음으로 애니메이션 릭 설정에 필요한 컨트롤러를 알아보자.

필요한 컨트롤러 결정

필요한 컨트롤러를 결정하려면 식물의 어느 스켈레톤 본 위치를 구부리고 변형할 수 있는지 알아야 한다.

외계 식물은 **Main Stem**, **Branch 1**, **Branch 2**, **Branch 3**이라는 네 가지 주요 요소가 있다. **Main stem**과 주요 조인트 부분에서 변형할 수 있도록 하려고 한다.

컨트롤러가 필요하지 않은 조인트를 제거하는 것으로 시작하자. 이 경우 제거할 수 있는 첫 번째 본은 **_end** 조인트들이다. 이들은 단순히 가지와 **메인 줄기**^{Main Stem}의 마지막 조인트 끝을 표시한다.

이 경우 외계 식물 스켈레톤에서 각 분기의 첫 번째 조인트에 컨트롤러가 필요하지 않다. **메인 줄기** 부모 조인트와 위치를 공유하기 때문이다. 따라서 동일한 위치에 2개의 컨트롤러가 필요하지 않다. 그러나 원하는 경우도 존재한다. 특정 스켈레톤과 애니메이션 방법에 따라 사례별로 고려해야 한다.

컨트롤러가 필요하지 않은 불필요한 조인트를 제거하고 나면 조인트를 움직이기 위한 컨트롤러가 필요한 조인트만 남는다.

그림 14.18에서 **Rig Hierarchy** 패널에서 이 조인트를 선택해 뷰포트에 표시하고 위치를 표시한다. **Rig Hierarchy** 패널에서 컨트롤러가 필요하지 않은 조인트도 표시했다.

결론적으로 이 외계 식물 애니메이션 릭에는 다음이 필요하다.

- **Main Root** 컨트롤러

- 7개의 **Main Stem** 컨트롤러

- 2개의 **Branch 1** 컨트롤러

- 3개의 **Branch 2** 컨트롤러

- 3개의 **Branch 3** 컨트롤러

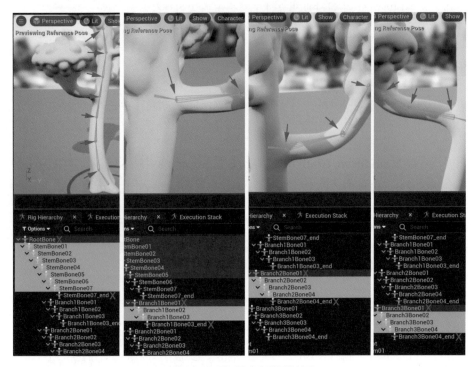

그림 14.18 컨트롤러가 필요한 본들

모든 컨트롤러 제작

Main Stem 및 가지 컨트롤러를 빠르게 생성하고자 **Stem01** 컨트롤러를 사용한다.

1. **Rig Hierarchy** 패널에서 **Stem01**을 마우스 우클릭하고 나오는 메뉴에서 그림 14.16처럼 **Duplicate**를 선택한다. 또 다른 방법으로는 **Ctrl + D** 단축키를 사용해서 복제할 수 있다. 이렇게 하면 같은 크기의 또 다른 컨트롤러를 생성한다.

2. 이전 과정을 컨트롤러 15개(Main Stem 컨트롤러 7개 + Branch 1 컨트롤러 2개 + Branch 2 컨트롤러 3개 + Branch 3 컨트롤러 3개 = 컨트롤러 15개)가 될 때까지 반복한다.

3. 제어하려는 본/조인트에 해당하는 컨트롤러의 이름을 변경한다. 그림 14.19와 같이 실제 본 이름과 가깝게(정확히는 아니지만 중복되지 않도록) 컨트롤러 이름을 지정해 나중에 올바르게 연결하기 쉽도록 하는 것이 좋다. 그림 14.19의 왼쪽에는 복제된 컨트롤러가 있고 오른쪽에는 본 이름이 있다. 중앙에는 이름 변경 후의 최종 컨트롤러 이름이 있다.

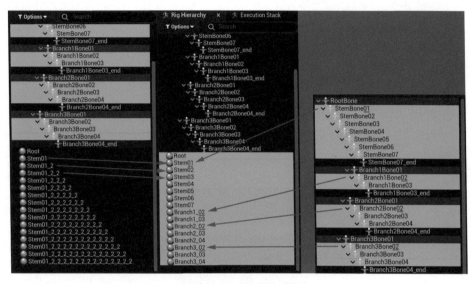

그림 14.19 컨트롤러 이름

이제 필요한 컨트롤러를 전부 생성했다. 다음으로 외계 식물을 애니메이션하기 쉽게 계층 구조로 구성한다.

컨트롤러를 계층 구조로 구성

13장에서 언급했듯이 외계 식물에 간단한 FK 설정을 해야 한다. 이것은 현재 스켈레톤 계층 구조와 매우 유사하다.

> 다음과 같이 물어볼 수 있다. 왜 컨트롤 릭 애니메이션 세팅을 만드는 이 모든 수고를 거치는 대신에 본을 직접 애니메이션하지 않는 것인가? 답은 할 수 있지만 최선의 작업 방법이 아니기 때문이다. 애니메이션 릭이 있으면 모든 작업이 조금 더 쉬워진다. 15장에서 IK를 다룰 때 반드시 컨트롤 릭이 필요하다. 대부분의 캐릭터 애니메이션 릭은 동일한 릭 내에서 FK와 IK 조합을 가진다.

외계 식물 스켈레톤에서 메인 줄기와 3개의 가지가 있다. 각각은 간단한 부모/자식 체인이므로 이러한 간단한 계층 구조를 만들어 보자.

컨트롤 릭 인터페이스에서 계층 구조를 만드는 것은 간단하다.

1. **Rig Hierarchy** 패널에서 자식을 선택하고 마우스 버튼을 누른 채로 부모 위로 끌어올리면 된다. 그림 14.20에서 볼 수 있듯이 자식인 **Stem02**를 마우스 버튼을 누른 채로 부모인 **Stem01** 위로 드래그한다.

그림 14.20 컨트롤러 계층 구조

2. 메인 줄기와 가지 3개가 그림 14.21처럼 각각 부모/자식 체인 구조가 될 때까지 위 과정을 반복한다.

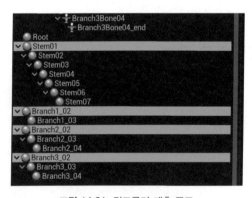

그림 14.21 컨트롤러 계층 구조

426

마지막으로 계층 구조를 완성해야 한다. 각 가지 계층 구조를 **메인** 줄기의 적절한 본의 자식으로 만들어야 한다.

3. 이 경우 **Branch1** 체인은 **Stem06**의 자식이어야 한다. 마우스 좌클릭으로 선택한 다음 자식 **Branch1_02**에서 마우스 버튼을 누른 상태로 **Stem06** 위로 드래그한다.

4. **Branch 2** 체인이 **Stem05**의 자식이어야 한다. 마우스 좌클릭으로 **Branch2_02**를 선택한 다음 마우스 버튼을 누른 상태로 **Stem05** 위로 드래그한다.

5. **Branch 3** 체인이 **Stem04**의 자식이어야 한다. 마우스 좌클릭으로 **Branch3_02**를 선택한 다음 마우스 버튼을 누른 상태로 **Stem04** 위로 드래그한다.

6. 마지막으로 **Stem01** 체인은 **Root**의 자식이어야 한다. 마우스 좌클릭으로 선택한 다음 마우스 버튼을 누른 상태로 **Root** 위로 드래그한다.

최종 결과물은 그림 14.22와 같다.

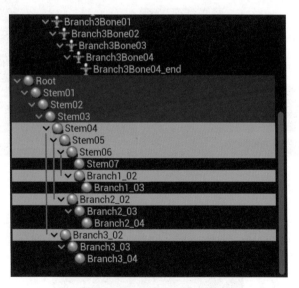

그림 14.22 컨트롤러 계층 구조

이제 외계 식물 스켈레톤과 매우 유사한 계층 구조를 만들었지만 조인트보다 적은 수의 컨트롤러가 필요하므로 약간 다르다. 이제 컨트롤러를 조인트에 배치해야 한다.

조인트에 컨트롤러 배치시키기

현재 이 설정은 모든 컨트롤러가 신의 원점에 서로 겹쳐 있기 때문에 그다지 좋아 보이지 않는다. 계층 구조를 먼저 정리하는 이유는 위치를 먼저 수행하면 하위 컨트롤러의 상대적 오프셋을 계층 구조를 변경할 때마다 지속적으로 재조정해야 하기 때문이다. 계층 구조가 완벽하면 위치를 한 번만 지정하면 된다.

가장 큰 **Root** 컨트롤러는 신의 원점에 유지한다.

다른 컨트롤러를 조인트에 정확히 배치하는 간단한 다른 방법이 있다. 본/조인트$^{bone/}$ ^{joint}를 마우스 우클릭한다. 표시되는 메뉴에서 **Copy**를 선택한다. 그런 다음 마우스 우클릭해 해당 컨트롤러를 선택하고 나타나는 메뉴에서 그림 14.23과 같이 **Paste Global Transform**을 선택한다.

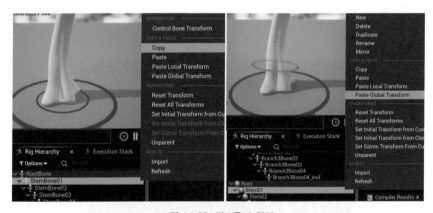

그림 14.23 컨트롤러 위치

릭에 관한 한 컨트롤러의 새 위치를 영구적으로 변경하려면 컨트롤러를 마우스 우클릭해서 그림 14.24와 같이 **Set Offset Transform from Current**를 선택한다.

그림 14.24 컨트롤러 위치 설정

이제 이 작업을 **StemBone01**에 먼저 적용해 보자.

1. **StemBone01** 본에서 시작해 **Stem01** 컨트롤러에 위치를 복사하고, 마우스 우클릭해 컨트롤러를 다시 선택한 다음 **Set Offset Transform From Current**를 선택한다. 이러한 단계를 반복해서 **Stem01, Stem02, Stem03** 그리고 줄기 조인트 체인 끝까지 부모에서 자식으로 계층 구조를 따라 아래로 내려가는 순서대로 작업한다.

2. **메인** 줄기 작업이 완료되면 계층 구조를 내려가면서 **메인** 줄기와 동일한 작업을 진행한다.

3. 최종 결과물은 그림 14.25처럼 보일 것이다. 또한 그림 14.17과 같이 **Shape** 스케일 값을 변경해 컨트롤러의 크기를 변경할 수 있으므로 시각적으로 이해하기가 더 쉽다.

그림 14.25 컨트롤러 배치 결과

이제 모든 컨트롤러를 만들고 제어할 본에 정확히 정렬되도록 배치했다. 다음으로 스켈레톤의 뼈대를 제어하는 컨트롤러를 다룬다.

외계 식물 스켈레톤 컨트롤러로 제어하기

외계 식물용 컨트롤 릭을 만드는 마지막 단계는 컨트롤러가 스켈레톤을 구동/제어하도록 하는 것이다. 컨트롤 릭 시스템은 이 책의 범위를 벗어나는 매우 복잡한 릭을 만드는 데 사용할 수 있다. 컨트롤 릭 시스템은 일련의 노드를 사용한다. 애니메이션 릭의 동작을 구동하고자 시각적인 방식으로 서로 연결할 수 있다.

간단한 **FK**의 경우 다음과 같이 **Rig Graph** 패널에 몇 가지 기본 노드만 있으면 된다.

- **Forwards Solve**: 단순히 릭 노드 흐름을 시작하면 구축하는 모든 컨트롤 릭의 시작 부분에 있다.

- **Set Transform – Bone**: 일반적으로 컨트롤러에서 트랜스폼 값을 '설정'하거나 외부에서 받아서 본에 적용하는 데 사용된다.

- **Get Transform – Bone**: 일반적으로 컨트롤러에서 트랜스폼 값을 '가져와서' 본에 적용하는 데 사용된다.

만약 복잡하게 들려도 걱정하지 마라. 생각보다 사용하기 쉽다.

3개의 기본 노드에 대한 설정

Root 컨트롤러로 **RootBone**을 제어하는 세팅을 만들어 보자.

1. **Rig Hierarchy** 패널에서 **RootBone** 본을 마우스 좌클릭으로 선택한 상태로 **Rig Graph** 패널로 드래그한다.

2. 마우스 클릭에서 손을 떼면 메뉴가 나타난다. 그림 14.26처럼 **Set Bone**을 선택한다.

그림 14.26 본 설정

Set Transform – Bone 노드 박스가 생성된다. 그림 14.27처럼 **Type** 항목은 **Bone**
으로 돼 있고 **Name** 항목은 **RootBone**으로 자동으로 설정된 것을 확인할 수 있다.

3. **Forward Solve** 노드에서 **Execute** 소켓이 있다. **Execute** 옆의 화살표를 마우스
좌클릭한 상태로 드래그해서 연결선을 생성한다. 그림 14.27처럼 해당 선을 **Set
Transform – Bone**의 **Execute** 소켓으로 드래그하고 마우스 버튼에서 손을 떼면
서 연결을 생성한다.

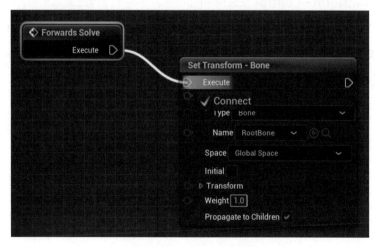

그림 14.27 Set Transform 결과

노드를 선택하고 이동할 수 있다. 마우스 휠을 사용해서 확대 및 축소하고 마우스 우클릭을 사용해서 **Rig Graph** 패널을 이동할 수 있다.

4. **Rig Hierarchy** 패널에서 **Root** 컨트롤러를 마우스 좌클릭으로 선택하고 **Rig Graph** 패널로 드래그한다. 마우스 버튼을 놓으면 메뉴가 나온다. 그림 14.28과 같이 **Get Control**을 선택한다.

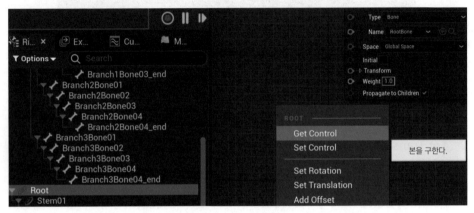

그림 14.28 컨트롤 구하기

이렇게 하면 그림 14.29처럼 Get Transform − Control 노드가 생성된다.

5. **Get Transform − Control** 노드의 아래쪽에는 주황색 **트랜스폼** 소켓이 있다. 이 소켓을 마우스 좌클릭하고 드래그해서 연결선을 만든다. 이 선을 **Set Transform − Bone** 노드의 트랜스폼 소켓으로 드래그하고 마우스 버튼을 놓아 그림 14.29와 같이 연결을 만든다.

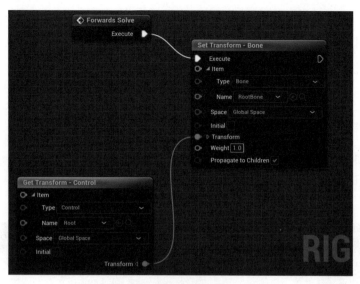

그림 14.29 트랜스폼 연결

루트 컨트롤러는 루트 본으로 트랜스폼 값을 받아서 컨트롤한다.

NOTE

만약 실수했다면 연결선 또는 소켓에 Alt + 마우스 좌클릭을 하면 연결을 제거할 수 있다.

6. 만약 **Propagate to Children** 항목이 체크돼 있지 않다면 체크한다. 결과는 그림 14.30처럼 보인다.

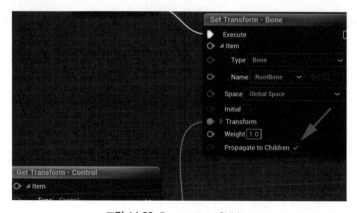

그림 14.30 Propagate to Children

7. 이제 이 설정을 테스트해 **Root** 컨트롤러를 선택한 다음 뷰포트에서 움직이면서 올바르게 작동하는지 확인할 수 있다. **Root** 컨트롤러를 움직이면 그림 14.31과 같이 결과적으로는 전체 식물이 따라야 한다.

그림 14.31 Root 설정 테스트

이제 하나의 본을 구동하는 컨트롤러 1개를 설정했다. 이제 나머지를 연결할 차례다.

애니메이션 릭 완성

나머지 애니메이션 컨트롤 릭을 설정하려면 **Root** 컨트롤러 설정과 정확히 동일한 작업 과정을 따른다. 요약하면 다음과 같다.

1. 본을 선택해서 **Rig Graph** 패널로 드래그하고 **Set Bone**을 선택한다.

2. **Set Transform – Bone** 노드를 사용해서 재배치한다.

3. 이전에 만들었던 **Set Transform – Bone** 노드의 Execute에서 **Set Transform – Bone** 노드의 Execute로 새로운 연결을 만든다.

4. 관련된 컨트롤러를 클릭해서 **Rig Graph** 패널로 드래그한 뒤 **Get Control**을 선택한다. 새로운 **Get Transform – Control** 노드가 생성된다.

5. 새로운 **Get Transform – Control** 노드의 **Transform** 소켓을 **Set Transform – Bone** 노드의 **Transform** 소켓에 연결한다.

6. **Propagate to Children** 체크 박스를 체크한다.

7. 모든 컨트롤러에 이 과정을 반복한다. 연결된 컨트롤러가 없는 본은 무시해도 된다.

컨트롤러 3개에 해당 작업을 진행하면 그림 14.32처럼 되는 것을 확인할 수 있다. 이 흐름은 모든 컨트롤러가 연결될 때까지 계속된다.

그림 14.32 컨트롤러 3개 세팅

모든 컨트롤러를 연결하면 그림 14.33처럼 보인다.

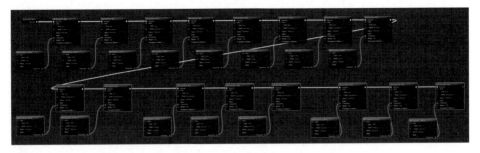

그림 14.33 모든 컨트롤러 연결

이해하기에는 복잡해 보일 수 있지만 기본적으로 **Forward Solve/Execute**로 연결된 2개의 노드다. 그림 14.33에서 연결된 노드들은 화면에 보기 쉽게 2개의 가로줄로 구성돼 있지만 실제로는 노드들이 복제돼 모든 컨트롤러를 커버하는 것이다.

이제 컨트롤러를 회전시켜서 외계 식물과 그 스켈레톤이 컨트롤러를 따라 움직이고 변형되는지 확인해 컨트롤 릭 세팅을 테스트할 수 있다. 그림 14.34와 같이 테스트한다. 테스트 중에는 **실행 취소**Undo 대신 **컴파일**Compile을 사용하는 것을 기억한다. 모든 것이 정상이라면 언리얼 엔진 5 프로젝트를 이후에 사용할 수 있도록 안전한 곳에 저장한다.

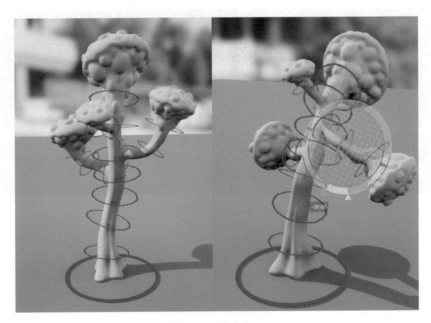

그림 14.34 회전 테스트

마지막에 저장한 최종 프로젝트 파일을 다음 사이트(https://github.com/PacktPublishing/
Unreal-Engine-5-Character-Creation-Animation-and-Cinematics/tree/main/FullFinal
UE5Project)에서 받을 수 있다.[1]

컨트롤 릭 예제는 **Content/AlienPlantControlRig** 경로에 있다.

이제 외계 식물에 컨트롤 릭을 완성했다.

⋙ 요약

14장에서 블렌더에서 외계 식물을 올바르게 익스포트하고 언리얼 엔진으로 가져오는
방법을 배웠다. 컨트롤 릭 플러그인을 활성화하고 기본 인터페이스를 탐색하는 방법을
배웠다. 마지막으로 컨트롤 릭 시스템으로 기본 **FK** 릭을 구축했다. 이 지식으로 이제
언리얼 엔진 5 컨트롤 릭에서 FK 애니메이션 릭을 구축할 수 있다. 즉 신의 모든 종류의
다양한 애니메이션 오브젝트 및 캐릭터에 대한 **FK** 애니메이션 릭을 구축할 수 있다.

15장에서는 **IK**를 포함하고 있는 로봇의 컨트롤 릭을 제작한다.

---

1   해당 링크로 들어가면 바로 받을 수 있는 것이 아니라 아래쪽의 readme.md에 있는 링크에서 받을 수 있다. – 옮긴이

15

언리얼 엔진 5에서
기본적인 IK 컨트롤을 가진
로봇 컨트롤 릭 제작

14장에서 외계 식물에 대한 컨트롤 릭을 만들었다. 외계 식물 컨트롤 릭은 단순한 **순기구학**FK 세팅이다. 14장에서 이야기했듯이 이것은 기본적인 부모/자식 계층 설정과 같다. 15장에서는 로봇 드론을 위한 컨트롤 릭을 만든다. 로봇 드론의 팔과 컨트롤 릭의 나머지 부분에 **역기구학**IK을 세팅하는 방법을 배운다.

15장에서는 다음 주제들을 다룬다.

- IK란?

- 로봇 캐릭터의 컨트롤러 제작

- 올바른 계층 구조로 컨트롤 오브젝트 정렬 및 조인트 연결

- IK 컨트롤러 제작 및 전체 릭 테스트

⠿ 기술 요구 사항

15장을 완료하려면 다음 기술들이 필요하다.

- 3D 애니메이션 소프트웨어를 구동할 수 있는 컴퓨터가 필요하다.

- 다음 사이트(https://www.blender.org)(작성 당시)에서 블렌더를 받아서 설치돼 있어야 한다. 15장에서 사용하는 블렌더는 3.1.2이지만 일부 구버전 및 신버전에서도 진행할 수 있다.

- **언리얼 엔진 5**가 설치돼 있어야 한다. 다음 사이트(https://www.unrealengine.com/en-US/download)에서 받을 수 있다.

- 언리얼 엔진 3D 인터페이스를 사용하는 방법을 알고 있어야 한다. 만약 건너뛰었다면 6장에서 다뤘으니 살펴보기 바란다.

15장에서 사용된 파일들은 다음 사이트(https://github.com/PacktPublishing/Unreal-Engine-5-Character-Creation-Animation-and-Cinematics/tree/main/Chapter15)에서 받을 수 있다.

⠿ IK란?

캐릭터 애니메이션 릭character Animation Rig이란 일반적으로 FK와 IK 설정의 혼합물이다. 척추, 목, 머리, 꼬리 등은 일반적으로 FK로 설정한다. 그러나 팔과 다리 같은 것들은 일반적으로 애니메이션 릭 내에서 IK로 설정한다. 고급 애니메이션 릭에서는 IK와 FK 사이를 전환할 수 있는 방식으로 팔과 다리를 세팅할 수 있지만 이 책의 범주를 벗어난다. 대부분의 경우 팔과 다리에 적합한 IK 세팅이 필요하다.

IK 개요

팔과 손을 갖고 있다고 상상해 보라. **A**에서 **B**로 손을 이동하고 싶다고 가정한다. FK 설정으로는 먼저 상완 조인트를 회전시키고, 그다음에는 전완 조인트를 회전시켜 손이 그림 15.1에 나와 있는 것과 같이 B에 도달하도록 해야 한다.

그림 15.1 FK A에서 B

실제로는 B에 정확히 도달할 때까지 상완과 전완 조인트를 번갈아 가며 회전시켜야 한다. 이 과정은 매우 많은 시간이 소요된다. 컴퓨터 애니메이션의 초기에는 이를 보다 실용적인 방법으로 수행하고자 훨씬 더 발전된 기술이 개발됐다.

IK 설정으로는 A에서 B로 이동시키는 손 위에 컨트롤러(일부 IK 세팅에서는 **엔드 이펙터**end effector라고도 한다)를 단순히 놓으면 된다. 그러면 3D 소프트웨어가 자동으로 애니메이션의 마지막 키프레임뿐만 아니라 중간 모든 프레임에서 상완과 전완 조인트의 각도를 그림 15.2처럼 계산해 준다.

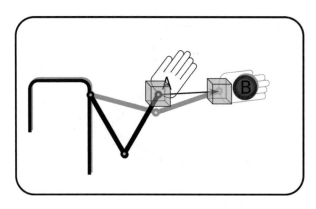

그림 15.2 IK A에서 B

이제 손이 목적지에 도달하고자 애니메이션해야 하는 컨트롤러가 하나만 있다. 아마도 더 유용한 것은 역으로도 작동한다는 사실이다.

예를 들어 다리를 갖고 있고 캐릭터의 발이 지면에 고정돼 있으면서 몸이 움직이는 상황을 상상해 보라. 몸이 무게를 옮기면서 발이 정확히 같은 자리에 머무르기를 원한다. IK 세팅을 사용하면 그림 15.3과 같이 발이 IK 컨트롤러(엔드 이펙터)와 함께 유지되고 부모/몸이 움직이는 동안 제자리에 고정된다.

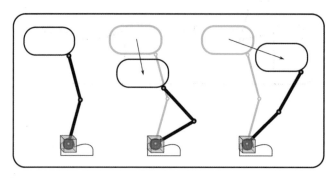

그림 15.3 발 컨트롤러

대부분의 표준 IK 세팅에 추가할 수 있는 기능이 하나 더 있다. 팔다리가 움직일 때 무릎이나 팔꿈치가 향해야 하는 방향을 제어하는 컨트롤러를 추가할 수 있다. 일반적으로 **폴 벡터**pole vector라고 한다. 무릎이나 팔꿈치는 이 컨트롤러의 방향을 가리키려고 한다. 폴 벡터 컨트롤러는 그림 15.4에서 **B**다.

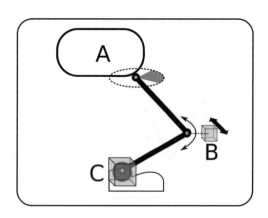

그림 15.4 폴 벡터

표준 IK 세팅에는 그림 15.4와 같이 세 가지 주요 요소가 있다.

- **A**: 부모/베이스

- **B**: 폴 벡터

- **C**: 엔드 이펙터

IK 세팅은 말, 고양이 또는 개와 같은 동물의 뒷다리 경우와 같이 2개 이상의 조인트가 될 수 있다. 이러한 설정은 약간 더 복잡할 수 있지만 원칙적으로 거의 동일한 방식으로 작동한다.

이제 IK가 무엇인지 배웠으니 이제 언리얼 엔진 컨트롤 릭에서 IK를 설정하는 방법을 배울 수 있다.

로봇 캐릭터를 위한 컨트롤러 제작

다음으로 14장에서 외계 식물에 작업한 것처럼 컨트롤 릭 컨트롤러를 생성한다.

블렌더에서 로봇과 스켈레톤 익스포트

시작하기에 앞서, 스키닝된 로봇과 스켈레톤을 블렌더에서 가져와야 한다. 블렌더 파일은 다음 사이트(https://github.com/PacktPublishing/Unreal-Engine-5-Character-Creation-Animation-and-Cinematics/tree/main/Chapter15/EndOffChapter13_Results_Drone_Skinned.blend)에서도 받을 수 있다. 블렌더에서 로봇의 모든 파츠와 아마튜어를 선택해서 **FBX** 파일로 익스포트해야 한다. 14장의 '블렌더에서 외계 식물 익스포트' 절에서 사용한 외계 식물 익스포트 설정을 그대로 사용한다. 그림 15.5가 해당 설정을 간략하게 보여 준다.

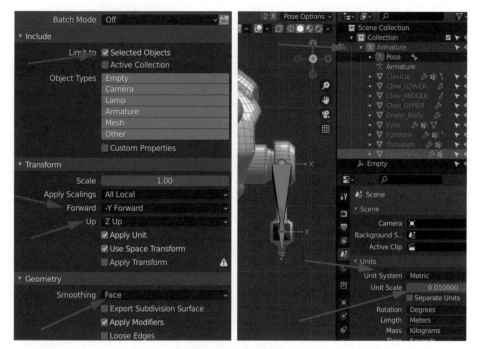

그림 15.5 로봇 익스포트 설정

만약 미리 만들어진 로봇 예제를 사용하고 싶다면 해당 예제를 제공한다. 익스포트된 **FBX** 파일은 다음 사이트(https://github.com/PacktPublishing/Unreal-Engine-5-Character-Creation-Animation-and-Cinematics/tree/main/Chapter15/EndOffChapter13_Results_Drone_Skinned.fbx)에서 받을 수 있다.

로봇 언리얼 엔진 프로젝트에 임포트

14장에서 만든 프로젝트에 로봇을 임포트하거나 새로운 프로젝트를 만들어도 된다. 만약 새로운 프로젝트를 생성한다면 컨트롤 릭 플러그인을 활성화하는 것을 잊지 마라. 14장의 그림 14.2와 그림 14.3을 참고한다.

언리얼 엔진 프로젝트의 **콘텐츠 드로어**^{Content Drawer}에서 그림 15.6처럼 14장에서 사용한 세팅으로 로봇 **FBX** 파일을 임포트한다.

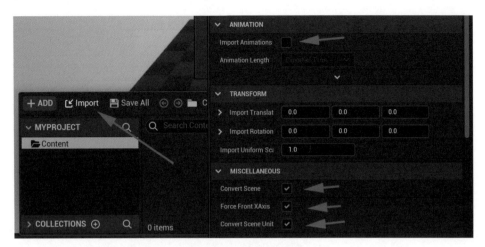

그림 15.6 로봇 임포트 세팅

모든 항목을 올바르게 임포트했는지 다시 확인하려면 그림 15.7과 같이 로봇 드론 **SKELETON** 파일을 더블 클릭해서 연다.

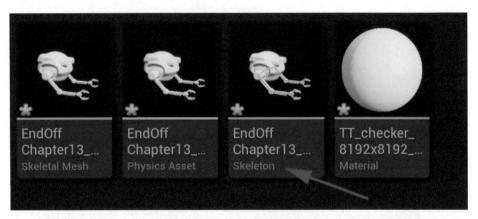

그림 15.7 임포트 결과 확인 파트 1

만약 모든 것이 올바르게 진행됐다면 로봇 본(이 경우에는 **Root_Robot**)을 선택하면 위치와 스케일이 각각 0, 0, 0과 1, 1, 1이어야 한다.

그림 15.8 임포트 결과 확인 파트 2

로봇 드론이 임포트됐다. 이제 컨트롤 릭을 제작하자.

컨트롤 릭 컨트롤러 제작

14장에서 다룬 것과 같이 그림 14.9에 나와 있는 대로 **콘텐츠 드로어**에서 **스켈레탈 메시** Skeletal Mesh 오브젝트를 그림 15.9와 같이 마우스 우클릭하고 **Create Control Rig**을 선택한다.

그림 15.9 컨트롤 릭 생성

컨트롤 릭 Control Rig을 더블 클릭해서 **컨트롤 릭** 인터페이스를 연다.

로봇 드론에 필요한 컨트롤러가 무엇인지 생각해 보자. 로봇 드론에는 다음이 필요하다.

446

- 전체 릭을 움직이는 루트 컨트롤러

- 몸을 움직이고 팔 컨트롤러의 부모인 컨트롤러

- 팔을 위한 IK 컨트롤러

- 각 손에 있는 2개의 집게를 제어하기 위한 컨트롤러

이제 로봇 드론을 구동하는 데 필요한 컨트롤러를 만들어 보자. 이 작업은 14장의 '기본적인 컨트롤 릭 컨트롤러 제작' 절에서 설명한 것과 동일한 방식으로 수행되므로 여기서는 이 단계를 간략하게 설명한다.

1. **Rig Hierarchy** 패널의 빈 공간을 마우스 우클릭해서 그림 15.10처럼 **New** | **New Control**을 선택한다.

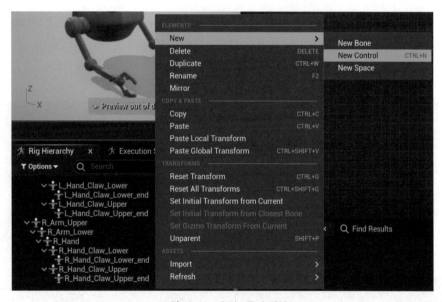

그림 15.10 새 컨트롤러 생성

2. **Details** 탭에서 **Shape Properties** 항목에서 새 컨트롤러를 **Circle_Thick**으로 설정한다. **Shape Transform**의 스케일을 8 정도로 설정한다. 이 컨트롤러가 그림 15.11에서 볼 수 있듯이 메인 루트 컨트롤러다.

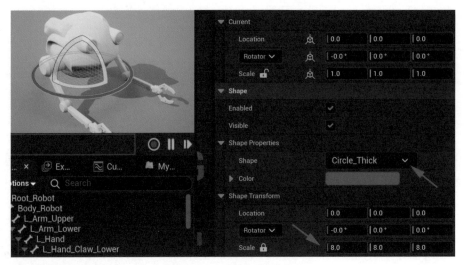

그림 15.11 컨트롤러 생성 옵션

3. 빈 공간을 다시 마우스 우클릭해서 두 번째 컨트롤러를 생성하되 이번에는 **Shape**를 **Box_Thick**으로 설정하고 스케일을 4로 설정한다. 이 컨트롤러가 로봇의 몸 컨트롤러다.

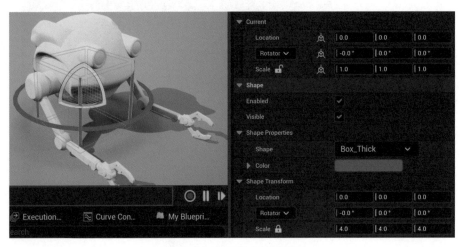

그림 15.12 두 번째 컨트롤러 생성

4. 이제 **Box_Thick**으로 설정된 두 번째 컨트롤러를 선택하고 마우스 우클릭해서 복제를 선택한다.

5. 새로운 **Box_Thick** 컨트롤러의 스케일을 1로 설정한다. 이 컨트롤러는 한 손의 컨트롤러다.

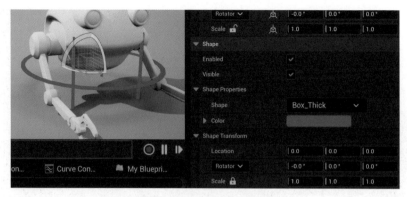

그림 15.13 세 번째 컨트롤러 생성

6. 작은 스케일의 **Box_Thick Shape**를 가진 컨트롤러를 마우스 우클릭해서 세 번 복제해서 총 4개를 만든다. 각각은 각 손과 팔꿈치 컨트롤러(폴 벡터)다.

7. 그림 15.14의 오른쪽처럼 컨트롤러의 이름들을 명확한 이름으로 변경한다.

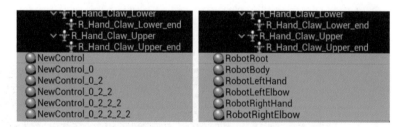

그림 15.14 컨트롤러 이름 변경

다음으로 최종 위치에서 어떻게 보일지 확인할 수 있도록 약간 다른 방식으로 손의 집게에 대한 컨트롤러를 만든다.

8. **Rig Hierarchy** 창의 빈 곳을 마우스 우클릭하는 대신에 **L_Hand_Claw_Lower** 본을 마우스 우클릭하고 **New | New Controller**를 선택한다. 이렇게 하면 본의 위치(자식 포함)에 컨트롤러가 생성된다. 이제 컨트롤러가 최종 위치에서 어떻게 보이는지 확인할 수 있다.

9. 컨트롤러의 Shap를 QuarterCircle_Thick으로 변경하고 스케일을 2로 변경한다. 이름을 LeftLowerClaw로 변경한다.

그림 15.15 집게 컨트롤러

10. 같은 방식으로 마우스 우클릭해서 **L_Hand_Claw_Upper** 본 위에 컨트롤러를 만든다. Shape를 QuarterCircle_Thick으로 변경하고 **Scale**을 2로 수정하고 그림 15.16과 같이 색상을 클릭하고 색상 선택기를 사용해서 (다른 집게 컨트롤러와 시각적으로 구별되도록) **Color**를 파란색으로 변경한다.

그림 15.16 상단 집게 컨트롤러 색상을 파란색으로 변경

11. 컨트롤러의 이름을 **LeftUpperClaw**로 변경한다.

12. 위의 과정들을 오른쪽 집게에도 동일하게 반복한다.

13. 집게에 대한 컨트롤러 4개가 전부 생성되면 **Ctrl** + 마우스 좌클릭으로 컨트롤러를 모두 선택한다. 컨트롤러 중 1개에 마우스 우클릭해서 **Unparent**를 클릭한다.

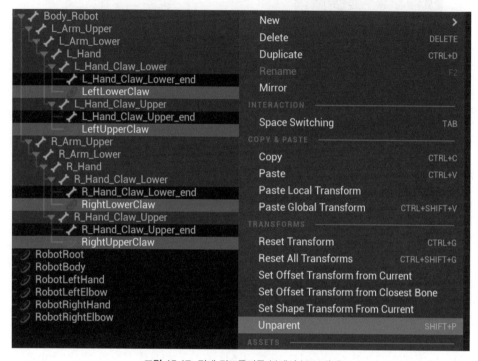

그림 15.17 집게 컨트롤러를 본에서 부모 해제

집게 컨트롤러는 본에서 부모 해제unparent되고 다른 컨트롤러와 함께 **Rig Hierarchy** 창의 맨 아래로 이동한다.

그림 15.18과 같은 구조를 가진다.

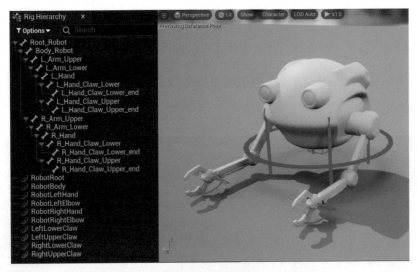

그림 15.18 컨트롤러 결과

이제 애니메이션 릭에 필요한 모든 컨트롤러를 생성했다. 다음으로 올바른 계층 구조를 갖도록 정렬하자.

⠿ 올바른 계층 구조로 컨트롤 오브젝트 정렬 및 조인트 연결

이번 절에서 릭 컨트롤러를 올바른 계층 구조로 구성해야 한다. 애니메이션 릭의 모든 부모/자식 계층 구조와 마찬가지로 계층 구조는 올바른 순서로 부모가 돼야 릭이 올바르게 작동한다.

컨트롤러 계층 구조

외계 식물 컨트롤 릭과 마찬가지로 계층 구조가 작동하는 방식을 파악해야 한다.

첫째, 필요한 경우 전체 애니메이션 릭을 이동할 수 있는 전체 루트 컨트롤러(RobotRoot)가 필요하다. 이는 계층 구조의 맨 위에 있어야 하며 애니메이션 릭에 있는 모든 것의 상위여야 한다.

둘째, 몸 컨트롤러(RobotBody)가 루트 컨트롤러의 자식이어야 한다. 그림 15.19와 같이 **RobotBody** 컨트롤러를 선택하고 마우스 버튼을 누른 채로 드래그해 **RobotRoot** 컨트롤러 위에 올려놓으면 된다.

그림 15.19 몸 컨트롤러를 루트 컨트롤러에 자식화

그런 다음 그림 15.20처럼 **RobotLeftHand**, **RobotLeftElbow**, **RobotRightHand**, **RobotRightElbow** 컨트롤러들이 **RootBody** 컨트롤러의 자식이어야 한다.

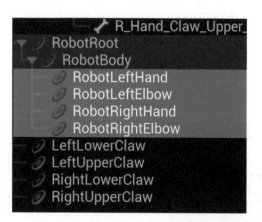

그림 15.20 손 컨트롤러를 몸 컨트롤러에 자식화

마지막으로 그림 15.21처럼 집게 컨트롤러들이 각 손 컨트롤러의 자식이어야 한다.

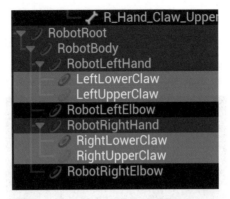

그림 15.21 집게 컨트롤러를 손 컨트롤러에 자식화

컨트롤러는 이제 올바른 계층 구조를 갖고 있지만 아직 본과 정렬되지 않았다. 다음으로 14장의 '조인트에 컨트롤러 배치시키기' 절에서 했던 것처럼 위치를 지정한다.

본에 정렬하도록 컨트롤러 배치

컨트롤러를 본에 정렬하려면 본 트랜스폼을 복사해 컨트롤러에 붙여 넣어야 한다. 외계 식물과 마찬가지로 부모와 함께 계층 구조의 맨 위에서 시작해서 아래로 내려갈 필요가 있다. 신^{scene}의 원점에 **RobotRoot** 컨트롤러를 배치한다.

바로 다음에 있는 **RobotBody** 컨트롤러를 먼저 정렬하자.

1. **Body_Root** 본을 마우스 우클릭해서 **Copy**를 선택한다.

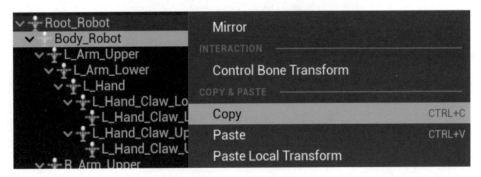

그림 15.22 트랜스폼 복사

2. **RobotBody** 컨트롤러를 마우스 우클릭하고 그림 15.23처럼 **Paste Global Transform**을 선택한다.

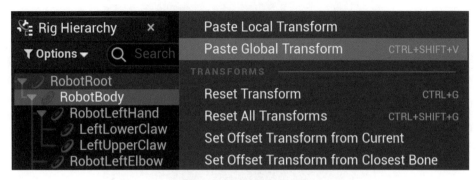

그림 15.23 트랜스폼 붙여 넣기

3. **RobotBody** 컨트롤러를 다시 마우스 우클릭하고 그림 15.24처럼 **Set Offset Transform from Current**를 선택한다.

그림 15.24 트랜스폼 설정

4. 이제 모든 컨트롤러가 각각의 본과 정렬될 때까지 전체 컨트롤러 계층 아래로 이동한다. 팔꿈치 컨트롤러는 아래쪽 팔 본과 정렬돼야 한다. 최종 결과는 그림 15.25와 같아야 한다.

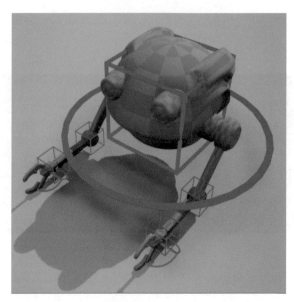

그림 15.25 컨트롤 릭 결과

5. 뷰포트에서 **RobotLeftElbow**를 선택하고 **Ctrl** + 마우스 좌클릭으로 **RobotRightElbow** 를 선택한다. 뷰포트 상단에 있는 이동 툴을 선택하고 그림 15.26과 같이 약간 아래로, 약간 뒤로 이동한다.

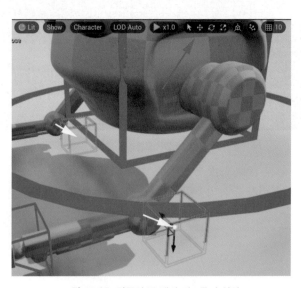

그림 15.26 팔꿈치 폴 벡터 컨트롤러 위치

팔꿈치가 팔꿈치를 향하도록 하고 싶기 때문에 이렇게 한다. 따라서 약간의 오프셋이 필요하다. 이것이 IK 폴 벡터 컨트롤러가 작동하는 방식이다. 15장의 뒷부분에서 이것이 작동하는 것을 보게 된다.

6. 두 팔꿈치 컨트롤러가 선택된 상태에서 **Rig Hierarchy** 창을 마우스 우클릭하고 **Set Offset Transform from Current**를 선택한다.

이제 로봇 드론 애니메이션 릭에 필요한 모든 컨트롤러를 생성하고 배치했다. 다음으로 본을 **릭 그래프**^{Rig Graph}의 컨트롤러에 연결해야 한다.

릭 그래프에서 본과 컨트롤러 연결

이 과정의 첫 번째 부분은 14장의 '외계 식물 스켈레톤 컨트롤러로 제어하기' 절에서 했는 FK 세팅한 것과 동일하다.

1. **Root_Robot** 본을 **릭 그래프** 창으로 드래그해서 놓은 다음 **Set Bone**을 선택한다.

2. **RobotRoot** 컨트롤러를 **릭 그래프**에 드래그해서 **Get Control**을 선택한다.

3. **RobotRoot**의 **Get Transform**의 트랜스폼 소켓을 **Root_Robot**의 **Set Transform** 노드의 **Transform** 소켓에 연결한다.

4. 동일한 과정을 **Body_Robot** 본과 **RobotBody** 컨트롤러에 적용한다. 그리고 15.27처럼 **Execute** 소켓을 연결한다.

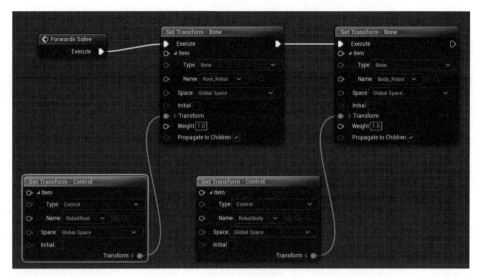

그림 15.27 몸 릭

이제 외계 식물 릭과 약간 다른 작업을 진행한다. 순전히 릭 그래프에서 더 복잡한 릭을 시각적으로 더 쉽게 구성하는 데 도움이 된다.

5. **Ctrl** + 마우스 좌클릭을 눌러 **Set Transform – Bone** 및 **Get Transform – Control**을 모두 선택해서 루트 및 몸 컨트롤러 4개를 전부 선택한다. C를 눌러서 주석을 생성한다. 이것은 그림 15.28과 같이 해당 항목 주위에 표시되는 상자일 뿐이다.

6. **주석**^{comment} 박스를 Body Controls로 이름을 변경한다.

이제 릭의 이러한 노드가 로봇 드론의 몸을 제어한다는 것을 한눈에 알 수 있다.

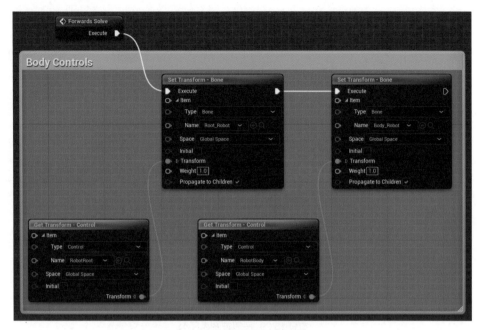

그림 15.28 몸 릭 주석

다음으로 왼쪽 손과 두 집게 컨트롤러를 세팅한다.

7. 몸 컨트롤과 동일하게 **Lhand, L_Hand_Claw_Lower**와 **L_Hand_Claw_Upper** 본을 릭 그래프로 드래그하고 **Set Bone**을 선택한다. 그런 다음 **RobotLeftHand, LeftLowerClaw, LeftUpperClaw** 컨트롤러를 릭 그래프로 드래그하고 **Get Control**을 선택한다. 각 **Transform** 및 **Execute** 노드 소켓을 연결한다.

8. **릭 그래프**의 새로운 6개 노드를 전부 선택하고 **C**를 눌러서 주석을 추가한다. 주석의 이름을 그림 15.29처럼 Left Hand라고 변경한다.

이제 로봇 드론의 왼손에 대한 모든 컨트롤이 함께 그룹화된다. 이러한 주석을 추가 해도 애니메이션 릭의 기능은 변경되지 않는다. 더 복잡한 장비를 빠르게 이해하기 위한 시각적 툴일 뿐이다. 이 릭은 복잡하지 않지만 앞으로는 이보다 훨씬 더 복잡한 세팅을 진행할 수 있다.

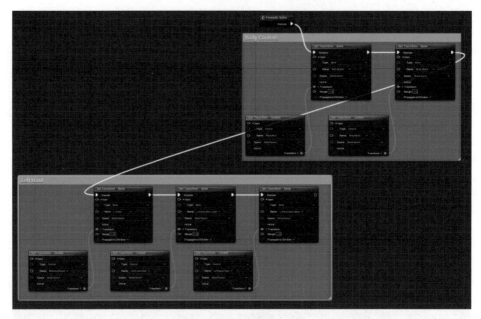

그림 15.29 몸 릭과 왼손 주석

9. 위의 과정을 오른손에도 반복하고 주석의 이름을 그림 15.30과 같이 Right Hand로 변경한다.

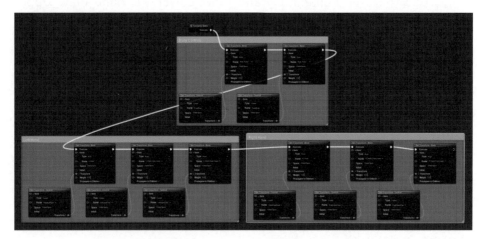

그림 15.30 몸 릭과 왼손, 오른손 주석

애니메이션 릭의 표준 FK 부분인 몸통과 양손의 집게를 설정했다. 이제 IK를 사용해서 팔을 설정할 수 있다.

▷ IK 컨트롤러 생성 및 전체 릭으로 테스트

IK 컨트롤을 설정하기 전에 팔 본에서 몇 가지 정보를 가져와야 한다. 이것은 나중에 IK 컨트롤의 방향을 설정하는 데 사용된다.

팔 본의 방향 가져오기

Rig Hierarchy 창에서 **L_Arm_Lower** 본을 마우스 우클릭해서 그림 15.31처럼 **Control Bone Transform**을 선택한다.

그림 15.31 컨트롤 본 트랜스폼

이것은 본의 로컬 트랜스폼을 보여 준다. 그림 15.32와 같이 **Local Space**로 설정돼 있는지 확인하고 **Move**를 선택한다.

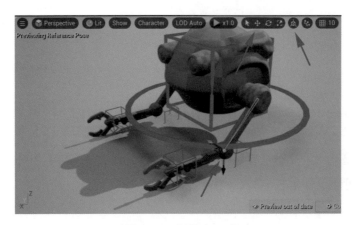

그림 15.32 기본축과 보조축

Z축(파란색 Z 화살표)이 손을 향해 팔 바로 아래를 가리키고 있음을 유의한다. 이 방향을 +Z로 표시한다(파란색 Z축 화살표가 반대 방향을 가리키지만 손과 같은 축을 따라 있다면 −Z였을 것이다).

이 +Z값은 나중에 **기본 IK 축**^primary IK axis^으로 사용할 값이다. 이제 팔꿈치가 주로 가리키는 방향의 축(이 경우 지면을 향함)을 주목한다. 이것은 빨간색 X 화살표를 따라서 +X축이 된다. 이 +X값은 나중에 **보조 IK 축**^secondary IK axis^으로 사용할 값이다. 이것도 참고한다.

지금 기록해 둔 이 기본값과 보조값은 15장의 뒷부분에서 입력할 때 팔꿈치가 구부러지는 방향을 IK 컨트롤러에 간단히 알려 준다. 이제 이러한 값이 있으므로 IK 세팅을 만들 수 있다.

IK 컨트롤러 세팅

IK 컨트롤러를 세팅하기 위해 모든 것을 처리하는 컨트롤 릭의 Basic IK 노드가 있다.

1. **릭 그래프** 창에서 **Left Hand** 주석 그룹 아래의 빈 공간을 마우스 우클릭한다. 그러면 릭 그래프에 추가할 수 있는 모든 가능한 노드 메뉴가 나타난다. 상단의 **검색** 표시줄에 **ik**를 입력한 다음 그림 15.33과 같이 **Basic IK** 노드를 선택한다.

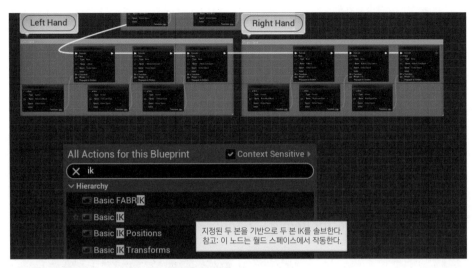

그림 15.33 Basic IK 노드 생성

이렇게 하면 그림 15.34와 같이 **Basic IK** 노드를 생성한다.

그림 15.34 Basic IK 노드

Basic IK 노드 세팅에서 Item A, Item B, Effector Item이 있다. 이 항목들은 IK 세팅에 포함될 본 3개다.

◦ Item A: IK 체인을 시작하거나 부모인 본(L_Arm_Upper)

◦ Item B: 팔꿈치나 무릎 같은 구부릴 수 있는 본(L_Arm_Lower)

◦ Effector Item: IK가 끝나거나 도달할 본(L_hand)

2. Basic IK 노드의 드롭다운 메뉴 세팅에서 타입이 Bone으로 설정됐는지 확인한 다음 Name 드롭다운 메뉴에서 그림 15.35와 같이 Item A에 L_Arm_Upper, Item B에 L_Arm_Lower, Effector Item에 L_Hand를 선택한다.

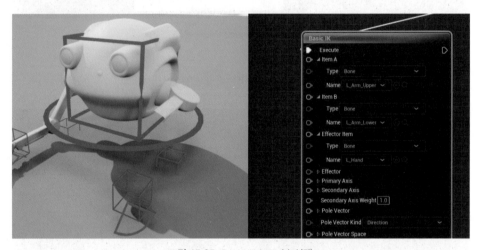

그림 15.35 Basic IK 노드 본 선택

마지막 Set Transform – Bone의 Execute 소켓을 Basic IK Execute 소켓에 연결하는 것을 잊지 말자. 그렇지 않으면 Basic IK 노드가 활성화되지 않는다. 이 시점에서 로봇의 왼팔이 부러진 것처럼 보인다. 제대로 작동하기 전에 나머지 세팅을 지정해야 하므로 걱정할 필요 없다.

다음으로 IK가 목표로 하는 대상이 되는 RobotLeftHand 컨트롤러를 원한다. L_Hand 본의 위치를 제어하는 것과 마찬가지로 이 컨트롤러는 Effector의 위치도 제어할 수 있다.

3. **RobotLeftHand**의 **Get Transform – Control**에서 **Basic IK** 노드의 **Effector** 소 켓으로 **Transform** 소켓 연결을 드래그해서 연결한다. 이제 그림 15.36과 같이 **L_Hand** 본과 **Basic IK Effector**를 분할하고 구동한다.

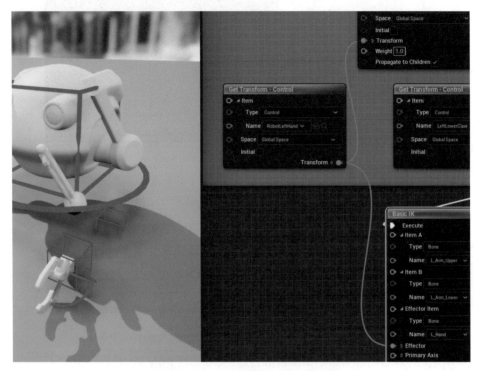

그림 15.36 Get Transform을 Effector에 연결

이제 15장의 '팔 본의 방향 가져오기' 절에서 얻은 값을 사용해서 기본 및 보조 축 아래에 올바른 값을 입력한다.

이름 앞에 있는 작은 화살표를 마우스 좌클릭해서 **Primary Axis**와 **Secondary Axis** 세팅을 확장한다. **Primary Axis**에 대해 기록한 값은 +Z이므로 **Z**를 1.0으로 설정한다(1.0 = 플러스, -1.0 = 마이너스). 나머지는 0으로 설정한다.

Secondary Axis에 대해 기록한 값은 +X다. 따라서 **X**를 1.0으로 설정한다. 나머지는 그림 15.37처럼 0으로 설정한다.

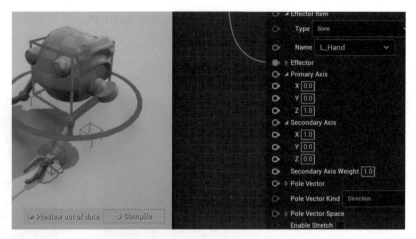

그림 15.37 Primary와 Secondary Axis

팔은 여전히 부러진 것처럼 보이지만 이전보다 나아졌다. 이것은 폴 벡터 컨트롤러(팔 꿈치 방향)가 기본적으로 신의 원점에 설정돼 있기 때문이다. **RobotLeftElbow**와 **RobotRightElbow** 컨트롤러를 만들었으므로 이제 **Basic IK** 노드 세팅과 **RobotLeftElbow** 컨트롤러를 연결해 보자.

4. **RobotLeftElbow** 컨트롤러를 **Rig Hierarchy** 패널에서 릭 그래프로 드래그하고 **Get Control**을 선택한 뒤 작은 화살표가 있는 **Transform** 소켓을 확장한 다음 그 림 15.38과 같이 노란색 **Translation** 소켓을 노란색 **Pole Vector**에 연결한다.

폴 벡터는 회전이나 스케일의 영향을 받지 않기 때문이다. 팔꿈치나 무릎이 가리킬 수 있는 공간의 한 지점일 뿐이다.

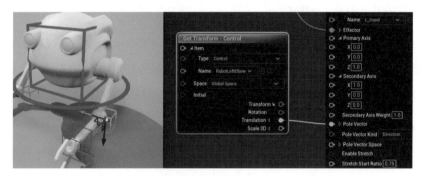

그림 15.38 폴 벡터

팔이 더 이상 부러진 것처럼 보이지 않아야 한다. 이제 왼쪽 팔에 대한 IK 세팅이 완료됐다. 다음으로 IK 세팅을 테스트해 보자.

IK 세팅 테스트

이제 **RobotLeftHand** 및 **RobotLeftElbow** 컨트롤러를 움직여서 왼쪽 팔 IK를 테스트할 수 있다. 뷰포트에서 컨트롤러를 움직이고 난 후에는 실행 취소하지 마라. 원래 위치로 되돌리려면 대신 **Compile** 버튼을 누른다. 실행을 취소하면 릭 설정에서 방금 수행한 작업이 실행 취소된다.

그림 15.39와 같이 팔꿈치가 움직일 때 **RobotLeftElbow** 컨트롤러를 가리키는 방법을 특히 주의 깊게 살펴보자.

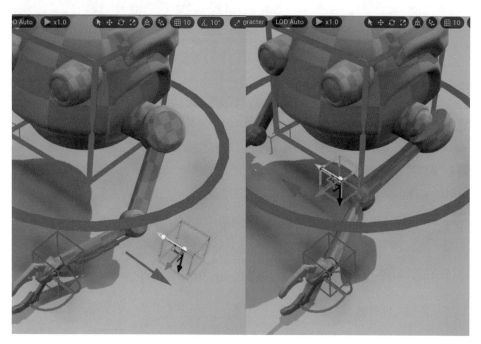

그림 15.39 폴 벡터 테스트

이렇게 함으로써 나중에 팔 컨트롤러를 움직일 때 폴 벡터가 어떤 역할을 하는지 이해할 수 있게 될 것이다. **RobotLeftHand**를 이동 및 회전시켜 보면 팔 본이 항상 손에 닿도록 자동으로 굽히는 것을 확인할 수 있다. 이것이 바로 **IK** 작동 방식이다. 또한 집게 컨트롤러를 선택하고 회전해서 테스트할 수도 있다.

모든 것이 작동하는 방식에 만족하면 이 과정을 반복해서 오른쪽 팔에 **IK** 컨트롤을 만든다. 그림 15.40과 같이 모두 테스트하고 완료되면 언리얼 엔진 프로젝트를 저장한다.

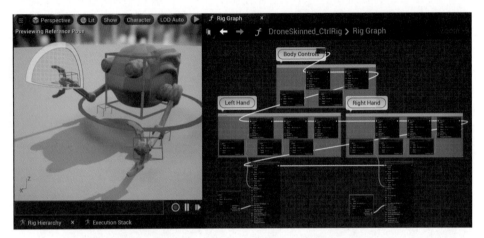

그림 15.40 완성된 애니메이션 릭 테스트

최종 프로젝트 파일에 로봇 드론의 완성된 컨트롤 릭이 포함된 프로젝트 파일을 다음 사이트(https://github.com/PacktPublishing/Unreal-Engine-5-Character-Creation-Animation-and-Cinematics/tree/main/FullFinalUE5Project)[1]에서 설치 방법과 함께 받을 수 있다.

예제 컨트롤 릭은 **Content / RobotDroneControlRig**에 있다.

로봇 드론 애니메이션 릭이 완성됐다.

---

1   해당 링크로 들어가면 바로 받을 수 있는 것이 아닌 아래쪽의 readme.md에 있는 링크에서 받을 수 있다. – 옮긴이

⁜ 요약

15장에서 블렌더에서 로봇 드론을 익스포트하고 언리얼 엔진으로 가져오는 방법을 배웠고 IK가 무엇인지 배웠다. 또한 몸 컨트롤을 위한 FK 릭을 구축한 다음 동일한 애니메이션 릭에서 로봇 드론 팔을 위한 IK 컨트롤을 설정했다.

애니메이션 릭에서 기본 FK 및 IK를 설정할 수 있다면 거의 모든 기본 캐릭터 릭을 설정할 수 있으면 많은 것을 달성할 수 있다. 리깅은 복잡한 릭에서 매우 까다로울 수 있지만 기본 FK 및 IK 세팅, 이 두 가지가 모든 것의 핵심이다.

16장에서 생성한 애니메이션 릭에 애니메이션을 적용하는 작업을 진행한다.

4부

컨트롤 릭과 시퀀서를 사용한 언리얼 엔진 5의 애니메이션

이제 모든 노력이 결실을 맺는 재미있는 부분이 시작된다! 여기서는 독자들이 만든 컨트롤 릭으로 시퀀서에서 캐릭터에 애니메이션을 적용하는 방법을 배운다. 또한 시퀀서를 사용해서 최종 장면을 만드는 방법도 배운다.

4부에서는 다음 장들을 다룬다.

- 16장, 언리얼 엔진 5 시퀀서에서 단순한 흔들리는 애니메이션 주기 만들기

- 17장, 언리얼 엔진 5 시퀀서에서 간단한 애니메이션 3개 만들기

- 18장, 메타휴먼 컨트롤 릭에 모션 캡처 임포트

- 19장, 컨트롤 릭과 시퀀서를 사용해 모션 캡처 편집 및 정리

- 20장, 시퀀서를 사용해 최종 결과물 만들기

16

언리얼 엔진 5 시퀀서를 사용해 간단한 흔들거리는 애니메이션 만들기

15장에서 로봇 드론을 위한 컨트롤 릭을 만들었지만 16장에서는 외계 식물 애니메이션 릭으로 돌아가 애니메이션을 적용한다. 외계 식물 컨트롤 릭은 단순한 **순기구학**FK 세팅이고 **언리얼 엔진 시퀀서**UE Sequencer에서 애니메이션의 기본을 배우기에 좋은 출발점이될 것이다. 이 단계에서 원하는 대로 움직이게 해 애니메이션 가능한 캐릭터와 개체에 생명을 불어넣을 수 있다.

애니메이션은 단순히 무언가를 A에서 B로 이동시키는 것이 아니다. 그것은 그 자체로하나의 예술 형식이며 실력을 키우는 데 많은 연습이 필요하다. 16장에서는 시작하기위한 기본적인 구성 요소를 다룬다. 애니메이션에 대해 더 배우고 싶다면 캐릭터 애니메이터로서의 직업을 고려할 수도 있다.

캐릭터 애니메이션의 세부 사항과 원리에 들어가는 것은 이 책의 범위를 벗어나지만 애니메이터로서 더 나아가고 싶다면 프랭크 토마스Frank Thomas와 올리 존슨Ollie Johnson이저술한 『Disney Animation: The Illusion of Life』(Disney Editions, 1995)를 읽어 보기바란다.

그러나 이것은 언리얼 엔진에서 애니메이션 툴을 사용하는 방법에 대한 기술적 개요에 가깝기 때문에 이 책의 내용에서는 필수적이지 않다.

만약 숙련된 애니메이터라면 이 책이 언리얼 엔진 파이프라인에서 기술을 즉시 발휘하는 데 도움이 될 수 있다.

16장에서는 다음 내용들을 다룬다.

- 시퀀서 인터페이스 개요

- 애니메이션 키프레임 설정

- 키프레임과 애니메이션 커브 편집

기술 요구 사항

16장에서는 언리얼 엔진 5로만 작업을 진행한다. 그렇기에 16장을 완료하려면 다음 항목들이 필요하다.

- 3D 애니메이션 소프트웨어를 구동할 수 있는 컴퓨터가 필요하다.

- 언리얼 엔진 5가 설치돼 있어야 한다. 언리얼 엔진은 다음 사이트(https://www.unrealengine.com/en-US/download)에서 받을 수 있다.

- 기본적인 언리얼 엔진 3D 인터페이스 사용 방법에 대한 이해가 있어야 한다. 만약 건너뛰었다면 해당 내용은 6장에서 다뤘으니 살펴보기 바란다.

시퀀서 인터페이스 개요

언리얼 엔진에서는 시퀀서를 사용해서 애니메이션 릭을 애니메이션한다. 시퀀서 애니메이션 키프레임과 애니메이션 커브 툴은 다른 3D 애니메이션 소프트웨어에서 찾을 수 있는 것과 매우 유사하다. 하지만 3D 애니메이션에서 **키프레임**keyframe과 **커브**curve가 무엇인지 궁금할 수 있다.

그것들이 무엇인지 정확히 알려 주기 전에 먼저 시퀀서를 실행하는 방법, 외계 식물 릭을 추가하는 방법, 인터페이스에 대한 기본 개요를 알아보자.

시퀀서 실행 및 외계 식물 애니메이션 릭 추가

외계 식물 컨트롤 릭을 시퀀서에 추가하려면 다음 과정을 따라 한다.

1. 외계 식물 애니메이션 릭이 있는 프로젝트를 실행한다.

   외계 식물 컨트롤 릭이 포함돼 있는 최종 프로젝트 파일은 다음 사이트(https://github.com/PacktPublishing/Unreal-Engine-5-Character-Creation-Animation-and-Cinematics/tree/main/FullFinalUE5Project)에서 받을 수 있다. 외계 식물 컨트롤 릭은 **Content/AlienPlantControlRig**에 들어 있다.

2. 상단 메뉴 바에서 **Cinematics** | **Add Level Sequence**를 클릭해서 시퀀서에서 새로운 레벨 시퀀서를 실행한다.

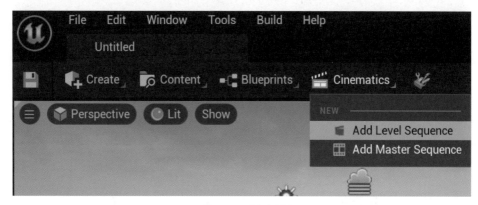

그림 16.1 시퀀서 실행

해당 애셋을 AlienPlantAnimation으로 저장한다.

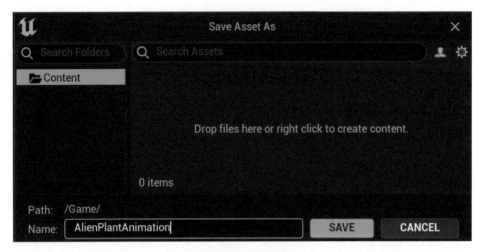

그림 16.2 애셋 저장

3. **시퀀서**^{Sequencer} 창이 화면 하단에 기본적으로 열린다. **콘텐츠 드로어**^{Content Drawer}를
   열어서 외계 식물 컨트롤 릭을 **TRACK**의 빈 공간으로 드래그한다.

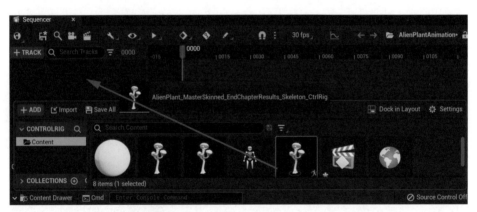

그림 16.3 컨트롤 릭 TRACK으로 드래그

뷰포트의 **콘텐츠 드로어**가 **시퀀서** 창을 가리는 데 문제가 있는 경우 **콘텐츠 드로어**보다 더
크게 **시퀀서** 창을 드래그해서 확장하면 된다.

이제 시퀀서에 외계 식물 컨트롤 릭이 있다. 다음으로 인터페이스를 알아보자.

시퀀서 인터페이스 개요

시퀀서 인터페이스는 대부분의 비디오 편집 소프트웨어와 매우 유사하다. 그림 16.4의 **A**와 같이 트랙 왼쪽에 창이 있다. 타임라인에서 시간에 따라 애니메이션을 적용하거나 조정하려는 오브젝트, 애니메이션 릭 또는 요소들을 배치하는 곳이다.

타임라인 창(그림 16.4의 **B**)은 키프레임을 볼 수 있고 무엇이 일어나는지 확인할 수 있는 곳이다. 시간을 앞뒤로 스크러빙scrubbing하거나 재생해 결과를 보거나 타이밍을 편집할 수 있다.

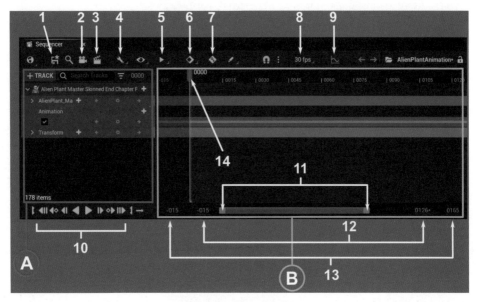

그림 16.4 시퀀서 인터페이스

그림 16.4의 1-14에 나열된 것은 시퀀서 인터페이스에서 더 중요한 컨트롤 중 일부다.

1. **저장**: 시퀀스를 저장한다.

2. **카메라**: 신에 새로운 카메라를 생성한다.

3. **렌더**: 무비로 렌더한다.

4. **다양한 툴**: 이 책에서 이 유용한 추가 툴들에 대해서 설명하지 않지만 시퀀서에 익숙해지면 이것들에 대해서 알아볼 수 있다. 다음 사이트(https://docs.unrealengine.com/5.0/ko/cinematics-and-movie-making-in-unreal-engine/)에서 공식 문서를 참조한다.

5. **재생 설정**: 절반 속도로 설정할 수 있는 재생 속도와 같은 다양한 재생 설정

6. **키프레임 설정**: 키프레임 설정을 조절할 수 있는 곳이다.

7. **자동 키프레임**: 만약 활성화돼 있다면 첫 번째 키프레임을 수동으로 시작점으로 설정하는 한 변경이 있을 때 자동으로 키프레임을 배치한다.

8. **프레임 레이트 설정**: 대부분의 디지털 비디오의 경우 초당 30프레임이면 충분하며 거의 표준이다. 게임 및 실시간 렌더링의 경우 초당 60프레임이 좋다.

9. **커브 에디터**: 커브 에디터를 열 수 있다.

10. **재생 컨트롤**: 재생, 일시 정지, 정지 같은 재생 기능을 컨트롤할 수 있다.

11. 여기를 마우스 좌클릭으로 클릭하고 드래그하면 타임라인 작업 영역의 범위를 조정할 수 있으며 이를 사용해서 타임라인 표시 창의 특정 시점을 확대하거나 축소할 수 있다. 막대 중앙을 클릭하고 드래그해 전체를 이동할 수도 있다.

12. **뷰 범위**: 타임라인 워크스페이스에서 화면에 보이는 타임라인의 범위를 수동으로 입력할 수 있다.

13. **작업 범위**: 여기에서 타임라인 작업 영역의 전체 범위를 수동으로 입력할 수 있다.

14. 이를 좌클릭하고 드래그해 타임라인에서 특정 시간이나 프레임으로 앞뒤로 스크러빙할 수 있다.

이제 시퀀서 인터페이스의 가장 중요한 부분들을 넓게 살펴봤다.

또한 언리얼 엔진은 외계 나무(또는 모든) 컨트롤 릭을 **트랙** 창에 추가할 때 자동으로 인터페이스를 **애니메이션 모드**로 전환한다. 왼쪽 상단의 드롭다운 메뉴를 사용해서 **애니메**

이션 모드 인터페이스에 액세스할 수도 있다. 이 모드를 사용하면 인터페이스 오른쪽에 있는 **애님 아웃라이너**^{Anim Outliner}에서 컨트롤 릭 컨트롤러를 더 쉽게 선택할 수 있다.

왼쪽의 **애니메이션** 탭에서 **포즈 툴**^{Poses Tool} 및 기타 애니메이션 툴과 같은 항목에 액세스할 수도 있다. 시퀀서 **트랙** 창에서 그림 16.5와 같이 외계 식물 컨트롤 릭을 확장해 컨트롤러를 선택할 수도 있다.

그림 16.5 애니메이션 모드

이제 시퀀서 인터페이스를 찾아다닐 수 있게 됐으니 시퀀서 내에서 이러한 다양한 애니메이션 툴이 어떻게 작동하는지 사용해 보면서 직접 확인할 수 있다.

⁝⁝ 애니메이션 키프레임 설정

키프레임 설정과 커브 편집은 컴퓨터 애니메이션의 핵심인데 그것이 무엇일까?

컴퓨터 그래픽에서 키프레임과 커브란?

전통적인 애니메이션은 작은 변화가 있는 일련의 그림들로 이뤄져 있음을 이미 알고 있다. 이러한 그림들을 일정한 속도로 순서대로 재생하면 그림 속의 것들이 움직이는 것처럼 보이는 환상을 만들어 낸다.

따라서 프레임 속도가 초당 24프레임이라면 아티스트는 애니메이션 1초당 24장의 그림을 그려야 했다.

애니메이션 기술이 발전함에 따라 대규모 애니메이션 스튜디오에서는 능력 있는 애니메이터들이 애니메이션 순서의 모든 프레임을 그리는 데에 많은 시간을 소비하고 있다는 것을 깨달았다. 그래서 애니메이터들은 메인 애니메이터가 **키프레임**만 그리도록 계획을 세웠다. 즉 키프레임은 애니메이션 순서에서 캐릭터의 타이밍timing과 액팅acting에서 핵심적인 순간들이다.

그런 다음 숙련된 애니메이터는 중간 그림을 채울 수 있는 주니어 또는 견습 애니메이터에게 시퀀스를 넘긴다. 이런 식으로 최고의 애니메이터는 더 많은 시퀀스의 기초와 표준을 설정할 수 있었고 주니어 애니메이터는 나머지 그림을 채우는 작업을 진행했다.

컴퓨터 애니메이션을 사용하면 몇 개의 키프레임을 설정하고 컴퓨터가 나머지 그림을 채울 수 있으므로 더 이상 이 모든 지루한 작업을 하는 데 주니어 애니메이터가 필요하지 않다.

컴퓨터 애니메이션에서 박스를 A 지점에서 B 지점으로 8프레임에 걸쳐 X축 방향으로 80cm 이동하려면 다음과 같은 과정을 따른다.

1. 시작 키프레임을 갖도록 **키프레임**을 0으로 설정한다.

2. 다음 키프레임이 있어야 하는 **8프레임**으로 이동한다.

3. **X축** 방향으로 **80cm** 박스를 이동한다.

4. **8프레임**에 키프레임을 설정한다.

이 2개의 키프레임만으로 컴퓨터는 1에서 7프레임을 채운다. 컴퓨터는 그림 16.6과 같이 공간의 두 위치와 그 사이의 프레임 수를 갖는 것만으로도 문제를 해결할 수 있다.

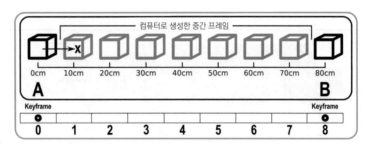

그림 16.6 키프레임 A에서 B

컴퓨터는 중간 프레임마다 박스가 얼마나 움직이는지 알 수 있는 가장 간단한 방법은 박스가 A에서 B까지 이동하는 80cm 거리를 프레임 수(8)로 나누는 것이다.

$$80cm / 8 \text{ frames} = 10 \text{ cm per frame}$$

물론 이것은 박스가 A에서 B로 완벽하게 일정한 속도로 움직이는 경우다. 완벽하게 일정한 속도의 문제는 그것이 매우 기계적이고 대부분의 경우 매우 비현실적이라는 것이다. 예를 들어 차를 운전하는 동안 빨간불에 멈추고 초록불로 바뀔 때 가속 페달을 밟았을 경우 차는 최고 속도에 있지 않다. 대신 천천히 시작해서 최대 속도에 도달할 때까지 시간이 지남에 따라 가속한다.

다음 빨간불에 도달할 때도 마찬가지다. 브레이크를 밟은 순간 차는 순간적으로 제로 속도가 되지 않는다. 대신 제로 속도가 될 때까지 천천히 감속한다. 최고 속도에서 제로 속도로 순간적으로 이동하는 것은 일반적으로 사고 또는 충돌로 인해 발생하며 일반적으로 좋은 생각으로 간주되지 않는다.

애니메이션 프레임에서 시간 경과에 따른 **가속**^acceleration 및 **감속**^deceleration을 어떻게 볼까? 애니메이션 프레임은 시간의 동일한 부분으로 자동차가 애니메이션 프레임 사이에서 이동하는 거리가 멀수록 빨리 움직인다. 그 반대로 자동차가 프레임 사이에서 이동하는 거리가 적으면 더 느리게 움직인다.

이 논리를 사용하면 자동차가 프레임 0에서 1까지 정지된 상태에서 가속을 시작하면 멀리 이동하지 않는다. 프레임 1에서 2까지는 프레임 사이에 약간의 거리가 있고 프레임 2에서 3까지는 조금 더 떨어져 있다. 가속하는 자동차에 대해 모든 드로잉/프레임을 서로 겹쳐 놓으면 그림 16.7과 같이 보인다.

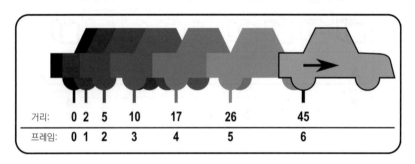

그림 16.7 자동차 가속

그림 16.8처럼 차의 가속도를 그래프로 나타낼 수 있다.

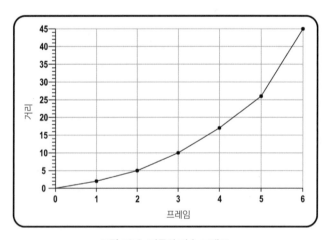

그림 16.8 자동차 가속 그래프

482

자동차가 속도를 내기 시작하면서 가속이 더 가팔라지는 부드러운 곡선을 따르는 것을 볼 수 있다.

상상할 수 있듯이 보다 사실적으로 애니메이션을 적용하려면 애니메이션을 적용하는 개체를 가속 및 감속해야 하는 경우가 많다. 이 자동차의 경우 가속 및 감속이 발생하는 각 프레임에 대한 키프레임이 필요하다는 뜻이다. 그림 16.6과 같이 컴퓨터가 키프레임 A에서 B까지 선형 계산만 수행할 수 있는 경우 속도가 키프레임 사이에서 지속적으로 변경되므로 모든 프레임에 키프레임이 필요하다. 이 작업을 많이 수행해야 하므로 키프레임 몇 개만 있으면 노동력을 절약할 수 있다.

그러나 그림 16.8에서 볼 수 있듯이 가속과 감속은 곡선으로 나타낼 수 있다. 그래프 또는 곡선을 사용해서 키프레임 사이의 애니메이션 오브젝트를 가속 또는 감속하는 방식을 나타내므로 모든 프레임에서 키프레임이 필요하지는 않다.

전문 캐릭터 애니메이터는 키프레임을 설정하고 애니메이션 커브를 편집하는 데 대부분의 시간을 보낸다. 완전히 이해하지 못하더라도 걱정하지 말자. 실제로 **커브 에디터**Curve Editor에서 커브 편집을 시작하면 이해하기 더 쉽다. 일반적으로 이러한 커브는 키프레임 사이의 **보간**interpolation이라고도 한다.

바운싱 볼Bouncing Ball 애니메이션은 애니메이션 학교에서 학생들에게 가르치는 인기 있는 첫 수업이다.

그림 16.9에서 X 방향으로 이동하는 동안 고무로 된 통통 튀는 공이 땅에 떨어지고 부딪힌다. 땅에 닿을 때마다 다시 튀지만, 에너지 손실로 인해 각각의 튕김에서 상승 운동량(Y)이 줄어들기 때문에 매번 약간씩 낮아진다. 또한 속도를 줄이거나 감속할 때 X 방향으로의 추진력을 잃는다.

또한 튕길 때마다 고무가 다시 튀어 오르기 때문에 매우 빠르게 위쪽으로 가속되지만 위쪽으로 이동하면서 중력으로 인해 위쪽으로 이동을 멈추고 가속을 시작하면서 땅으로 다시 떨어지기 시작한다.

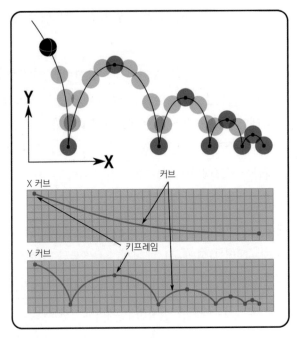

그림 16.9 통통 튀는 공

상당히 복잡한 이 애니메이션은 **커브 에디터**의 커브를 사용해서 키프레임 사이의 가속 및 감속을 편집해서 *X*축에 2개의 키프레임과 *Y*축에 10개의 키프레임으로 애니메이션 할 수 있다. 모든 애니메이션 곡선/그래프 편집기 인터페이스에서 프레임 또는 시간은 항상 그래프의 가로축을 따라 있고 이동 값은 세로축에 있다.

지금까지 컴퓨터 애니메이션에서 키프레임과 커브가 무엇인지에 대한 개요를 살펴봤지 만 실제로 사용하면 더 이해가 잘 된다. 다음으로 외계 식물 컨트롤 릭에 대한 키프레임 몇 개를 만들어 보자.

외계 식물 컨트롤 릭에 키프레임 추가

애니메이션을 시작하기 전에 가장 먼저 해야 할 일은 뷰포트에서 워크스페이스를 정리 하는 것이다. 밑바닥에 외계 식물 줄기를 뚫고 나오는 체크 무늬 바닥을 나무 줄기의 밑 부분으로 이동시킨다.

또한 그림 16.10과 같이 시작 오브젝트 플레이어와 라이팅을 외계 식물에서 멀리 이동해서 애니메이션을 재생할 때 명확하게 볼 수 있고 뷰포트 자체에서 컨트롤러를 선택하기 더 쉽다.

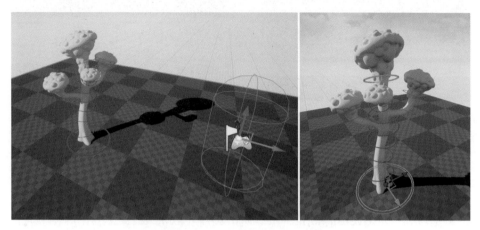

그림 16.10 더 좋은 뷰를 위해 뷰포트 정리

이번 예제에서는 미풍에 흔들리는 외계 식물의 매우 미묘한 애니메이션 순환 또는 루프를 만든다. 이것은 첫 프레임과 마지막 프레임이 정확히 같은 종류의 애니메이션이므로 루프로 재생하면 시작과 끝이 어디인지 알 수 없다.

이것은 종종 걷기나 달리기 순환과 같은 것들이 있는 게임에서 사용되기 때문에 캐릭터가 계속해서 움직이고 순환이 처음으로 돌아갈 때, 흠잡을 데 없이 매끄러운 것처럼 보이는 한 루프를 계속 반복할 수 있다.

또한 순환의 시작이나 끝에서 어색한 가속 또는 감속을 원치 않으므로 순조롭게 흘러가도록 조정해야 한다.

이제 애니메이션 작업을 시작하자.

1. 이미 **TRACK** 창에서 외계 식물 릭의 아이템 트리를 확장하지 않았다면 컨트롤 릭의 컨트롤러를 보기 위해 트리를 확장한다.

그림 16.11 TRACK 트리 확장

이제 타임라인에서 작업 환경을 설정하자. 흔들리는 애니메이션 루프에는 30fps, 160프레임이 필요하다.

2. 타임라인 창의 **Overall Range**를 프레임 **-20**에서 **200**으로 설정한다. 타임라인 창 하단 왼쪽에 -20과 20을 입력한다. 그림 16.12와 같이 오른쪽에는 200과 200을 입력한다.

3. 빨간색 시간 스크러빙 컨트롤(그림 16.12의 **A**)을 사용해서 프레임을 **0000**으로 드래그한다. 그림 16.12의 **B**로 표시된 버튼을 클릭해서 **Active Working Range**의 시작을 **0000**으로 설정한다. 이렇게 하면 가는 녹색 선이 프레임 **0000**에 스냅된다.

그림 16.12 작업 환경의 시작 지점 설정

NOTE

Active Working Range는 재생을 클릭할 때 재생되는 시간 범위다. 또한 재생하는 동안 반복되는 범위이므로 시작과 끝에서 반복 키프레임을 설정하고 재생 시 루프가 작동하는지 확인할 수 있다. 애니메이션을 익스포트하는 경우 익스포트하는 시간 범위이기도 하다.

4. **Active Working Range**의 끝을 설정하려면 그림 16.13에서 **A**로 프레임 **160**으로 스크러빙하고 **B**로 설정한다.

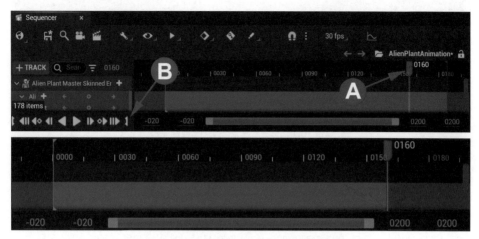

그림 16.13 Active Working Range의 끝부분 설정

NOTE

Active Working Range의 시작과 끝을 타임라인 창에서 직접 마우스 좌클릭하고 드래그해서 이동할 수도 있지만 정확한 프레임을 원한다면 이전 단계에서 언급한 방법으로 하는 것이 좋다.

5. **TRACK** 창에서 컨트롤러 리스트 바로 위의 트리에서 외계 식물 릭 상위 노드를 선택한다. 시간을 프레임 **0000**으로 이동한다. 두 화살표 사이의 중간에는 + 아이콘(키프레임 추가)이 있다. 클릭하면 트리 하위에 있는 모든 릭 컨트롤러에 0000 프레임에 키프레임을 추가한다. 그런 다음 프레임 **160**으로 이동해서 모든 컨트롤러에 대한 또다른 키프레임을 설정한 다음, 그림 16.14와 같이 **80**에 또 다른 키프레임을 설정한다. 외계 식물 릭 상위 노드에 키프레임을 배치해 모든 컨트롤 릭 컨트롤러에 키프레임을 추가한다.

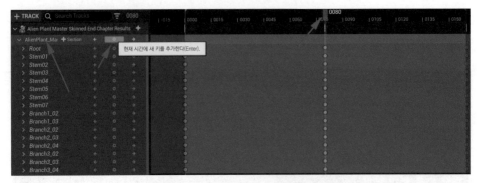

그림 16.14 모든 컨트롤러에 키프레임 추가

NOTE

이 애니메이션의 시작과 끝에 모든 컨트롤러에 키프레임을 추가해 애니메이션 순환의 시작과 끝이
정확히 동일하다는 것을 확인할 수 있다. 처음에 이 키들을 설정하지 않으면 잊고 정확한 루프로 되
돌리기가 어려울 수 있다. 또한 프레임 **80**에서 애니메이션 중간에 있는 모든 항목에 키프레임을 추
가한다. 줄기는 먼저 왼쪽으로 흔들린 다음 다시 중앙으로, 그다음 오른쪽으로 흔들린다. 중앙으로
다시 가져오려면 여기에 앵커 키(anchor key)를 두는 것이 좋다. 앵커 키프레임은 컨트롤러의 현재
위치를 유지하고자 설정한 일반적인 키프레임이다.

6. 뷰포트에서 **Stem02** 컨트롤러를 선택하고 **Rotation**을 선택한다. **월드 축** 대신 **로컬
   축**이 설정돼 있는지 확인한다. 단순성을 위해서 단일 축을 따라서 애니메이션하고
   더 작은 각도에서 애니메이션할 수 있도록 **각도 스냅**^{Angle Snap}을 끈다. 시퀀스 에디터
   상단 메뉴에서 **AutoKey**를 켜서 컨트롤러를 회전할 때 그림 16.15와 같이 자동으로
   키프레임을 생성한다.

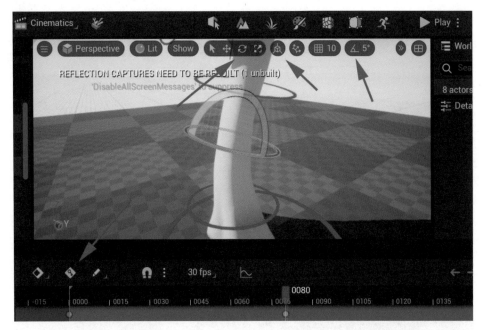

그림 16.15 회전, 로컬 축, 각도 스냅 기능 끄기 및 AutoKey를 가리키는 빨간색 화살표

7. 프레임 **40**으로 이동하고 해당 주 축을 따라서 왼쪽으로 **Stem02** 컨트롤러를 약 1도 정도 회전시킨다. 그림 16.16과 같이 미묘하게 유지하고자 약간 더 많거나 적을 수 있지만 대략 1도 정도다.

NOTE

이 컨트롤러는 외계 식물의 베이스에 있기 때문에 1도만 회전해도 매우 눈에 띈다. 식물의 끝에 있는 항목을 회전할 때는 조금 더 회전시켜서 애니메이션을 더 적용할 수 있다. 그러나 최종 애니메이션에서 부드러운 산들바람 효과를 유지하려면 계속해서 미묘한 값으로 유지한다.

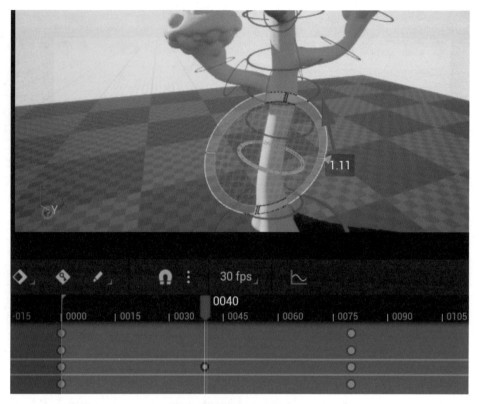

그림 16.16 왼쪽으로 1도 정도 회전

8. 이제 프레임 **120**으로 이동한다. 프레임 **120**으로 이동할 때 처음에 설정한 앵커 프레임 **80**으로 다시 회전하면서 미묘한 애니메이션을 확인할 수 있다. 그림 16.17과 같이 **Stem02** 컨트롤러를 주 해당 축을 따라 오른쪽으로 1도 정도 회전시킨다.

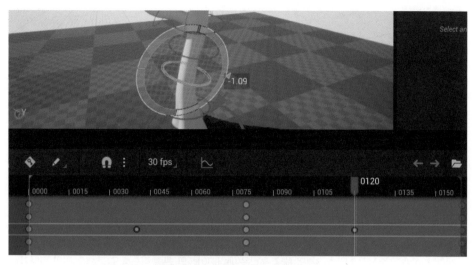

그림 16.17 오른쪽으로 1도 정도 회전

컨트롤러를 회전할 때 타임라인에 동시에 새 키프레임이 자동으로 생성된 것을 확인할 수 있다. **AutoKey**가 **켜져** 있을 때 타임라인의 어느 위치에서 수동으로 생성한 다른 키가 하나 이상 있을 경우 컨트롤러를 변경하면 변경 사항을 기록하는 새 키프레임이 생성된다.

동일한 키프레임에서 다시 변경하기만 하면 기존 키프레임을 덮어쓸 수도 있다. **AutoKey**가 **꺼져** 있는 경우 수동으로 +를 클릭해서 변경 사항을 기록해야 한다. 이 경우 변경하고 +를 클릭하지 않으면 타임라인을 스크러빙할 때 변경 사항이 손실된다.

AutoKey가 **꺼져** 있는 경우 작업 과정은 다음과 같다. 키를 설정하려는 시간으로 이동하고 변경한 다음 +를 클릭해서 키프레임을 추가하고 다음 프레임으로 이동하거나 시퀀서의 경우 다른 컨트롤러를 선택한다.

9. **TRACK** 창에서 **Stem02** 컨트롤러를 확장하면 **Location, Rotation, Scale**에 대한 **X, Y, Z** 채널이 보인다.

그림 16.14에서 컨트롤 릭 부모에 대한 키프레임이 추가될 때 모든 채널에 키프레임이 추가됐다. 기본 로컬 축 1개를 따라서 **AutoKey**를 사용해 회전하면 그림 16.18과 같이 변경된 해당 축에만 키가 추가된다.

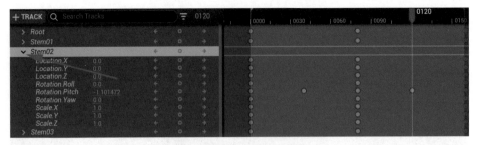

그림 16.18 키가 추가된 채널 확장

프레임 40 및 80에서 + 키프레임을 클릭해서 **Roll/X** 및 **Yaw/Z** 채널에 키프레임을 수동으로 추가한다. 이제 그림 16.19와 같이 **Stem02** 컨트롤러의 모든 회전 채널에 키프레임이 존재한다.

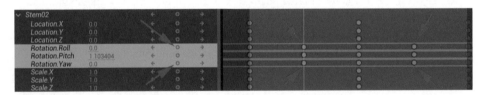

그림 16.19 컨트롤러의 모든 회전 채널에 키프레임 추가

Stem02 자체 옆에 있는 + 키프레임을 클릭하면 모든 트랜스폼 채널(위치, 회전, 스케일의 X, Y, Z 채널)에 키프레임이 추가된다. 그러나 이 애니메이션에서는 이 컨트롤러를 회전시키는 것만 하기 때문에 다른 애니메이션 채널에는 키프레임을 추가할 필요가 없다.

이제 뷰포트에서 애니메이션을 재생해 보자.

10. 그림 16.20처럼 **Looping**으로 설정하고 **Play**를 클릭한다.

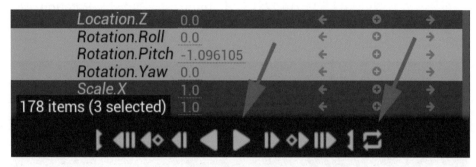

그림 16.20 반복 재생

축하한다! 첫 번째 순환 애니메이션을 만들었다. 그러나 자세히 살펴보면 애니메이션 순환의 시작과 끝부분에서 어색하고 느려지는 감속이 있어 애니메이션 순환이 약간 흔들리고 덜 매끄럽게 느껴지게 된다.

다음으로 **커브 에디터**^{Curve Editor}에서 애니메이션 커브를 편집하고 부드럽게 해준다.

⠿ 키프레임 및 애니메이션 커브 편집

'컴퓨터 그래픽에서 키프레임과 커브란?' 절에서 이야기한 것처럼 키프레임 사이의 가속 및 감속은 애니메이션 커브에 의해 제어된다. 편집 방법은 다음과 같다.

1. 그림 16.21과 같이 시퀀스 에디터 상단의 메뉴 바에서 **커브 에디터** 아이콘을 클릭해서 에디터를 실행한다.

그림 16.21 커브 에디터 실행

2. 왼쪽의 **커브 에디터** 인터페이스에는 메인 **시퀀서** 인터페이스의 **TRACK** 창과 동일한 항목이 있는 창이 있다. 그림 16.22와 같이 **Stem02** 컨트롤러에서 **Rotation** 채널을 선택한다.

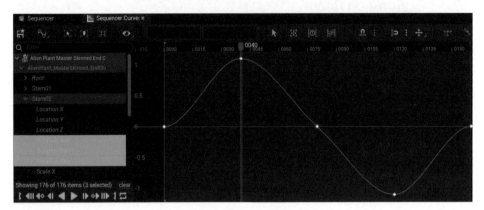

그림 16.22 커브 에디터

3. 커브 창에서 편집하려는 특정 **Rotation** 채널을 선택한다. 이 커브의 모든 키를 드래그해서 전체 선택하면 그림 16.23과 같이 키프레임 커브 핸들이 표시된다.

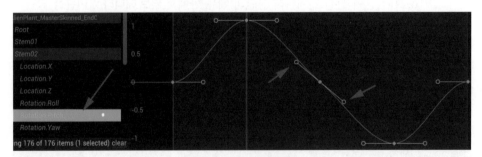

그림 16.23 커브 핸들

4. 마우스 좌클릭해서 이 핸들을 선택하고 길게 끌어서 편집할 수 있다.

5. 그림 16.24와 같이 **커브 에디터** 인터페이스의 상단 메뉴 바에서 다르게 동작하는 다른 종류의 핸들로 변경할 수도 있다.

그림 16.24 다른 종류의 커브 핸들

다음은 핸들에 대한 기본적인 개요다. 그러나 이 핸들들이 어떻게 작동하는지는 직접 사용해 보며 파악하자. **커브 에디터** 창에서 키프레임을 선택하고 그림 16.25에 표시된 다른 커브 핸들 아이콘을 클릭해서 유형을 변경한다.

그림 16.25 커브 핸들 유형

언리얼 엔진 **커브 에디터**의 다양한 커브 핸들 유형은 다음과 같다.

- **Auto**: 기본 핸들이다. 부드러운 애니메이션을 위해 곡선을 어떻게 보이게 할지 최선의 방법을 시도하지만 항상 맞는 것은 아니다. 핸들의 왼쪽과 오른쪽이 일직선으로 함께 잠긴다.

- **User**: Auto와 매우 유사하지만 사용자 기반이며 커브 핸들을 통해서 더 많은 수동 조정이 필요할 수도 있다.

- **Break**: 이걸 사용하면 핸들의 좌우측 연결이 끊어져 독립적으로 움직일 수 있다. 일반적으로 그림 16.9의 튀는 공과 같은 경우 공이 지면에 닿는 순간 곡선에서 V자형 급가속을 하는 경우에 이것을 사용한다.

- **Linear**: 한 키프레임에서 다음 키프레임까지 곡선을 완벽하게 직선으로 만들어 가속이나 감속 없이 일정한 속도가 유지되도록 한다.

- **Constant**: 다음 키프레임까지 동일한 트랜스폼 값을 유지한다. 즉 다음 키프레임이 값을 덮어쓸 때까지 변경 없이 곡선을 완벽하게 평평하게 만든다.

- **Weighted Tangents**: 이 핸들은 더 바깥쪽으로 드래그해서 곡선을 둥글게 만들거나 가까이 당겨서 곡선을 날카롭게 만들 수 있다.

- **Pre Infinity/Post Infinity**: 이 핸들을 통해 키프레임 전후에 일어나는 일을 타임라인에서 무한대로 설정할 수 있다. 예를 들어 **Cycle**로 설정하면 키프레임과 곡선이 생성된 키프레임 전후에 영원히 반복하며 **시퀀서** 타임라인에서 키프레임이 수행하는 작업을 반복한다. **Constant**도 있지만 사실상 이전이나 이후에 아무 작업도 수행하지 않으며 기본적으로 위의 **Constant**와 동일하다.

이러한 옵션을 결합해 원하는 모양이나 필요한 모양의 곡선을 만들 수 있다. 이 애니메이션의 경우 매끄럽고 순환되는 애니메이션을 만들고 싶기 때문에 현재 순환에서 다음 순환으로 흐르는 곡선에서 어떤 일이 발생하는지 시각화할 수 있으면 좋다. 운이 좋게도 **Pre Infinity/Post Infinity**가 해당 기능을 갖고 있다.

Rotation 채널이 선택돼 있는 상태로 **Pre Infinity/Post Infinity**를 **Constant** 대신에 **Cycle**로 변경한다.

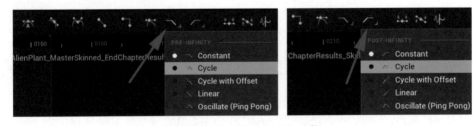

그림 16.26 Pre 및 Post Infinity 순환

이제 **Cycle**의 **Pre Infinity/Post Infinity**가 있는 곡선을 보면 순환의 시작과 끝에서 이전 순환에서 다음 순환으로 넘어가는 시점에 감속된다. 그림 16.27에 표시된 것처럼 애니메이션 중간에 있는 프레임 80과 비슷해야 한다.

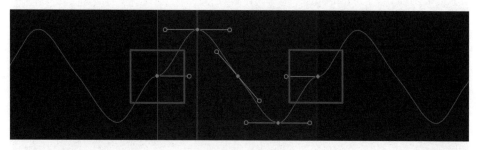

그림 16.27 순환 감속

6. 커브 핸들을 선택하고 순환의 시작과 끝이 매끄럽게 되도록 조정한다. 첫 번째 키프레임의 핸들을 조정하면 다음 **Post Infinity** 순환이 시작될 때 자동으로 조정되는 것을 확인할 수 있다.

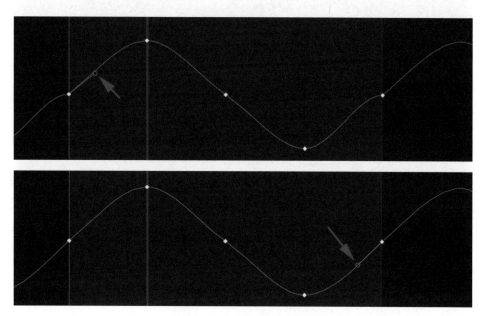

그림 16.28 시작 및 끝 핸들 조정

그러나 프레임 80의 커브 핸들을 자세히 보면 개선이 가능하다는 것을 알 수 있다.

7. 그림 16.29처럼 프레임 80의 커브 핸들을 조정한다.

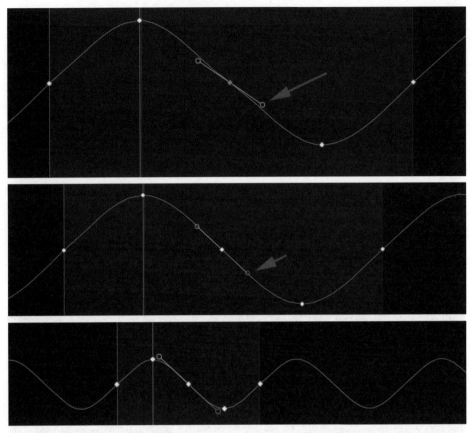

그림 16.29 프레임 80의 커브 핸들 조정

이제 몇 개의 키프레임과 애니메이션 곡선의 힘을 사용해서 회전 채널에 부드러운 루프 곡선을 갖게 됐다.

8. 이 방법을 사용해서 외계 식물의 다른 컨트롤러에 동일하게 미묘한 흔들림 애니메이션을 만들고 곡선을 정리한다. 미묘하게 흔들리도록 유지한다.

> **커브 에디터**에서 직접 특정 키프레임의 회전량을 편집할 수도 있다. 키프레임을 선택하고 위아래로 드래그해 값을 변경하거나 키프레임을 왼쪽 또는 오른쪽으로 드래그하면 프레임/타이밍도 변경할 수 있다.

9. 애니메이션이 마음에 들면 **TRACK** 창에서 외계 식물 컨트롤 릭의 전체 부모를 마우스 우클릭하고 **Bake Animation Sequence**를 선택한다.

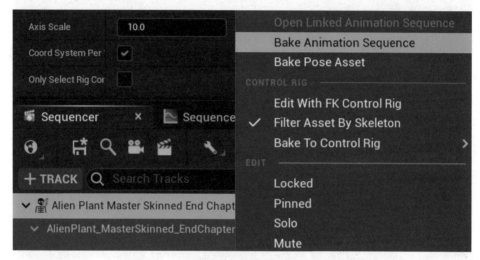

그림 16.30 애니메이션 굽기

10. 그림 16.31처럼 이름을 지어 준다.

그림 16.31 애니메이션에 이름 지어 주기

11. 그림 16.32처럼 트랜스폼과 커브를 모두 기본값으로 익스포트할 수 있다.

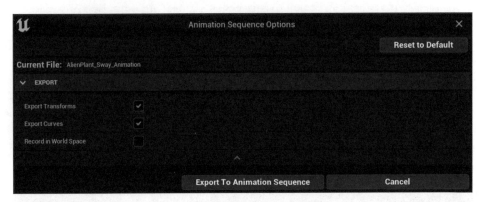

그림 16.32 애니메이션 시퀀스 익스포트

흔들리는 애니메이션은 외계 식물에 언제든지 사용할 수 있는 독립적인 애니메이션으로 **콘텐츠 드로어**로 익스포트된다.

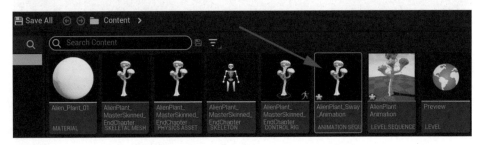

그림 16.33 콘텐츠 드로어에 익스포트된 애니메이션

고급 애니메이션 팁

오버랩(Overlap)이라는 기술을 사용해서 흔들리는 애니메이션을 더 좋게 만들 수 있다. 16장에서 설명한 대로 외계 식물을 애니메이션한다. 모든 애니메이션 컨트롤러에서 **Pre Infinity** 및 **Post Infinity**가 순환으로 설정돼 있는지 확인한다. 그렇지 않다면 다음 단계에서 원활한 순환이 안 된다. 릭 체인에서 마지막 컨트롤러를 선택한다. 이것들은 외계 식물 가지의 큰 구근 끝을 제어한다. 해당 컨트롤러의 모든 키프레임을 선택하고 오른쪽으로 드래그해서 타이밍이 3-4프레임 정도 지연되도록 한다. 이것은 외계 식물의 나머지 부분 이후에 약간 순환해 애니메이션에 중첩 효과를 생성하고 더 자연스럽게 느껴지도록 한다. 오버랩은 기본적으로 캐릭터의 모든 것이 동시에 움직이지 않지만 말단의 사물은 움직임이 약간 지연되는 경우다.

500

이 책의 첫 번째 애니메이션을 완성한 것을 축하한다!

::: 요약

16장에서 외계 식물 애니메이션 릭을 시퀀서에 추가하는 방법을 배웠다. **시퀀서** 인터페이스에 대한 개요를 살펴보고 키프레임이 무엇인지 배운 후에 첫 번째 키프레임에 애니메이션을 적용했다. 애니메이션 커브와 **커브 에디터**에서 애니메이션 커브를 편집하는 방법에 대해서 배웠다. 그런 다음 나중에 사용할 수 있도록 애니메이션을 시퀀서에서 **콘텐츠 드로어**로 익스포트했다.

이제 언리얼 엔진 5에서 처음부터 첫 번째 커스텀 애니메이션을 완성했다. 이것은 자신만의 애니메이션을 만들고 재미있게 즐길 수 있는 새로운 가능성의 세계를 열어 준다.

다음으로 로봇 드론에 대한 일부 애니메이션 순환을 애니메이션하고 애니메이션에서도 IK 컨트롤러를 사용한다.

17

언리얼 엔진 5 시퀀서에서 간단한 애니메이션 3개 만들기

16장에서 **순기구학**^{FK}만 사용하는 애니메이션 릭에서 외계 식물이 미묘하게 흔들리는 애니메이션 순환을 애니메이션화했다. 17장에서는 로봇 드론에 대한 세 가지 애니메이션 순환을 애니메이션화한다. 로봇 팔에는 **역기구학**^{IK} 컨트롤러가 있다. 이걸 사용하면 IK 컨트롤러로 애니메이션을 만드는 데 익숙해질 수 있다. 이러한 종류의 컨트롤러가 애니메이션 작업 과정에 얼마나 유용한지 직접 확인할 수 있다.

또한 컨트롤 릭에 **포즈**^{pose}를 저장하고 로드^{load}하는 방법도 배운다. 애니메이션 포즈는 컨트롤 릭의 모든 컨트롤러에서 모든 트랜스폼 값의 순간 값과 같다. 이는 애니메이션 이 정확히 동일한 포즈에서 시작하거나 끝나도록 해 서로 매끄럽게 재생되도록 하려는 경우에 유용하다.

17장에서는 다음 주제들을 다룬다.

- 애니메이션 A: 유휴 주기

- 애니메이션 B: 이동 주기

- 애니메이션 C: 액션 애니메이션

기술 요구 사항

17장에서 언리얼 엔진 5에서만 작업한다. 17장을 완료하려면 다음 항목들이 필요하다.

- 3D 애니메이션 소프트웨어를 구동할 수 있는 컴퓨터가 필요하다.

- 언리얼 엔진 5가 설치돼 있어야 한다. 엔진은 다음 사이트(https://www.unrealengine. com/en-US/download)에서 받을 수 있다.

- 언리얼 엔진 3D 사용자 인터페이스를 사용할 줄 알아야 한다. 만약 건너뛰었다면 6 장에서 다뤘으니 살펴보기 바란다.

- 언리얼 엔진 5에서의 키프레임 추가와 애니메이션 커브 편집하는 방법에 대한 방법 을 16장에서 습득해야 한다.

17장에서 사용된 파일들은 다음 사이트(https://github.com/PacktPublishing/Unreal-Engine-5-Character-Creation-Animation-and-Cinematics/tree/main/Chapter18)에서 받을 수 있다.

애니메이션 A: 유휴 주기

컴퓨터 게임 애니메이션에서 캐릭터의 **유휴 주기**^{idle cycle}를 갖는 것은 매우 일반적이다. 이것은 캐릭터가 거의 아무것도 하지 않을 때의 애니메이션이다. 일반적으로 컴퓨터 게임에서 이것은 플레이어가 게임 패드나 키보드의 버튼을 누르지 않고 캐릭터가 가만히 서 있는 것이다. 게임에서 이 시간 동안 캐릭터가 미묘한 호흡 애니메이션과 같은 것을 갖고 있음을 알 수 있다.

이것을 유휴 주기라고 한다. 아무것도 하지 않고 살아 있는 것처럼 보이도록 반복되는 애니메이션이다. 애니메이션이 없다면 캐릭터는 살아 있지 않고 조각상처럼 보인다. 일 부 게임에서는 캐릭터를 오랫동안 서 있게 놔두면 캐릭터가 머리를 긁거나 주위를 둘러 보기도 한다. 이러한 애니메이션을 일반적으로 **피짓 애니메이션**^{fidget animation}이라고 한다.

이 책의 끝에서 함께 만들 최종 시퀀스는 짧기 때문에 유휴 주기 애니메이션만 필요하므로 피짓 애니메이션이 필요하지 않다.

그러나 유휴 주기를 애니메이션화하기 전에 언리얼 엔진 5에서 **포즈** 툴을 사용하는 방법을 알아보자.

언리얼 엔진 5의 포즈 툴 사용

이번 절에서는 애니메이션을 시작하기 전에 로봇 드론의 포즈를 생성하고 기본 포즈로 저장한다. 트랜스폼을 적용하지 않고 로봇을 기본 포즈로 되돌리려는 경우 이 포즈를 로드해서 되돌릴 수 있으므로 유용하다.

가끔 애니메이션을 확인할 때 마음에 들지 않는 결과인 경우가 있다. 이런 경우에는 컨트롤러를 리셋하고 처음부터 다시 할 수 있다. 이제 시작하자.

1. 15장에서 로봇 드론 컨트롤 릭과 함께 저장한 언리얼 엔진 5 프로젝트를 실행한다.

   또한 다음 사이트(https://github.com/PacktPublishing/Unreal-Engine-5-Character-Creation-Animation-and-Cinematics/tree/main/FullFinalUE5Project)에서 설치 방법과 함께 로봇 드론 컨트롤 릭이 포함된 최종 프로젝트 파일도 제공한다.

   로봇 드론 컨트롤 릭은 **Content/RobotDroneControlRig**에 있다.

2. **Cinematics | Add Level Sequence**를 선택해서 시퀀서에 새로운 레벨 시퀀서를 연다.

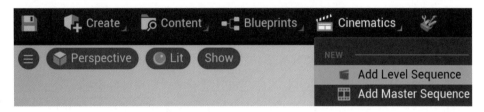

그림 17.1 레벨 시퀀스 추가

3. 시퀀스의 이름을 RobotAnim01_IdleCycle로 변경하고 **Save**를 클릭한다.

그림 17.2 시퀀스 저장

4. 그림 17.3과 같이 로봇 컨트롤 릭을 왼쪽 클릭한 상태로 **콘텐츠 드로어**에서 시퀀서의 **TRACK** 창으로 드래그해서 시퀀서 타임라인에 추가한다.

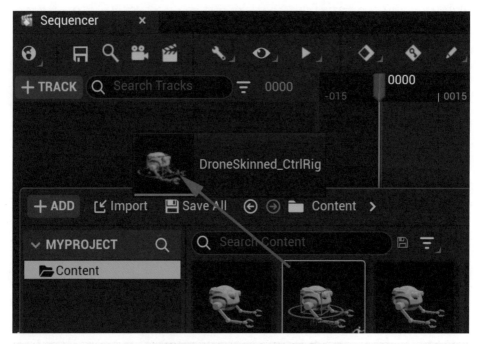

그림 17.3 로봇 컨트롤 릭 시퀀서에 추가

5. 기본 언리얼 엔진 인터페이스에서 필요한 경우 바닥을 이동시키고 시야를 가리는 것이 있으면 작업 공간을 정리한다. 기본 언리얼 엔진 그리드 바닥이 방해가 되는 경우 **Outliner** 탭에서 눈 아이콘을 클릭해서 그림 17.4와 같이 뷰포트에서 보이지 않게 한다.

그림 17.4 애니메이션 창 실행

6. 시퀀서 타임라인에서 전체 및 타임라인 작업 공간을 –010에서 0070으로 설정한다. 그림 17.5와 같이 액티브^{active} 범위를 0000에서 0060으로 설정한다. 이를 지정하는 방법은 16장을 참고한다.

그림 17.5 타임라인 작업 공간 설정

7. **Animation** 창에서 **Animation Outliner**의 로봇 드론 컨트롤 릭에 있는 모든 컨트롤러를 선택한 다음 **Animation** 탭에서 **Poses**를 클릭한다. **Control Rig Pose** 창의 왼쪽 상단에 있는 **Create Pose**를 클릭하고 이름을 default_pose로 지정하고 **Create Asset**을 클릭해서 해당 포즈를 새 포즈 라이브러리에 추가한다.

그림 17.6 기본 포즈 추가

8. 이제 **포즈** 툴을 사용해 보자. 메인 뷰포트에서 몸 컨트롤러(지금 같은 경우 **RobotBody**)를 포함한 로봇 드론의 컨트롤러를 임의의 위치로 이동시킨다. 그림 17.7의 기본 포즈와 다르다면 임의의 포즈가 어떤 포즈인지는 상관없다.

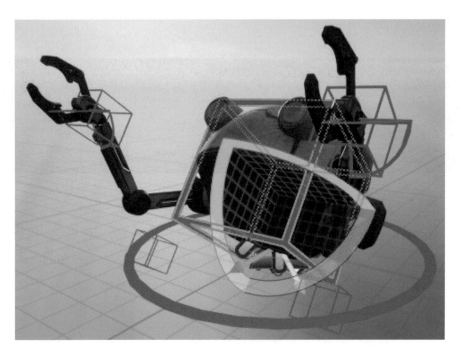

그림 17.7 임의의 포즈

9. 뷰포트, **Animation** 창 또는 시퀀서에서 몸을 제어하는 컨트롤러(지금 같은 경우 Robot Body)만 선택한다. **Control Rig Pose** 창에서 **default_pose** 포즈 항목을 선택하고 그림 17.8과 같이 **Paste Pose**를 클릭한다.

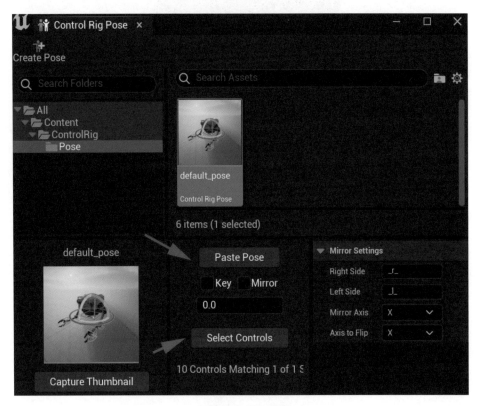

그림 17.8 포즈 복사

RobotBody는 원래 위치로 돌아가지만 나머지 컨트롤러는 그림 17.9와 같이 오프셋 상태로 유지된다.

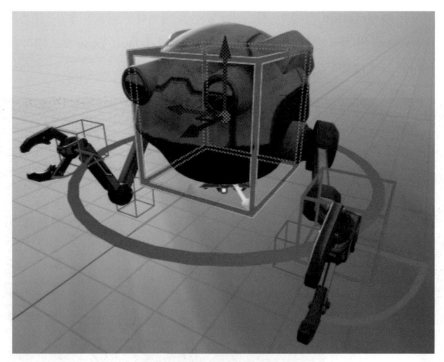

그림 17.9 기본 포즈로 돌아오는 RobotBody

10. 이제 그림 17.8과 같이 **Control Rig Pose** 창에서 **Select Controls**를 클릭한다. 이렇게 하면 포즈를 만들 때 원래 선택됐던 모든 컨트롤러가 선택된다. **Past Pose**를 선택한다. 이제 선택한 모든 컨트롤러가 기본 포즈로 돌아간다.

NOTE

> **포즈** 툴을 사용하는 경우 **Paste Pose** 옵션은 선택한 컨트롤러에만 포즈를 붙여 넣는다. 포즈를 생성할 때 선택한 컨트롤러의 포즈만 저장한다. 이것은 만들어진 몸과 왼팔 포즈에 만족할 수 있지만 오른팔의 포즈에 만족하지 않을 수 있기 때문에 실제로는 매우 유용하다.
> 이 경우 오른쪽 팔 컨트롤러를 선택하고 **Paste Pose**를 선택하면 된다. 이렇게 하면 몸통과 왼팔에 수행한 작업을 잃지 않고 오른팔 컨트롤러만 기본 포즈로 되돌린다. 또한 포즈를 저장할 때 포즈에 대한 시각적 참조로 섬네일(thumbnail) 스크린샷을 생성한다. 섬네일이 마음에 들지 않으면 그림 17.8과 같이 섬네일 캡처를 클릭해서 원하는 위치로 화면의 캐릭터를 재배치하고 변경할 수 있다.

이제 포즈 라이브러리에 포즈를 저장하는 방법과 컨트롤 릭에 다시 붙여 넣는 방법을 배웠다. 다음으로 유휴 주기 애니메이션을 시작할 수 있다.

유휴 주기 애니메이션

유휴 주기를 애니메이션화할 때 기본 포즈가 흥미롭지만 중립적인지 확인해야 한다. 또한 캐릭터 애니메이션에서는 일반적으로 왼쪽과 오른쪽이 서로 대칭인 포즈를 피한다. 이것은 흥미롭지 않은 비주얼을 만들고 너무 기계적인 느낌을 준다.

기술적으로 로봇은 기계이지만 약간의 개성을 부여하고 싶기 때문에 더 재미있는 유휴 시작 포즈를 제공하는 것이 좋다. 일반적으로 컴퓨터 게임의 많은 애니메이션은 유휴 주기 기반 포즈에서 흘러나오므로 여기에서 좀 더 흥미로운 것을 원하는 이유이기도 하다. 동시에 가만히 있는 포즈이기도 하므로 너무 과하면 안 된다.

로봇 드론의 시작 포즈를 만들자.

1. 먼저 왼쪽 및 오른쪽 컨트롤러를 몸에 더 가깝게 이동하고 오른쪽 컨트롤러를 약간 위로 이동하고 왼쪽 컨트롤러를 아래로 이동해서 대칭을 깨뜨릴 수 있다. 그림 17.10에서 볼 수 있듯이 팔꿈치가 구부러지는 동안 애니메이션 릭의 IK 컨트롤러가 어떻게 작동하는지 확인한다.

그림 17.10 유휴 포즈에서 손 컨트롤러 이동

2. 팔꿈치/폴 벡터 컨트롤러를 선택하고 팔꿈치가 컨트롤러를 향하도록 앞뒤로 이동한다. 팔꿈치를 약간 바깥쪽으로 움직인다.

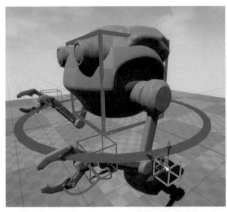

그림 17.11 유휴 포즈에서 팔꿈치/폴 벡터 이동

3. 마지막으로 손을 약간 기울인다. 집게 컨트롤러를 회전해서 그림 17.12와 같이 왼손 집게를 약간 닫고 오른쪽 집게를 약간 연다.

그림 17.12 유휴 포즈에서 손과 집게 이동

이제 완벽하게 대칭적이지 않은 멋진 포즈를 갖게 됐고 로봇 드론이 살아나기 시작했다. 이제 이 포즈를 포즈 툴의 포즈 라이브러리에 저장할 수 있다.

4. **Poses**를 Animation 창에서 클릭하고 **Create Pose**을 선택하고 이름을 `IdleBasePose`로 변경한다.

그림 17.13 유휴 포즈 저장

5. **Sequencer** 타임라인에서 프레임 **0000**으로 이동한 후 해당 포즈를 **TRACK** 창에서 컨트롤러들 최상단의 **+** 아이콘을 클릭해서 모든 컨트롤러에 키프레임을 추가한다.

그림 17.14 프레임 0000에 키프레임 추가

6. **Sequencer** 타임라인에서 프레임 **0060**으로 이동한 후 컨트롤러들의 부모의 + 아이콘을 클릭해서 모든 컨트롤러에 키프레임을 추가한다. 이제 애니메이션 시작과 끝에 이 포즈에 대한 키프레임이 추가됐다.

7. **Sequencer** 창 상단에서 **Automatic Keyframe**을 활성화하면 그림 17.15와 같이 정보가 변경되면 자동으로 키프레임이 추가된다.

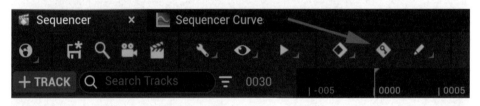

그림 17.15 Automatic Keyframe 활성화

8. **Sequencer** 타임라인에서 프레임 **0030**(프레임 0과 60의 중간 지점)으로 이동해서 **RobotBody** 컨트롤러를 선택한다.

NOTE

> 이 시점에서 RobotBody 컨트롤러를 메인 언리얼 엔진 뷰포트, Sequencer TRACK 창 또는 Anim Outliner 창에서 선택할 수 있다. 해당 컨트롤러를 선택하는 데 어떤 방법을 사용하는지는 중요하지 않다. 이것들은 전부 같은 일을 한다.

9. 뷰포트에서 트랜스폼 **이동** 툴을 사용해서 **RobotBody** 컨트롤러를 약 2cm 위로 이동한다. 그런 다음 RobotBody 컨트롤러를 회전해서 그림 17.16처럼 전면 각도가 2도 이상 약간 위로 향하도록 한다.

10. **Automatic Keyframe**이 활성화돼 있기 때문에 자동으로 **RobotBody** 컨트롤러의 프레임 **0030**에 채널 이동 및 회전할 때 키프레임을 추가한다.

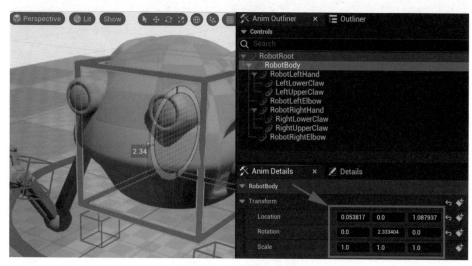

그림 17.16 0030 키프레임 값

11. **Anim Details** 창에서 **RobotBody** 컨트롤러가 선택돼 있는 상태에서 프레임 30의 **Transform** 아래에서 현재 위치, 회전, 스케일 값을 확인할 수 있다. 그림 17.16에서 빨간색 화살표로 표시했다.

값이 있는 박스 3개는 순서가 지정돼 있다. 왼쪽 첫 번째 상자는 **X**축, 중간은 **Y**축, 오른쪽 박스는 **Z**축이다.

그렇기에 프레임 **30**을 보면 **Z축 위치**는 0.053817이고 **Y축 회전 값**은 1.087937 이다(이 값은 조금 다를 수 있다).

방금 **RobotBody** 컨트롤러를 대략적으로 이동하고 회전시켰다. 재생했을 때 애니메이션이 좋아 보이면 괜찮지만 이번 튜토리얼을 위해서 해당 값을 변경한다.

12. **Sequencer** 타임라인에서 프레임이 **30**에 있는지 확인한다. **Z축 위치 값**을 더블 클릭한다. 그러면 해당 값이 선택되고 2.0으로 변경할 수 있다. 같은 방법으로 **Y축 회전 값**을 1.5로 변경하고 나머지는 그림 17.17과 같이 0으로 변경한다.

그림 17.17 CHANNELS에서 값 변경

이렇게 하면 프레임 **30**에서 **RobotBody** 컨트롤러 키프레임의 위치 및 회전 값이 변경된다. 그러나 안전을 위해 모든 **RobotBody** 컨트롤러 채널에 키프레임을 추가한다.

16장에서 + 키프레임을 사용해서 **Sequencer TRACK** 창에 키프레임을 추가했다. **Anim Details** 창에서 키프레임을 설정할 수 있으며 **Sequencer TRACK** 창에서와 마찬가지로 **Sequencer** 타임라인에 나타난다.

13. **RobotBody**가 선택돼 있는 상태에서 **Transform** 아래의 **Anim Details** 창에서 **Add Keyframe** 버튼을 사용해서 프레임 **30**의 모든 트랜스폼 채널에 키프레임을 추가한다. 그림 17.17에서 이 버튼을 빨간색 화살표로 표시했다.

이제 로봇의 팔에 애니메이션을 추가하자.

프레임 **0**과 **유휴 주기** 시작 포즈를 보면 오른쪽 컨트롤러가 왼쪽 컨트롤러보다 높으므로 다음 단계에서 아래로 내리는 애니메이션을 만든다. 양손의 애니메이션 주기가 반대가 되도록 왼손을 위로 올리는 애니메이션을 추가한다.

14. 계속 프레임 **30**에서 **RobotRightHand** 컨트롤러를 선택하고 약 6cm 아래로 이동한 다음 위쪽으로 3도 정도 회전한다. 13단계와 마찬가지로 이 컨트롤러의 모든 채널에서 키프레임을 추가한다.

15. 계속 프레임 **30**에서 **RobotLeftHand** 컨트롤러를 선택하고 위쪽으로 4cm 정도 이동한 다음 아래쪽으로 약 3도 정도 회전한다. 13단계와 마찬가지로 모든 채널에 키프레임을 추가한다.

    유휴 주기 시작 포즈의 프레임 0에서 오른손 집게는 더 열리고 왼쪽 집게는 더 닫혀 있다. 애니메이션 주기 동안에는 반대로 한다.

16. 계속 프레임 **30**에서 오른쪽 집게 컨트롤러를 선택하고 조금 닫지만 완전히 닫지는 않는다. 왼쪽 집게 컨트롤러를 선택하고 약간 열되 그림 17.18처럼 컨트롤러를 돌려서 완전히 열지 않는다. 집게 컨트롤러의 모든 채널에 키프레임을 추가한다.

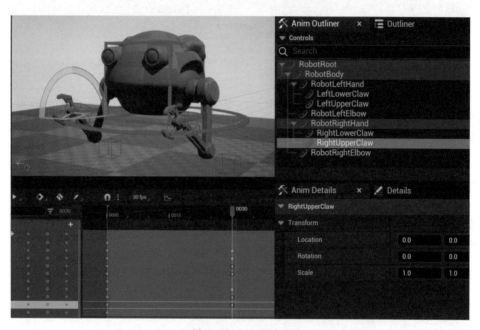

그림 17.18 포즈 중간 주기

이제 유휴 주기 애니메이션 중간 포즈와 키프레임을 추가했다. 이제 **Sequencer** 타임라인에서 재생을 눌러 애니메이션 주기가 재생되는 것을 확인할 수 있다. 이 시점에서 주기가 괜찮아 보이기를 바란다.

그렇지 않은 경우 16장의 '키프레임 및 애니메이션 커브 편집' 절에서 했던 것처럼 애니메이션 커브를 편집할 수 있다.

그러나 팔 애니메이션 키프레임을 오프셋해 **오버랩**(애니메이션에서 동시에 움직이지 않는 것)을 생성함으로써 새로운 유휴 주기를 조금 개선할 수 있다.

17. **Sequencer** 타임라인의 프레임 30에서 **RobotLeftHand**, **LeftLowerClaw**, **LeftUpperClaw** 키프레임을 마우스 좌클릭하고 누른 채로 드래그해서 박스로 선택하거나 **Shift** 키를 누른 상태로 클릭해서 함께 선택한다.

18. 그림 17.19와 같이 컨트롤러의 키프레임을 클릭하고 누른 상태에서 왼쪽으로 드래그해서 프레임 **30**에서 **25**로 이동한다.

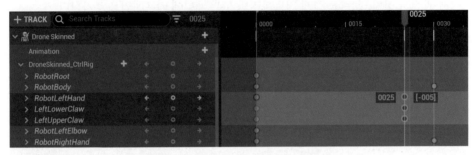

그림 17.19 왼손과 집게를 5프레임 앞으로 이동

19. **Sequencer** 타임라인의 프레임 30에서 **RobotRightHand**, **RightLowerClaw**, **RightUpperClaw** 키프레임을 선택한다. 이 컨트롤러 키프레임을 30에서 **35**로 이동한다.

그림 17.20 오른손 및 집게를 5프레임 뒤로 이동

이것은 팔과 약간의 오버랩을 만들기 위한 주기 중간의 단순한 오프셋이지만 팔 컨트롤러의 커브 채널에 Pre 및 Post Infinity를 추가하고 모든 팔 컨트롤러에 키프레임을 추가해서 완벽히 상쇄할 수 있다. 그러나 이것은 더 긴 작업 과정을 의미하고 시작 포즈를 다시 저장해야 한다. 이 튜토리얼의 목적을 위해 주기 중간에 키를 상쇄하는 것만으로 충분하다.

Sequencer TRACK 창에서 **RobotLeftHand**를 확장해서 모든 트랜스폼 채널을 보면 **TRACK** 창에서 **RobotLeftHand** 컨트롤러의 축소된 보기에서 키프레임을 이동할 경우 해당 프레임의 모든 트랜스폼 채널 키프레임을 이동한 것을 확인할 수 있다.

이는 **TRACK** 창에 있는 컨트롤러의 확장되지 않은 보기에 있는 키프레임이 그림 17.21에 표시된 것과 같이 트랜스폼 채널에서 동일한 프레임에 있는 다른 키프레임의 **부모**인 것과 같은 의미다.

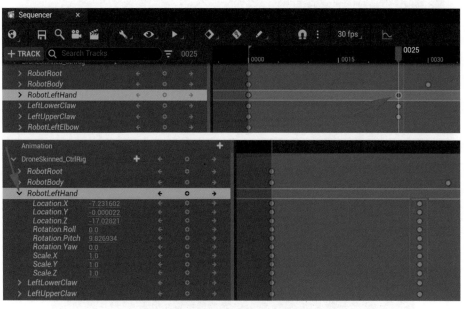

그림 17.21 확장된 컨트롤러 뷰

컨트롤러가 많고 모든 채널에서 키를 이동하려고 모든 컨트롤러를 확장하고 싶지 않을 경우에 이렇게 하면 키를 쉽게 이동할 수 있다. 또한 컨트롤러를 확장해서 채널을 표시하면 **부모** 키프레임이 타임라인에 더 이상 표시되지 않는다. 채널을 축소하면 다시 표시된다.

만약 재생 후에 유휴 주기가 마음에 든다면 이것을 다른 애니메이션들과 함께 나중에 사용할 수 있도록 별도의 언리얼 엔진 애니메이션으로 익스포트할 수 있다.

20. **Sequencer TRACK** 창에서 컨트롤 릭의 전체 부모를 마우스 우클릭한다. 이 경우에는 **DroneSkinned**다. **Bake Animation Sequence**를 클릭해서 모든 프레임에 키프레임이 추가된 언리얼 엔진 애니메이션으로 익스포트한다.

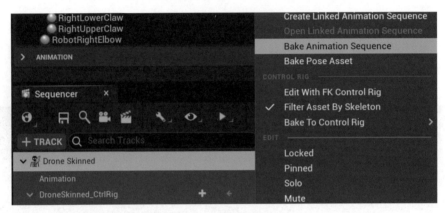

그림 17.22 애니메이션 시퀀스 굽기

21. **Animation Name**을 Robot_Idle_Cycle로 저장한다.

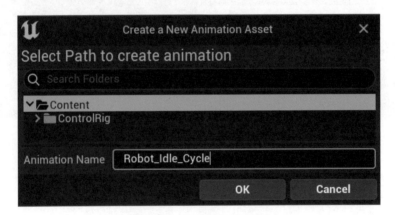

그림 17.23 애니메이션 이름 짓기

기본 익스포트 설정을 사용해도 된다.

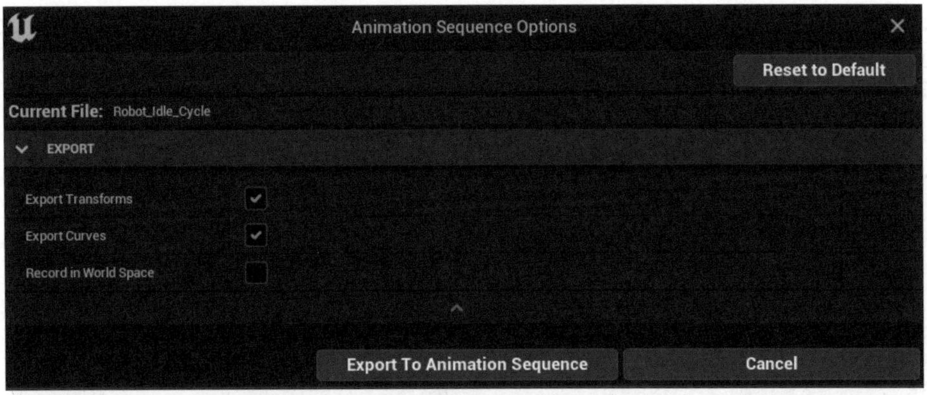

그림 17.24 익스포트 세팅

이제 로봇 드론에 대한 첫 번째 애니메이션 유휴 주기를 마쳤다. 다음으로 로봇의 이동 주기를 애니메이션화한다.

애니메이션 B: 이동 주기

이번 절의 튜토리얼에서 이전의 유휴 주기를 완료한 후 그것을 재활용해 **이동 주기** movement cycle에 적용하는 방법을 배운다. 이미 완료한 것을 재사용하는 좋은 방법이며 기존 애니메이션을 편집하는 몇 가지 방법을 배울 수 있다.

이것을 여기서는 이동 주기라고 부르지만 실제로는 로봇 드론이 앞으로 이동하지는 않고 제자리에서 애니메이션이 진행된다. 이동 주기는 유휴 주기와 비슷하지만 캐릭터가 이동하는 동안 앞으로 날아가는 것처럼 보인다.

로봇 드론이 월드를 돌아다닐 때 이동 주기를 사용해서 최종 시퀀스를 재생한다. 그 후에 실제로 앞으로 이동한다. 따라서 이 책의 마지막 장면에서 로봇이 같은 위치에 떠 있을 때는 유휴 주기를 재생하고 이동하기 시작하면 이동 주기를 재생한다.

Idle Cycle LEVEL SEQUENCE를 복제하는 것으로 시작하자.

1. **Content Drawer**에서 **RobotAnim01_Idle Cycle LEVEL SEQUENCE**를 마우스 우클릭해서 그림 17.25처럼 복제한다.

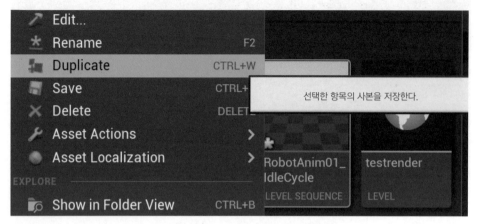

그림 17.25 유휴 주기 레벨 시퀀스 복제

2. 복제된 항목의 이름을 RobotAnim02_MovementCycle로 변경한다.

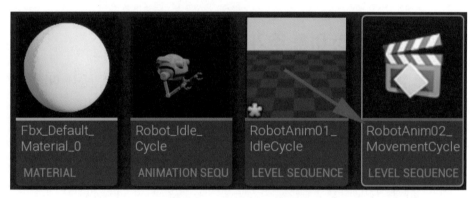

그림 17.26 복제된 항목 이름 변경

3. **RobotAnim02_MovementCycle LEVEL SEQUENCE**를 더블 클릭해서 **Sequencer** 에서 연다.

이동 주기에서는 로봇 드론의 몸과 팔 움직임을 유지하되 앞으로 이동할 때 더 빠르게 하고 싶다. 따라서 프레임 **60**에서 프레임 **40**으로 주기를 줄여서 더 빠르게 만든다.

522

4. 그림 17.27처럼 **Sequencer** 타임라인의 **Active Range**(얇은 초록색과 빨간색 선)를 0000-0060에서 0000-0040으로 변경한다.

그림 17.27 Active Range 0-40으로 변경

5. 이제 **RobotLeftHand**, **LeftLowerClaw**, **LeftUpperClaw** 키프레임을 선택하고 0025에서 0015로 이동한다. **RobotBody** 키프레임을 0030에서 0020으로 이동한다. **RobotRightHand**, **RightLowerClaw**, **RightUpperClaw** 키프레임을 0035에서 0025로 이동한다. 마지막으로 그림 17.28과 같이 0060에 있던 모든 키프레임을 0040으로 이동한다.

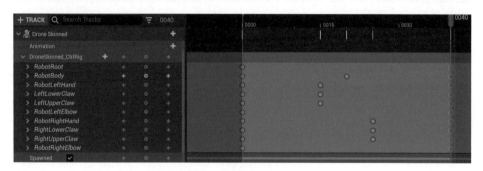

그림 17.28 키프레임 이동

Sequencer에서 재생을 해보면 유휴 주기 애니메이션이랑 비슷하지만 3배 정도 빠른 것을 확인할 수 있다.

이제 키프레임의 **Additive** 레이어를 사용해서 애니메이션을 추가로 조정하자. **Additive** 레이어는 언리얼 엔진 5(및 대부분의 좋은 3D 애니메이션 소프트웨어 패키지)에서 기존의 애니메이션을 유지하면서 그 위에 추가 값을 추가하는 방법이다.

이에 대한 실질적인 예는 로봇에서 수행할 작업이다. 유휴 주기에서는 몸과 팔이 위 아래로 흔들리는 것을 유지하면서 앞으로 날아갈 때는 앞으로 기울어지기를 원한다.

로봇 드론 컨트롤 릭에 **Additive** 레이어를 추가하자.

6. **Sequencer TRACK** 창에서 모든 컨트롤러의 부모(이번 튜토리얼의 경우 DroneSkinned _CtrlRig)를 클릭하고 **+**를 클릭해서 **Additive**를 선택한다.

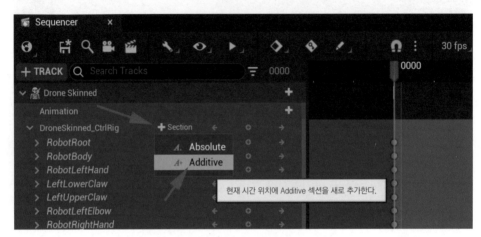

그림 17.29 Additive 애니메이션 레이어 추가

로봇 드론 컨트롤러를 복제한 것처럼 보이지만 **Sequencer** 타임라인 창에서 컨트 롤러 옆에 있는 파란색 막대 위로 마우스를 가져가면 그림 17.30과 같이 **Additive** 가 표시된다.

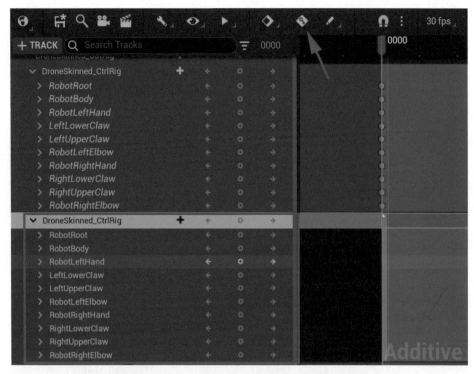

그림 17.30 Additive 컨트롤러 및 Automatic Keyframe 비활성화

7. **Automatic Keyframe**을 비활성화한다.

지금은 정확한 채널에 대한 제어가 필요하기 때문에 **Automatic Keyframe**을 비활성화하는 것이 특히 중요하다. **Automatic Keyframe**을 활성화하면 변경 사항이 있을 때마다 모든 채널과 컨트롤러에 변경 내용을 기록한다. 하지만 새로운 **Additive** 컨트롤러에만 키프레임을 추가하기를 원한다. 따라서 **Automatic Keyframe**을 비활성화해야 한다.

추가 팁으로, 시퀀서에서 추가 작업을 할 때 뷰포트에서 컨트롤러를 선택하지 않는다. 일반 컨트롤러와 **Additive** 컨트롤러가 모두 선택돼 혼동될 수 있다.

8. 대신 **Sequencer TRACK** 창에서 선택하면 선택한 항목이 변경된 후에 + 키프레임을 해야 하는 항목임을 알 수 있다. Additive를 사용해서 올바른 컨트롤러에 키프레임을 추가할 때까지 이렇게 작업한다.

9. 그림 17.31처럼 컨트롤러의 부모인 **DroneSkinned_CtrlRig**의 Additive 버전의
   + 키프레임을 사용해서 프레임 0000에 모든 컨트롤러에 키프레임을 추가한다.

그림 17.31 Additive 레이어의 프레임 0000에 키프레임 추가

10. 프레임 0000에서 **TRACK** 창에서 **RobotBody**의 Additive 컨트롤러를 선택하고 뷰
    포트에서 약 −16도 정도 회전해 로봇의 전면이 아래쪽을 향하도록 한 다음 **TRACK**
    창에서 + 키프레임을 클릭한다. 컨트롤러의 **Additive** 버전에 키프레임을 추가했는
    지 확인한다(그림 17.32 참고).

그림 17.32 전면 기울이는 키프레임 Additive에 추가

이제 시퀀서에서 재생을 클릭하면 전체 애니메이션이 앞으로 기울어져 재생된다. 첫 번째 **Additive** 애니메이션을 적용했다. 이동 애니메이션을 더 독특하게 만들기 위해 팔도 변경해 보자.

11. 아직 프레임 0000에 있으면서 그림 17.33과 같이 로봇 드론의 팔에 포즈를 취한다. **Automatic Keyframe**이 여전히 비활성화돼 있으므로 포즈를 취할 때마다 **Additive** 팔 컨트롤러의 프레임 0000에 + 키프레임을 추가해야 한다. 다시 한번 강조하지만 **Additive** 컨트롤러 세트에 추가해야 한다.

그림 17.33 Additive 팔 포즈 이동

시퀀서에서 애니메이션을 재생하고 결과가 만족스러우면 익스포트할 차례다.

12. '유휴 주기 애니메이션' 절의 21단계, 그림 17.22와 같이 **Sequencer TRACK** 창에서 **DroneSkinned**를 마우스 우클릭하고 **Bake Animation Sequence**를 선택한다. 그리고 이름을 **Robot_Movement_Cycle**로 저장한다. 그림 17.34처럼 **Content Drawer**에 나타난다.

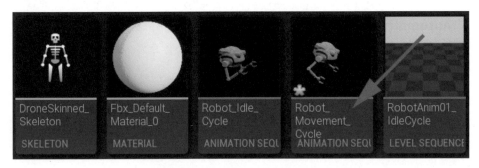

그림 17.34 이동 애니메이션 익스포트/굽기

이제 로봇 드론에 대한 두 번째 애니메이션을 완성했다. 세 번째 애니메이션을 시작하자.

⠿ 애니메이션 C: 활성화 애니메이션

세 번째 애니메이션은 활성화 작업이다. 이 액션 애니메이션에서는 로봇이 켜지고 인사 동작을 수행하고 마지막으로 유휴 주기 포즈로 끝난다. 여기에서는 자유롭게 창의력을 발휘해서 원하는 대로 작업할 수 있다. 이 책의 끝에서는 시퀀서에서 모든 애셋을 사용해서 최종 시퀀스를 만든다.

메타휴먼^{MetaHuman} 캐릭터는 어느 시점에 자기 수트의 버튼을 눌러서 드론을 활성화한다. 드론이 활성화되고 인사를 나눈 후 이곳에서 애니메이션한 유휴 주기 포즈를 실행하고 자연스럽게 유휴 주기 애니메이션과 어우러질 수 있도록 한다.

로봇 드론이 활성화되고 캐릭터에게 인사하는 방법은 마음대로 해도 된다. 해야 할 유일한 일은 애니메이션의 마지막 프레임에서 포즈 라이브러리에서 로드할 수 있는 IdleBasePose(그림 17.13 참고)로 끝나는 것이다.

여기서는 시퀀서에서 컨트롤 릭 애니메이션에 대해 지금까지 배운 모든 것을 사용한다. 이전에 커스텀 애니메이션을 처음부터 수행하지 않은 경우 이것이 어려운 과제가 될 수 있음을 알고 있다. 그렇기에 이 작업을 완료하기 위한 작업 과정을 간략하게 설명한다.

로봇 드론이 작동한 후 경례를 하는 것을 예시로 한다. 기본 과정의 좋은 예시가 됐으면 한다. 애니메이션 RobotAnim03_ActionAnimation LEVEL SEQUENCE는 다음 사이트(https://github.com/PacktPublishing/Unreal-Engine-5-Character-Creation-Animation-and-Cinematics/tree/main/FullFinalUE5Project)의 언리얼 엔진 프로젝트에 있으므로 다운로드해서 확인할 수도 있다.

1. Cinematics | Add Level Sequence를 클릭해서 새로운 레벨 시퀀스를 추가한다. 그리고 이름을 RobotAnim03_ActionAnimation으로 변경한다.

2. Content Drawer에서 Sequencer TRACK 창으로 로봇 컨트롤 릭을 드래그해서 놓는다(그림 17.3 참고).

3. Automatic Keyframe을 활성화한다(그림 17.15 참고).

4. 프레임 **0000**에서 로봇이 비활성화된 것처럼 보이도록 첫 번째 포즈를 설정하고 모든 컨트롤러에서 + 키프레임을 설정한다(그림 17.14 참고).

5. 그림 17.35와 같이 프레임 **0010**에서는 정지한 상태에서 완전히 같은 키프레임을 추가해 프레임 **0000**부터 **0010**까지 비활성 상태의 로봇이 완벽하게 정지하도록 설정한다.

   나중에 이 부분을 비활성화된 주기로 익스포트해서 최종 시퀀스에서 필요한 만큼 재생 시간을 늘리는 데 도움이 된다.

6. 그리고 프레임 **0020**부터 **0032**까지를 활성화 과정으로 설정한다.

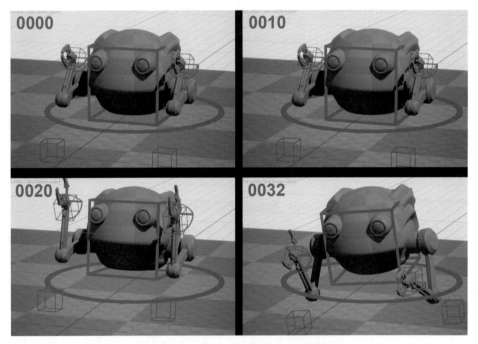

그림 17.35 0000에서 0032까지의 키프레임

7. 프레임 **0046**에서는 인사하기 전에 오른손을 낮은 위치에 놓고 키프레임을 추가한다. 그림 17.36처럼 프레임 **0057**에서는 다시 비슷한 위치에 키프레임을 추가하지만 약간 다르게 설정해서 두 키프레임 사이에 약간의 움직임이 있도록 한다.

그림 17.36 0046에서 0057까지의 키프레임

8. 프레임 **0057**부터 **0062**까지 오른손이 경례 자세로 움직인다. 그리고 프레임 **0080**에 캐릭터에 세밀한 움직임을 유지하고자 비슷한 경례 자세를 유지하는 또 다른 키프레임을 추가한다.

9. 그림 17.37처럼 프레임 **0080**부터 **0086**까지 손이 경례하는 자세에서 내려오는 모션을 보여 준다.

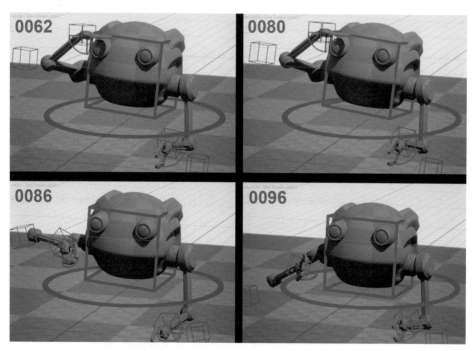

그림 17.37 0062부터 0096까지의 키프레임

10. 프레임 **0096**은 그림 17.38에서 볼 수 있듯이 프레임 **0110**에서 유휴 주기 포즈를 로드하기 전 중간 프레임이다.

그림 17.38 0110 키프레임

포즈 툴에서 포즈를 붙여 넣는 방법이 기억나지 않는다면 17장의 '언리얼 엔진 5의 포즈 툴 사용' 절의 그림 17.8을 참고한다.

11. 앞의 '언리얼 엔진 5의 포즈 툴 사용' 절에서 저장한 `IdleBasePose`를 선택한다. 컨트롤러를 선택한 다음 프레임 **0110**에서 **Paste Pose**를 선택한다. 모든 컨트롤러에 키 프레임을 추가한다.

12. Active Frame 범위(얇은 초록색 및 빨간색 선)를 프레임 **0000**에서 **0110**으로 설정한다.

13. 그림 17.22처럼 **DroneSkinned**를 마우스 우클릭해서 **Bake Animation Sequence**를 선택한다. `Robot_Action_Animation`으로 이름을 짓는다.

14. Active Frame 범위를 프레임 **0000**에서 **0010**으로 설정한다.

15. **DroneSkinned**를 마우스 우클릭하고 **Bake Animation Sequence**를 선택한다. 이름은 `Robot_Action_Unactivated`로 한다.

로봇 드론을 위한 마지막 애니메이션 제작이 즐거웠기를 바란다. 애니메이션을 잘 만들려면 조금의 연습과 실험이 필요하다. 따라서 이번 작업이 어렵게 느껴졌더라도 걱정하지 마라.

⫶⫶ 요약

17장에서 시퀀서와 **애니메이션** 창에서 애니메이션 툴을 더 잘 사용하는 방법을 배웠다. 포즈 툴에서 특정 포즈를 저장하고 애니메이션에 다시 붙여 넣는 방법을 배웠다. 유휴 주기를 애니메이션한 다음 이동 주기를 만들고자 용도를 변경하고 마지막으로 처음부터 몇 가지 부분으로 특정 작업을 애니메이션했다. 처음에 IK를 설정하는 다소 복잡한 과정을 거친 후 IK로 애니메이션을 적용하는 것이 얼마나 유용하고 쉬운지 확인했다. 마지막에 최종 장면에서 사용하려고 만든 애니메이션을 저장했다.

이후의 장에서는 언리얼 엔진 5의 메타휴먼에서 모션 캡처를 사용하는 방법을 알아보자.

18

메타휴먼 컨트롤 릭에
모션 캡처 임포트

17장에서 일부 **역기구학**^{IK}을 사용해서 로봇 드론에 애니메이션을 제작했다. 18장에서는 8장에서 만든 메타휴먼에서 **모션 캡처**^{MoCap, Motion Capture}를 사용해서 작업한다.

모캡(모션 캡처)은 산업에서 일반적으로 부르는 용어로서 모션 캡처 슈트를 입은 실제 인간 배우들의 현실적인 동작을 모션 캡처 기술로 기록해, 3D 애니메이션 소프트웨어에서 포착된 자세의 세부 사항을 키프레임으로 변환한다. 이후 우리가 외계 식물과 로봇을 위해 만든 것과 같은 스켈레톤의 키프레임으로 변환된다. 이 경우 유일한 차이점은 스켈레톤이 인간과 같다는 것이다.

모캡은 일반적으로 모든 프레임에 키프레임이 있는데 이는 유기적인 인간 동작의 전체 미묘함을 캡처한다. 메타휴먼에서 만든 사실적인 인간이 있는 경우 모캡 같은 기술을 사용하는 것이 좋다.

실제 배우들의 움직임만큼 현실적으로 애니메이션을 제작하는 것은 어렵고 시간이 매우 많이 소요되기 때문에 모캡은 게임 및 영화에서 제공되는 품질 콘텐츠 양을 크게 늘렸다. 모캡이 사용되기 전에 나는 전문 애니메이터로 일했다. 모캡이 스튜디오에서 이용 가능해지기 시작하면서 애니메이터들은 자신들이 이 새로운 기술로 대체될 것이라고 생각했다.

하지만 그렇지 않았다. 스튜디오는 그저 더 많은 콘텐츠를 만들기 시작했다. 모캡은 움직임을 잘 볼 수 있는 시각적 감각이 있는 애니메이터들과 같은 사람들에 의해 많은 편집과 조정이 필요하다. 커리어의 많은 부분을 모캡과 함께 일하면서 모캡을 편집하고 다른 모캡 형상을 결합해 배우들과 함께 찍은 컷신^{cutscene}을 연출하는 데 사용했다.

다음 18~19장에서는 언리얼 엔진 5에서 모캡을 사용 및 편집하는 방법을 설명한다.

18장에서는 다음 주제들을 다룬다.

- 믹사모^{Mixamo}에서 모캡 애니메이션 받기

- 언리얼 엔진 마켓플레이스^{Marketplace}에서 모캡 애니메이션 받기

- 메타휴먼 스켈레톤에 모캡 애니메이션 리타기팅^{retargeting}하기

⁞⁞⁞ 기술 요구 사항

18장에서는 언리얼 엔진 5와 믹사모 웹사이트로 진행한다. 18장을 완료하려면 다음이 필요하다.

- 3D 애니메이션 소프트웨어를 구동할 수 있는 컴퓨터가 필요하다.

- 언리얼 엔진 5가 설치돼 있어야 한다. 엔진은 다음 사이트(https://www.unrealengine.com/un-US/download)에서 받을 수 있다.

- 다음 사이트(https://www.mixamo.com)의 모캡 라이브러리에 접근할 수 있는 인터넷 연결이 필요하다(선택 사항).

- 언리얼 엔진 3D 인터페이스 탐색 방법에 대한 기본적인 이해가 필요하다. 건너뛰었다면 6장에서 다뤘으니 살펴보기 바란다.

전체 프로젝트를 다음 사이트(https://github.com/PacktPublishing/Unreal-Engine-5-Character-Creation-Animation-and-Cinematics/tree/main/FullFinalUE5Project)에서 받을 수 있다.

18장에 필요한 파일들은 다음 사이트(https://github.com/PacktPublishing/Unreal-Engine-5-Character-Creation-Animation-and-Cinematics/tree/main/Chapter18)에서 받을 수 있다.

믹사모에서 모캡 애니메이션 받기

믹사모는 무료로 사용할 수 있는 온라인 모캡 툴이자 모캡 라이브러리다. 믹사모 라이브러리는 변경될 수 있으므로 18장의 파일 소스에 믹사모에서 받은 .fbx 파일을 올려뒀다. 믹사모는 사용하기 매우 쉽다. 여기서의 목적은 무료 모캡을 얻는 것이며 검색하면 다양한 무료 자료가 많이 있다. 믹사모는 이 중 하나일 뿐이다. 일반적으로 모캡을 사용하는 방법에 대해서 더 많이 설명할 것이다. 언리얼 엔진에서는 모캡 소스파일이 .fbx 형식이 되도록 하는 것이 좋다.

믹사모로 진행하기 전에 최종 시퀀스에 필요한 모캡이 무엇인지 생각해 보자. 여성 캐릭터는 가만히 앉아 있다가 일어서서 잠시 서 있다가 몇 걸음 앞으로 걸어가다가 멈추고 팔에 있는 버튼을 누르면(로봇 드론 활성화) 서 있는 유휴 애니메이션으로 돌아간다.

다음은 18장에서 사용할 믹사모 모캡을 찾는 예시다. 믹사모에서 많은 모캡 파일이 유사한 이름을 갖고 있으므로 18장에서 제공된 파일을 사용하는 것이 좋다. 18장에서 모캡을 다루는 방법에 대해 더 많이 배우고자 한다. 18장에서 사용되는 **FBX** 파일은 다음 사이트(https://github.com/PacktPublishing/Unreal-Engine-5-Character-Creation-Animation-and-Cinematics/tree/main/Chapter18/MixamoMocapSource.zip)에서 받을 수 있다.

또는 직접 받고 싶다면 다음 과정을 따라 하면 된다(다운로드한 파일은 지워도 된다).

1. 다음 사이트(https://www.mixamo.com)에 접속한다.

2. **Sign up**을 클릭한다.

3. 계정이 필요한 일반 웹사이트와 같이 계정을 만든다.

   무료 계정을 만든 후에 해당 사이트와 자료들을 사용할 수 있다.

4. 상단의 **Characters** 탭을 클릭한다.

5. 검색 창에 xbot을 검색하고 그림 18.1처럼 화면의 오른쪽에 있는 **DOWNLOAD** 버튼을 눌러서 다운로드한다.

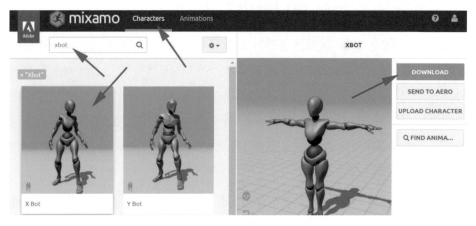

그림 18.1 스키닝된 여성 캐릭터 다운로드

이것은 일반 여성 캐릭터를 애니메이션 없이 스켈레톤에 스키닝한 것이다. 언리얼 엔진에서 모캡을 사용하려면 애니메이션이 없는 스켈레톤에 스키닝된 캐릭터가 더 좋다. 여러 애니메이션을 재생할 수 있는 하나의 스키닝된 캐릭터를 가질 수 있기 때문이다. 로봇 드론과 마찬가지로 하나의 스켈레톤 및 애니메이션 릭으로 여러 애니메이션을 재생할 수 있다.

6. **DOWNLOAD**를 클릭해서 **DOWNLOAD SETTINGS** 팝업 창으로 이동한다. **Format**은 **FBX Binary(.fbx)** 형식을 선택하고 **Pose**는 **T-Pose**를 선택한다. 다음으로 그림 18.2처럼 **DOWNLOAD**를 클릭한다.

그림 18.2 스키닝된 여성 캐릭터의 DOWNLOAD SETTINGS

이제 xbot.fbx를 컴퓨터에 다운로드하기 시작한다. 18장과 함께 제공되는 파일에 이 것과 동일한 파일이 포함돼 있다.

7. 이제 유휴idle 모캡 애니메이션을 찾는다.

8. 상단의 **Animations** 탭을 클릭하고 sit을 검색한다. 그림 18.3처럼 **Sitting Rubbing Arm** 애니메이션을 선택한다.

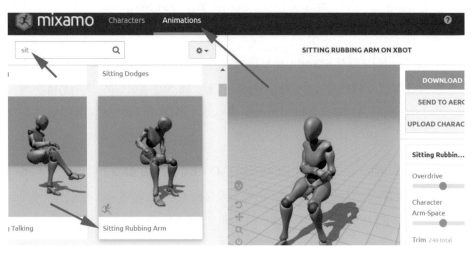

그림 18.3 Sitting Rubbing Arm 모캡 검색

9. 화면 오른쪽의 **DOWNLOAD** 버튼을 클릭하고 설정은 다음과 같다.

- **Format**은 FBX Binary(.fbx)

- **Skin**은 Without Skin

- Frames Per Second는 30

- KeyFrame Reduction은 None

10. 그림 18.4처럼 .fbx를 다운로드하기 위해서 **DOWNLOAD**를 클릭한다.

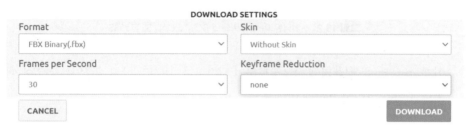

그림 18.4 Sitting Rubbing Arm 모캡 다운로드 세팅

6단계에서 이미 스키닝 처리된 스켈레톤을 받았으므로 애니메이션을 위해서 다시 받을 필요는 없다. 9단계의 옵션에서 **Skin**을 **Without Skin**으로 선택하면 스킨 처리된 3D 모델이 아닌 모캡 애니메이션이 있는 스켈레톤만 다운로드된다.

11. 다음으로 믹사모에서 **Stand Up** 모캡 애니메이션을 검색한다. 가장 좋아 보였던 것은 남성 모델 애니메이션이었다. 믹사모는 그림 18.5와 같이 믹사모가 선택한 애니메이션을 여성 스켈레톤으로 자동으로 매핑하기 때문에 미리보기에서 문제가 되지 않는다.

12. 믹사모 인터페이스 오른쪽의 DOWNLOAD 아래에 그림 18.5처럼 모캡 애니메이션을 조정할 수 있는 슬라이더가 있다. 믹사모의 다른 모캡 애니메이션에는 때때로 다른 슬라이더가 있으며 필요한 경우 사용해 모캡을 커스터마이징해 보는 것도 좋다.

예를 들어 **Seat** 슬라이더를 50에서 **40**으로 변경해 앉은 자세를 낮췄고, 속도를 조금 빠르게 만들기 위해서 **Rate** 슬라이더를 50에서 **60**으로 변경하고, 움직임을 약간 과정하기 위해서 **Overdrive** 슬라이더를 50에서 **60**으로 변경했다. 또한 다리가 겹치는 문제가 있어 캐릭터 **Arm-Space**를 50에서 **58**로 넓혀 줬다. 이러한 슬라이더들은 그림 18.5에서 보이듯이 믹사모에서 조절할 수 있다.

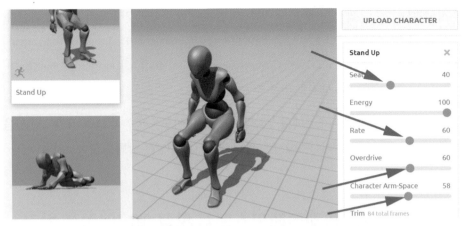

그림 18.5 믹사모에서 Stand Up 모캡의 슬라이더 조정

13. **Stadn Up** 모캡 애니메이션을 9단계와 동일한 세팅을 사용해서 .fbx 파일로 다운로드한다.

14. **Standing Idle** 모캡 애니메이션을 찾고 9단계와 동일한 세팅을 사용해서 다운로드한다.

15. 여성 캐릭터가 가만히 서 있다가 앞으로 몇 발자국 걸어가다가 다시 멈추는 **Female Stop and Start** 모캡 애니메이션을 찾아서 다운로드한다. 9단계와 동일한 세팅으로 다운로드한다.

16. **Button Pushing** 모캡을 찾아서 그림 18.6처럼 **Character Arm-Space**를 50에서 62로 변경하고 9단계와 동일한 세팅으로 다운로드한다.

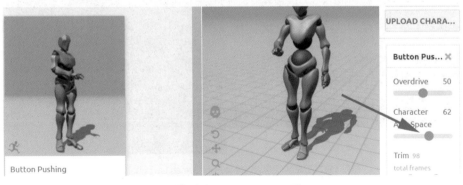

그림 18.6 Button Pushing 모캡

믹사모에서 무료 모캡 애니메이션을 받는 방법에 대한 유용한 가이드가 되기를 바란다. 앞에서 말했듯이 이 파일들은 다음 사이트(https://github.com/PacktPublishing/Unreal-Engine-5-Character-Creation-Animation-and-Cinematics/tree/main/Chapter18/MixamoMocapSource.zip)에서도 받을 수 있다.

이제 믹사모와 같은 외부 소스에서 무료 모캡 애니메이션을 얻는 방법을 알았으니 다음으로 언리얼 엔진 마켓플레이스에서 모캡 애니메이션을 얻는 방법을 알아보자.

⋮⋮ 언리얼 엔진 마켓플레이스에서 모캡 애니메이션 받기

언리얼 엔진 마켓플레이스는 언리얼 엔진과 호환 가능한 콘텐츠의 거대한 리소스다. 일부는 무료이지만 외부 콘텐츠 제작자가 만든 콘텐츠들은 언리얼 엔진 마켓플레이스에서 유료로 판매된다.

이미 언리얼 엔진를 설치했으므로 Epic Games Launcher 앱도 함께 설치된다. Epic Games Launcher 소프트웨어 애플리케이션에서 언리얼 엔진 마켓플레이스를 찾을 수 있다.

1. Epic Games Launcher를 실행하는 방법을 잘 모르는 경우 윈도우 바탕화면의 왼쪽 하단에 있는 마이크로소프트 윈도우 검색 탭에서 검색해서 그림 18.7과 같이 **Epic Games Launcher** 앱을 클릭해서 실행한다.

그림 18.7 윈도우 바탕화면에서 Epic Games Launcher 실행

2. Epic Games Launcher의 왼쪽 패널에서 **Unreal Engine**을 선택한 후 상단의 **Marketplace**를 선택하면 검색 창에 모션 캡처를 검색할 수 있다. 많은 무료 및 유료 모캡 콘텐츠가 제공된다. 그림 18.8과 같이 애니메이션이나 관련 키워드를 검색해서 애니메이션이나 모캡 콘텐츠를 찾을 수도 있다.

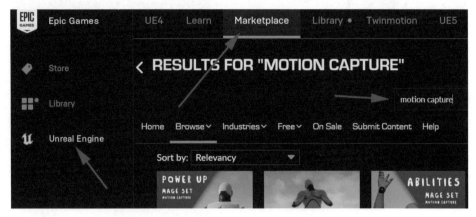

그림 18.8 언리얼 엔진 마켓플레이스 모캡 애니메이션 콘텐츠 검색

3. 마켓플레이스에서 무료 모캡/애니메이션 콘텐츠를 다운로드하자. 예를 들어 언리얼 엔진 마켓플레이스에서 Animation Starter Pack을 검색하고 그림 18.9와 같이 선택한다.

그림 18.9 애니메이션 스타터 팩 검색

4. **Animation Starter Pack**을 선택한 다음 그림 18.10처럼 다음 창에서 **Free** 버튼
   을 클릭하면 언리얼 엔진 라이브러리에 추가된다.

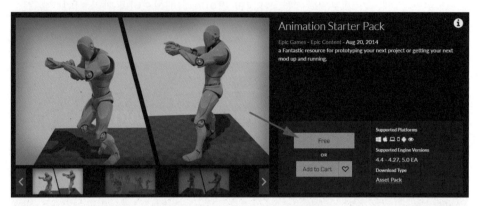

그림 18.10 Animation Starter Pack 추가

5. 새로 추가된 **Animation Starter Pack**은 상단의 **Marketplace** 옆의 **Library** 탭의
   VAULT 아래에서 확인할 수 있다. **Add To Project**를 선택해서 그림 18.11과 같이
   리소스와 파일들을 프로젝트에 추가할 수 있다. 이 작업은 프로젝트를 선택하는 창을
   띄운다.

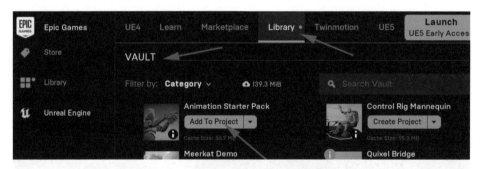

그림 18.11 Animation Starter Pack 프로젝트에 추가

6. 추가하고 싶은 프로젝트를 선택하고 **Add To Project**를 클릭한다.

7. 이제 프로젝트를 실행하면 **Animation Starter Pack**을 추가했고 **Content Drawer**
   를 열어 보면 그림 18.12처럼 모캡 애니메이션들이 들어 있는 AnimStarterPack 폴더가
   Content 폴더 아래에 생긴 것을 확인할 수 있다.

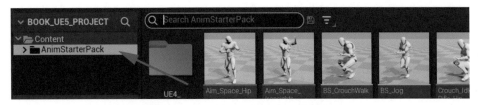

그림 18.12 콘텐츠 드로어의 Animation Starter Pack

8. 만약 이 팩에서 사용 가능한 스키닝된 스켈레톤을 찾으려면 그림 18.13처럼 **Content Drawer**에서 **Content | AnimStarterPack | UE4_Mannequin | Mesh** 폴더에서 찾을 수 있다.

그림 18.13 Starter Animation Pack 폴더 내에서의 스키닝된 스켈레톤 캐릭터

이제 언리얼 엔진 마켓플레이스의 모캡 및 애니메이션 콘텐츠를 프로젝트에 추가하는 방법을 배웠다. 다음으로 이 모캡을 8장에서 만든 메타휴먼에 적용하는 방법을 배운다.

▶ 메타휴먼 스켈레톤에 모캡 애니메이션 리타기팅

언리얼 엔진에서 캐릭터 스켈레톤 간에 애니메이션을 공유하거나 리타기팅하는 방법이 있다. 애니메이션을 리타기팅하면 한 스켈레톤에서 다른 스켈레톤으로 작동하고 실행 가능하도록 변환하는 것과 같다. 따라서 예를 들어 믹사모에서 다운로드한 모캡을 그들의 여성 스켈레톤에서 메타휴먼 스켈레톤으로 리타기팅해서 사용할 수 있다.

이 두 스켈레톤은 다른 본과 본 이름, 심지어 스케일과 비율을 갖고 있지만 언리얼 엔진에는 그들 사이에서 애니메이션을 교묘하게 매핑(리타깃)하고 해석할 수 있는 방법이 내장돼 있다. 하지만 언리얼 엔진이 그렇게 하려면 먼저 설정이 필요하다.

그러나 먼저 믹사모 모캡 .fbx 파일을 언리얼 엔진으로 임포트하자.

언리얼 엔진에 믹사모 모캡 임포트

다음은 믹사모 모캡 FBX 파일을 언리얼 엔진으로 임포트하는 과정이다.

1. 콘텐츠 폴더를 선택한 상태에서 **Content Drawer** 왼쪽 상단에 있는 **+ ADD | New Folder**를 클릭한다. 폴더 이름을 그림 18.14처럼 MoCap_From_Mixamo로 바꾼다.

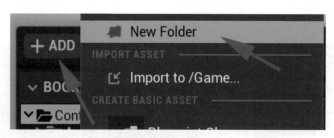

그림 18.14 새 폴더 추가

2. MoCap_From_Mixamo 폴더를 열어서 **Content Drawer** 상단의 **Import** 버튼을 클릭해 서 그림 18.15처럼 해당 폴더로 콘텐츠들을 임포트한다.

그림 18.15 MoCap 콘텐츠 임포트

3. 다음에 열리는 창에서 xbot.fbx 파일을 선택하고 **Open**을 클릭한다.

4. **Open**을 클릭하고 나오는 **FBX Import Options** 창이 열린다. 그림 18.16처럼 **Import Mesh** 항목이 체크돼 있고 **Import Animation** 항목이 체크 해제돼 있는지 확인한다.

   모캡 애니메이션이 재생될 수 있는 깨끗하게 스키닝된 스켈레톤 메시가 될 것이기에 임포트할 때 애니메이션이 없어야 한다.

5. **FBX Import Options** 하단의 **Import All**을 클릭한다.

그림 18.16 스키닝된 스켈레톤 메시 FBX 임포트

일부 경고와 함께 임포트 후에 **메시지 로그**Message Log 창이 나타날 경우 대부분은 이를 무시해도 된다. 일반적으로 언리얼 엔진이 외부 소스의 **FBX** 파일에서 해결할 수 없는 사소한 문제다. 대부분 시각적인 결과에는 영향을 주지 않는다.

6. MoCap_From_Mixamo 폴더 안에 그림 18.17처럼 MoCap이라는 또 다른 폴더를 생성한다.

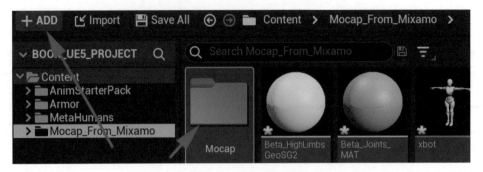

그림 18.17 MoCap 폴더 추가

이 작업은 나중에 찾기 쉽도록 애니메이션들을 각각의 폴더에 정리하는 것이다.

7. MoCap 폴더 내부에서 상단의 **Import**를 클릭해서 애니메이션들을 임포트한다. 다음에 열리는 창에서 모든 믹사모 모캡 .fbx 애니메이션 파일들을 선택해서 한 번에 임포트한다.

Open을 클릭하면 **FBX Import Options** 창이 다시 나타나지만 이번에는 언리얼 엔진이 스켈레톤에 스키닝된 메시가 없는 것을 감지했기 때문에 설정 창이 살짝 다르게 보인다. 언리얼 엔진은 이것이 스켈레톤에만 있는 애니메이션일 가능성이 있음을 감지한다. 언리얼 엔진에서 이러한 애니메이션을 재생할 스키닝된 메시를 정의해야 한다. 2단계와 3단계에서 가져온 믹사모 xbot 스켈레톤을 선택한다.

8. **FBX Import Option** 창에서 **MESH** 항목 아래의 **Skeleton** 옆의 **None**을 클릭한다. 다음에 나오는 드롭다운 메뉴에서 그림 18.18처럼 xbot_Skeleton을 선택한다. 이후에 **Import All**을 클릭한다.

그림 18.18 모캡 애니메이션 FBX 파일 임포트 설정

임포트된 애니메이션들은 MoCap 폴더에서 확인할 수 있으며 그림 18.19처럼 스키닝된 xbot_Skeleton 메시에 표시된다.

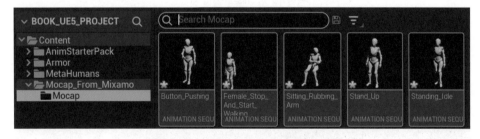

그림 18.19 콘텐츠 드로어에 임포트한 모캡들

이제 스키닝된 믹사모 xbot 스켈레톤 메시와 모캡을 모두 임포트했고 믹사모 스켈레톤의 리타기팅 설정을 하는 단계로 넘어갈 수 있다.

믹사모 스켈레톤에 리타기팅

다음 단계에서는 믹사모 스켈레톤에 대한 리타기팅 설정을 한다. 가장 중요한 부분은 언리얼 엔진에게 어떤 스켈레톤 본이 어떤 부분인지 보여 주는 것이다. 그러면 언리얼 엔진은 한 스켈레톤에서 다른 스켈레톤으로 모션 매핑을 위한 내부 계산 작업을 수행할 수 있다.

공식 언리얼 엔진 5가 출시될 때 리타기팅 작동 방식이 이전 언리얼 엔진 버전과 크게 달라졌다. 2개의 새로운 **애니메이션 노드** 유형이 리타기팅할 때 사용되는데 **IK Rig** 노드와 **IK Retargeter** 노드다.

믹사모 xbot 스켈레톤에 **IK Rig**을 설정하자.

1. 언리얼 엔진에서 **Content** 폴더 아래에 Mocap_Retarget이라는 새로운 폴더를 하나 생성한다.

그림 **18.20** 새로운 폴더 생성

2. **Mocap_Retarget** 폴더를 열고 빈 공간에 마우스 우클릭해서 메뉴를 연다. 그림 18.21처럼 **Animation** 항목 아래에 있는 **IK Rig**을 선택한다.

그림 **18.21** IK Rig 노드 생성

550

3. 그림 18.22처럼 **xbot Skeletal Mesh**를 선택한다.

그림 18.22 xbot Skeletal Mesh 선택

4. 그림 18.23처럼 새로운 **IK Rig** 노드의 이름을 `NewIKRig_xbot`으로 바꾼다.

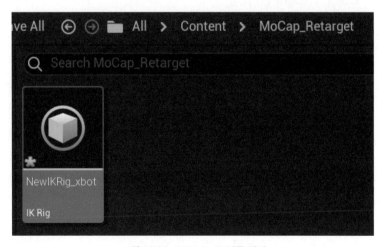

그림 18.23 IK Rig 노드 이름 변경

5. **NewIKRig_xbot** 노드를 더블 클릭해서 IK Rig 인터페이스를 연다.

그림 18.24 IK Rig 인터페이스

IK Rig 인터페이스에서 본 체인별로 다른 신체 부위를 정의할 수 있다. 이것은 이전에 언리얼 엔진에서 리타기팅을 수행한 방식과 비교해서 매우 개방적인 시스템이다. 이전 방식에서는 거의 인간형 캐릭터에 대해서만 작동했다. 새로운 시스템은 개방적인 시스템이어서 더욱 강력해졌지만 사용자가 직관적으로 더 좋은 결과를 얻으려면 더 많은 노력을 기울여야 한다.

한 인간형 캐릭터에서 다른 인간형 캐릭터로 모캡을 리타기팅하므로 리타기팅하려는 주요 별도 신체 부위를 정의해야 한다. 일반적으로 인간형 캐릭터의 경우 이는 **머리**Head, **목**Neck, **척추**Spine, **왼팔**Left Arm, **오른팔**RightArm, **왼쪽 다리**Left Leg, **오른쪽 다리**Right Leg, **엉덩이**Hips가 된다.

이제 **머리**를 시작으로 각 신체 부위를 정의하자.

6. **Head** 본을 선택하고 마우스 우클릭해서 나오는 메뉴에서 그림 18.25처럼 **New Retarget Chain from Selected Bones**를 선택한다.

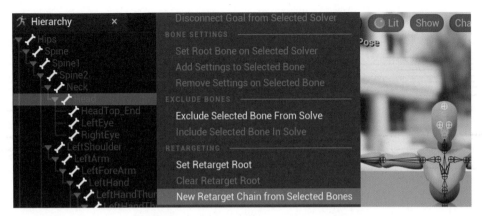

그림 18.25 선택된 본에서 신규 리타깃 체인 생성

7. 이번 같은 경우 그림 18.26과 같이 **Chain Name**을 Head라고 유지해도 된다. **OK**를 눌러서 작업을 완료한다.

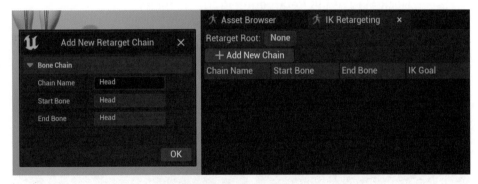

그림 18.26 새로운 리타깃 체인 생성

그림 18.27처럼 **IK Retargeting** 리스트 탭에 새로운 체인이 나타나는 것을 확인할 수 있다.

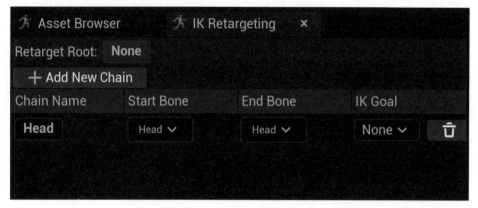

그림 18.27 새로운 IK 리타깃팅 체인

8. **Neck** 본을 선택하고 마우스 우클릭해서 그림 18.28처럼 **New Retarget Chain from Selected Bones**를 선택한다. **Chain Name**을 **Neck**으로 유지한 채로 **OK**를 누른다. **Neck** 본 체인이 **IK Retargeting** 리스트에 나타난다.

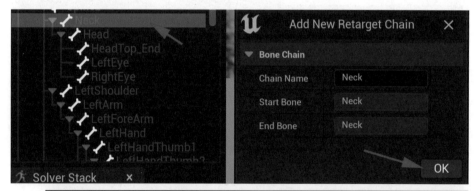

그림 18.28 Neck 체인 추가

9. 다음으로 **Spine**이다. **Spine, Spine1, Spine2**를 그림 18.29처럼 전부 선택한다. 그리고 마우스 우클릭해서 **New Retarget Chain from Selected Bones**를 선택한다. 체인 이름을 Spine으로 유지한 채로 **OK**를 누른다.

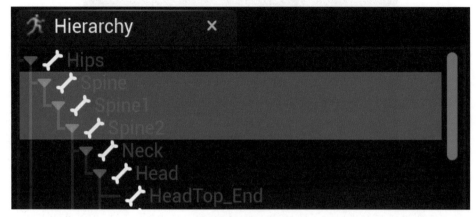

그림 18.29 Spine 체인

10. 왼팔에는 **LeftShoulder, LeftArm, LeftForeArm, LeftHand**를 그림 18.30처럼 전부 선택한다. 그리고 마우스 우클릭해서 **New Retarget Chain from Selected Bones**를 선택한다.

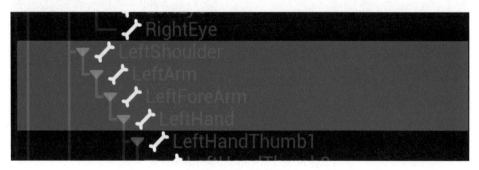

그림 18.30 왼팔 체인

11. 다만 이번 같은 경우 그림 18.31처럼 **Chain Name**을 Left_Arm으로 바꾼다. 이는 이 이름이 더 설명적이고 일관성 있기 때문이다.

그림 18.31 Left_Arm으로 체인 이름 변경

12. 오른팔 본에 동일한 작업을 반복하고 **Chain Name**을 Right_Arm으로 변경한다.

13. 왼다리의 경우 **LeftUpLeg**, **LeftLeg**, **LeftFoot** 본을 선택하고 마우스 우클릭해서 **New Retarget Chain from Selected Bones**를 선택하고 그림 18.32처럼 **Chain Name**을 Left_Leg로 변경한다.

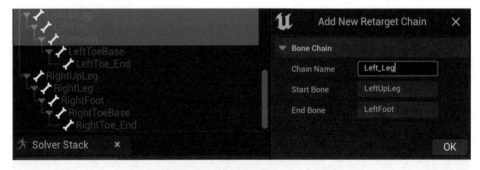

그림 18.32 Left_Leg로 Chain Name 변경

14. 오른다리 본에 동일한 작업을 반복하고 **Chain Name**을 Right_Leg로 변경한다.

15. 마지막으로 **Hips** 본을 선택하고 마우스 우클릭해서 그림 18.33과 같이 **Set Retarget Root**를 클릭한다.

그림 18.33 Set Retarget Root 설정

IK Retargeting 결과는 그림 18.34처럼 보여야 한다.

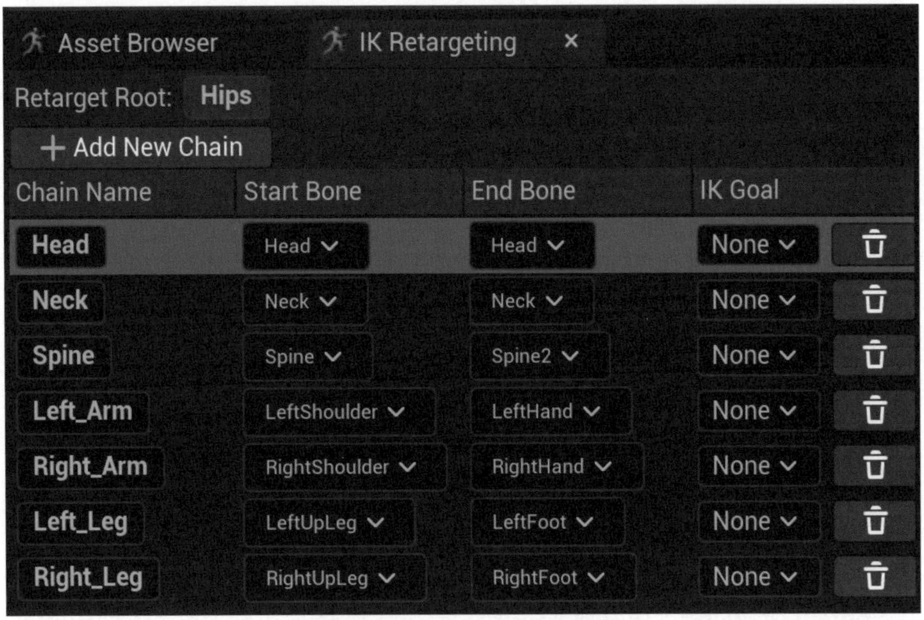

Chain Name	Start Bone	End Bone	IK Goal	
Head	Head ∨	Head ∨	None ∨	🗑
Neck	Neck ∨	Neck ∨	None ∨	🗑
Spine	Spine ∨	Spine2 ∨	None ∨	🗑
Left_Arm	LeftShoulder ∨	LeftHand ∨	None ∨	🗑
Right_Arm	RightShoulder ∨	RightHand ∨	None ∨	🗑
Left_Leg	LeftUpLeg ∨	LeftFoot ∨	None ∨	🗑
Right_Leg	RightUpLeg ∨	RightFoot ∨	None ∨	🗑

그림 18.34 IK Retargeting 최종 결과물

16. 인터페이스의 왼쪽 상단에 있는 저장 버튼을 클릭해서 방금 작업한 IK 릭 노드 설정
    을 저장한다.

축하한다! 방금 처음으로 IK Rig 노드를 만들었다.

눈치챘을지도 모르겠지만 각 체인의 메인 본들만 선택했다. 이는 이러한 종류의 신체 부위에 있는 주요 범용 IK 또는 FK 체인과 거의 일치한다.

팔의 경우 손가락 등은 생략했지만 쇄골 조인트가 될 부분은 포함했다. 쇄골 조인트는 일반적으로 IK 체인에 포함되지 않지만 일반적으로 팔에 큰 영향을 미치므로 포함되는 것이 좋다. 다리의 경우 발가락과 발가락 끝 조인트를 제외하고 간단한 리타기팅에는 이러한 부분이 오히려 복잡함을 야기할 수 있으므로 생략했다.

다음으로 메타휴먼 스켈레톤에 IK Rig을 설정한다.

메타휴먼 스켈레톤에 리타기팅

메타휴먼 스켈레톤에 **IK Rig** 노드를 설정하기 위한 기본 작업 과정은 믹사모 xbot 설정과 거의 동일하다. 그러나 메타휴먼 릭은 복잡한 리깅을 통해 연결된 다중 스켈레톤을 갖고 있기 때문에 올바른 애셋에 리타기팅을 설정했는지만 확인하면 된다.

8장에서 만든 **메타휴먼** 및 **SciFiGirl** 애셋이 아직 프로젝트 파일에 없는 경우 20장에 있는 지침을 사용해서 현재 사용하는 프로젝트로 이주할 수 있다. 또 다른 방법으로는 다음 사이트(https://github.com/PacktPublishing/Unreal-Engine-5-Character-Creation-Animation-and-Cinematics/tree/main/FullFinalUE5Project)에서 최종 예제 프로젝트를 다운받아서 이주할 수도 있다.

올바른 스켈레톤 애셋을 찾으려면 다음 과정을 수행한다.

1. **Content Drawer**에서 여성 메타휴먼 캐릭터가 저장돼 있는 **Content | MetaHuman | SciFiGirl** 폴더 내부에서 **BP_SciFiGirl** 블루프린트를 찾아서 그림 18.35처럼 뷰포트로 드래그한다.

그림 18.35 메타휴먼 블루프린트 레벨로 드래그

2. 주변에 주황색 선택 선이 표시되도록 뷰포트에서 선택한다. 오른쪽 **Details** 패널에서 **Body**(Inherited)를 선택한다. 그리고 **MESH | Skeletal Mesh**의 박스를 더블 클릭한다. 그러면 그림 18.36과 같이 언리얼 엔진에서 애셋이 열린다.

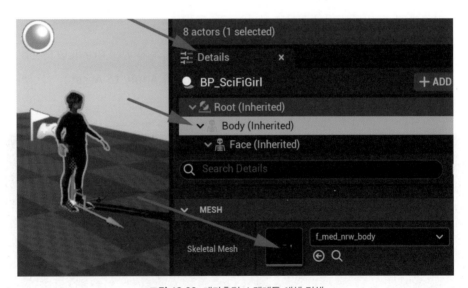

그림 18.36 메타휴먼 스켈레톤 애셋 검색

애셋이 열리면 일부 폴리곤만 표시돼서 이상하고 깨져 보일 수 있다. 하지만 이것에 대해서는 걱정하지 않아도 된다. 아직 스켈레톤 애셋 자체에 도달하지 않았다. 이것은 스키닝된 **f_med_nrw_body**(female med) 모델이다. 이것은 제작한 메타휴먼 스타일에 따라서 다를 수 있다.

3. 스켈레톤 애셋 자체를 보려면 그림 18.37처럼 상단의 스켈레톤 애셋 아이콘을 클릭한다.

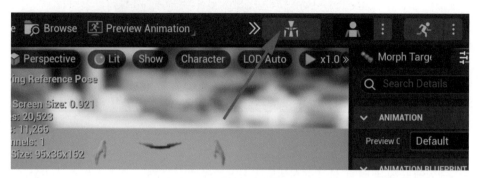

그림 18.37 메타휴먼 스켈레톤 애셋 열기

다음으로 **Preview Mesh**를 스켈레톤에 적용해 대상을 변경할 때 애니메이션을 명확하게 볼 수 있도록 해야 한다.

4. 오른쪽의 **Preview Scene Setting** 탭에서 **MESH** 항목에 있는 **Preview Mesh** 항목을 f_med_nrw_preview로 설정한다. 그림 18.38처럼 **Apply to Asset**을 클릭하는 것을 잊지 말자.

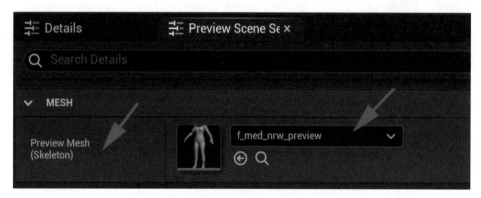

그림 18.38 메타휴먼 스켈레톤에 프리뷰 애셋을 적용

캐릭터는 불행히도 머리가 없다. 왜냐하면 메타휴먼에서는 얼굴 스켈레톤이 따로 존재하기 때문이며 이것은 정상이다.

이제 메타휴먼 스켈레톤에 IK Rig 노드를 설정하자.

5. **Mocap_Retarget** 폴더에서 빈 공간을 마우스 우클릭해서 메뉴를 연다. 그리고 **Animation** 항목 아래에서 **IK Rig**를 선택한다. 그림 18.39처럼 f_med_nrw_preview를 선택한다.

그림 18.39 메타휴먼 스켈레톤 선택

6. 그림 18.40처럼 새로운 **IK Rig**의 이름을 NewIKRig_meta로 바꾼다.

그림 18.40 NewIKRig_meta 노드

7. NewIKRig_meta 노드를 더블 클릭해서 인터페이스를 연다.

   '믹사모 스켈레톤에 리타기팅' 절에서 했던 것처럼 스켈레톤의 각 부분들을 정의한다. 같은 이름 규칙을 사용해서 언리얼 엔진이 서로 다른 팔다리를 더 쉽게 일치시킬 수 있도록 한다.

8. **Head** 본을 선택하고 마우스 우클릭해서 나오는 메뉴에서 **New Retarget Chain from Selected Bones**를 선택하고 **Chain Name**을 NewIKRig_xbot 노드에서 했던 것처럼 대문자가 있는 Head로 변경한다.

9. **neck_01, neck_02** 본을 선택하고 마우스 우클릭해서 나오는 메뉴에서 **New Retarget Chain from Selected Bones**를 선택하고 **Chain Name**을 이전 NewIK_Rig_xbot 노드에서 했던 것처럼 Neck으로 변경한다.

10. **spine_01, spine_02, spine_03, spine_04, spine_05** 본들을 선택하고 마우스 우클릭해서 **New Retarget Chain from Selected Bones**를 선택한다. **Chain Name**을 Spine으로 변경한다.

NOTE

이 스켈레톤에서 목과 척추 본의 수가 NewIKRig_xbot IK Rig 노드와 다르다는 것을 확인할 수 있다. 이것은 중요하지 않다. 언리얼 엔진은 여전히 이를 해석하고 애니메이션을 리타기팅할 수 있다.

11. 왼팔에서는 그림 18.41처럼 **clavicle_l, upperarm_l, lowerarm_l, hand_l** 본들을 선택하고 마우스 우클릭해서 **New Retarget Chain from Selected Bones**를 선택하고 **Chain Name**을 Left_Arm으로 변경한다.

그림 18.41 왼팔 본 선택

팔 체인의 모든 추가 본을 무시하고 메인 팔 본들만 선택한 것을 확인할 수 있다.

12. 오른팔에 동일한 작업을 반복하고 **Chain Name**을 `Right_Arm`으로 변경한다.

13. 왼다리의 경우 **thigh_l**, **calf_l**, **foot_l** 본들을 선택하고 마우스 우클릭한 뒤에 **New Retarget Chain from Selected Bones**를 선택하고 **Chain Name**을 `Left_Leg`로 변경한다.

14. 해당 작업을 오른다리에 동일하게 반복하고 **Chain Name**을 `Right_Leg`로 변경한다.

15. **pelvis** 본을 선택하고 마우스 우클릭한 뒤 **Set Retarget Root**를 선택한다.

결과는 그림 18.42처럼 돼야 한다.

그림 18.42 메타휴먼 IK Retargeting 리스트 최종 결과

16. 해당 IK Rig 노드를 **Save** 버튼을 눌러서 저장한다.

이제 믹사모 및 메타휴먼 스켈레톤에 모두 리타기팅이 됐다. 이제부터 재미있는 부분이다. 믹사모 소스의 일부 모캡 애니메이션을 여성 메타휴먼에 리타기팅해 보자.

메타휴먼에 믹사모 모캡 애니메이션 리타기팅

리타기팅 설정의 모든 힘든 과정은 완료됐다. 설정에 비하면 리타기팅 자체는 쉬운 작업이다.

애니메이션을 리타기팅하려면 IK Retargeter라는 두 번째 종류의 노드가 필요하다. 하나를 만들어 보자.

1. **Mocap_Retarget** 폴더에서 빈 공간을 마우스 우클릭해서 메뉴를 열고 **Animation** 항목 아래에 있는 **IK Retargeter**를 선택한다.

그림 18.43 IK Retargeter 생성

2. 다음 창에서 **Pick IK Rig To Copy Animation From**을 묻는다. xbot에서 메타휴먼으로 애니메이션을 리타기팅하는 것이기 때문에 그림 18.44처럼 **NewIKRig_xbot**을 선택한다.

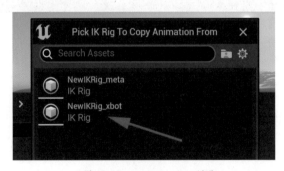

그림 18.44 NewIKRig_xbot 선택

새로운 IK Retargeter가 생성됐다. 이름을 xbot_retargeter로 변경한다(그림 18.45 참조).

그림 18.45 새로운 IK Retargeter 이름 변경

3. **xbot_retargeter** 애셋을 더블 클릭해서 IK Retargeter 인터페이스를 연다.

4. IK Retargeter 인터페이스에서 **Details** 탭에서 **Target IKRig Asset**을 찾는다. 드롭다운 메뉴를 열어서 그림 18.46처럼 **NewIKRig_meta**를 타깃 애셋으로 선택한다.

그림 18.46 타깃 릭 선택

메타휴먼 릭이 xbot 릭 옆에 나타난다. xbot과 관련된 모든 애니메이션이 나열된 **Asset Browser** 탭도 있다.

5. **Asset Browser** 탭에서 그림 18.47처럼 **Button_Pushing** 애니메이션을 더블 클릭한다.

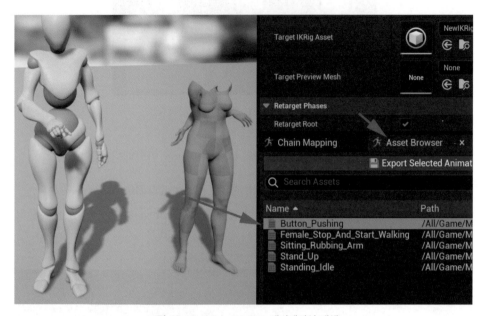

그림 18.47 Button_Pushing 애니메이션 재생

애니메이션이 메타휴먼 릭에 리타기팅된 것을 확인할 수 있지만 팔이 올바르지 않게 보인다. 가장 먼저 확인해야 할 것은 **체인 매핑**^{Chain Mapping}이다. **Asset Browser** 탭 옆에 **Chain Mapping** 탭이 있다.

6. 그림 18.48처럼 **Chain Mapping** 탭을 연다.

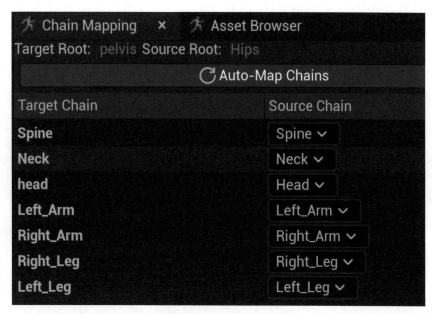

그림 18.48 Chain Mapping 탭

Chain Mapping 탭에서 언리얼 엔진이 각각의 **IK 릭** 애셋에서 설정한 몸의 IK 체인을 어떻게 매치했는지 확인할 수 있다. 가끔 언리얼 엔진이 올바르게 매치하지 않을 때도 있다. 특히 이름이 다르거나 충분하게 유사하지 않은 경우다. 매칭이 잘못된 경우 **Chain Mapping** 탭의 **Source Chain**의 드롭다운 메뉴에서 올바른 매치를 선택해서 수정할 수 있다.

이제 체인 매핑이 문제가 되지 않은 것을 확인했다. 확인을 해봐야 하는 또 다른 항목은 **리타깃 포즈**retarget pose다. 언리얼 엔진이 팔다리의 위치를 결정하기 위해서 사용하는 초기 포즈다. 그러나 만약 리타깃하려는 두 릭의 포즈가 매우 다르다면 문제를 일으킬 수 있다.

포즈를 확인하고 수정하려면 다음 과정을 따라 한다.

1. 그림 18.49처럼 상단의 **Edit Pose** 버튼을 클릭한다.

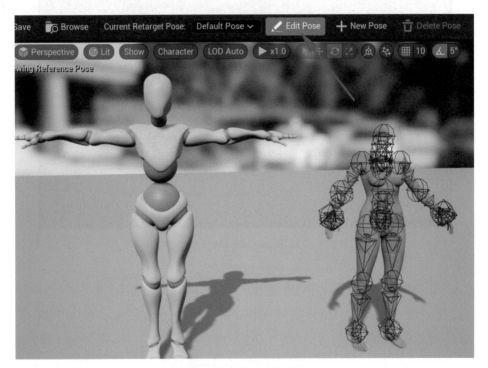

그림 18.49 리타깃 포즈 편집

여기에 문제가 있다. 기본 리타깃 포즈가 너무 다르다. xbot은 T 포즈(T처럼 생김)이
고 메타휴먼은 A 포즈(A처럼 생김)다. 언리얼 엔진이 리타깃을 계산하는 데 문제가
있는 것은 당연하다. 이제 문제를 해결하자.

2. **Edit Pose**가 활성화돼 있는 상태에서 뷰포트에서 팔 본을 선택하고 그림 18.50과 같이 회전 툴로 회전해서 메타휴먼 릭 팔 포즈를 xbot의 팔 포즈와 일치시킨다.

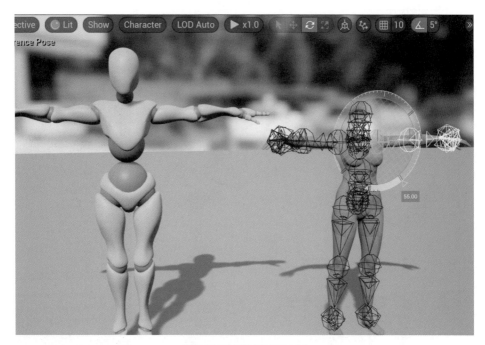

그림 18.50 리타깃 포즈 편집

3. 리타깃 포즈의 편집이 끝나면 **Edit Pose**를 비활성화한다. 다시 **Assets Browser** 탭으로 돌아가서 리스트에 있는 애니메이션 중 1개를 더블 클릭해서 재생하고 결과를 확인한다.

그림 18.51 편집된 리타깃 포즈 테스트

보시다시피 훨씬 좋아졌지만 최상의 결과를 얻을 때까지 **Edit Pose**와 테스트 사이를 오갈 수 있다.

이 에디터에 표시되는 내용은 리타기팅의 프리뷰라는 것을 기억한다. 리타기팅 프리뷰 결과가 만족스럽다면 메타휴먼 릭으로 익스포트해서 리타기팅을 완료한다.

4. **Asset Browser**에서 최종적으로 리타기팅하고 싶은 애니메이션을 선택하고 그림 18.52처럼 **Export SelectedAnimations**를 클릭한다.

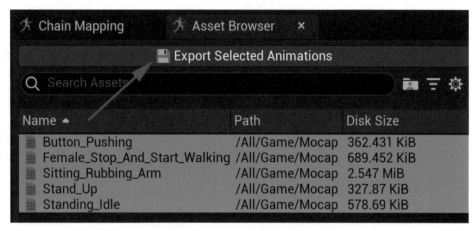

그림 18.52 리타깃된 애니메이션 익스포트

5. 언리얼 엔진은 이후에 폴더를 지정하라고 한다. **MoCap_Retarget** 폴더로 익스포트하되 이미 존재하는 콘텐츠를 덮어쓰지 않도록 조심한다.

언리얼 엔진 마켓플레이스에서 마네킹 스켈레톤이나 다른 어떤 스켈레톤 릭이든 상관없이 같은 작업 과정을 따라해 리타기팅 설정을 할 수 있다. 이런 종류의 리타깃 설정을 활용해서 인간 팔 모션을 거미 다리 모션으로 매핑할 수도 있으므로 자유롭게 사용해본다.

축하한다! 방금 믹사모 모캡 애니메이션들을 전부 메타휴먼 스켈레톤으로 리타기팅했다.

⁂ 요약

18장에서 믹사모 라이브러리에서 무료 모캡 애니메이션을 익스포트하고 언리얼 엔진으로 임포트하는 방법을 배웠다. 언리얼 엔진 마켓플레이스에서 일부 애니메이션 및 모캡 애셋을 찾아서 프로젝트로 임포트하는 방법을 배웠다. 그런 다음 믹사모 xbot 스켈레톤과 메타휴먼 스켈레톤을 리타기팅하는 방법을 배웠다. 마지막으로 모든 모캡 애니메이션 세트를 메타휴먼 스켈레톤으로 리타기팅했다.

이 지식을 통해서 다양한 휴머노이드 캐릭터 간에 모캡 및 기타 애니메이션 애셋을 찾고 공유할 수 있으며 창의력을 자유롭게 발휘할 수 있다. 19장에서는 여성 메타휴먼에 이 모캡 콘텐츠를 결합하고 편집하는 방법을 배운다.

19

컨트롤 릭과 시퀀서를 사용해서 모션 캡쳐 편집 및 정리

18장에서 믹사모에서 모캡을 메타휴먼 스켈레톤으로 리타기팅했다. 19장에서는 메타 휴먼 컨트롤 릭에 굽는 방법, 편집하고 하나의 시퀀스로 결합하는 방법을 배운다.

릭 간에 애니메이션을 굽는 것은 애니메이션을 한 프레임에서 다른 프레임으로 전송하는 과정이다. 이렇게 하면 모든 프레임에서 키프레임이 구워지므로 대상 릭 애니메이션은 상대 월드 또는 로컬 공간에서 소스 애니메이션의 정확한 복사본이 된다. 19장을 진행하면서 실제 예제를 보면 이해가 더 잘 될 것이다.

스켈레톤에서 가져온 모캡으로 메타휴먼 컨트롤 릭에 구운 후 애니메이션을 편집하고 정리할 수 있다. 모캡을 잘 편집하는 것은 다소 예술적인 작업이다. 본질적으로는 자신의 목적에 맞게 재활용하면서 가능한 한 많은 모캡 애니메이션 데이터를 유지하는 것이다.

모캡을 정리할 때 최대한 비파괴적으로 작업을 하려고 한다. 비파괴적으로 작업한다는 것은 원래 있는 것을 유지하면서 이 위에 층을 쌓아 변경을 가하는 것을 의미한다. 애니메이션에는 이를 모캡 데이터 위에 더하는 추가 모션 레이어를 추가해서 애니메이션을 수정한다. 예를 들어 캐릭터 팔에 멋진 모션이 있지만 어느 지점에서 다른 물체를 뚫고 지나가는 경우가 있다면 여기서 추가적인 모션 레이어를 추가해서 팔이 더 이상 물체를 뚫지 않도록 모션을 수정할 수 있다.

때로는 일부 모캡 프레임을 삭제하고 자신만의 프레임을 추가할 수 있지만 필요한 경우에만 그렇게 하는 것이 좋다. 가끔은 전체 키나 커브 세트를 이동하거나 크기를 조정할 수도 있다. 모캡을 원하는 대로 만들기 위한 다양한 작은 방법과 요령이 있다. 이렇게 하면 처음에 그것을 멋지게 만든 현실감을 잃지 않고도 모캡이 원하는 대로 동작하게 할 수 있다.

19장과 온라인 전용 보너스 자료에서는 모캡을 효과적으로 정리, 결합, 용도를 변경하기 위한 몇 가지 방법과 노하우를 다룬다.

19장에서는 다음 주제들을 다룬다.

- 모캡 편집 계획

- Stand_Up 모캡을 컨트롤 릭에 굽기

- 메타휴먼 컨트롤 릭의 개요

- Stand_Up 모캡 편집 및 정리

⸬ 기술 요구 사항

19장에서는 언리얼 엔진 5와 믹사모 웹사이트를 사용한다. 19장을 완료하려면 다음 항목들이 필요하다.

- 3D 애니메이션 소프트웨어를 구동할 수 있는 컴퓨터가 필요하다.

- 언리얼 엔진 5가 설치돼 있어야 한다. 엔진은 다음 사이트(https://www.unrealengine.com/en-US/download)에서 받을 수 있다.

- 언리얼 엔진 3D 사용자 인터페이스 탐색 방법에 대한 기본적인 이해가 필요하다. 만약 건너뛰었다면 6장에서 다뤘으니 살펴보기 바란다.

- 15장, 16장, 17장, 18장을 완료해야 한다.

19장에 사용된 파일은 다음 사이트(https://github.com/PacktPublishing/Unreal-Engine-5-Character-Creation-Animation-and-Cinematics/tree/main/Chapter19)에서 받을 수 있다.

⠿ 모캡 편집 계획하기

Sitting_Rubbing_Arm, Stand_Up, Standing_Idle, Female_Stop_And_Start_Walking, Button_Pushing 모캡 애니메이션 5개를 갖고 있다.

19장에서 이 애니메이션들을 정리하고 20장에서 하나의 매끄러운 애니메이션으로 결합한다. 결합할 때 자연스러운 흐름을 유지하고자 특정한 포즈가 있는 애니메이션으로 편집해서 쉽게 블렌딩이 가능하도록 만든다.

시퀀서에서 애니메이션을 블렌딩해 시간이 지남에 따라 몸 전체에서 서로 부드럽게 전환하고 블렌딩할 수 있지만 일반적으로 발에서 문제가 발생한다. 캐릭터가 가만히 서 있는 곳에서 블렌딩하는 2개의 모캡 애니메이션이 있지만 모캡 조각 중 하나에서는 발이 넓게 떨어져 있고 다른 하나는 서로 가깝다고 생각해 보자. 이 두 애니메이션을 블렌딩하면 블렌딩 중에 발이 미끄러지지 않아야 할 때 땅 위로 미끄러질 것이다. 이런 종류의 발 미끄러짐은 매우 부자연스럽기 때문에 피해야 한다.

블렌딩의 또 다른 문제는 루트 본root bone일 수 있다. 언리얼 엔진과 대부분의 게임 엔진은 일반적으로 전체 스켈레톤에 대한 루트 본을 갖고 있다. 일반적으로 신scene의 원점에서 캐릭터의 발 사이의 지면에 있다. 스켈레톤에서 루트 본의 자식은 일반적으로 휴머노이드 또는 동물 릭의 엉덩이/골반 본이다. 블렌딩할 두 애니메이션의 가장 신뢰할 수 있는 기준점은 루트 본이다.

그림 19.1과 같이 한 애니메이션에서 엉덩이 본이 루트 본 바로 위에 있고 다른 애니메이션에서는 엉덩이 본이 루트 본에서 멀리 떨어져 있는 경우에 문제가 발생한다.

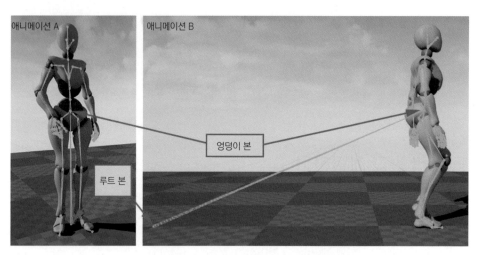

그림 19.1 루트 본과 엉덩이 본 오프셋

애니메이션 A에서 **B**로 블렌드하려고 할 때 루트에 상대적인 캐릭터의 엉덩이 위치가 매우 다르기 때문에 블렌딩 중 캐릭터가 차이를 보정하고자 어느 한 방향으로 날아가는 것처럼 보일 수 있다.

언리얼 엔진에는 블렌드 간의 기준점으로 다른 본을 사용하는 방법이 있지만 이 방법은 복잡해지고 종종 문제가 발생한다. 루트 본을 애니메이션 간의 블렌드 기준점으로 사용하는 것이 가장 안정적이고 쉽게 설정할 수 있는 방법이다.

따라서 서로 다른 모캡 애니메이션을 결합하고 쉽게 블렌딩하려면 블렌딩하려는 지점에서 일관된 포즈와 루트 위치가 필요하다. 수년 동안 이 작업을 해오면서 여전히 애니메이션을 결합하고 블렌딩하기 전에 이를 정리하기 위해서 약간의 추가 작업을 하는 것을 선호한다. 처음부터 약간의 작업과 계획을 하는 것이 나중에 시간과 머리 아픈 일을 줄일 수 있다.

19장에서 달성하려는 목표를 시각적인 방법으로 정확히 설명하는 것이 도움이 될 수 있다고 생각한다.

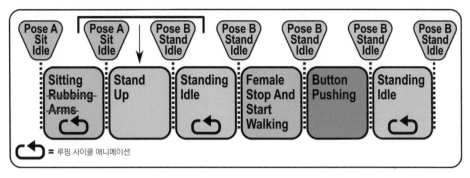

그림 19.2 모캡 편집 계획

캐릭터는 앉은 채로 시작했다가 일어나서 잠시 서 있다가 몇 걸음 앞으로 걸은 뒤 다시 멈추고 팔에 있는 버튼을 눌러서 로봇 드론을 활성화한 다음 계속 제자리에 서서 드론을 바라본다.

Sitting_Rubbing_Arm 애니메이션을 변경하고 팔을 문지르는 부분을 제거한다. 이것을 유지하고 정리할 수 있지만 조금 더 복잡하고 시간이 많이 걸리기 때문에 이 책에서는 팔 문지르는 부분을 제거하고 정지 상태를 유지한다. 또한 첫 번째와 마지막 프레임이 동일한 애니메이션 주기로 만들어 시퀀스에서 시간을 연장하려면 루프를 할 수 있도록 한다.

하지만 Stand_Up 애니메이션이 시작점일 가능성이 높다. 이 동작에는 일어서기 전에 Pose A Sit Idle이 포함돼 있고 일어서고 난 후에는 Pose B Stand Idle이 포함돼 있다. 이러한 포즈가 모두 포함된 이 동작부터 시작하고 이 편집에서 만든 포즈를 Sitting Idle과 Standing Idle에도 적용한 다음 나중에 사용할 수 있도록 저장해 둘 수 있다.

Standing_Idle 애니메이션을 사용해 Pose B Stand Idle 포즈를 가져와서 Standing Idle 애니메이션의 시작과 끝에 적용한다. 이렇게 하면 애니메이션 주기로 바뀌어 시퀀스가 필요할 수 있는 동안 정지해 있는 캐릭터를 반복할 수 있다.

Female_Stop_And_Start_Walking 애니메이션의 경우 시작과 끝에 Pose B Stand Idle을 편집하고 적용한다. 이것은 Button_Pushing 애니메이션과 쉽게 블렌딩할 수 있도록 하기 위한 것이다. 이 애니메이션은 Standing Idle로 다시 블렌딩된다. 그런 다음 Standing Idle 애니메이션은 시퀀스가 끝날 때 캐릭터가 거기에 서 있기를 원하는 동안 해당 주기를 재생할 수 있다.

Button_Pushing 애니메이션을 변경해서 앞에서 공중에 있는 버튼을 누르는 대신 왼쪽 팔을 들어 팔에 누르도록 만든다.

이제 달성하고자 하는 것이 무엇인지 알고 계획을 세웠으므로 편집을 위해 Stand_Up 애니메이션을 컨트롤 릭에 굽는 작업부터 시작한다.

Stand_up 모캡을 컨트롤 릭에 굽기

Stand_Up 모캡 애니메이션을 편집하기 전에 컨트롤 릭에 먼저 구워야 한다. 애니메이션을 구우려면 다음 과정을 따라 한다.

1. Content Drawer 인터페이스에서 MoCap_From_Mixamo | MoCap 경로에 Content Drawer 인터페이스 왼쪽 상단에 있는 + ADD를 클릭해서 새로운 폴더를 생성한다. 그림 19.3처럼 새 폴더 이름을 CleanupSequences로 변경한다.

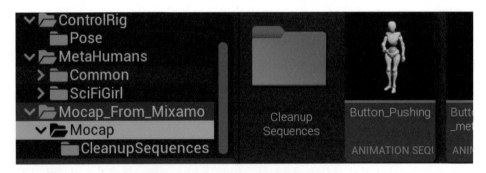

그림 19.3 클린업 목적으로 새로운 폴더 생성

2. 메인 언리얼 엔진 인터페이스 상단 바에서 Cinematics | Add New Level Sequence 를 클릭해서 새로운 **레벨 시퀀스**^{Level Sequence}를 만들고 그림 19.4처럼 CleanupSequences 폴더 안에 StandUpCleanup이라고 저장한다.

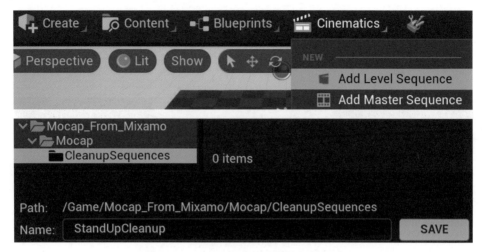

그림 19.4 Stand_Up 모캡에 대한 정리 시퀀스 추가

새로운 빈 **StandUpCleanup** 시퀀스가 **시퀀서**에서 열린다. 이 레벨 시퀀스를 **Stand_Up** 모캡 애니메이션을 정리하고 편집하는 용도로만 사용한다.

3. **콘텐츠 드로어** 인터페이스에서 **Content** | **MetaHuman** | **SciFiGirl** 경로를 연다. 그림 19.5처럼 BP_SciFiGirl 블루프린트[blueprint]를 비어 있는 **StandUpCleanup** 시퀀서 타임라인에 드래그한다.

그림 19.5 메타휴먼 블루프린트 시퀀서에 추가

4. 시퀀서의 **TRACK** 창에서 **BP Sci Fi Girl** | **Body** 항목 아래에서 **MetaHuman_ ControlRig**를 찾아서 키보드의 **Delete** 키를 누르거나 마우스 우클릭해서 나오는 메뉴에서 **Delete**를 클릭해서 제거한다.

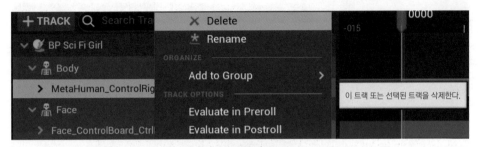

그림 19.6 컨트롤 릭 제거

다음에 추가할 원시 스켈레톤 애니메이션을 덮어쓰고 재생을 멈출 것이기 때문에 삭제한다.

이 책을 쓰고 있을 시점에서 언리얼 엔진 5는 아직 얼리 액세스early access였으며 이전 UE4에서 사용하던 리타기팅 툴만 사용할 수 있었다. 이 중복 리타기팅 툴은 믹사모의 원본 애니메이션을 리타기팅하는 데 사용됐다. 이 책은 그 이후로 업데이트를 거쳤지만 새로운 리타기팅 방법으로 만든 것보다 모캡 정리 과정에 대해 더 나은 내용을 가르치기 때문에 이 내용은 오래된 리타기팅 방법을 기반으로 한다.

19장에서 사용하는 **Stand_Up_meta** 소스 애니메이션을 다음 사이트(https://github. com/PacktPublishing/Unreal-Engine-5-Character-Creation-Animation-and-Cinematics/ tree/main/Chapter19)에서 다운로드할을 수 있다.

단지 언리얼 엔진 프로젝트 폴더에 추가하기만 하면 된다.

다음 사이트(https://github.com/PacktPublishing/Unreal-Engine-5-Character-Creation- Animation-and-Cinematics/tree/main/FullFinalUE5Project)에서 예제 최종 프로젝트 파일 을 다운로드할 수 있다. 설치 방법도 제공돼 있다.

애니메이션은 **Content/Mocap_From_Mixamo/Mocap**에서 찾을 수 있다.

1. 시퀀서의 **TRACK** 창에서 **BP Sci Fi Girl** 아래 **Body** 항목 오른쪽에 있는 **+ TRACK | Animation**을 선택한다. **Animation**을 클릭하면 메타휴먼 스켈레톤에서 재생 가능하고 호환 가능한 애니메이션 목록이 표시된다. 이 목록의 상단의 **Search Asset** 필드에 그림 19.7처럼 `meta`를 입력해서 리타깃된 모캡 애니메이션을 찾아서 **Stand_Up_meta**를 선택한다.

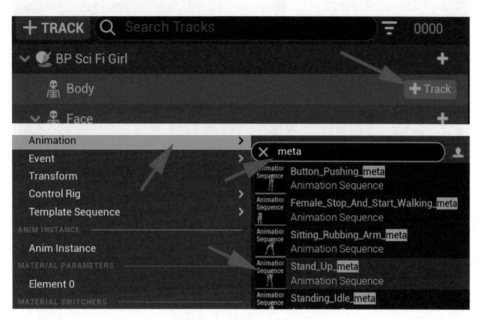

그림 19.7 Animation 트랙 추가

이 작업은 그림 19.8처럼 메타휴먼 스켈레톤에 **Standing Up** 모캡을 추가한다.

2. 실제 바닥이 어디에 있는지 확인하려면 그림 19.8과 같이 뷰포트에서 바닥을 선택하고 기본 언리얼 엔진 인터페이스 오른쪽에 있는 **Details** 패널에서 해당 **Location**이 0, 0, 0으로 설정돼 있는지 확인한다. 신버전의 언리얼 엔진 5에서는 디폴트 바닥이 이미 땅에 있을 수 있으므로 이 단계를 수행할 필요가 없다.

3. 시퀀서 타임라인에서 Active Time Range를 **Stand_Up_meta** 모캡 애니메이션의 길이와 동일한 **0000**에서 **0082**로 설정한다.

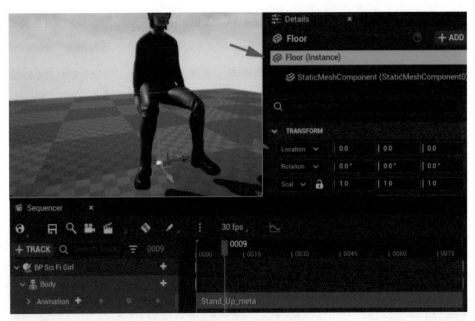

그림 19.8 바닥과 타임라인 Active Range

보다시피 플레이를 누르면 손이 다리를 통과하고 바닥에서 떠 있는 등 몇 가지 문제가 있다. 그러나 이러한 문제를 편집하고 수정하려면 이 스켈레톤 애니메이션을 컨트롤 릭에 구워야 한다. 지금 구워 보자.

4. 시퀀서의 **TRACK** 창에서 **BP Sci Fi Girl** 아래의 **Body** 항목을 마우스 우클릭한다. **Bake To Control Rig**을 선택한다. 그러면 사용 가능한 컨트롤 릭 목록이 나타난다. 그림 19.9와 같이 **MetaHuman_ControlRig**을 선택한다.

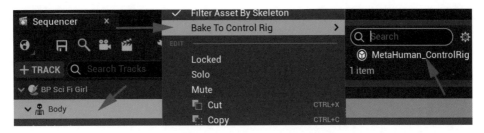

그림 19.9 Bake To Control Rig

5. **Bake To Control Rig** 설정 창이 이후에 열린다. **Reduce Key**의 체크를 해제하는 것이 중요하다. 이 시점에서 모캡 데이터를 잃고 싶지 않다. 그리고 그림 19.10과 같이 **Bake To Control Rig**를 클릭한다.

그림 19.10 키 감소 항목 체크 해제

이제 스켈레탈 애니메이션이 컨트롤 릭에 구워진다. 이후에 컨트롤 릭 컨트롤러가 뷰포트에 나타난다. 또한 **Body** 아이템 아래의 **TRACK** 창에는 이제 모캡 **Animation** 트랙 바로 아래에 **MetaHuman_ControlRig** 트랙이 있다. 이 **Animation** 트랙 아이템은 더 이상 필요하지 않다.

6. 시퀀서 타임라인을 깔끔하게 유지하고자 이제 **TRACK** 창에서 **Animation** 트랙을 선택하고 키보드에서 **Delete** 키를 눌러서 **Animation** 트랙을 삭제할 수 있다. 그렇지 않으면 이 과정을 몇 번 반복해야 할 때 혼란스러울 수 있다. 따라서 작업을 진행하면서 중복 트랙을 제거하는 것은 좋은 습관이다.

그림 19.11 중복된 Animation 트랙 제거

7. 이 시점에서 시퀀서의 상단 바에서 **Save** 아이콘을 클릭해서 저장하는 것을 잊지 말자. 작업을 진행하면서 자주 저장하자.

이제 애니메이션이 메타휴먼 컨트롤 릭에 있다. 메타휴먼 컨트롤 릭을 처음 사용하는 것이므로 편집하기 전에 간단하게 알아보자.

⁙ 메타휴먼 컨트롤 릭 개요

메타휴먼 컨트롤 릭은 본질적으로는 로봇 드론 컨트롤 릭과 매우 유사하지만 더 많은 컨트롤러와 고급 기능이 있다. 이 컨트롤러가 실제로 어떻게 작동하는지 이해하려면 15장과 17장을 완료해야 한다.

엉덩이, 척추, 머리에는 표준 FK 컨트롤이 있고 팔과 다리에는 IK 컨트롤이 있다. 그러나 이 메타휴먼 컨트롤 릭을 더욱 발전시킨 것 중 하나는 팔과 다리에 IK와 FK를 둘 다 가질 수 있다는 것이다. 필요에 따라서 팔과 다리에서 IK와 FK 사이를 전환할 수 있다.

메타휴먼 컨트롤 릭을 실험하고 싶다면 그림 19.5와 같이 메타휴먼 블루프린트를 시퀀스로 드래그한 다음에 **Body** | **MetaHuman_ControlRig** 또는 **Anim Outliner** 창에서 컨트롤러 하나를 선택하면 된다(애니메이션 창이 열리지 않았다면 메인 언리얼 엔진 인터페이스 상단의 드롭다운 메뉴를 사용해서 열어 주자).

Anim Outliner는 일반적으로 컨트롤러를 선택할 수 있는 곳이기도 하며 그림 19.12와 같이 뷰포트에서 컨트롤러를 마우스 좌클릭으로 클릭하기만 하면 된다.

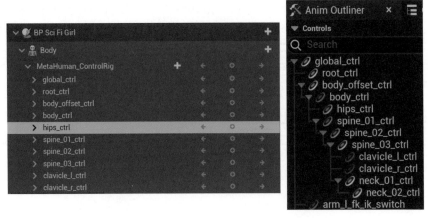

그림 19.12 메타휴먼 컨트롤 릭 컨트롤러 선택

처음으로 메타휴먼 블루프린트를 **시퀀서**에 드래그하면 릭 컨트롤러가 뷰포트에 선택하기 전까지 나타나지 않을 수 있다.

그림 19.13에서 표준 메타휴먼 컨트롤 릭이 일반적으로 시퀀스에 먼저 로드될 때 사용할 수 있는 다양한 유형의 컨트롤러를 표시했다.

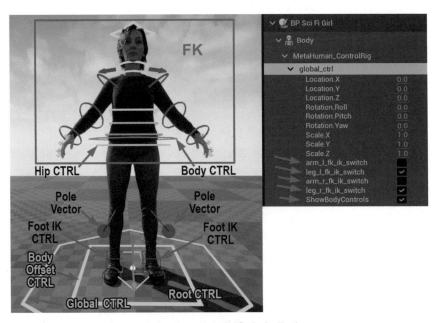

그림 19.13 기본 메타휴먼 컨트롤 릭

바닥에 있는 커다란 6면 노란색 컨트롤러는 **global_ctrl**이다. 이 컨트롤러는 전체의 상위에 있으며 전체 캐릭터와 신^{scene}의 모든 컨트롤러를 이동할 수 있다. 여기에서 체크박스를 사용해서 팔다리의 IK와 FK 간에 전환할 수도 있다.

만약 체크박스가 체크돼 있지 않다면 **FK**이고, 체크가 돼 있으면 **IK**다. FK/IK 스위치 아래에는 **ShowBodyControls** 체크박스가 있다. 여기서 컨트롤러가 뷰포트에 표시되는 방식을 전환할 수 있다(켜기 또는 끄기). 이 설정에 접근하려면 **TRACK** 창에서 **global_ctrl**을 확장하면 된다.

일반적으로 특정 애니메이션의 시작 부분에서 무엇을 달성해야 하는지 결정한 다음 IK 또는 FK가 다리 또는 팔에 가장 적합한 방법인지 결정한다. 그러나 동일한 애니메이션에서 두 가지를 모두 사용하려는 경우 19장 뒷부분의 '스내퍼 툴을 사용해서 손 수정' 절에 해결 방법이 있다.

다음으로 **body_offset_ctrl**이라는 매우 유용한 컨트롤러가 있다. 이를 통해서 전체 캐릭터와 모든 컨트롤러를 배치할 수도 있지만 결정적으로 **global_ctrl** 또는 **root_ctrl**에 영향을 주지 않고 이동할 때 그대로 둔다. 이는 루트 본을 기준으로 캐릭터의 위치를 변경하려는 경우에 유용하다. 19장의 뒷부분에서 이것이 왜 중요한지 알게 된다.

다음으로 살펴볼 중요한 컨트롤러는 **root_ctrl**이다. 메타휴먼 컨트롤 릭에서는 화살표 모양으로 표시된다. 이는 일반적으로 스켈레톤의 최상위 부모인 루트 스켈레톤 본을 제어하는 것이기 때문에 혼란스러울 수 있다. 전체 릭을 이동하는 것처럼 작동할 것으로 생각할 수 있지만 그렇지 않다.

게임 엔진에서 모캡을 하나의 애니메이션으로 블렌딩하고 조합하기를 원하지만 루트 본/컨트롤러가 골반/엉덩이 본에 상대적으로 어디에 위치하는지를 정확하게 컨트롤해야 한다. 루트 스켈레톤 본은 **root_ctrl** 컨트롤러에 리깅돼 있어 다른 컨트롤러(그리고 결과적으로는 스켈레톤 본)에 영향을 주지 않고 이동할 수 있으며 그 반대도 가능하다. 루트 본의 모션은 애니메이터의 완전한 컨트롤 아래에 있으므로 애니메이터는 다른 컨트롤러의 위치, 회전, 또는 스케일에 영향을 주지 않고 루트 본에 대해서 자유롭게 원하는 대로 작업할 수 있다.

IK 체크박스가 체크돼 있기 때문에 다리에서 발 IK 컨트롤러와 폴 벡터를 볼 수 있다. 이는 17장에서 로봇 팔을 애니메이션하고자 사용한 것과 같은 방식으로 작동하지만 다리에 있는 것이다. 발 자체에는 발가락을 제어하는 몇 가지 추가 FK 컨트롤러가 있다.

FK 체크박스가 선택돼 있기 때문에 팔에서 팔 FK 컨트롤러와 손가락에 대한 컨트롤러를 볼 수 있다. 메타휴먼 컨트롤 릭에서 팔이 IK 컨트롤로 전환되더라도 손가락은 항상 FK 컨트롤러다. 몸(엉덩이 주위의 주황색 6면 컨트롤), 척추, 목, 머리, 쇄골 컨트롤러도 모두 표준 FK 컨트롤러다.

hips_ctrl 컨트롤러(엉덩이 주변의 둥근 밝은 주황색 컨트롤)에는 특별한 동작이 있다. 이 컨트롤러는 메타휴먼 컨트롤 릭에서 회전만 해야 한다. 이로써 상체나 척추 위치에 영향을 주지 않으면서 엉덩이만을 회전시킬 수 있다. 이것은 상체에서 이미 완벽한 포즈를 만들었고 포즈를 더욱 완벽하게 하기 위해 고관절 회전만 조정하려는 경우에 유용하다.

hips_ctrl 컨트롤러가 이렇게 설정돼 있으므로 상체의 포즈를 완벽하게 만들고 엉덩이 회전만 조정해 더 나은 모양으로 만들고 싶을 때 이것을 사용할 수 있다. 이 방법으로는 위쪽의 FK 컨트롤 릭이 따라 움직이지 않도록 엉덩이 회전을 조정할 수 있다. 또한 이것은 걷기 주기에서 엉덩이를 조금 더 휘두르고 싶을 때에도 사용할 수 있다. 이렇게 함으로써 척추 애니메이션을 변경하지 않고 엉덩이만을 변경할 수 있다.

그림 19.14에서 다리를 FK로, 팔을 IK로 전환했다.

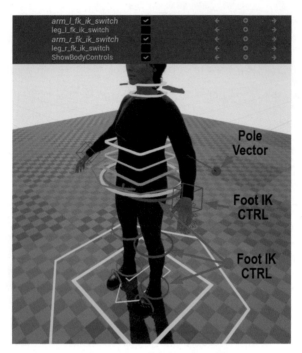

그림 19.14 FK 다리와 IK 팔로 전환

대부분의 3D 애니메이션 소프트웨어(블렌더 또는 마야와 같은)에서 전문적으로 설정된 인간형 애니메이션 릭은 이와 매우 유사한 업계 표준 방식으로 설정된다. 따라서 이 릭을 사용하는 것에 익숙해지면 마야를 사용하는 스튜디오에서 다른 전문적으로 설정된 릭으로 전환하는 것도 매우 익숙해진다.

메타휴먼 컨트롤 릭 설정 방법과 사용 방법에 대한 기본적인 이해를 바탕으로 계속해서 이 새로운 지식을 사용해 **시퀀서**에서 **Stand_Up** 모캡 애니메이션을 편집하자.

⁝⋮ Stand_Up 모캡 편집 및 정리

이제 필요에 맞게 모캡을 편집하자. 이 작업이 조금 어렵고 시간이 많이 걸린다고 생각되더라도 걱정하지 말자. 메타휴먼 릭처럼 많은 컨트롤러가 있는 릭으로 작업하려면 약간의 연습이 필요하다.

그러나 캐릭터를 뷰포트에서 보다 쉽게 조작하려면 언리얼 엔진에서 더 좋은 near-clipping 평면을 설정해야 한다.

언리얼 엔진에서 clipping 평면 변경

언리얼 엔진에서 뷰포트의 표준 사용자 카메라는 10cm의 clipping 평면이 있다. 이것은 뷰포트에서 카메라를 오브젝트에서 10cm 이내로 이동시키면 해당 오브젝트의 10cm 안에 들어온 부분은 뷰포트에 나타나지 않는 것을 말한다. 그러나 이것은 손가락 컨트롤러에 가까이 가서 선택하고 회전시키기에는 매우 불편하다.

애니메이션하는 동안 조정하자. 뷰포트에서 사물이 렌더링되는 방식에 영향을 줄 수 있으므로 애니메이션을 마친 후 다시 10cm로 전환하는 것이 좋다.

기본 언리얼 엔진 인터페이스 상단에서 **Edit | Project Settings**를 선택한다. **Project Settings** 창이 나타난다. 그런 다음 오른쪽 상단의 **Search** 필드에 near를 입력한다. 검색 결과에서 아래로 스크롤해 **Near Clip Plane**을 찾는다. 그림 19.15와 같이 10 대신에 1로 변경한다.

그림 19.15 Near Clip Plane 값 변경

다음으로 모캡의 위치를 옮겨서 땅과 루트가 일치하도록 만든다.

모캡을 바닥과 루트에 맞추기

만약 StandUpCleanup 시퀀스가 시퀀서에 열려 있지 않다면 지금 해당 시퀀스를 더블 클릭해서 시퀀서를 연다.

'Stand_up 모캡을 컨트롤 릭에 굽기' 절에서 작업 후에 시퀀스를 저장했다면 모캡 애니메이션은 이미 메타휴먼 컨트롤 릭에 구워졌다.

뷰포트에서 구워진 모캡 애니메이션을 확인하면 그림 19.16과 같이 **root_ctrl**에서 멀리 떨어져 바닥에서 떠 있는 것을 확인할 수 있다. 이 부분을 수정하자.

그림 19.16 루트에서 떨어져 있는 캐릭터 애니메이션

완전히 일어선 상태에서 발이 땅에 닿고 루트가 발뒤꿈치 사이에 있는 것이 좋다. 이렇게 하면 어떤 오프셋을 원하는지 결정할 수 있다. 이것은 프레임 **0044**로 완전히 일어선 지점이다.

1. 시퀀서 타임라인에서 프레임 **0044**로 이동한다. **TRACK** 창에서 **body_offset_ctrl**을 선택한 다음, 프레임 **0044** 이전에 있는 해당 컨트롤러의 모든 키프레임을 마우스 좌클릭하고 클릭 상태로 드래그해서 선택한다. 그런 다음 **Shift** 키를 누른 상태에서 프레임 **0044** 이후의 모든 키프레임을 동시에 선택한다.

2. 그림 19.17처럼 프레임 **0044**의 키프레임을 제외하고 키보드의 **Delete** 버튼을 눌러서 키프레임들을 삭제한다.

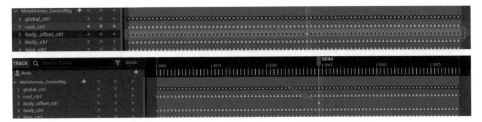

그림 19.17 body_offset_ctrl의 추가 키프레임들 삭제

3. **Automatic Keyframe**이 활성화돼 있는 상태에서 뷰포트 안에서 움직여서 캐릭터의 발이 땅에 닿고 발뒤꿈치가 **root_ctrl** 컨트롤러의 양쪽에 있도록 한다. 이렇게 설정한 뷰포트 모습은 그림 19.18과 같다.

그림 19.18 body_offset_ctrl을 움직여서 캐릭터의 발이 땅에 닿도록 이동

Automatic Keyframe이 활성화돼 있기 때문에 **body_offset_ctrl**의 새 위치가 키프레임되며 이 키프레임 전후에 키프레임이 없으므로 그대로 유지된다.

이제 전체 애니메이션이 캐릭터의 발이 땅에 있는 위치로 오프셋이 조정됐다(프레임 0044에서는). 그 이후 애니메이션에서는 발이 떠 있는 문제가 있다. 다음으로 이 문제를 해결해 보자.

공중에 떠 있는 발 수정

프레임 **0044**에서 **body_offset_ctrl**의 오프셋 키를 사용해서 이제 시퀀서 타임라인을 스크러빙해서 프레임 **0000**의 시작 부분으로 돌아가고 프레임 **0044** 이후부터 애니메이션의 끝까지 애니메이션이 어떻게 보이는지 확인할 수 있다.

타임라인을 스크러빙하거나 애니메이션을 재생하는 동안 뷰포트에서 캐릭터의 발을 확인한다. 발이 둥둥 떠다니며 움직이고(지면에서 같은 지점에 머무르지 않음) 때로는 지면을 관통한다. 이는 이제 전체 애니메이션이 오프셋됐기 때문이며 다른 비율의 캐릭터에 대한 리타기팅된 애니메이션은 발이 어디에 있어야 하는지에 대한 정확도를 잃을 수 있다. 이것은 보통 모캡 리타기팅의 경우에 자주 일어나며 애니메이터들이 모캡 애니메이션의 발을 정리하는 데 많은 시간을 투자한다.

지금 같은 경우는 운이 좋으며 쉽게 고칠 수 있다. 원본 모캡 애니메이션의 캐릭터는 애니메이션 중에 실제로 발을 움직이지 않는다. 앉아 있을 때 발 위치는 일어설 때 머무는 위치다. 프레임 **0044**에서 발이 바닥에 완벽하게 정렬돼 있다는 것을 알고 있으므로 전체 애니메이션 동안 발을 정확히 그 지점에 유지한다.

이전의 2단계에서 했던 것처럼 프레임 **0044**로 이동하고 **foot_l_ik_ctrl**과 **foot_r_ik_ctrl** 모두에서 프레임 **0044** 전후의 키프레임을 선택하고 **0044**의 키프레임을 제외하고 전부 삭제한다.

발 IK 컨트롤러의 모든 키프레임이 삭제되고 **0044**에 하나의 키프레임만이 남으므로 발은 이제 해당 위치에 유지되며 애니메이션을 재생할 때 움직이거나 떠다니지 않는다.

만약 이 애니메이션이 AAA 게임을 위한 것이라면 발에 약간의 미세한 움직임을 되살려 애니메이션을 유지했을 것이지만 이 튜토리얼에서는 필요하지 않다. 다음으로 전신 포즈를 살펴보고 개선해 보자.

서 있는 포즈 임포트

프레임 **0044**로 돌아가서 그림 19.19와 같이 포즈를 확인한다.

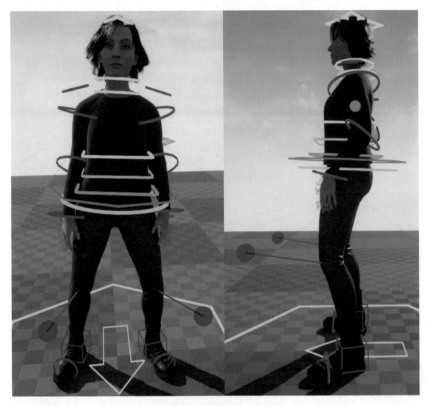

그림 19.19 좋은 포즈가 아니다.

그리 매력적인 포즈가 아니다. 발은 너무 멀리 떨어져 있고 어깨는 처져 있다. 또한 손이 다리에 너무 가깝다. 이것은 모캡 액터가 최종 3D 모델과 비율이 다를 수 있기 때문에 모캡 애니메이션을 리타기팅하는 경우에도 자주 발생한다. 이 문제를 지금 수정하자.

모캡 키프레임이 나머지 몸 컨트롤러에 구워져 있고 미묘한 모캡 데이터를 잃고 싶지 않기 때문에 여기서는 변경 사항을 **Additive** 레이어로 변경한다. 다음 과정을 따라 한다.

1. 프레임 0000의 TRACK 창에서 **MetaHuman_ControlRig** 트랙 오른쪽에 있는 **+ Section | Additive**를 클릭해서 **Additive** 트랙을 추가한다.

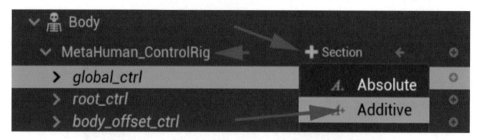

그림 19.20 Additive 트랙 추가

컨트롤러가 완전히 중복된 **Additive** 세트가 **TRACK** 창에 표시된다.

2. 원래 컨트롤러 세트에서 **global_ctrl**을 확장하고 팔다리 모두 IK 체크박스와 **ShowBodyControls**를 체크한다. IK/FK 스위치 채널과 **ShowBodyControl**에 서 프레임 0000의 키프레임을 제외한 모든 키프레임을 삭제한다. 파란색 점선 **Additive** 트랙이 타임라인 창의 전체 **Active Frame Range**인지 확인한다. 그림 19.21과 같이 필요한 경우 끝을 마우스 좌클릭으로 클릭하고 드래그해서 더 길게 늘린다.

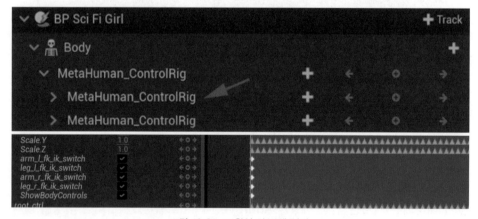

그림 19.21 IK 확인 및 트랙 연장

594

Additive 애니메이션을 사용하면 **앵커** 키프레임을 설정하는 것이 좋다. 이러한 키프레임은 여러 가지 방법으로 사용할 수 있다. 일반적으로는 이러한 **Additive** 앵커 프레임을 배치할 위치를 판단하는 가장 좋은 방법은 처음부터 애니메이션을 적용하려는 경우 키프레임을 추가했을 위치다. 지금 같은 경우 이 애니메이션에는 세 가지 주요 포즈가 있다.

○ **Sitting Pose**는 프레임 0000에서 시퀀스의 시작 부분에 있는 키프레임 포즈다. 캐릭터가 **Stood Up Pose**를 완료한 후에 이 작업을 진행한다. 왜냐하면 일단 캐릭터가 일어난 후에 발이 어디에 위치할지를 먼저 결정하고자 하기 때문이다. 그런 다음 그 정보를 **Sitting Pose**에 반영한다. 이 작업은 이번 튜토리얼 뒷부분에서 진행한다.

○ **Stood Up Pose**는 프레임 **0044**에서 시작되는 포즈다.

○ **Stood Up Pose**는 stood-up 포즈를 유지하고자 프레임 **0082**의 애니메이션 끝부분에 배치된다. 이 튜토리얼 뒷부분에서 진행한다.

이 경우 전체 애니메이션의 기본 오프셋으로 프레임 **0044**의 변경 사항을 고정한다. 이 것이 프레임 **0000**이 아닌 프레임 **0044**에서 시작하는 이유다.

이제 **Additive** 애니메이션 레이어를 다루고 있으므로 **Automatic Keyframe**을 비활성화한다(Additive 레이어가 아닌 모캡의 기본 레이어에 실수로 키를 지정하지 않기 때문이다). 타임라인에서 프레임 **0044**로 이동한 다음 Additive MetaHuman_ControlRig 상위 트랙에 키프레임을 추가한다. 이렇게 하면 그림 19.22와 같이 이 **Additive** 컨트롤러 세트의 모든 컨트롤러에 키프레임이 추가된다.

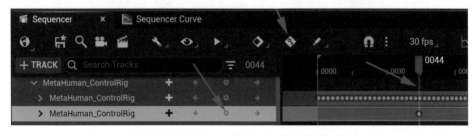

그림 19.22 프레임 0044에 Additive 앵커 키프레임 추가

Automatic Keyframe을 비활성화한 상태에서 컨트롤러를 이동한 후 바로 키프레임을 추가하지 않고 타임라인을 이동하거나 다른 컨트롤러를 선택하면 방금 변경한 내용이 사라진다. 변경된 곳에 키프레임을 추가하지 않았으므로 변경하기 전의 키프레임 값으로 되돌아간다.

프레임 0044에서 포즈를 조정한다. 뷰포트에서 발 IK 컨트롤러로 발을 이동해서 발을 더 가깝게 만든다. 컨트롤러를 변경할 때 **Additive** 버전의 컨트롤러에서 **+ Keyframe** 으로 키프레임을 추가한다. 다리의 폴 벡터도 이동해야 할 수도 있다. 쇄골 컨트롤러로 어깨를 약간 들어올린다.

그런 다음 손 IK 컨트롤러와 폴 벡터를 사용해서 팔이 더 자연스러워지도록 팔을 조정한다. 옆에서 보고 캐릭터가 뒤로 또는 앞으로 너무 많이 기울어지는지 확인하고 필요한 경우 조정한다. 그림 19.23은 위 작업의 전후 샷을 보여 준다.

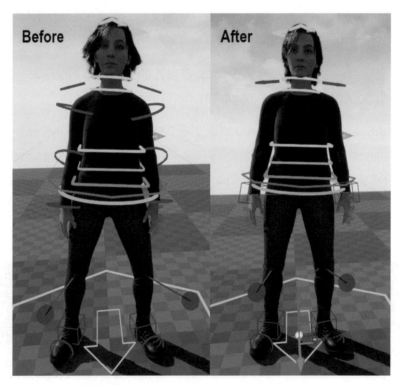

그림 19.23 프레임 44에 Additive 포즈 추가 결과물(전과 후)

최종 언리얼 엔진 프로젝트의 **Content** | **ControlRig** | **Poses** 경로에 이 포즈를 넣어 뒀다. 해당 포즈는 PoseB_Stand_Idle_tutor라는 이름을 갖고 있다. 시간을 절약하고 싶다면 미리 만들어진 포즈를 불러오면 된다.

언리얼 엔진 프로젝트 파일에서 미리 만들어진 포즈를 가져오기로 결정한 경우 그림 19.24의 1단계부터 5단계까지 따라 한다. 포즈를 붙여 넣을 프레임에 있고 포즈를 키프레임으로 추가한 다음 **Additive** 레이어 컨트롤러에 키프레임을 추가하는 것을 잊지 말자.

그림 19.24 포즈 붙여넣기

만약 만든 포즈를 유지하기로 결정했다면 **Content** | **ControlRig** | **Poses** 경로의 포즈 라이브러리에 저장한다. 프레임 **0044**에 있는 동안 모든 메타휴먼 컨트롤러를 선택한다. 그런 다음 **Animation** 창에서 **Pose**를 연다. 그림 19.25와 같이 **Create Pose**를 클릭하고 이름을 PoseB_Stand_Idle로 지정하고 **Create Asset**을 클릭한다.

그림 19.25 PoseB_Stand_Idle 저장

이번 가이드에서 제시한 그림 19.2처럼 애니메이션을 연결할 수 있도록 `PoseB_Stand_Idle` 포즈를 저장했으니 이 포즈를 애니메이션 끝에 붙여 보자.

Automatic Keyframe이 비활성화돼 있는 상태에서 애니메이션의 끝이 프레임 **0082**로 이동한다. 그런 다음 그림 19.23처럼 포즈 툴에서 `PoseB_Stand_Idle` 포즈를 붙여 넣는다. **Additive MetaHuman_ControlRig** 상위 트랙에만 키프레임을 추가해서 모든 **Additive** 컨트롤러에 키프레임을 추가한다.

이 애니메이션이 AAA 게임 표준을 위한 것이면 마지막에 새롭게 정리된 포즈를 생성해서 가만히 서 있는 포즈가 프레임 **0044**와 프레임 **0082**에서 너무 빨리 반복되지 않도록 했을 것이다. 그러나 그것은 더 높은 수준의 정리 방법이며 이 튜토리얼에서는 동일하게 서 있는 포즈를 재사용하는 것이 좋다.

서 있는 포즈는 이제 프레임 **0044**와 프레임 **0082**에 키프레임됐다. 다음으로 프레임 **0000**에서 **앉은 포즈**sitting pose를 정리하자.

앉은 포즈 정리

현재 앉아 있는 자세가 부자연스럽고 어색한 자세를 취하고 있다. 이번 절에서는 자연스럽고 매력적으로 보이도록 앉은 자세를 정리한다.

프레임 0000으로 이동하면 그림 19.26처럼 앉아 있는 포즈에 많은 수정 작업이 필요한 것을 확인할 수 있다.

그림 19.26 현재 잘못된 앉은 자세

다음 과정을 따라 하면서 정리한다.

1. 그림 19.22에 나와 있는 대로 Additive 컨트롤러의 모든 키프레임에 프레임 0000에서 앵커 키프레임을 추가한다.

2. 이제 모든 **Additive** 컨트롤러의 프레임 **0000**에 키프레임이 있으므로 포즈를 더 나은 것으로 조정할 수 있다.

여기에서 뷰포트의 컨트롤러를 사용해 캐릭터의 손을 다리 위로 이동하고 자연스럽게 손가락을 배치했다. 캐릭터의 머리를 더 위로 이동하고 무릎을 넓혀서 폴 벡터와 함께 앉은 자세에서 캐릭터의 발과 더 잘 정렬되도록 했다.

Automatic Keyframe이 비활성화돼 있기 때문에 변경 사항을 잃지 않도록 이 작업을 수행할 때 컨트롤러의 **Additive** 세트에 키프레임을 추가한다. 결과는 그림 19.27과 같이 보여야 한다.

그림 19.27 정리된 앉은 자세

도움이 필요한가요?

> 만약 해당 튜토리얼을 따라 하는 데 문제가 있다면, 해당 포즈를 19장의 언리얼 엔진 프로젝트의 **Content** | **ControlRig** | **Poses**에 추가해 뒀으니 활용하기 바란다. 이 포즈는 PoseA_Sit_Idle_tutor라는 이름을 갖고 있다. 미리 만들어 둔 포즈를 가져와서 사용하면 시간을 절약할 수 있다.

3. 만든 포즈를 유지하기로 결정한 경우 **Content | ControlRig | Poses** 경로의 포즈 라이브러리에 저장한다. **Animation** 창에서 **Poses**를 연다. 그림 19.25와 같이 **Create Pose**를 클릭하고 이름을 `PoseA_Sit_Idle`로 지정하고 **Create Asset**을 클릭한다.

이를 통해 첫 번째 프레임에서 앉아 있는 **Sitting Idle** 포즈를 정리했다. 하지만 지금 애니메이션을 재생하거나 타임라인을 스크러빙하면 여전히 문제가 있음을 알 수 있다. 문제는 일어날 때 손이 다리를 통과한다는 것이다.

이 문제를 Animation 창에서 찾을 수 있는 **스내퍼**^{Snapper} 툴을 사용해서 고쳐 보자.

스내퍼 툴을 사용해서 손 수정

스내퍼 툴을 **포즈** 툴의 오른쪽의 **애니메이션** 창에서 찾을 수 있다. **스내퍼** 툴을 사용하면 오브젝트를 별도의 키프레임 애니메이션으로 굽는 동안 한 오브젝트가 다른 오브젝트를 따르도록 만들 수 있다. 일반적으로 한 오브젝트가 일시적으로 다른 오브젝트를 따라가도록 하고 이를 위한 부모/자식 리깅^{rigging}을 만들고 싶지 않은 경우에 사용된다.

예를 들어 캐릭터가 공을 집었다가 내려놓기를 원한다고 가정해 보자. 손으로 공을 집어 올리는 정확한 프레임에서 공을 내려놓는 정확한 프레임까지 공이 손을 따라가도록 만들 수 있다.

스내퍼 툴을 사용해서 다른 오브젝트 대신 월드를 따라가도록 해서 같은 위치에 무언가를 유지할 수도 있다. 프레임이 스냅되는 동안 해당 오브젝트를 월드 공간의 동일한 지점에 유지한다.

이것은 오브젝트가 다른 오브젝트의 자식인 경우에 유용하다. 부모는 움직이고 있지만 특정 수의 프레임 동안 자식을 같은 위치에 유지하려고 한다. 또한 발이 미끄러지는 문제를 해결하거나 캐릭터가 울타리를 뛰어넘는 동안 울타리에 손을 얹고 있는 것도 정말 유용하다.

지금 같은 경우 **스내퍼** 툴을 사용해서 캐릭터가 일어서면서 처음 몇 프레임 동안 다리에 손을 얹고 싶다. 이 경우 캐릭터의 손이 캐릭터의 위쪽 다리를 따라가기를 원한다. 아쉽게도 다리 IK 컨트롤러는 위쪽 다리를 추적하지 않는다. 그것들은 발을 따라간다. 폴 벡터는 회전을 추적하지 않고 위치만 추적한다.

따라서 손이 위쪽 다리를 정확하게 추적하려면 위쪽 다리 FK 컨트롤러가 필요하다. 지금까지 팔다리에 IK를 사용해서 작업해 왔다. 또한 IK 컨트롤러의 애니메이션을 많이 변경했기 때문에 IK 및 FK 컨트롤러가 완전히 동기화되지 않았다. 단순히 FK로 전환하면 작동하지 않는다.

다행히도 IK 및 FK 컨트롤러의 애니메이션을 다시 동기화할 수 있는 해결 방법이 있다. 그런 다음 애니메이션 손실 없이 FK 또는 IK로 전환할 수 있다. 다음 과정을 따라 한다.

1. 지금까지 진행한 모든 편집 및 정리한 메타휴먼 컨트롤 릭 애니메이션을 별도의 애니메이션으로 다시 스켈레톤에 굽는다.

2. 새로운 시퀀스에 다시 가져온다.

3. 메타휴먼 컨트롤 릭 컨트롤러에서 새로운 스켈레탈 애니메이션을 다시 굽는다. 이 시점에서 스켈레탈 애니메이션의 본 위치에 따라서 IK 및 FK 컨트롤러의 애니메이션을 모두 구우면 FK 및 IK가 모두 동기화된다.

4. 이제 팔다리에서 FK 또는 IK로 전환할 수 있으며 애니메이션은 다시 양쪽 모두 동일하다.

   이제 방금 설명한 내용을 직접 해보자. 이미 이전에 이 모든 작업을 따로 진행했지만 다음은 간단하게 다시 알려 주는 것이다.

5. **TRACK** 창에서 **Body**를 마우스 우클릭하고 **Bake Animation Sequence**를 선택한다. 이름을 Stand_up_meta_cl_stage01로 지정하고 **Content | MoCap_From_Mixamo | MoCap** 폴더에 저장한다. 그림 19.28과 같이 기본 설정으로 **Export To Animation**을 클릭한다.

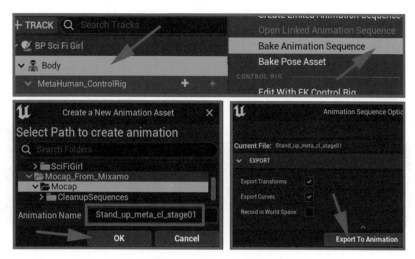

그림 19.28 Bake Animation to Sequence

6. 이제 **Cinematics** | **Add Level Sequence**를 클릭해서 새로운 레벨 시퀀스를 생성한다. 새로 생성된 레벨 시퀀스를 `StandUpCleanup_Stage2`로 이름을 변경하고 **CleanupSequences** 폴더에 저장한다. 해당 시퀀스를 열어서 그림 19.29처럼 **BP_SciFiGirl** 블루프린트를 **Content Drawer**에서 드래그한다.

그림 19.29 새로운 레벨 시퀀스

7. 스켈레탈 애니메이션을 덮어쓰지 않도록 **TRACK** 창에서 **MetaHuman_ControlRig** 트랙의 **Body** 트랙을 선택하고 키보드의 **Delete**를 눌러서 트랙을 삭제한다. **Body** 트랙의 **+ Track**을 클릭하고 **Animation**을 선택한 그림 19.30처럼 Stand_up_meta_cl_stage01을 선택한다.

그림 19.30 Skeletal Animation 트랙 추가

8. **Body** 트랙을 마우스 우클릭하고 **Bake To Control Rig | MetaHuman_ControlRig**을 선택한다. **REDUCE KETS** 체크박스의 체크가 해제됐는지 확인하고 그림 19.31과 같이 **Bake To Control Rig**를 클릭한다.

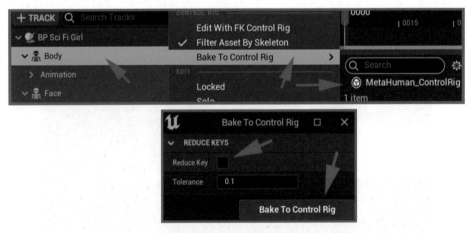

그림 19.31 Bake To Control Rig

이제 **FK** 및 **IK** 컨트롤러는 모두 동일한 애니메이션을 가지며 다시 동기화된다. 모캡 정리의 다음 부분에 필요한 것으로 전환할 수 있다.

9. 더 이상 **Additive** 레이어에 있지 않으므로 **Automatic Keyframe**을 활성화한다. **TRACK** 창에서 **global_ctrl** 컨트롤러를 확장한다. IK/FK 스위치 채널과 **ShowBodyControl**의 모든 키프레임을 프레임 **0000**을 제외하고 전부 삭제한다. 그림 19.32와 같이 **팔**에는 **IK** 체크박스를 체크하고 **다리**에는 **FK** 체크박스의 체크를 해제한다.

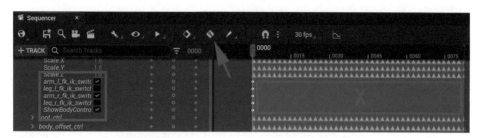

그림 19.32 팔을 IK로, 다리를 FK로 전환

이제 **스내퍼** 툴을 사용하자.

10. 그림 19.33과 같이 **포즈** 툴 오른쪽에 있는 **Animation** 창으로 이동해서 **스내퍼** 툴을 연다.

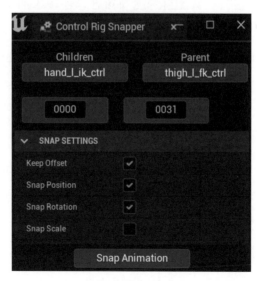

그림 19.33 스내퍼 툴

11. 그림 19.33과 같이 왼쪽 IK 컨트롤러(hand_l_ik_ctrl)를 선택한 다음 **Control Rig Snapper** 창의 **Children** 아래에 있는 회색 상자를 클릭한다.

    이제 왼쪽 IK 컨트롤러(hand_l_ik_ctrl)가 하위로 설정됐으며 **Control Rig Snapper** 창의 상위 필드에서 설정한 내용을 따른다. **World**로 설정하면 왼손 IK 컨트롤러가 월드에서 같은 위치에 고정된다.

12. 그림 19.33과 같이 왼쪽 허벅지 FK 컨트롤러(thigh_l_fk_ctrl)를 선택한 다음 **Control Rig Snapper** 창에서 **Parent** 아래의 회색 상자를 클릭한다.

    이제 왼쪽 허벅지 FK 컨트롤러가 왼쪽 IK 컨트롤러의 상위로 설정됐으며 다음에 설정할 프레임 범위 동안 손이 허벅지를 따라간다.

    왼손이 프레임 **0000**에서 **0031**까지 왼쪽 허벅지를 따라가도록 하려고 한다. 지금 해보자.

13. **시퀀서** 타임라인에서 프레임 **0000**으로 이동하고 왼쪽의 첫 번째 숫자 필드 주변의 회색 상자를 클릭한다. 이렇게 하면 **스내퍼 프레임 범위**Snapper frame range의 시작이 프레임 **0000**으로 설정된다. 이제 프레임 **0031**로 이동하고 오른쪽의 두 번째 숫자 필드 주변의 회색 상자를 클릭한다. 이렇게 하면 그림 19.33과 같이 **스내퍼 프레임 범위**의 끝이 프레임 **0031**로 설정된다.

14. **Keep Off set** 체크박스를 체크한다. 그렇지 않으면 **스내퍼** 툴이 왼쪽 IK 컨트롤러의 중심점을 허벅지 FK 컨트롤러의 중심점에 스냅해서 스냅하는 동안 손이 다리에 들어가도록 한다. 그림 19.33과 같이 범위가 시작될 때 현재 프레임 **0000**에 있는 것과 동일한 오프셋을 유지하려고 한다.

15. **Snap Position** 및 **Snap Rotation** 체크박스를 체크하되 **Snap Scale**의 체크박스는 체크하지 않는다. 지금 같은 경우에는 필요하지 않다. 그런 다음 그림 19.33과 같이 **Snap Animation**을 클릭한다.

    이제 왼손이 프레임 **0000**에서 프레임 **0031**까지 정확하게 다리를 따라간다.

    이제 타임라인을 스크러빙하면 손이 허벅지를 잘 따라가는 것을 볼 수 있다. 그러나 프레임 **0032**에 도달하면 손 컨트롤러에서 갑자기 스냅이 발생한다. 이제 IK 손 컨트롤러는 **스내퍼** 툴을 사용하기 전과 프레임 **0031**에서의 위치가 매우 다르다. **0032**의 다음 프레임은 여전히 원본 애니메이션이다.

프레임 **0031**의 새로운 IK 손 컨트롤러 위치에서 나중에 원래 애니메이션으로의 전환을 부드럽게 하고자 일부 키프레임을 삭제하고 애니메이션 커브가 처리하도록 한다. 일반적으로 이와 같은 경우 가능한 한 많은 모캡 데이터를 유지하고자 가능한 한 적은 수의 키프레임을 삭제한다.

16. 그림 19.34와 같이 **시퀀서**에서 **hand_l_ik_ctrl** 컨트롤러의 **0032**와 **0042** 사이의 모든 키프레임을 전체 선택하고 삭제한다.

이제 애니메이션의 스냅이 사라졌지만 프레임 **0037**로 스크러빙하면 팔꿈치가 과도하게 뻗어 있고 잠금 상태인 경우가 있다. 이것은 매우 좋아 보이지 않는다. 이를 수정해 보자.

17. **Automatic Keyframe**이 계속 활성화돼 있는 상태에서 뷰포트에서 손을 위로 이동시킨다. 그런 다음 그림 19.34와 같이 **중간**in-between 키프레임을 설정해서 전환을 돕는다. 중간 키프레임은 일반 키프레임이지만 2개의 기본 키프레임 또는 포즈 사이의 전환을 돕고자 사이에 배치되므로 중간 키프레임이라고 한다.

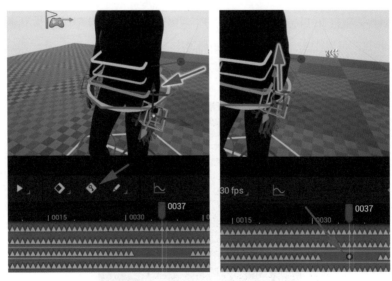

그림 19.34 전환을 도와줄 중간 키프레임 추가

전환을 더욱더 돕고자 애니메이션 커브를 편집해 보자. 애니메이션이 구워졌기 때문에 일반적으로는 이와 같은 전환에서 잘 흐르지 않는 선형 곡선이 있을 수 있다.

18. **hand_l_ik_ctrl** 컨트롤러를 선택하고 **Sequence Curve Editor** 창을 연다. 그림 19.35와 같이 마우스 좌클릭하고 드래그한 다음 전환 주변의 모든 키를 전체 선택하고 **Curve Handles** 유형을 **Auto**로 설정한다. 나중에 원하는 경우 위치 및 회전 (XYZ)에 대해 채널별로 핸들을 조정해 다른 커브들을 정리할 수 있다.

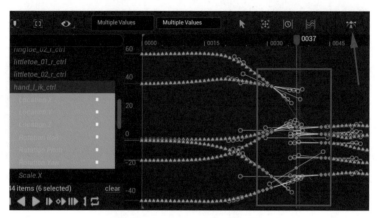

그림 19.35 애니메이션 커브를 자동으로 설정

확인할 수 있는 또 다른 문제는 캐릭터가 일어날 때 손가락이 다리를 뚫고 지나간다는 것이다. 이는 그림 19.36처럼 다리에 있는 손가락의 포즈와 서 있는 상태에서의 손가락 포즈에 대한 애니메이션이 있기 때문이다.

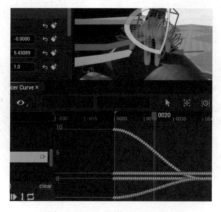

그림 19.36 손가락이 뚫고 지나감

캐릭터의 손가락이 프레임 **0032** 정도에서 손을 다리에서 떼기 전까지는 같은 위치에 있기를 원한다. 이렇게 하면 손이 다리를 뚫고 지나가는 것을 막을 수 있다.

19. **시퀀서**에서 첫 번째 프레임과 마지막 프레임을 제외한 왼손 손가락 컨트롤러의 모든 키를 전부 선택하고 그림 19.37과 같이 키보드에서 **Delete** 키를 눌러서 삭제한다.

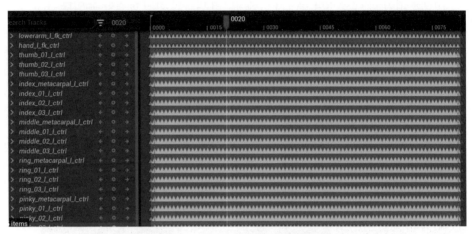

그림 19.37 손가락 컨트롤러 키프레임 삭제

20. 프레임 **0000**으로 이동한다. **시퀀서**에서 프레임 **0000**(19단계에서 삭제하지 않은 경우)의 왼손 손가락 컨트롤러에 있는 모든 키를 선택한다. 키보드에서 **Ctrl + C**를 눌러서 복사한 다음, 프레임 **0032**로 이동해서 키보드에서 **Ctrl + V**를 눌러 그림 19.38처럼 해당 프레임에 붙여 넣는다.

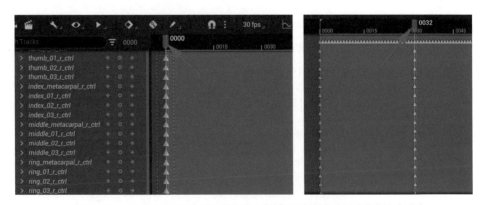

그림 19.38 프레임 0의 손가락 컨트롤러 키프레임을 프레임 32에 복사해서 붙여 넣기

손가락은 이제 프레임 **0000**에서 **0032**까지 같은 위치에 있다.

스내퍼 툴로 동일한 과정을 수행해서 오른손이 오른쪽 허벅지를 따라가도록 한다. 그러나 조금 다른 점이 있다. 이 책을 쓰는 시점에서 언리얼 엔진 5의 얼리 액세스 버전에서 **스내퍼** 툴, 오른손 IK 컨트롤러, 왼발 IK 컨트롤러에 관한 버그가 발견됐다. 19장을 따라 할 때 동일한 문제가 발생한다면 다음과 같이 해결할 수 있다.

오른손 및 오른발 IK 컨트롤러에서 **스내퍼** 툴을 사용하면 그림 19.39 상단에 표시된 것처럼 반대 방향으로 뒤집어 나올 수 있다.

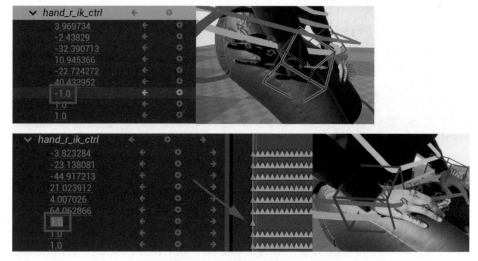

그림 19.39 L과 R IK 컨트롤러에 있는 스내퍼 버그

스내퍼 툴이 컨트롤러의 X 스케일 채널에 **-1.0** X 스케일 값을 넣어서 굽기 때문이다. X 스케일 채널의 **-1.0** 키를 삭제하고 1.0 값을 대체한 뒤에 키프레임을 추가하면 손과 발이 수정된다. 이는 그림 19.38 하단에 나와 있다.

또한 오른손이 오른쪽 허벅지를 따라가려면 그림 19.40과 같이 스냅된 프레임에서 원래 프레임으로의 전환을 교정하고자 2개의 키프레임이 필요하다는 것을 확인했다.

그림 19.40 오른손 IK 컨트롤러는 2개의 중간 키프레임이 필요해서 스냅됨

Stand Up 애니메이션의 시작 부분에서 오른손이 오른쪽 허벅지를 따라가는 작업을 마치고 최종 결과물이 만족스러우면 애니메이션 애셋으로 구울 차례다.

21. **TRACK** 창에서 **Body**를 마우스 우클릭하고 **Bake Animation Sequence**를 선택한다. 해당 애셋을 `Stand_up_meta_cleaned_final`이라는 이름으로 그림 19.41처럼 **Content | MoCap_From_Mixamo | MoCap** 폴더에 저장한다.

그림 19.41 최종 애니메이션 시퀀스 굽기

언리얼 엔진 5에서 모캡 정리에 대한 내용을 더 자세히 살펴보고 싶은 분들을 위해서 이책의 나머지 4개의 모캡 애니메이션을 어떻게 정리할 수 있는지에 대한 **추가 온라인 자료**를 제공한다. 이를 통해서 주제에 대한 지식을 확장하고 핵심 모캡 데이터를 너무 많이 잃지 않으며 모캡 애니메이션을 효과적으로 정리하는 몇 가지 추가적인 노하우를 배울 수 있다. 이 추가 자료는 다음 사이트(https://github.com/PacktPublishing/Unreal-Engine-5-Character-Creation-Animation-and-Cinematics/tree/main/BonusMaterial)에서받을 수 있다.

19장과 함께 제공되는 언리얼 엔진 프로젝트 파일에는 19장에서 정리한 **Stand Up**을 포함해 20장에서 사용할 수 있도록 정리된 모캡 파일이 포함돼 있다. 함께 제공되는 언리얼 엔진 프로젝트의 **Content** | **MoCap_From_Mixamo** | **MoCap** | **Cleaned MoCap_Final**에서 확인할 수 있다. 최종 언리얼 엔진 프로젝트는 다음 사이트(https://github.com/PacktPublishing/Unreal-Engine-5-Character-Creation-Animation-and-Cinematics/tree/main/FullFinalUE5Project)에서 받을 수 있다.

⁝⁝ 요약

19장에서 언리얼 엔진 5 시퀀서의 메타휴먼 컨트롤 릭에 모캡 애니메이션을 작업하는 방법을 다뤘다. 달성하고자 하는 것을 계획한 다음 스켈레톤에서 메타휴먼 컨트롤 릭으로 모캡 애니메이션을 굽는 방법을 배웠다. 메타휴먼 컨트롤 릭 자체와 그 컨트롤러를 사용하는 방법에 대해 개괄적으로 살펴봤다. 그 후 **Near Clipping Plane** 값 변경으로 통해 좁은 공간에서 더 쉽게 애니메이션을 만들도록 언리얼 엔진을 설정했다.

애니메이션 창에서 **포즈** 및 **스내퍼** 툴을 사용해서 **Stand Up** 애니메이션을 정리하는 방법을 배웠다. 19장은 언리얼 엔진 5에서 모캡을 편집하는 방법에 대한 좋은 개요를 제공한다. 이제 무료 또는 유료 모캡 라이브러리에서 최대한 활용하고 이러한 모캡 애니메이션을 사용자의 요구에 맞게 커스텀할 수 있다.

20장에서는 이 책에서 만든 모든 애셋을 시퀀서에서 최종 영화 신으로 합친다.

20

시퀀서를 사용해서
최종 신 만들기

이제 이 책의 마지막에 도달했다. 그동안 여러 주제를 통해서 즐겼기를 바란다. 19장에서는 최종 신scene에서 사용할 커스텀 콘텐츠를 만들었다. 이제 해야 할 일은 **시퀀서**를 사용해서 최종 신에 모든 것을 합치는 것이다. 모든 노력이 결실을 맺을 때다. 함께 만든 캐릭터 애니메이션을 결합해서 스토리를 전달하고 같은 장면에서 카메라 애니메이션과 카메라 컷으로 작업한다.

또한 이 책에서 만들었거나 사용한 다른 프로젝트 파일에서 콘텐츠를 이주하는 방법도 배운다. 이후에 세팅 방법을 공부하려는 경우 20장에서 사용된 최종 프로젝트 파일은 다음 사이트(https://github.com/PacktPublishing/Unreal-Engine-5-Character-Creation-Animation-and-Cinematics/tree/main/Chapter05/FullFinalUE5Project)에서 받을 수 있다.

20장에서는 다음 주제들을 다룬다.

- 모든 신 애셋 임포트 및 월드에 배치

- 캐릭터에 애니메이션 임포트

- 다중 카메라 생성 및 애니메이션 적용

- 최종 신 렌더링

⁖ 기술 요구 사항

20장에서는 **언리얼 엔진**^{UE} 5에서 작업한다. 20장을 완료하려면 다음 항목들이 필요하다.

- 3D 애니메이션 소프트웨어를 구동할 수 있는 컴퓨터가 필요하다.

- 언리얼 엔진 5가 설치돼 있어야 한다. 엔진은 다음 사이트(https://www.unrealengine.com/en-US/download)에서 받을 수 있다.

- 언리얼 엔진 3D 사용자 인터페이스 탐색 방법에 대한 기본적인 이해가 필요하다. 만약 건너뛰었다면 6장에서 다뤘으니 살펴보기 바란다.

- 17장, 18장, 19장을 완료해야 한다.

⁖ 모든 신 애셋 임포트 및 월드에 배치

만약 이 책의 콘텐츠를 만들고자 다른 언리얼 엔진 프로젝트 파일과 폴더를 사용했다면 이제 모든 것을 최종 신을 위해서 하나의 프로젝트로 모아야 한다. 그렇게 해야 하나의 언리얼 엔진 프로젝트에서 모든 것을 사용할 수 있기 때문이다. 운이 좋게도 언리얼 엔진은 해당 작업을 **이주**^{Migrate} 툴을 사용하면 쉽게 할 수 있다. 하나의 언리얼 엔진 프로젝트에 이 책의 콘텐츠를 만들었다고 하더라도 언리얼 엔진 프로젝트 간에 콘텐츠를 이주하는 방법에 대해서 배우는 것이 좋다.

프로젝트 간의 언리얼 엔진 콘텐츠 이주

최종 신에서 사용할 새로운 언리얼 엔진 5 프로젝트를 만드는 것으로 시작하자. 만약 모든 것이 하나의 프로젝트에 있다면 이번 내용은 이후에 여러 프로젝트를 하나의 프로젝트로 합칠 기회가 있을 때 참고로 사용해도 된다.

이번 연습을 위해서 먼저 19장에서 사용한 콘텐츠들을 이주한다.

1. 언리얼 엔진 5를 실행해서 **Games** 항목에서 **Blank**를 선택해서 새로운 언리얼 엔진 5 프로젝트를 생성한다. 프로젝트 이름은 그림 20.1처럼 `FinalSceneChapter20`이라고 한다. **CREATE**를 누르면 언리얼 엔진 5에 새로운 프로젝트가 실행된다.

   다양한 맞춤 콘텐츠를 통합하기에 더 나은 기본 빈 장면을 제공하는 **Games** 프로필을 **Film/Video** 프로필 대신 사용한다.

그림 20.1 최종 신을 위한 새로운 프로젝트 생성

2. 최종 신을 위한 프로젝트가 생성된 후에 해당 프로젝트를 닫고 19장에서 사용한 프로젝트를 실행한다.

3. 프로젝트가 실행되면 **Content Drawer**를 열고 **Content** 폴더를 마우스 우클릭한다. 그리고 그림 20.2처럼 **Migrate...**를 클릭한다.

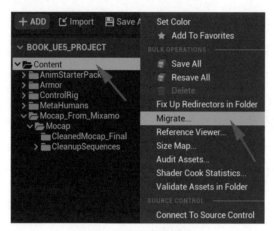

그림 20.2 언리얼 엔진 애셋 이주

4. 3단계의 **Migrate...**를 선택하면 새로운 창이 열리는데 여기서 그림 20.3처럼 원하는 폴더 및 파일들을 체크하고 이주할 수 있다.

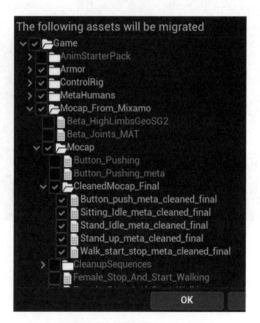

그림 20.3 이주할 애셋 폴더 선택

AnimStarterPack은 시연 목적으로 받은 것이기 때문에 이주할 필요가 없다. 대신 Armor, ControlRig, MetaHuman 콘텐츠 폴더는 최종 신에 사용될 여성 메타휴먼에서 사용되기 때문에 필요하다. 하지만 Mocap_From_Maximo 폴더에서 필요한 것은 Mocap과 CleanedMocap_Final 폴더와 신에서 사용될 정리가 끝난 모캡 애니메이션들이기에 나머지 불필요한 항목들의 체크는 해제했다.

NOTE

> 일반적으로 콘텐츠가 의존하는 것을 놓치지 않고자 전체 폴더를 가져오는 것이 좋다. 이러한 것을 **종속성**(dependencies)이라고 부른다. 예를 들어 **Body Armor** 폴더를 이주할 때 텍스처(texture)와 셰이더(shader) 파일을 빠뜨리지 않도록 한다. 종속성을 전부 가져오지 않으면 새 프로젝트에서 올바르게 로드되지 않고 오류를 일으킬 수 있다. 일반적으로 무엇을 가져올지 모를 때는 애셋이 올바르게 기능하고 모든 종속성이 유지되도록 필요한 것보다 더 많이 이전하는 것이 좋다.

5. 이주할 항목들을 선택하고 **OK**를 클릭하면 이 애셋들을 이주할 프로젝트의 Content 폴더를 선택하라는 창이 나온다. FinalSceneChapter20 프로젝트의 Content 폴더를 찾아서 그림 20.4처럼 창 하단의 **Select Folder**를 클릭한다.

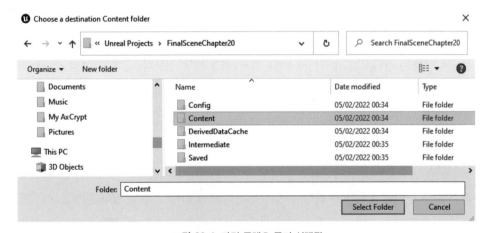

그림 20.4 타깃 콘텐츠 폴더 선택됨

선택된 애셋들이 새로운 프로젝트로 이주하기 시작한다.

6. 이제 이주하려는 프로젝트를 닫고 FinalSceneChapter20 프로젝트를 열고 **Content Drawer**를 연다. 그림 20.5처럼 최종 신에 사용될 애셋들을 확인할 수 있다.

그림 20.5 새로운 프로젝트로 이주한 최종 신에서 사용할 애셋들

7. 이제 최종 신에 사용할 다른 콘텐츠들을 동일한 방법으로 이주할 수 있다. 이 작업은 로봇 드론과 애니메이션, 외계 식물과 애니메이션, 촬영 세트와 그 효과들을 이야기한다. 만약 이주하는 것을 잊었다면 이후에 진행하면서 추가해도 된다.

방금 프로젝트 간에 콘텐츠를 이주하는 방법을 배웠다. 다음으로 신에서 여성 캐릭터의 몸을 따라가도록 갑옷을 설정할 수 있다.

메타휴먼 릭에 갑옷 설정

커스텀 갑옷은 메타휴먼 캐릭터에 대한 멋진 추가 세부 정보다. 갑옷은 여성 캐릭터의 몸과 팔다리에 완벽하게 맞게 만들어졌으며 피벗^{pivot}은 신의 원점인 0, 0, 0 위치와 회전에 있다. 그러나 언리얼 엔진 5의 얼리 액세스 버전에서는 한번 부착하면 기본 오프셋을 유지하는 방법을 찾을 수 없었다.

메타휴먼 신체 부위에 아이템을 부착하면 부착된 항목의 피벗을 부착하려는 본의 피벗에 스냅한다. 이렇게 하면 부착한 후에 잘못된 위치에 나타날 수도 있다. 아마도 이후에는 더 쉬운 방법이 있을지도 모르지만 현재로서는 해당 문제를 해결할 수 있는 방법을 찾았다.

또한 애니메이션을 캐릭터에 로드하기 전에 처음부터 바로 이 작업을 수행하는 것이 좋다. 이러한 아이템들을 부착했을 때 캐릭터가 기본 위치에 있기를 원한다.

이제 갑옷을 캐릭터 몸에 부착하자.

1. 메인 언리얼 엔진 메뉴 상단에서 **Cinematics | Add Level Sequence**를 선택한다. 새로 생긴 레벨 시퀀스를 그림 20.6처럼 FinalScene이라고 이름 짓는다.

그림 20.6 최종 신에 사용할 새로운 레벨 시퀀스

2. Content Drawer에서 **BP_SciFiGirl**을 시퀀서 타임라인에 그림 20.7처럼 드래그 한다. 이것은 새 프로젝트이고 메타휴먼 설정을 위한 모든 플러그가 아직 로드되지 않았기 때문에 플러그인 오류가 발생할 수도 있다. 오류가 발생했을 때 **Load Plugins**를 선택하면 언리얼 엔진이 재시작을 요청할 수도 있다.

그림 20.7 메타휴먼 시퀀서에 올리기

3. 만약 기본 체커 바닥을 기본으로 갖고 있다면 바닥을 선택하고 **World Outliner**에서 위치가 0, 0, 0에 있는지 확인한다. 기본값으로는 그리드에서 20cm 위에 위치한다.

4. 왼쪽 상단의 컨트롤 릭의 **Animation Mode** 창이 열려 있으면 일반적인 오른쪽 클릭 메뉴와 충돌할 것 같으니 **Select Mode**로 전환할 수 있다. 나중에 갑옷을 정렬해야 하기 때문이다. 메인 언리얼 엔진 인터페이스 상단의 드롭다운 메뉴를 클릭한 후에 다시 열 수 있다.

5. Content Drawer에서 모든 갑옷 스태틱 메시 16조각을 **Armor_Models** 폴더 (Content/MetaHumans/SciFiGirl/Armor)에서 선택해서 그림 20.8처럼 **시퀀서** 타임라인에 드래그해서 올린다.

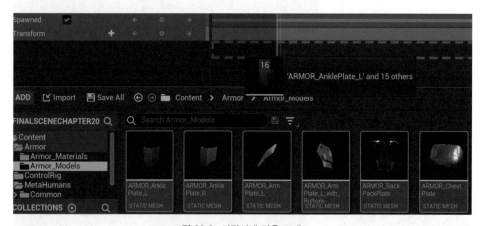

그림 20.8 시퀀서에 갑옷 드래그

6. 그림 20.9처럼 **Sequencer TRACK** 창에서 **ARMOR Chest Plate**를 선택하고 **+ Track | Attach | BP Sci Fi Girl**을 선택한다. 다음에 나오는 창에서 **Torso**를 선택하고 다음에는 **spine_04**를 선택한다.

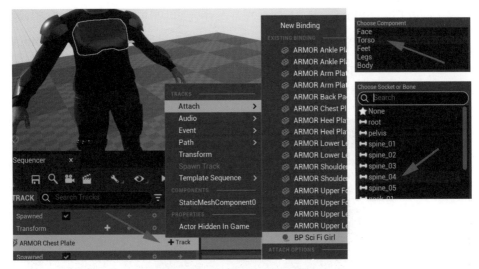

그림 20.9 Chest Plate 갑옷을 릭에 부착

Attach 트랙이 갑옷을 척추에 부착함에 따라 이제 갑옷의 피벗을 척추 본의 피벗에 스냅하므로 이제 그림 20.10처럼 Chest Plate가 캐릭터의 잘못된 위치에 있다.

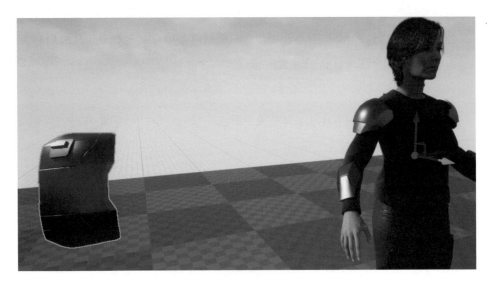

그림 20.10 잘못된 위치에 있는 Chest Plate

이 Chest Plate 갑옷을 수정하자.

7. **ARMOR Chest Plate**를 뷰포트에서 마우스 우클릭하면 메뉴가 열린다. 이 메뉴는 **Animation Mode**가 활성화돼 있을 때에는 작동하지 않기에 4단계에서 **Select Mode**로 변경한 이유이기도 하다. 그림 20.11처럼 메뉴에서 **Transform** | **Snapping** | **Align to Floor**를 선택한다.

그림 20.11 갑옷 피벗을 다시 바닥과 정렬

이렇게 하면 갑옷 피벗이 원래 회전 방향과 같이 다시 바닥에 맞춰진다. 그러나 위치는 여전히 올바르지 않다. 갑옷 피벗을 월드에서의 원래 위치인 0, 0, 0으로 다시 가져오려면 **상대적인** 공간이 아닌 **월드** 공간으로 일시적으로 변경해야 한다(이 경우 척추 본의 자식인 부모에 대한 상대적인 위치가 아닌 실제 월드상의 위치).

상대적인 공간만이 **시퀀서**에 부착된 오브젝트와 잘 작동하기 때문에 이 작업은 일시적으로만 수행할 수 있다.

8. **ARMOR Chest Plate**가 선택된 상태에서 그림 20.12에서 나열된 작업을 수행한다.

I. **World Outliner**에서 **Location** 드롭다운 메뉴를 클릭해서 **World**로 변경한다.

II. 모든 **Location** 값을 0, 0, 0으로 변경한다. 모두 0으로 변경하면 갑옷의 피벗이 다시 월드의 원점인 0, 0, 0으로 돌아온다.

III. **Location** 드롭다운 메뉴에서 다시 **Relative**로 변경한다.

IV. 변경하면 위치 값이 바뀌고 그 값이 더 이상 0, 0, 0이 아닌 것을 확인할 수 있다.

이제 갑옷의 로컬 상대 공간에서 나중에 키프레임할 수 있는 정확한 상대 위치값을 찾았다.

그림 20.12 상대적인 오프셋 위치 가져오기

9. Chest Plate를 포함한 몇 가지 아이템들은 그림 20.11에 표시된 것처럼 7단계를 반복해서 갑옷의 회전 값을 바닥에 다시 정렬하고 **상대** 오프셋 회전값을 가져와야 할 수도 있다.

10. Chest Plate가 몸의 올바른 위치로 다시 돌아오면 올바르게 작업했다는 것을 알 수 있다. **ARMOR Chest Plate**가 **TRACK** 창에서 선택돼 있는 상태에서 **0** 프레임에 새로운 상대 위치 및 회전값으로 키프레임을 추가한다. 이렇게 하면 그림 20.13과 같이 갑옷과 갑옷이 연결된 스켈레톤 본의 상대 변환값을 고정하고 저장한다.

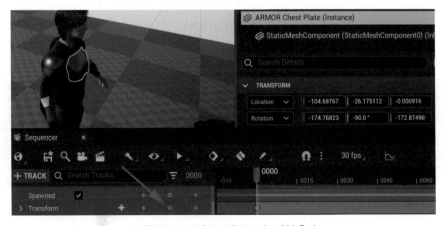

그림 20.13 상대 오프셋으로 키프레임 추가

11. 갑옷의 모든 부분에 위 과정을 반복한다. 유일한 차이점은 부착하는 본이다. 예를 들어 팔뚝의 갑옷은 팔뚝 본에 부착돼야 한다.

12. 잘못된 본에 갑옷을 부착했을 경우 해당 항목 아래의 **TRACK** 창에서 생성한 **Attach** 트랙을 제거하면 된다. 또한 지정된 본에 대해서만 **시퀀서** 타임라인에서 **Attach** 트랙 범위가 설정되므로 해당 범위를 전체 최종 신 길이에 대해 설정해서 전체 신에서 부착되도록 해야 한다. 그렇게 하려면 그림 20.14처럼 범위의 시작 또는 끝 라인을 마우스 좌클릭하고 드래그해서 늘리거나 줄이면 된다.

그림 20.14 Attach 범위

갑옷을 부착하는 것과 함께 이제 **시퀀서**에서 메타휴먼 또는 컨트롤 릭 캐릭터의 모든 부분에 아이템과 소품을 부착하는 방법도 배웠다.

이제 최종 신을 위한 레벨과 다른 캐릭터들을 준비하자.

캐릭터와 레벨 애셋 준비

외계 식물과 로봇 드론을 스키닝^{skinning}하고 리깅했을 때 언리얼 엔진에 최종 텍스처를 적용하지 않았다. 만약 적용하지 않았다면 **SKELETAL MESH** 파일을 Content Drawer에서 더블 클릭해서 열어서 알맞은 텍스처를 적용한다.

그림 20.15 더블 클릭해서 스켈레탈 메시 열기

애셋이 열리면 **Asset Details** 패널이 주로 오른쪽에서 열리는 것 대신에 인터페이스의 왼쪽에 열린다.

만약 찾을 수 없다면 그림 20.16에서 볼 수 있듯이 상단의 메인 언리얼 엔진 인터페이스 메뉴에서 **Window** | **Asset Details**를 클릭해서 다시 열 수 있다.

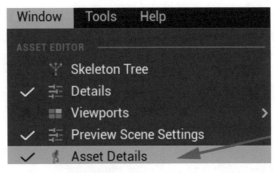

그림 20.16 애셋 디테일 창 열기

Asset Details 창에서 **MATERIAL SLOT** 아래에서 그림 20.17과 같이 드롭다운을 사용해서 외계 식물 및 로봇 드론에 대한 올바른 최종 텍스처를 선택한다.

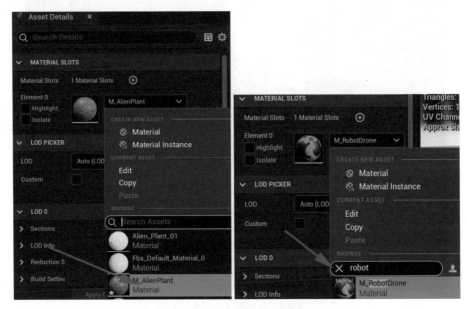

그림 20.17 외계 식물과 로봇 캐릭터에 최종 텍스처 적용

이후에 셰이더를 다시 계산해야 할 수도 있으므로 작업을 완료할 때까지 약간의 시간을 준다.

현재 **시퀀서**에는 최종 신을 위한 **레벨 시퀀스**가 있고 9장과 10장에서 만든 **레벨**(가상 3D 영화 세트)도 있다.

이 두 애셋을 조합해서 사용하자. 안전을 위해 세트, 배경, 라이팅이 있는 **메인** 레벨을 **복제**해서 사용하자. 잘못 삭제하면 언제든지 원래 상태로 돌아갈 수 있다.

그 작업을 하려면 그림 20.18처럼 콘텐츠 드로어에서 **가상의 3D 영화 세트**를 포함하고 있는 **레벨**을 마우스 우클릭해서 **Duplicate**를 클릭하고 MovieSetFinal로 이름을 변경 한다.

그림 20.18 영화 세트 레벨 복제

이제 복제된 MovieSetFinal 레벨을 열고 플레이스홀더 **메타휴먼** 및 **로봇 드론**이 있으면 삭제한다. **레벨** 뷰포트에서 선택하고 키보드에서 **Delete** 키를 누르면 된다(콘텐츠 드로어에서는 삭제하지 말고 **레벨** 자체에서만 삭제한다). **레벨** 뷰포트에서 삭제하면 레벨에서만 삭제되며 애셋은 다시 사용하고 싶을 때를 대비해서 콘텐츠 드로어에 그대로 남아 있다.

단지 우리가 원하는 것만 담고자 영화 세트장을 청소하고 있을 뿐이다. 나중에 애니메이션을 위해 스키닝한 로봇 드론과 외계 식물을 최종 신에 추가해야 한다. 그렇기에 스키닝되지 않은 플레이스홀더placeholder 오브젝트는 더 이상 필요하지 않다.

또한 영화 세트에서 원하지 않는 것은 무엇이든 삭제할 수 있지만 멋진 배경, 환경, 라이팅은 그대로 두도록 주의한다. 지금은 외계 식물 스태틱 메시를 플레이스홀더로 남겨 뒀으므로 그림 20.19와 같이 나중에 애니메이션이 적용된 외계 식물을 배치할 위치를 알 수 있다.

그림 20.19 플레이스홀더만 제거된 영화 세트

상단의 언리얼 엔진 메인 메뉴에서 **File | Save All**을 클릭해서 MovieSetFinal 레벨과 지금까지 수정한 모든 것을 저장한다.

배경 환경과 라이팅만 있는 영화 세트가 생겼으면 이를 FinalScene 레벨 시퀀스에 추가할 수 있다. 이 작업은 20장의 '메타휴먼 릭에 갑옷 설정' 절에서 캐릭터 몸에 모든 갑옷을 부착한 레벨 시퀀스다.

MovieSetFinal 레벨이 열려 있는 상태에서 FinalScene 레벨 시퀀스를 콘텐츠 드로어에서 더블 클릭해서 연다.

그림 20.20처럼 레벨에서 캐릭터에 모든 갑옷이 부착된 상태로 나타난다.

그림 20.20 레벨에서의 FinalScene 시퀀서

이제 FinalScene 레벨 시퀀스와 MovieSetFinal 레벨을 결합했다. 사실 FinalScene 레벨 시퀀스가 MovieSetFinal 레벨 내부에서 배경이나 영화 세트 역할을 하면서 재생되는 것과 비슷하다.

이제 콘텐츠 드로어에서 로봇 드론 및 외계 식물 스켈레탈 메시를 시퀀서 타임라인으로 차례대로 드래그한다. 그러면 그림 20.21에 표시된 것처럼 갑옷을 입은 메타휴먼과 같이 신의 원점에 나타난다.

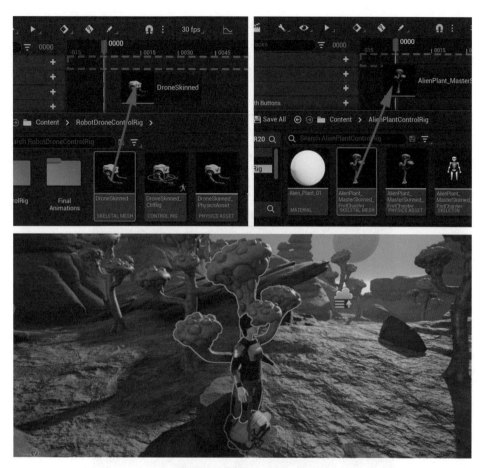

그림 20.21 영화 세트에 액터 추가

NOTE

> 로봇 드론과 외계 식물은 설정이 간단하고 모든 애니메이션을 사전에 구웠기 때문에 이들의 컨트롤
> 릭 버전을 이 신으로 가져올 필요가 없다. 이 시퀀스 자체에서 새 애니메이션을 생성하고 싶은 경우
> 컨트롤 릭 버전을 가져올 수 있다. 메타휴먼의 복잡한 설정을 사용하면 전체 블루프린트를 시퀀스로
> 가져와서 모든 것이 올바르게 로드됐는지 확인하는 것이 훨씬 쉽다.

마지막으로 캐릭터의 머리카락에 대한 설정만 변경하면 된다. 현재의 머리카락은
LOD^{Level of Detail}를 갖고 있다. LOD는 게임 카메라가 오브젝트에서 얼마나 멀리 떨어져
있는지에 따라서 오브젝트의 세부 정보(예: 폴리곤 수)를 덜 표시하는 게임에 더 적합

하다. 여기에서는 LOD가 필요하지 않으며 카메라가 멀리 떨어져 있을 때 더 낮은 디테일의 머리카락을 보고 싶지 않다. 현재 언리얼 엔진 5 버전에서는 머리카락 두께와 관련된 버그가 있다. 이 버그는 추후 언리얼 엔진 5 업데이트에서 수정될 수 있지만 현재는 기본 두께를 변경해 더 잘 표시해야 한다.

뷰포트 또는 **World Outliner**에서 **BP Sci Fi Girl** 메타휴먼 블루프린트를 선택한다. **Details** 창에서 그림 20.22와 같이 **Hair**(Inherited) 아이템을 선택하고 **GROOM** 항목 아래에 있는 **Groom Asset** 옆의 박스를 더블 클릭한다.

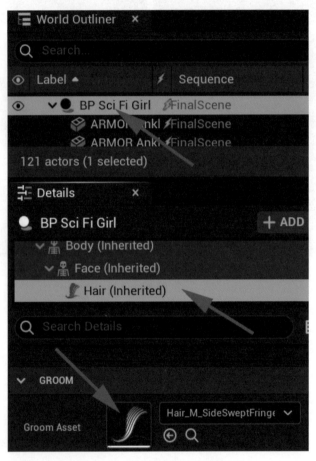

그림 20.22 편집할 머리카락 아이템 선택

헤어 애셋이 열린다. 오른쪽의 **LODS** 창에서 **Thickness Scale**을 3.0으로 변경한다. 그런 다음 **LOD 0**만 남을 때까지 오른쪽의 **X**를 클릭해서 다른 LOD를 삭제한다. 시퀀스의 다음 LOD 이름이 **LOD 1**로 바뀌기 때문에 이 작업을 몇 번 더 해야 할 수도 있다. 따라서 4개의 LOD가 있는 경우 그림 20.23과 같이 **LOD 0**만 남도록 이 작업을 세 번 반복한다.

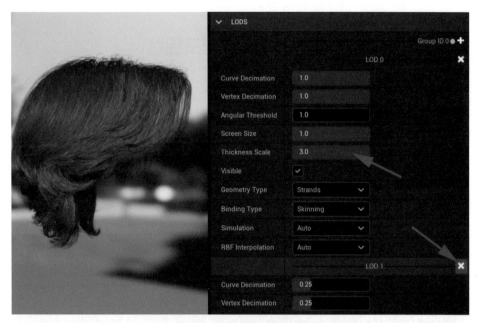

그림 20.23 다른 LOD 삭제 및 Thickness Scale 값 변경

이제 영화 세트를 로드 및 준비하고 주연 배우를 추가했다. 이제 영화를 만들 준비가 됐다. 다음으로 앞에서 만든 애니메이션을 캐릭터/액터에 로드하고 생명을 불어넣는다.

NOTE

> 현재 언리얼 엔진 5 버전에서는 **시퀀서** 신에서 헤어 피직스(physics)가 가끔 이상하게 작동하는 경우가 있다. 상단의 **LOD** 탭 오른쪽에 있는 **Physics** 탭에 있는 **Solver Settings** 아래에서 **Enable Simulation**의 체크를 해제해서 물리 시뮬레이션을 비활성화할 수 있다. 이 문제는 향후 언리얼 엔진 5 업데이트에서 수정될 수 있다.

:⫶: 캐릭터에 애니메이션 임포트

캐릭터의 스켈레탈 메시로 애니메이션을 임포트하는 것은 **시퀀서**의 다음 단계다. 이로서 인간 캐릭터를 위해 정리된 모캡과 로봇 드론 및 외계 식물을 위해 만든 애니메이션을 **시퀀서**에서 캐릭터에 추가한다.

:⫶: 메타휴먼에 모캡 애니메이션 임포트

먼저 시퀀스의 대략적인 길이를 알아야 한다. 그렇기 때문에 먼저 애니메이션을 인간 캐릭터로 가져온다.

1. 지금은 **외계 식물**과 **로봇 드론**을 뷰포트에서 선택하고 이동시킨다. 이것은 인간 캐릭터를 방해 없이 볼 수 있도록 하는 것이다. 그림 20.24와 같이 캐릭터의 발이 바닥을 통과하고 있음을 확인할 수 있다.

그림 20.24 방해되는 로봇과 식물을 옆으로 이동

2. 시퀀서의 **BP Sci Fi Girl** 항목 아래에서 **MetaHuman_ControlRig** 트랙을 선택하고 키보드에서 **Delete** 키를 눌러서 삭제한다. 그러면 그림 20.25와 같이 로드하려는 애니메이션이 오버라이드^{override}되지 않는다.

그림 20.25 컨트롤 릭 트랙 제거

3. **+Track | Animation**을 클릭해서 Animation 트랙을 추가한다. 그리고 그림 20.26처럼 sit을 검색해서 Sitting_Idle_meta_cleaned_final을 선택한다.

그림 20.26 Sitting Idle 애니메이션 추가

Sitting Idle 애니메이션이 캐릭터에서 재생된다.

그림 20.27 인간 캐릭터에 Sitting 애니메이션이 재생됨

4. 다음으로 프레임 **0000**에서 뷰포트에서 캐릭터를 선택하고 20센티미터 정도 위로 올려서 발이 땅 위에 있게 한다. 그림 20.28처럼 **TRACK** 창에서 **BP Sci Fi Girl** 항목의 **Transform** 채널에 키프레임을 추가해서 해당 위치를 고정한다.

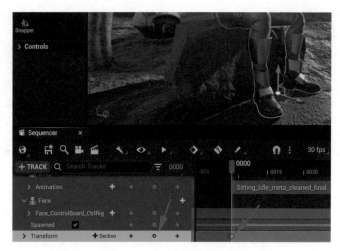

그림 **20.28** 캐릭터의 Transform 트랙에서 이동 및 키프레임 추가

면밀히 살펴보면 이제 무언가를 확인할 수 있다. 바로 손이 그림 20.29와 같이 부착한 갑옷을 뚫고 있다.

그림 **20.29** 손가락이 갑옷을 뚫고 있음

이러한 문제는 아이템이 나중에 추가되거나 모델이 업데이트됐을 때 자주 발생한다. 이제 19장에서 배운 방법들로 이를 수정할 수 있다. 20장에서는 목적을 위해 수정된 애니메이션을 추가했다. 수정된 애니메이션을 사용하려면 이 책과 함께 제공된 프로젝트 파

일에서 Sitting_Idle_meta_cleaned_final_armorFix와 Stand_up_meta_cleaned_final_armorFix 애니메이션을 로드한다.

손이 갑옷을 뚫는 문제 해결

연습을 위해 이 작업을 직접 수행하려는 경우 19장에서 자세히 다룬 단계를 간단하게 설명한다. 이것은 실제로는 새로운 것이 아니며 19장에서 다룬 단계를 반복하는 것이다.

1. 타임라인에서 작업 범위를 **0000**에서 **0238**(Sitting 애니메이션 길이)로 설정한다.

2. **Body | Bake To Control Rig | MetaHuman_ControlRig**을 마우스 우클릭한다. 키 감소 체크박스의 체크를 해제한다.

3. **Additive** 레이어를 추가하고 팔다리 컨트롤러의 **IK** 체크박스를 체크해서 **IK**로 전환하고 head_ctrl에서 이상한 각도로 보이는 경우 **Local** 박스를 체크한다.

4. 모든 **Additive Controller**에 프레임 **0000**에 키프레임을 추가한다. **Additive** 레이어에서 작업을 하고 있기 때문에 **Automatic Keyframe**이 비활성화돼 있는지 확인한다.

5. 손과 손가락이 다리 갑옷을 뚫지 않는 새로운 포즈를 생성하고 **Additive** 레이어의 프레임 **0000**에 키프레임을 추가한다.

6. 모든 컨트롤 릭 컨트롤러를 선택하고 프레임 **0000**에 있는 새 포즈를 포즈 라이브러리에 저장하고 이름을 PoseA_Sit_Idle_ArmorFix로 지정한다.

7. **TRACK** 창의 **Body**를 우클릭하고 **Bake Animation Sequence**를 선택하고 Sitting_Idle_meta_cleaned_final_armorFix로 지정한다.

8. **MetaHuman_ControlRig** 트랙을 **BP Sci Fi Girl**에서 삭제해 동일한 변경 사항으로 Stand Up 애니메이션을 조정할 수 있다.

9. **TRACK** 창의 **Body** 항목에서 **+ Track | Animation**을 클릭하고 Stand_up_meta_cleaned_final 애니메이션을 선택한다.

10. 타임라인 범위를 **0000**에서 **0082**(Sitting 애니메이션 길이)로 설정한다.

11. **Body**를 마우스 우클릭하고 **Bake To Control Rig**를 선택하고 다음에 나오는 창에서 `MetaHuman_ControlRig`를 선택한다. 키를 감소하지 않는다.

12. **Additive** 애니메이션 레이어를 추가하고 팔다리 컨트롤러의 **IK** 체크박스를 체크해서 **IK**로 전환하고 `head_ctrl`에서 이상한 각도로 보이는 경우 **Local** 체크박스를 체크한다.

13. `PoseA_Sit_Idle_ArmorFix` 포즈를 **포즈** 툴에서 로드하고 모든 **Additive** 컨트롤러의 프레임 **0000**에 키프레임을 추가한다.

14. 애니메이션을 재생하면 프레임 **0**에서 **20**까지는 괜찮아 보이기 때문에 모든 **Additive** 컨트롤러에 앵커 키프레임을 추가한다.

15. **0044** 프레임과 애니메이션의 끝인 프레임 **0082**에서 `PoseB_Stand_Idle_tutor` 포즈를 **포즈** 툴에서 로드하고 키프레임을 추가해서 올바르게 서 있는 위치로 되돌리고 끝에서 포즈를 종료한다.

16. 프레임 **0031**에서 손가락과 손이 충돌하는 문제가 발생한다. 손 IK 컨트롤러에 중간 키프레임을 추가해서 충돌을 막는다.

17. **TRACK** 창에서 **Body**를 마우스 우클릭하고 **Bake Animation Sequence**를 선택하고 `Stand_up_meta_cleaned_final_armorFix`로 이름 짓는다.

18. **BP Sci Fi Girl**의 **TRACK** 창에서 **Animation** 및 **MetaHuman_ControlRig** 트랙을 삭제한다.

이제 Stand up 애니메이션에서 손이 갑옷을 뚫고 지나가는 문제를 수정했다. 다음으로 시퀀서에 로드할 수 있다.

시퀀서에 애니메이션 로드

이제 다시 시작해 손이 위쪽 다리 갑옷을 뚫지 않는 애니메이션을 로드할 수 있다.

1. `Sitting_Idle_meta_cleaned_final_armorFix` 애니메이션을 2단계(그림 20.26)과 3단계 (그림 20.27)를 반복해서 불러온다. 이 애니메이션을 불러오면 프레임 **0000**에 고정된 애니메이션을 로드한다.

2. 타임라인에서 Sitting Idle 애니메이션 끝인 프레임 **0239**로 이동한 다음 기존의 **Animation** 트랙에서 **+ Animation**을 클릭한다. 그리고 `stand`를 검색하고 그림 20.30처럼 새로운 `Stand_up_meta_cleaned_final_armorFix` 애니메이션을 선택한다.

그림 20.30 고정된 Standing Up 애니메이션 추가

3. 두 번째 **애니메이션** 레이어에 나타난다. 그러나 애니메이션이 동일한 **애니메이션** 레이어에 있는 경우 애니메이션을 블렌딩하는 것이 더 쉽기 때문에 이 트랙의 중간을 마우스 좌클릭한 상태에서 그림 20.31과 같이 Sitting Idle 애니메이션과 동일한 레이어로 드래그한다.

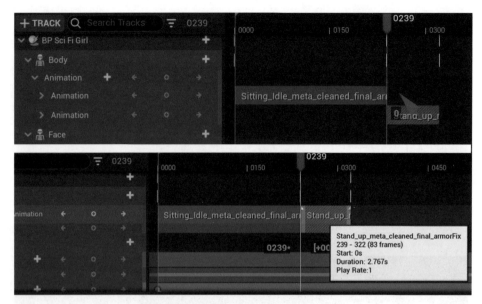

그림 20.31 애니메이션을 같은 트랙으로 드래그

애니메이션이 서로 부드럽게 연결되지 않는 경우 트랙 중간을 마우스 좌클릭한 상태로 서로 드래그하고 애니메이션을 블렌딩해서 전환을 부드럽게 할 수 있다. 겹치는 부분은 그림 20.32와 같이 하나의 애니메이션을 다른 애니메이션과 블렌딩한다.

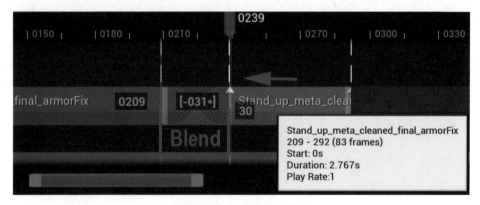

그림 20.32 애니메이션 블렌딩

모캡 클린업에서 시작 포즈와 끝 포즈를 정확히 일치시켰기 때문에 이 경우에는 Sitting Idle과 Stand Up 애니메이션 사이에 그렇게 할 필요가 없다. 중간에 공간 없

이 다음 항목의 시작과 끝을 연결한다.

4. 다음으로 이전과 같은 방식으로 Stand_Idle_meta_cleaned_final 애니메이션을 추가한다. 그러나 Stand up 애니메이션의 끝에서 Stand Idle 애니메이션의 시작으로 머리 부분에 작은 결함이 있는 것을 확인할 수 있다. 그래서 그림 20.33처럼 둘을 서로 겹쳐서 몇 프레임 동안 블렌딩해서 결함을 없앤다.

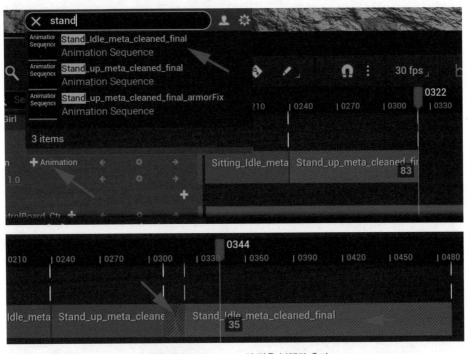

그림 20.33 Stand Idle 및 짧은 블렌딩 추가

이 시점에서 시퀀스를 재생하면 캐릭터가 일어선 후 Stand Idle 애니메이션에서 너무 오랫동안 가만히 서 있는 것처럼 느껴진다. 더 짧게 만들어 보자.

5. 타임라인에서 Stand_Idle_meta_cleaned_final Animation 트랙의 끝 부분에 마우스를 가져가고 클릭하고 드래그해서 그림 20.34와 같이 길이를 프레임 **0400**으로 줄인다. 이를 애니메이션 **잘라내기**^{trimming}라고도 한다.

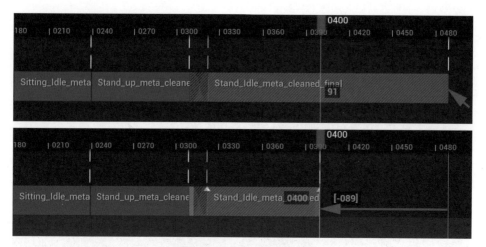

그림 20.34 애니메이션 잘라내기

6. 이제 프레임 **0400**에서 Walk_start_stop_meta_clenaed_final 애니메이션을 추가한다. Stand Idle의 전체 주기를 완료하지 않기 때문에 Walk 애니메이션 시작 부분의 포즈가 정확히 일치하지 않는다. 따라서 그림 20.35와 같이 약간의 블렌딩을 위해서 Walk Animation 트랙을 왼쪽으로 몇 프레임 정도 드래그한다.

그림 20.35 walking start–stop 애니메이션 추가

캐릭터가 걷기를 멈추면 팔의 로봇 드론을 활성화하는 버튼을 누르게 하고 싶다.

7. 걷는 애니메이션 끝부분에서 프레임 **0496** 주변에 `Button_push_meta_clenaed_final` 애니메이션을 추가하고 다른 것과 동일한 Animation 트랙으로 드래그한다.

그러나 문제가 있다. 타임라인을 스크러빙하거나 재생하면 프레임 **0497**에서 걷기 애니메이션에서 버튼을 누르는 애니메이션으로 전환될 때 캐릭터가 신의 원점으로 다시 스냅된다.

이는 걷기 애니메이션 도중에는 캐릭터와 루트가 몇 미터 앞으로 이동한 반면 다른 애니메이션 중에는 캐릭터가 여전히 같은 지점에 있기 때문에 발생한다. 버튼을 누르는 애니메이션은 원점에서 애니메이션화됐으므로 재생하면 원점에서 재생된다.

이미 걷기 애니메이션에서 캐릭터의 루트가 캐릭터를 따라가도록 애니메이션했기 때문에 다시 멈출 때 루트는 메인 Stand 포즈처럼 정확히 뒤꿈치 사이에 있다. 이 루트 위치는 캐릭터가 월드에서 어디에 있는지를 나타내는 상대적인 참조점이다. 이 루트 위치를 사용해서 버튼을 누르는 애니메이션에서 캐릭터가 월드에서 어디에 있는지 알고 그 위치에서 애니메이션을 재생할 수 있다. 이렇게 하면 애니메이션 원점이 아닌 캐릭터가 위치한 곳에서 재생된다.

8. **시퀀서** 타임라인에서 `Button_push_meta_cleaned_final` 애니메이션 클립을 마우스 우클릭한 다음 그림 20.36과 같이 **Match With This Bone In Previous Clip** | **root** 를 선택한다.

그림 20.36 이전 클립에서 이 본과 매치

9. Walk 애니메이션의 끝과 Push Button 애니메이션의 시작 사이에 약간 갑작스러운 느낌이 들어서 두 애니메이션 사이에 16 프레임 블렌드를 추가했다.

10. Button_push_meta_cleaned_final 애니메이션의 끝에서 Stand_Idle_meta_cleaned_final 애니메이션을 다시 추가해서 캐릭터가 영화 장면에 필요한 만큼 오래 서 있을 수 있도록 한다. 두 애니메이션 사이에 약간의 블렌딩이 존재한다.

11. Stand_Idle_meta_cleaned_final Animation 트랙의 끝을 드래그해서 프레임 **1000**으로 확장한다.

    끊김 없는 주기이기 때문에 결함 없이 계속 반복된다. 그림 20.37과 같이 얇은 흰색 수직선으로 이 확장된 Animation 트랙에서 각 주기의 시작과 끝이 어디인지 확인할 수 있다.

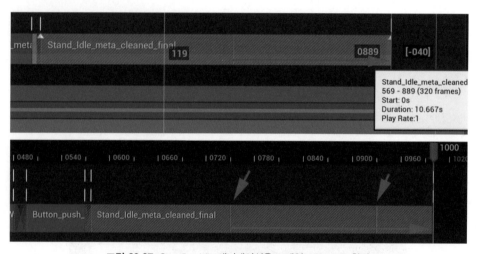

그림 20.37 Standing Idle 애니메이션을 프레임 1000으로 확장

12. Active Range(초록색 및 빨간색 수직선)를 **0000**에서 **1000**으로 설정한다.

13. 그림 20.38처럼 타임라인의 트랙 끝에서 프레임 **1000**보다 길어질 때까지 클릭하고 누른 상태에서 드래그해서 활성 범위보다 길어지도록 모든 방어구에 대한 모든 Attach 트랙을 하나씩 확장한다. 이제 전체 시퀀스 동안 연결된 상태가 유지된다.

그림 20.38 트랙 범위 연결

축하한다! 이제 전체 모캡 애니메이션 시퀀스를 메타휴먼 캐릭터에 추가했다. 이제 신의 프레임 수를 대략적으로 알고 로봇 드론 애니메이션의 시간을 측정할 수 있다. 다음으로 영화 장면에서 로봇 드론으로 애니메이션을 임포트한다.

로봇 드론에 모캡 애니메이션 임포트

로봇 드론의 애니메이션 타이밍은 여성 캐릭터가 팔에 있는 버튼을 눌러 활성화하는 시점에 따라서 달라진다. 그러나 먼저 신에 배치부터 하자.

외계 식물과 로봇 드론의 경우 **시퀀서**에 애셋을 추가하면 그림 20.39와 같이 Transform 트랙이 자동으로 생성된다. 일반적으로는 아이템의 마지막 트랙이다. 이 **Transform** 트랙은 신에서 애셋을 배치하는 데 사용할 수 있으며 해당 위치를 애니메이션화할 수도 있다. 이 **Transform** 트랙은 **시퀀서**와 신에서 애셋의 전체 부모 위치와 같다.

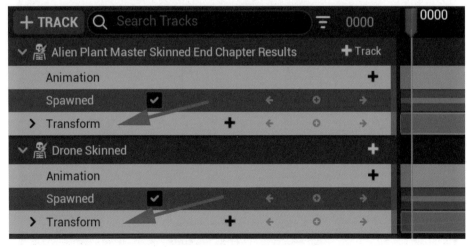

그림 20.39 Transform 트랙

이는 아이템의 **Animation** 트랙이나 **Control Rig** 트랙에서 재생하는 스켈레탈 애니메이션과 별개다. 이는 아주 유용한데, 신의 원점에서 애니메이션된 아이템에 대해 스켈레탈 애니메이션을 재생한 다음, **Transform** 트랙 위치를 사용해서 신의 다른 위치에서도 애니메이션을 재생할 수 있으며 신에서 그 위치를 애니메이션화할 수 있기 때문이다.

이 **Transform** 트랙을 사용해서 로봇 드론의 월드 위치를 컨트롤하고 신 주위를 날아다니는 애니메이션에도 사용한다. 캐릭터가 팔에 있는 버튼을 누를 때까지 드론이 비활성화되기를 원한다는 것을 알고 있다. 제공된 시퀀서에서는 프레임 **0530**에 있다(직접 만든 시퀀서의 프레임과 다를 수 있다).

이것은 캐릭터가 버튼을 누를 때 움직이기 시작하기 전에 로봇 드론 애니메이션을 위한 좋은 출발점이다.

1. 프레임 **0530**에서 뷰포트에서 드론을 선택하고 활성화되면 시작 위치로 이동한다. 지상에 대한 캐릭터의 관점에서 인간 캐릭터 앞에 위치시켰다. 드론을 이동 및 회전해서 본체와 함께 땅에 완벽하게 앉힌 후 그림 20.40과 같이 해당 프레임에서 로봇의 **Transform** 트랙에 키프레임을 추가한다.

그림 20.40 로봇의 시작 지점으로 이동하고 키프레임을 추가

2. 프레임 **0000**에서 **Animation** 트랙에 애니메이션을 추가하고 Robot_Action_Unactivated를 선택한다. 그림 20.41과 같이 사람 캐릭터가 일반적인 방법으로 트랙의 끝을 클릭, 유지, 드래그해 활성화 버튼을 누르는 지점 직전까지 이 애니메이션 주기를 확장한다.

그림 20.41 비활성화된 애니메이션 추가 및 확장

3. 인간 캐릭터가 활성화 버튼을 누르는 지점에서 프레임 530에서 Animation 트랙의 +Animation과 함께 Robot_Action_Animation(예제 같은 경우, 경례)을 추가한다. 이 트랙과 이전 트랙 사이에 공간이 없는지 확인한다. Robot_Action_Animation의 시작 부분에 있는 **Transform** 트랙에 키프레임을 추가한다. 그리고 완전히 활성화되면(예제 같은 경우 0580에서 50 프레임 후) 호버링 위치에서 로봇을 지면에서 들어 올리고 그림 20.42와 같이 **Transform** 트랙의 위치에서 또 다른 키프레임을 추가한다.

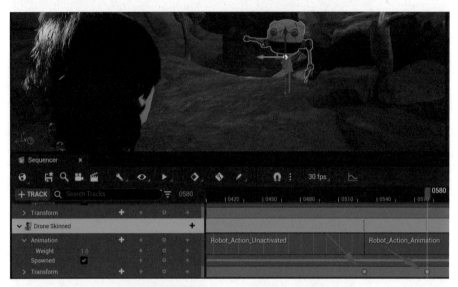

그림 20.42 활성화 액션 및 키프레임 위치 추가

그런 다음 로봇 드론이 다음에 무엇을 하길 원하는지는 독자들에게 달려 있다. 예제가 필요하면 FinalScene_tutor 레벨 시퀀스(20장의 언리얼 엔진 프로젝트 리소스에 포함됨)에서 수행한 작업을 확인할 수 있다. 즐거운 마음으로 창의적으로 작업하라. 툴과 타이밍을 실험해 보자. Transform 트랙에서 애니메이션을 편집하는 데 그래프 편집기를 사용할 수도 있다는 것을 기억하자.

FinalScene_tutor 레벨 시퀀스에서 수행한 작업을 요약하면 다음과 같다.

1. Robot_Idle_Cycle과 Robot_Movement_Cycle 애니메이션을 로봇 드론 **Animation** 트랙에 추가했다.

2. 경례가 끝나고 난 뒤에 Robot_Idle_Cycle 애니메이션을 넣은 다음 더 짧게 다듬은 후 몇 주기 동안 확장한 Robot_Movement_Cycle과 블렌딩했다.

3. 그림 20.43처럼 **Transform** 트랙을 사용해서 환경을 탐색하고자 로봇이 날아가는 애니메이션을 만들었다.

그림 20.43 로봇 시퀀스 예제

4. 마지막으로 캐릭터가 앉아 있는 시작 부분의 시퀀스가 너무 길다고 판단해 시퀀스의 **Active Range**를 그림 20.44처럼 프레임 **0200**에서 시작해 프레임 **0800**에서 끝나도록 설정했다.

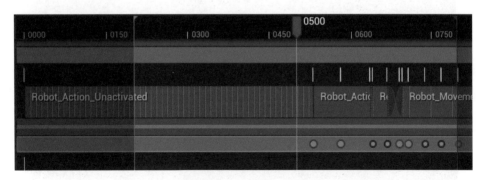

그림 20.44 Active Range 조절

애니메이션은 이제 로봇 드론에 적용됐고 영화 신에서 생명을 얻었다. 다음으로 16장에서 만든 흔들리는 애니메이션을 외계 식물이 재생하도록 해 영화 세트 배경에 약간의 움직임을 넣는다.

외계 식물에 애니메이션 임포트

20장에서 작업한 것을 고려하면 아마도 이 부분이 더 쉬울 것이다. 이제 외계 식물에 생명을 불어넣어 보자.

1. 그림 20.45와 같이 타임라인에서 Active Range의 시작 부분에서 **+ Animation**을 클릭해서 **Alien Plant Master Skinned** 아이템의 **Animation** 트랙에 `AlienPlant_Sway_Animation`을 추가한다.

그림 20.45 외계 식물에 흔들거리는 애니메이션 추가

2. `AlienPlant_Sway_Animation`을 타임라인의 Active Range보다 몇 주기 더 길게 만들고자 그림 20.46처럼 트랙 끝에서 클릭해서 드래그한다.

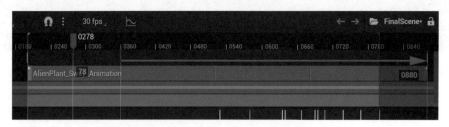

그림 20.46 외계 식물 흔들거리는 애니메이션 확장

3. 뷰포트에서 외계 식물 스태틱 메시 플레이스홀더 중 하나의 위치로 이동, 회전, 스케일한 다음 플레이스홀더를 삭제하고 애니메이션된 외계 식물을 배치한다. 이제 플레이스홀더를 그림 20.47과 같이 움직이는 외계 식물로 교체했다.

그림 20.47 정적 식물을 애니메이션된 외계 식물로 교체

4. **Alien Plant Master Skinned** 아이템을 마우스 우클릭하고 **TRACK** 창에서 **Duplicate**를 선택한다. 그러면 그림 20.48과 같이 아이템과 **Animation** 트랙이 모두 복제된다.

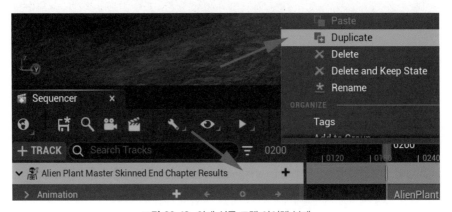

그림 20.48 외계 식물 트랙 아이템 복제

이제 **시퀀서**에 2개의 애니메이션이 적용된 외계 식물이 있지만 **Animation** 트랙이 그대로 복제됐기 때문에 애니메이션이 동시에 재생되고 완벽하게 동일하다. 이것은 자연적인 환경에서 이상하게 보인다. 각 외계 식물의 애니메이션의 시작 시간을 다르게 해 완벽하게 일치하지 않도록 한다.

5. 복제된 외계 식물을 교체하려는 다음 외계 식물 스태틱 메시의 위치로 이동시킨다. 이제 AlienPlant_Sway_Animation 트랙을 몇 프레임 더 앞으로 이동해서 애니메이션 시작 타이밍을 다르게 한다. 그러면 그림 20.49와 같이 원래 있는 외계 식물과 애니메이션이 일치하지 않는다.

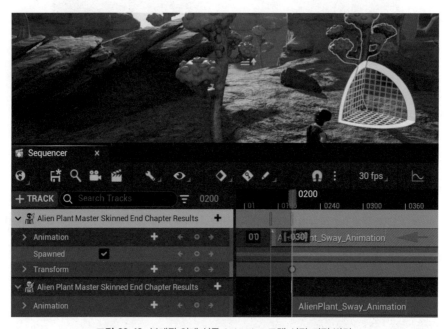

그림 20.49 복제된 외계 식물 Animation 트랙 시작 지점 변경

그러나 AlienPlant_Sway_Animation 트랙이 전체 Active Range를 포함하는지 확인해서 흔들거리는 애니메이션이 전체 시퀀스에서 재생되도록 한다. 필요한 경우 끌어서 더 길게 확장할 수 있다.

6. 4단계와 5단계를 반복해서 모든 외계 식물 스태틱 메시를 애니메이션이 적용된 외계 식물로 교체하고 각 애니메이션의 시작 지점을 다르게 한다.

이제 모든 액터의 애니메이션 구현이 완료됐다. 다음으로 카메라를 조작해서 촬영해 보자.

카메라 생성 및 애니메이션 적용

카메라에 관련된 것은 독자들에게 맡기겠다. 원하는 방법대로 하면 된다. 그러나 예제를 원하면 FinalScene_tutor 레벨 시퀀스(20장의 언리얼 엔진 프로젝트 리소스가 포함됨)에서 미리 만들어 둔 작업을 확인할 수 있다.

하지만 먼저 **시퀀서**에서 카메라로 작업하는 방법을 알고 싶을 것이다. 여러 카메라를 설정한 다음 **시퀀서**에서 카메라 사이에 카메라 컷을 만드는 방법은 다음과 같다. 이것은 단지 기본에 불과하지만 간단한 툴로 시네마틱 카메라로 할 수 있는 대부분의 작업을 수행할 수 있다. **시퀀서**에서 카메라 및 샷을 사용해 할 수 있는 작업이 많지만 이 책의 범주를 벗어나는 내용이다.

카메라를 생성하고 애니메이션을 적용하려면 다음 단계를 따라 한다.

1. 먼저 카메라와 카메라 컷을 저장하고 관리하고자 **Camera Cut Track**을 시퀀스에 추가해야 한다. 그림 20.50과 같이 **TRACK** 창 상단의 **+ TRACK**을 클릭한 다음 **Camera Cut Track**을 선택한다.

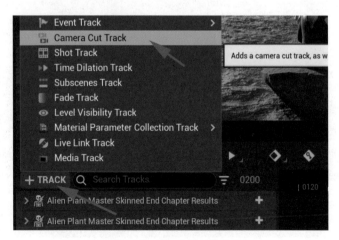

그림 20.50 카메라 컷 트랙 추가

2. 그리고 시네마틱 카메라를 생성하려면 그림 20.51처럼 **Sequencer** 창 상단의 카메라 아이콘을 클릭한다.

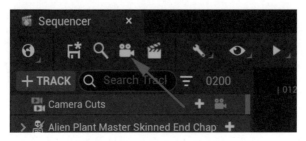

그림 20.51 새로운 시네마틱 카메라 생성

새로운 **Cine Camera Actor**가 시퀀서 **TRACK** 창과 타임라인에 나타난다. 이러한 카메라는 원하는 만큼 만들 수 있다. 나중에는 모든 카메라 컷에 대해 카메라를 하나씩 만들 수도 있다.

3. **TRACK** 창에서 이 **Cine Camera Actor**를 선택하면 일반 뷰포트 위에 작은 뷰포트가 겹쳐서 보인다. 이것은 그림 20.52와 같이 시네마틱 카메라의 시점으로 보고 있는 화면이다.

그림 20.52 시네마틱 카메라 선택

기본 작업 뷰포트에서 카메라를 이동, 애니메이션 또는 설정을 변경하더라도 시네마틱 카메라에 영향을 미치는 효과를 실시간으로 확인하려면 이를 위한 설정이 유용하다. 각각의 **트랜스폼** 트랙에서 이 카메라의 위치를 애니메이션화하고 키프레임을 설정할 수 있다.

> **NOTE**
>
> **CameraComponent**가 아닌 **Cine Camera Actor**를 애니메이션으로 만든다. 이로 인해 문제가 발생할 수도 있다. 이 경우와 마찬가지로 동일한 자식을 대상으로 하는 경우 계층 구조의 개체 중 하나에 애니메이션 키를 유지하는 것이 가장 좋다. 계층 구조의 한 오브젝트에 애니메이션 키를 추가하고 다른 오브젝트에 키를 추가하면 정리하기 어려워진다. 가능한 한 간단하게 유지하도록 노력한다.

이 카메라를 컨트롤하는 또 다른 유용한 방법은 **Pilot** 모드다. 새로운 **Cine Camera Actor** 트랙의 오른쪽에 있는 작은 카메라 아이콘을 활성화하면 그림 20.53과 같이 메인 뷰포트가 해당 시네마틱 카메라의 시점으로 전환된다.

그림 20.53 시네마틱 카메라 파일럿

여기서 일반 뷰포트 탐색을 사용해서 카메라 위치를 이동해서 카메라의 정확한 뷰를 얻을 수 있다. 일반적인 Perspective 카메라와 뷰포트로 돌아가고 싶다면 해당 카메라 아이콘을 클릭해서 비활성화한다.

카메라 설정 중 가장 자주 사용되는 다른 세 가지 중요한 설정은 **TRACK** 창에서 **CameraComponent**에 있는 **Aperture**^{조리개}, **Focal Length**^{초점 길이}, **Manual Focus Distance**^{수동 초점 거리}다.

그림 20.54 카메라 설정

이들은 현실 세계의 필름 카메라와 동일한 기능을 갖고 있다. **조리개**는 조리개가 열린 값이며 초점 깊이(배경의 사물이 더 또는 덜 흐리게 나타나는 것)에 영향을 준다. **초점 거리**는 렌즈 유형이며 확대/축소에도 사용할 수 있다. **수동 초점 거리**는 대상에 완벽하게 초점이 맞는 거리다.

이러한 설정들이 무엇인지 모르더라도 너무 걱정하지 말자. **TRACK** 창에서 카메라 항목의 **Current Aperture**^{현재 조리개}, **Current Focal Length**^{현재 초점 거리}, **Manual Focus Distance**^{수동 초점 거리} 옆에 회색 숫자가 있다. 이 숫자를 왼쪽 클릭한 상태로 좌우로 드래그하면 값이 작아지거나 커진다.

원하는 결과를 얻을 때까지 이 값을 좌우로 드래그하면 된다. 카메라를 선택한 상태에서 기본 언리얼 엔진 인터페이스의 **Details** 창에는 원하는 경우 실험할 수 있는 고급 카메라 설정들이 있지만 대부분의 경우 위 세 가지 항목만 있으면 된다.

다음으로 여러 대의 카메라를 사용하고 잘라내는 방법을 알아보자.

다중 카메라 이용 및 잘라내기

언리얼 엔진 5에서는 위치, 각도, 설정이 다른 여러 대의 카메라를 만들고 실제 영화 세트장처럼 그 사이를 잘라낼 수 있다. 이러한 **카메라 컷**은 카메라 컷 트랙을 통해서 컨트롤된다. 사용 방법은 다음과 같다.

1. 첫 번째 컷을 원하는 방식으로 첫 시네마틱 카메라를 설정하고 애니메이션을 적용한다.

2. 프레임 0000의 **Camera Cut** 트랙 오른쪽에 있는 **Sequencer Track** 창에서 **+Camera**를 클릭하고 시퀀스에서 자르려는 첫 번째 카메라를 선택한다.

   이 시네마틱 카메라는 **Camera Cuts** 트랙에 나타난다. **시퀀서**에서 트랙을 조정하는 것과 같은 방식으로 이 트랙의 길이와 타이밍을 조정할 수 있다. 끝 부분을 드래그하거나 클릭한 상태에서 가운데를 드래그해서 이동한다.

3. 두 번째 카메라 컷을 그림 20.55처럼 원하는 위치로 자른다.

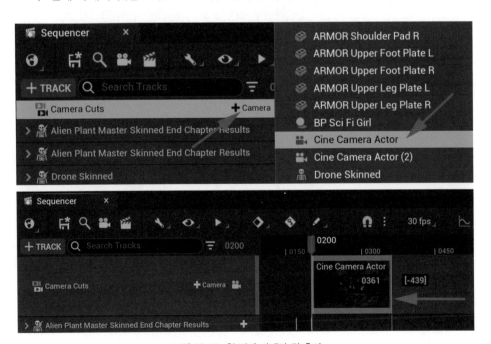

그림 20.55 첫 번째 카메라 컷 추가

이 시점에서 두 번째 카메라 컷의 **시퀀서** 메뉴 상단에 있는 카메라 아이콘을 클릭해서 다른 시네마틱 카메라를 만들 수 있다.

4. 원하는 타이밍에 두 번째 카메라 컷을 보고 싶은 방식으로 애니메이션을 만들고 설정한다. 그런 다음, 그림 20.56과 같이 **Camera Cuts** 트랙에서 **+ Camera**를 클릭해서 해당 카메라로 잘라 낼 시간에 카메라 컷 트랙을 추가한다.

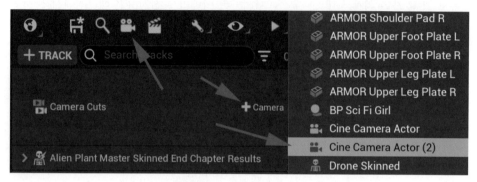

그림 20.56 두 번째 카메라 컷 추가

5. 시퀀스 카메라 컷을 뷰포트에서 보고 마지막에 영상에 렌더링되는 내용을 보려면 **Camera Cuts** 트랙에서 카메라 아이콘을 활성화한다.

이 모드에서는 뷰포트 내비게이션으로 카메라를 편집할 수 없으므로 개별 시네마틱 카메라의 파일럿 모드와는 다르다.

그림 20.57 뷰포트에서 카메라 결과 확인

6. 다시 카메라 아이콘을 비활성화해서 뷰 모드를 나올 수 있다.

이러한 카메라 컷을 원하는 만큼 만들고 이 장면들을 촬영할 수 있다. 즐겁게 다양하게 시도해 본다. 이 책에 투자한 노력을 가장 좋게 발휘해 보자. 카메라 컷이 마음에 들면 최종 신을 렌더링할 준비가 된 것이다. 그러면 이 책의 마지막 단계로 넘어갈 수 있다.

⁑ 최종 신 렌더링

이 마지막 단계가 가장 쉽다는 사실을 알게 돼 기쁠 것이다. 이 마지막 단계에서는 원하는 경우 소셜 미디어에서 친구에게 업로드하고 보여 줄 수 있는 AVI 포맷 영상으로 파일을 렌더링한다.

1. 메인 **시퀀서** 메뉴의 아이콘 옆에는 슬레이트 아이콘이 있다. 그림 20.58과 같이 **Render Movie Setting** 창을 열려면 클릭한다.

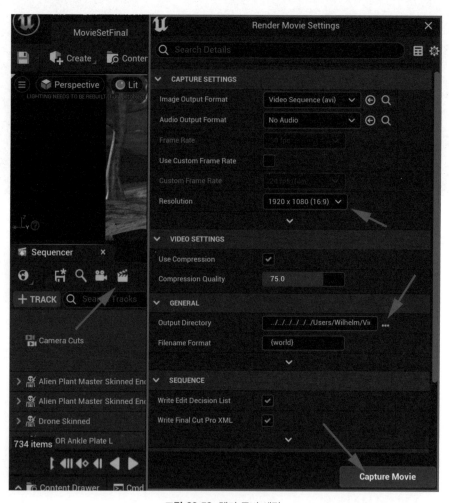

그림 20.58 렌더 무비 세팅

2. **해상도**^{resolution}는 Full HD인 1920 x 1080이지만 원하는 경우 더 크게 또는 더 작게 렌더링할 수 있다. 저장할 영상의 출력 디렉터리를 선택한 다음 **Capture Movie**를 클릭한다.

   Camera Cuts 트랙 뷰에서 시퀀스의 Active Range가 렌더링된다. 컴퓨터 속도에 따라서 해당 작업을 완료하는 데 몇 분 정도 걸릴 수 있다.

3. 완료되면 출력 디렉터리로 지정한 폴더로 이동해서 렌더링된 최종 영상을 찾는다. 영상을 확인하고 모든 노력의 결과를 즐기자.

이 책을 끝까지 마치고 여기까지 온 것을 축하한다!

최종 언리얼 엔진 5 프로젝트 파일을 다음 사이트(https://github.com/PacktPublishing/Unreal-Engine-5-Character-Creation-Animation-and-Cinematics/tree/main/FullFinalUE5Project)에서 다운로드할 수 있다.

이 책에서 진행한 모든 예제를 이 프로젝트를 통해서 다시 확인할 수 있다.

또한 다음 사이트(https://github.com/PacktPublishing/Unreal-Engine-5-Character-Creation-Animation-and-Cinematics/blob/main/FullFinalUE5Project/FinalScene.mp4)에 최종 렌더링 결과물을 올려 뒀다.

⋙ 요약

20장에서 서로 다른 프로젝트의 콘텐츠를 이주하는 방법을 배웠다. 갑옷과 같은 다양한 오브젝트와 소품을 캐릭터 애니메이션에 부착하는 방법을 배웠다. 최종 장면을 위해 캐릭터 및 레벨 애셋을 준비했다. 또한 정리된 모캡을 메타휴먼 캐릭터로 가져와서 하나의 시퀀스로 연결했다.

로봇 드론 캐릭터의 커스텀 애니메이션에 대해 동일한 작업을 수행했고 외계 식물의 흔들리는 애니메이션으로 배경에 생기를 불어넣었다. 그런 다음 **시퀀서**에서 여러 카메라 컷으로 작업하는 방법과 이를 편집하고 애니메이션하는 방법을 배웠다. 마지막으로 최종 결과물을 AVI 영상 파일로 렌더링했다.

이 책에서 배운 기술로 이제 커스텀 3D 콘텐츠와 애니메이션을 만들고 언리얼 엔진 5 내에서 자신만의 스토리를 만들 수 있다. 상상력을 마음껏 발휘하는 데 필요한 것은 시간과 연습뿐이다.

독자들이 함께 이 여행을 했다는 것을 영광으로 생각한다. 이것이 컴퓨터 애니메이션 여정의 시작이라면 최선을 다하기 바라며 이 책에서 다룬 내용이 탄탄한 토대를 마련할 수 있기를 바란다.

이미 컴퓨터 아티스트로 자리를 잡은 경우 특히 리깅 및 애니메이션과 관련해 고전적인 파이프라인 대신에 언리얼 엔진 5 파이프라인을 사용할 수 있는 좋은 대안을 제공했으면 한다.

| 찾아보기 |

ㄱ

가속 482

가중치 370

각도 스냅 488

감속 482

갓 레이 326

계층 구조 346

글로벌 일루미네이션 305

글로벌 축 044

ㄴ

내비게이션 기즈모 040

노출 보정 281

ㄷ

다인토포 119

대칭화 391

대칭화 툴 394

댑 375

데시메이션 130

돌출 356

디지털 스컬핑 034

ㄹ

라이트 섀프트 326

라이팅 305

라인 프로젝트 118

라인 프로젝트 툴 065

레벨 시퀀스 578

렌더링 203

로컬 방향 398

로컬 축 044, 381, 488

루멘 311

루트 본 351, 575

루프 잘라내기 052, 077, 078

리깅 601

리메시 060, 115

리지드 스킨 웨이트 402

리타깃 545

리타깃 포즈 567

리토폴로지 129

림 라이트 308

ㅁ

매핑 545

머티리얼 141

머티리얼 노드 230

머티리얼 에디터 230

머티리얼 인스턴스 288

메시 033

메시 필터 065

메타휴먼 컨트롤 릭 584

메타휴먼 크리에이터 241, 243
모디파이어 054, 055
모션 캡처 535
모캡 535
물리 기반 렌더링 167
미러 모디파이어 055, 081
미러 본 391
믹사모 537

ㅂ

버텍스 선택 모드 080
베벨 051
보간 483
복셀 크기 115
볼류메트릭 라이트 326
부모 346
뷰 모드 049
뷰포트 셰이딩 모드 049
블러 375
블렌더 035
비례 감소 054
비례 편집 054

ㅅ

사진 측량 283
삼각화 149
상대적인 공간 622
서브디비전 서페이스 083
서브디비전 서페이스 모디파이어 114
서브디비전 세트 058
서브디비전 표면 모디파이어 057
수동 초점 거리 654
순기구학 419, 439, 473

스내퍼 601
스내퍼 프레임 범위 606
스마트 머티리얼 184
스무딩 063
스컬핑 브러시 061
스컬핑 워크스페이스 115
스켈레톤 337
스키닝 365, 624
스킨 가중치 페인팅 툴 367
스킨 가중치 편집 툴 367
스킨 변형 365
스킨 웨이트 페인팅 툴 400
스태틱 메시 에디터 234

ㅇ

아마튜어 348
아웃라이너 073
애니메이션 모드 478
애님 아웃라이너 479
앵커 595
언리얼 엔진 시퀀서 473
에디트 모드 075
에지 루프 076
에지 선택 076
엑스레이 뷰 모드 075
엑스레이 뷰포트 셰이딩 모드 111
역기구학 396, 439
오버랩 500
오브젝트 원점 039
오소그래픽 뷰 040
월드 공간 622
유휴 주기 504
이동 주기 521
이주 614

익스포넨셜 하이트 포그 323
인셋 078
인스턴트 메시 130
임포트 339

ㅈ

자동 노출 280
자동 리토폴로지 129
자동 스킨 웨이트 400
자식 346
잘라내기 639
절차적 텍스처링 139
조인트 338
조인트 방향 381
종속성 617
주변광 308

ㅊ

척도 382
초당 프레임 수 480
축 043

ㅋ

캐릭터 리거 380
캐릭터 애니메이션 릭 440
커브 474
커브 에디터 483
컨트롤러 407
컨트롤 릭 에디터 409
컴파일 436
키 라이트 307
키프레임 474, 480

ㅌ

텍스처 139
트랜스폼 소켓 457

ㅍ

패널링 175
페이스를 인셋 053
페이스 선택 모드 075
포즈 503
포즈 툴 479
폴 벡터 442
플랫 354
플러그인 409
플레이스홀더 627
피벗 618
피짓 애니메이션 504
필 라이트 308

ㅎ

하드웨어 레이 트레이싱 312
현재 조리개 654
현재 초점 거리 654

A

acceleration 482
Active Range 650
Active Working Range 486
Additive 레이어 523
ambient light 308
Angle Snap 488
Anim Outliner 479, 584
Armature 348

Auto Exposure 280

AutoKey 491

Automatic Keyframe 525, 591

Automatic Skin Weight 400

auto-retopology 129

axe 043

B

Bake Animation Sequence 520

Bevel 051

Blend 툴 255

Blur 375

Body_Robot 본 404

Body Technical ROM 264

C

character Animation Rig 440

character rigger 380

child 346

Compile 436

Content Browser 221

controller 407

Control Rig Editor 409

Create Pose 597

Current Aperture 654

Current Focal Length 654

Cursor To World Origin 350

Curvature 163

curve 474

Curve Editor 483

Cycle 496

D

dab 375

deceleration 482

Decimation 130

dependencies 617

Directional Light 310

Draw 062

Draw Sharp 062

Dyntopo 119

E

Edge Loop 076

Edge Select 076

Edit Mode 075

Exponential Height Fog 323

exposure compensation 281

extrude 356

Extrude Region 050

F

FaceROM 263

Face Select Mode 075

fidget animation 504

FK 439, 473

FK, Forward Kinematics 419

flat 354

FOV 282

FPS 203

FPS, Frames Per Second 480

Frames Per Second 203

G

Get Transform – Control 458
GI, Global Illumination 305
God rays 326

H

hierarchy 346
high-poly 160

I

idle cycle 504
IK 439
IK, Inverse Kinematics 396
IK Retargeter 550, 564
IK Rig 550
Import All 222
Infinite Extent(Unbound) 281
Inset Faces 053
Instant Meshes 130
interpolation 483

J

joint 338
joint orientation 381

K

keyframe 474
KitBash 093

L

Layout Workspace 121

M

Manual Focus Distance 654
Marketplace 543
Mark Seam 145
Material ID 186
Material ID 마스크 187
Material ID 맵 187
Material Instance 288
Measuring 382
mesh 033
Mesh Filter 065
MetaHuman Creator 241
Metric 071
Migrate 614
Minimize Stretch 148
Mirror bones 391
MoCap, Motion Capture 535
modifier 054
movement cycle 521
Move 툴 258

(Level 항목)

Level of Detail 629
LEVEL OF DETAIL 226
Level Sequence 578
Light Shafts 326
Line Project 118
local axe 381
Local Bone Orientation 399
LOD 629
Loop Cut 052, 077
low-poly 160

N

Nanite Support 294

Navigation Gizmo 040

O

object origin 039

Orthographic view 040

Outliner 073

Overlap 500

P

Pack Islands 154

parent 346

Paste Global Transform 455

PBR, Physically Based Rendering 167

photogrammetry 283

pivot 618

placeholder 627

plugin 409

Point Light 310

pole vector 442

pose 503

Pose 597

Pose Mode 402

Poses Tool 479

Post Infinity 496

Pre Infinity 496

Preview 263

Procedural Texturing 139

Proportional Editing 054, 088

Proportional fall-off 088

R

Rect Light 311

Reduce Key 583

Remesh 060, 115

retarget pose 567

retopology 129

rigging 601

Rig Graph 430

Rig Hierarchy 423

root bone 351, 575

S

Sculpting Workspace 115

Sculpture Workspace 058

Sculpture 모드 058

Sculpt 툴 259

Select Sharp Edges 103

Set Offset Transform from Current 455

Set Transform - Bone 458

Shade Smooth 121

skeleton 337

skin deformation 365

skinning 365, 624

skin weight editing tool 367

skin weight painting tool 367

Sky Light 311

smart material 184

smoothing 063

Snapper 601

Snapper frame range 606

Source Angle 뷰 318

Spot Light 311

Static Mesh Editor 234

Subdivision Surface 083

Subdivision Surface Modifier 114
Symmetrize 391

T

tertiary detail 126
Transform 043, 643
Transform Orientation 044
trimming 639

U

UE Sequencer 473
Unit Scale 411, 413
Unwrap 153
unwrapping 142
UV 언래핑 142

V

Vertex Paint 379
Vertex Selection Mode 080
Viewport Environment and Quality 툴 바 248

Viewport Sculpting and Animation 툴 바 257
Viewport Sculpting tools 254
Viewport Shading Mode 049
volumetric lights 326
Voxel Size 115

W

Weight Paint 370
Without Skin 540

X

xNormal 137, 160
X-Ray View Mode 075

번호

3D 모델링 033
3D 뷰포트 037
3D 스컬핑 034
3차 디테일 126

언리얼 엔진 5로 만드는 나만의 3D 영화 세트

언리얼 엔진 5를 사용한 캐릭터 생성, 애니메이션 및 시네마틱 제작

발 행 | 2023년 7월 28일

옮긴이 | 김 기 돈
지은이 | 헨크 벤터 · 빌헬름 옥터롭

펴낸이 | 권 성 준
편집장 | 황 영 주
편 집 | 김 진 아
　　　　임 지 원
디자인 | 윤 서 빈

에이콘출판주식회사
서울특별시 양천구 국회대로 287 (목동)
전화 02-2653-7600, 팩스 02-2653-0433
www.acornpub.co.kr / editor@acornpub.co.kr